回味中国历史
品味千年文化

这才是西汉史

尹力 编著

布衣将相励精图治乱世缔造盛世
平民帝王豪情满怀弱势终成赢家

中国书籍出版社
China Book Press

本书编委会

张晓华　汤国明　王佳琦　王佳骥
张吉杰　崔寒辉　张云秀　张　欣

目 录

第一章 威加四方

1.刘邦登基 …………………………… 2
　（1）刘邦称帝 ………………………… 2
　（2）定都长安 ………………………… 4
　（3）制定朝仪 ………………………… 6
2.大封功臣 …………………………… 8
　（1）分封诸侯王 ……………………… 8
　（2）功人功狗之论 …………………… 9
　（3）萧何功劳第一 …………………… 10
　（4）曹参战功赫赫 …………………… 13
　（5）张良运筹帷幄 …………………… 14
　（6）周勃冲锋陷阵 …………………… 17
　（7）樊哙勇猛果敢 …………………… 18
　（8）夏侯婴勤王辅政 ………………… 20
　（9）灌婴拼战沙场 …………………… 22
　（10）战功重者封侯 …………………… 24
　（11）布衣卿相之局 …………………… 27
　（12）汉承秦制 ………………………… 28
3.白登之围 …………………………… 29
　（1）冒顿单于的崛起 ………………… 29
　（2）高祖被围 ………………………… 32
　（3）汉与匈奴和亲 …………………… 34
4.高祖平叛 …………………………… 35
　（1）贯高谋逆 ………………………… 35

（2）陈豨造反 ······ 37
（3）高祖亲征 ······ 38
5.狡兔死，走狗烹 ······ **40**
（1）高祖伪游云梦泽 ······ 40
（2）吕后杀韩信 ······ 42
6.黥布谋反 ······ **44**
（1）黥布归汉 ······ 44
（2）黥布反汉 ······ 45
（3）战败身亡 ······ 47

第二章 吕氏专权

1.吕后夺权 ······ **50**
（1）争立太子 ······ 50
（2）铲除异己 ······ 53
2.萧规曹随 ······ **55**
（1）萧何为相 ······ 55
（2）曹参无为而治 ······ 56
3.吕氏争权 ······ **58**
（1）吕后称制 ······ 59
（2）分封诸吕 ······ 60
4.平定诸吕 ······ **63**
（1）反吕同盟 ······ 63
（2）刘襄用兵 ······ 64
（3）周勃安天下 ······ 66

第三章 文景之治

1.文帝登基 ······ **70**
（1）迎立代王刘恒 ······ 70
（2）文帝封臣立嗣 ······ 73
（3）文帝习明政事 ······ 76
（4）文帝纳谏 ······ 77

目 录

2.南越称臣 …………………………………… 80
3.张释之用法 ………………………………… 82
4.贾谊上《治安策》 ………………………… 84
5.两王叛汉 …………………………………… 87
 （1）济北王起兵 ………………………… 88
 （2）淮南王造反 ………………………… 89
6.晁错言边事 ………………………………… 92
7.晁错论农耕 ………………………………… 96
8.文帝御匈奴 ………………………………… 99
 （1）汉匈交恶 …………………………… 99
 （2）冯唐谏用将之道 …………………… 101
9.景帝重用晁错 …………………………… 103
 （1）文帝驾崩 ………………………… 103
 （2）晁错上《削藩策》 ……………… 105
10.七国之乱 ……………………………… 107
 （1）吴王图谋造反 …………………… 108
 （2）七国联合反叛 …………………… 110
 （3）周亚夫平吴楚 …………………… 113
 （4）平定七国之乱 …………………… 115

第四章　汉武雄风

1.武帝登基 ………………………………… 120
 （1）受封胶东王 ……………………… 120
 （2）夺太子位 ………………………… 122
2.董仲舒对策 ……………………………… 125
 （1）教化之道 ………………………… 126
 （2）人才之道 ………………………… 128
 （3）天人之道 ………………………… 129
3.黄老之学与儒学之争 …………………… 132
 （1）黄老之学大行其道 ……………… 132
 （2）武帝推崇儒术 …………………… 134
4.张骞初使西域 …………………………… 135
 （1）神秘的西域 ……………………… 135
 （2）张骞通西域 ……………………… 138

3

5. 武帝纳谏 ·················139
　（1）东方朔谏武帝 ··········140
　（2）汲黯谏武帝 ··········· 143
6. 罢黜百家、独尊儒术 ·········145
7. 武帝强化中央集权 ···········148
　（1）改革选官制度 ··········· 148
　（2）改革行政制度 ··········· 150
　（3）颁布"推恩令" ··········· 151
　（4）改革军事制度 ··········· 152
　（5）创设刺史制度 ··········· 153
8. 马邑之谋 ·················155
　（1）汉初和亲政策 ··········· 155
　（2）武帝计击匈奴 ··········· 157
　（3）王恢自杀 ············· 160
9. 汉通西南夷 ················161
10. 酷吏当权 ·················164
　（1）初露端倪 ············· 165
　（2）张汤用法 ············· 166
　（3）官多酷吏 ············· 168
11. 卫青击匈奴 ················170
　（1）河南之战 ············· 171
　（2）七将军伐匈奴 ··········· 173
12. 两王谋反 ·················174
　（1）两王勾结 ············· 174
　（2）机事不密 ············· 176
13. 河西走廊之战 ··············179
　（1）激战祁连山 ············ 179
　（2）浑邪王降汉 ············ 180
14. 漠北之战 ·················183
　（1）卫霍合击匈奴 ··········· 183
　（2）巩固北部边境 ··········· 185
15. 张骞再使西域 ··············187

第五章　盛极而衰

1. 武帝实施经济改革 ·············192
　（1）算缗告缗运动 ·············193
　（2）盐铁官营 ···················195
　（3）铸造五铢钱 ·················196
　（4）创设均输法、平准法 ·······197
　（5）卜式为国捐财 ·············199
2. 武帝求仙 ·······················201
　（1）栾大惑武帝 ·················201
　（2）封禅大典 ···················203
3. 平定南夷 ·······················206
　（1）吕嘉谋反 ···················207
　（2）平定两越 ···················208
　（3）复通西南夷 ·················210
4. 武帝击朝鲜 ···················211
　（1）水陆出击 ···················212
　（2）朝鲜败降 ···················213
5. 李广利伐大宛 ·················215
　（1）初征大宛 ···················217
　（2）二征大宛 ···················219
6. 苏武不辱使命 ·················222
　（1）匈奴扣苏武 ·················222
　（2）苏武牧羊 ···················224
　（3）重见天日 ···················226
7. 李陵败降匈奴 ·················227
　（1）大战单于军 ·················228
　（2）寡不敌众 ···················229
8. 司马迁著《史记》 ·············232
　（1）身遭腐刑 ···················232
　（2）矢志不渝 ···················235
　（3）《史记》问世 ·············237
9. 巫蛊之祸 ·······················238
　（1）公孙贺族诛 ·················238

（2）江充握重权 …………………240
（3）太子被逼反 …………………241
（4）血染长安 ……………………244
（5）武帝悔悟 ……………………246

10.轮台罪己诏 ……………………248
（1）国库耗尽 ……………………248
（2）休兵养息 ……………………250
（3）推广代田法 …………………251

11.苦心立嗣 ………………………253
（1）太子初立 ……………………253
（2）四重臣辅政 …………………256

第六章 昭宣中兴

1.盐铁会议 ………………………260
（1）双方大辩论 …………………260
（2）与民休息 ……………………266

2.昭帝巩固皇权 …………………268
（1）刘旦觊觎皇位 ………………268
（2）内外勾结 ……………………270
（3）事泄被捕 ……………………274

3.霍光主政 ………………………276
（1）立昌邑王为帝 ………………276
（2）刘贺被废 ……………………280
（3）霍光立宣帝 …………………284
（4）尹翁归清正严明 ……………286
（5）盖宽饶不畏权贵 ……………288

4.宣帝击匈奴 ……………………290
（1）汉与乌孙共击匈奴 …………290
（2）匈奴兵败衰落 ………………292

5.霍氏谋反族诛 …………………294
（1）霍夫人毒杀许皇后 …………294
（2）霍氏欲谋反 …………………295
（3）霍氏伏法 ……………………299

6.赵充国平羌 ……………………………301
　（1）羌人叛汉 ………………… 301
　（2）老将出征 ………………… 303
　（3）充国论战 ………………… 304
　（4）上书屯田 ………………… 307
7.匈奴大衰 ……………………………310
　（1）始置都护 ………………… 310
　（2）匈奴诸王争立 …………… 312
　（3）呼韩邪单于称臣 ………… 314
8.休养生息 ……………………………317

第七章　西汉濒危

1.石显弄权 ……………………………322
　（1）萧望之蒙冤 ……………… 322
　（2）刘向上书 ………………… 325
　（3）周堪、张猛落难 ………… 328
　（4）京房上奏考功课吏法 …… 330
　（5）朱云折槛 ………………… 334
2.郅支单于败死 ………………………336
　（1）郅支单于被攻杀 ………… 336
　（2）陈、甘封侯 ……………… 339
3.呼韩邪单于朝汉 ……………………341
　（1）侯应言戍边 ……………… 342
　（2）昭君出塞 ………………… 344
4.王氏专权 ……………………………345
　（1）王氏封侯 ………………… 345
　（2）王凤摄政 ………………… 346
　（3）刘向劝谏 ………………… 349
　（4）王氏骄奢 ………………… 351
5.赵氏姐妹乱政 ………………………353
　（1）赵氏姐妹受宠 …………… 353
　（2）赵飞燕封后 ……………… 355
　（3）谷永劝谏 ………………… 356
　（4）成帝亡于酒色 …………… 358

6.哀帝断袖 ···360
　（1）断袖之癖 ························· 360
　（2）群臣进谏 ························· 362
　（3）王嘉遇害 ························· 364
　（4）董贤之死 ························· 366

第八章　王莽篡汉

1.代汉自立 ···370
　（1）王莽夺权 ························· 370
　（2）诛除异己 ························· 373
　（3）新朝代汉 ························· 376
2.王莽改制 ···379
　（1）改革币制 ························· 379
　（2）王田私属 ························· 381
　（3）六筦制度 ························· 382
　（4）改革官制 ························· 383
3.绿林、赤眉起义 ···································386
　（1）绿林起义 ························· 387
　（2）赤眉起义 ························· 388
　（3）昆阳之战 ························· 389
4.王莽之死 ···394
　（1）内忧外患 ························· 394
　（2）王莽败亡 ························· 396

第一章

威加四方

楚汉战争结束后，公元前202年，刘邦称帝，定都洛阳。公元前200年，迁都长安。

西汉王朝建立后，刘邦高度评价了"汉初三杰"——萧何、张良、韩信的作用，随后，大封功臣。刘邦的文臣武将不仅帮助他战胜了项羽，而且在汉朝开国后为创设制度、治理国家做出了卓越贡献。

汉初，社会凋敝，军事实力有限，对北方崛起的匈奴无法形成有效的反击，只能实行和亲政策，为中原地区社会经济的恢复和发展创造安定的环境。

刘邦为了巩固刘氏江山，逐一铲除掉异姓诸侯王的势力，任命同姓为王，逐步消除了威胁西汉朝廷的隐患。

1. 刘邦登基

汉五年（公元前202年）十二月，项羽在垓下被彻底击败，并自刎于乌江（在今安徽和县东北）。至此，持续四年之久的楚汉战争以刘邦胜利而告终。十二月底，刘邦率群臣向北前进。经过韩信军队的统帅部定陶时，刘邦以突然方式收回了韩信的军权，控制了韩信的军队。次年正月，刘邦又发布诏令，改立韩信为楚王，都下邳（今江苏邳县）；封彭越为梁王，都于陶（今山东定陶）；又派卢绾、刘贾率军击败占据江陵拒绝臣服的临江王共尉。刘邦还下诏说："战争已持续八年之久，人民深受其害。目前天下大定，死罪以下的罪犯一律赦免。"

（1）刘邦称帝

汉五年正月，诸侯王和文武大臣联名上书刘邦，请求刘邦称皇帝："楚王韩信、韩王信、淮南王黥布、梁王彭越、故衡山王吴芮、赵王张敖、燕王臧荼，共同请求大王陛下：秦王朝因行无道之政而被天下人推翻。大王先入关中，得秦王子婴，平定三秦，功盖天下，安定万民，救败继绝，功大德厚，又施恩惠于有功劳的诸侯王，使他们能设立宗庙社稷。现在对天下诸侯的分封已结束了，而大王您与诸侯王的位号相同，没有上下的区别。因此，大王的伟德就无法广布于后世。请求大王称皇帝尊号。"

面对诸侯王的上疏请求，刘邦推让说："据说帝是贤者的称号，只是徒有虚名并无其实者，不能用。现在诸侯王都推选我，这怎么敢当呢？"

第一章　威加四方

于是，一帮诸侯王再次上奏说："陛下以一介平民起义，灭乱秦，声威震动海内；又从僻陋的汉中之地出兵，行威德，诛灭不义之人，平定四海，立下大功。大王的恩德已广传四海，诸侯王的王号已不足道之，愿大王登皇帝之位，以顺应民意，造福百姓。"刘邦说："诸侯王既然以为称帝号有利于天下百姓，那就这样定了吧！"就同意了诸侯王的推戴。诸侯王、卢绾等大臣三百余人，与博士叔孙通一起选择良辰吉日，定于二月甲午日，拥戴刘邦加皇帝尊号。就在这一天，汉王刘邦在汜水之阳（今山东定陶境）即了皇帝位，完成了登基大典，取得了统治中国的法定地位。汉王刘邦称了帝，王后吕雉便被尊称为皇后，太子刘盈被尊为皇太子，刘邦已经死去的母亲被追尊为昭灵夫人。

刘邦被尊为皇帝，立即行使权力逐步巩固自己庞大的基业。他发布的第一道诏书就是封吴芮和无诸为王，以稳定广大的南方。他下诏说："前衡山王吴芮与二子一侄，带领着南方百粤之地的兵马，佐助诸侯，诛暴秦，伐无道，立有大功，诸侯共议应立他为王，而项羽却加以侵夺，剥夺其王号，称为番君。现在以长沙、豫章、象郡、桂林、南海之地册立番君吴芮为长沙王。"再下一诏说："前粤王无诸世代尊奉粤祀，秦侵夺他们的地盘，使他们社稷不得祭祀。诸侯伐秦，无诸亲自率领闽中的兵力佐助灭秦，项羽却忽视他而不立无诸为王。现封无诸为闽粤王，封以闽中之地。"

吴芮长期为官江南，深得人心；无诸为越王勾践之后，在闽越地区有相当的号召力。刘邦封吴芮、无诸为王，为汉皇朝取得了一个稳定的南方，为以后对异姓诸侯王的斗争打下了基础，这充分显示了刘邦政治上的深谋远虑。

刘邦在汜水之阳即皇帝位以后，就率领文武百官西至洛阳，决定以洛阳为都城。五月，刘邦遣散士兵回家，以恢复和发展生产，安定社会。他下诏说："诸侯士卒在关中的，免除十二年不征徭役，回归本土的，免除六年不征徭役。有的老百姓以前在山泽之间聚居以求在乱世自保，脱离了户口名数。现在，天下已定，应回归原籍，恢复原来的爵位田宅，地方官吏应以文法教育说服而不要鞭笞他们。百姓因为饥饿自卖为奴婢的，一律赦免为庶人。军吏卒逢大赦，无罪的，失去爵位的，及爵位不及大夫的，一律赐爵为大夫。原来是大夫的，一律再加赐一级。凡爵位在七大

夫以上的，都让他们食邑，不是七大夫以上的，一律免除他自己及家庭的徭役。"又说："七大夫、公乘以上，都属于高爵。诸侯将士及从军归乡的，很多有高爵。我曾数次下诏官吏，先给予他们田宅，对官吏有所求的应尽快满足。有高爵的人，也属人君，皇帝尚且尊重他们，而地方官吏却藐视他们，这是很没规矩的。先前的时候，秦代爵位至公大夫以上的，县令、县丞都为之行礼。现在，我对于爵位并不轻视，官吏又怎敢这样！况且法律规定，论功劳赏赐田宅，而未曾从军的小吏都已满足，有军功的却反而顾不上，这是守尉长官教导无方。现在命令官吏要善待高爵，以称吾意。有不按诏书办事的，从重论处。"

刘邦登基后的这一诏书，极大地推动了社会生产的恢复、社会秩序的稳定，为新建立的王朝的安定稳固打下了牢固的基础，这也显示出他身为开国帝王的不同寻常的政治远见。

（2）定都长安

刘邦移驻洛阳以后，派官员修缮宫室，加固城垣，打算长期以此为都城。这时候，齐地人娄敬被征发到陇西戍守，正好经过洛阳，见洛阳大兴土木，知道刘邦想长期定都洛阳。他放下小推车，穿着老羊皮袄，让同乡虞将军代为引见，只说要禀报要事。虞将军劝娄敬换一身新衣服，娄敬坚决不肯，他说："我穿帛衣，就帛衣见皇上；穿褐衣，就褐衣见皇上，绝不会换衣服的。"

经虞将军引荐以后，刘邦召见娄敬，并问娄敬禀报何事。娄敬问他："陛下以洛阳为都，难道是想同周代比盛大吗？"刘邦说："确有此意。"娄敬劝刘邦："陛下得天下并不同于周代。周代先祖后稷，帝尧封之于邰，积德行善一直持续十余代。公刘时避桀于豳。太王因为受到狄人攻伐，所以离开了豳，迁居于岐山之阳，百姓争相跟随。等到文王被封为西伯，决断虞芮之讼，开始受天命称王，太公望、伯夷从海滨前来归附。至武王伐纣，有八百诸侯不约而同在孟津相会，都说商纣可伐，遂灭了商。成王继位为王，周公之属为之傅相，才营造洛邑。因为洛邑是天下

第一章　威加四方

的中心，四方诸侯纳贡述职，路途远近平均，有德者则容易为王，无德者也极易灭亡。凡是占据此地的，务必效法周代以德政招致天下诸侯，而不能凭借险阻，使后代骄奢淫逸，以致残害百姓。周代全盛时，天下和洽，四夷宾服，仰慕周朝仁德而争相臣服周天子，不屯一卒，不战一士，八夷大国之民没有不归附的，都竭力为其效命，到了周代衰败的时候，周朝一分为二，天下不从，周天子不能控制，并不是因为恩德菲薄，而是因为形势变化，力量变弱了。陛下从丰沛之地起兵反秦，收拢士卒三千人，以此卷蜀汉，定三秦，与项羽战于荥阳，争夺成皋，大战七十，小战四十，使天下百姓连遭兵祸，父子暴骨于原野，哭喊之声绵延不绝，身体伤残者未得康复，而想同周代成、康之时相比盛大，臣私下里以为不相配。"然后，娄敬提出了立都关中的建议。他说："秦地有山河之险，关塞之固，猝然事情紧急，百万大军可立待而成。借用秦人的故业，占据肥美膏腴之地，这就是人说的天府之地。陛下若入关而建都于此，关东虽乱，而秦的故地可以保全。与人打架，不扼住喉咙，控制背部，就不可能获胜。若陛下入关而立都，凭借秦代旧地，也就是扼住了天下形势的喉咙而控制住了后背。"

听了娄敬的一番分析，刘邦虽觉有理，但还有疑虑，于是决定召集群臣商议。因为群臣大多是关东人，都说周代立洛阳为都，延续数百年，而秦在关中建都到二世就灭亡了，还是不如在洛阳建都。刘邦决定不下，决定召问谋士张良，听听他的意见。张良对刘邦说："洛阳虽然东有成皋，西有崤渑，背靠黄河，南向伊洛，地理坚固，然而，地方太小，不过数百里，土地贫瘠，四面受敌，此地不宜用武。而关中左有崤山、函谷关；右有陇蜀，面积辽阔，沃野千里。南有巴蜀的富饶；北有胡苑的利益；三面险阻为守，仅以东向一面而控制诸侯。天下安定，可以借黄河、渭河之便征运天下粮草，供给京师；若诸侯有变，则可以顺流而下，足以供给。这真是金城千里，天府之国。娄敬所说确实有理。"于是，高祖刘邦采纳了娄敬的建议，即日下令起驾西迁，定都关中。为了表彰娄敬建议迁都关中的功劳，刘邦还赐娄敬姓"刘"，并任命刘敬做了郎中，号为"奉春君"。

汉五年（公元前202年）后九月，刘邦下令把诸侯之子迁徙到关中，以巩固新都，并下令修建长乐宫。

汉六年（公元前201年）时，刘邦住在栎阳（今陕西临潼），五日一朝见太公，以尽人子之礼。这时，太公的家令对太公说："天无二日，地无二王。太公虽然是父亲，终究是臣下，皇帝虽然是儿子，然而是万民之主，怎么能让人主来朝拜臣下呢？如此下去，威严如何得到应有的尊重？"后来，刘邦再去朝见太公时，太公居然执人臣之礼，到门口迎接，退着走。刘邦大惊，赶快下车扶着太公。太公对刘邦说："皇帝是万民之主，决不能因为我一人而改变天下秩序。"

五月，刘邦下诏说："人之至亲，莫过于父子，所以，父亲有了天下则传给儿子。儿子拥有天下，则尊归于父亲。以前天下大乱，万民遭殃，朕披坚执锐，冒着危难平定暴乱，封立诸侯，息兵安民，一切都是因为太公教导有方。诸王、侯、将军、群卿已尊朕为皇帝，而太公没有尊号，现在上太公尊号为太上皇。"

（3）制定朝仪

刘邦登基以后，对秦朝苛酷的法律、繁琐的礼仪深为厌恶，一切简易行事。他的功臣大都出身低微，对繁文缛节的礼仪知之甚少，不习惯受约束，因而常常饮酒争功，喝醉了酒就大喊大叫，甚至拔剑击柱，相互斗打。刘邦对此深为反感。

长期追随刘邦的薛人叔孙通，原来是秦朝的待诏博士，精通礼仪，又对当世的需要善于迎合，他乘机对刘邦说："儒者难与进取，可与守成。我愿征有学问的儒生制订一套朝廷礼仪规定。"刘邦平常对儒生文人非常看不惯，甚至用儒冠当尿壶，但也不喜欢群臣对上下之礼一概不知，就问叔孙通："不会太难吧？"叔孙通回答说："三王不同礼，五帝不同乐。所谓礼就是因时世人情制定的。夏、商、周三代之礼也并不一样。我想采择一些古礼和秦仪式掺杂而成。"刘邦又叮嘱说："可以试着办，务必简单易行。"

于是，叔孙通到鲁地去征召儒生三十余人，其中有两人宁死不肯来，还讽刺叔孙通说："你服侍的已有十个主子，都是靠奉承才得到亲贵。现

在天下刚刚安定，伤者还未痊愈，而死者尚未安葬，又想兴礼起乐。礼乐之兴起，必定要等待积德百年才能实行。你所作所为与古代圣贤所教不合，我们是绝不会干的。你走吧，不要污辱我们了。"叔孙通只能自嘲地说："你们真是孤陋寡闻，不知时变。"

叔孙通带领自鲁地征来的三十个儒生归来后，又加上刘邦左右好学之士和自己的百余弟子，搭起帐篷，在长安郊外演习。一个月以后，请刘邦前来观看。刘邦看了他们的礼仪后，说："我就是要这样。"然后命令文武百官照此演习。

汉七年（公元前200年）十月，长乐宫落成，举行大典，让群臣按照叔孙通制定的朝仪来朝拜皇帝。按照礼仪：天亮之前，由谒者行使礼节，依次引导文武群臣按爵秩高低进入殿门，廷中陈设着车骑步卒卫队，手执各色旗帜和兵器。司礼官一声传呼，殿下郎中立即夹陛而立，每陛数百人。功臣、列侯、将军、军吏按照次序排列于殿下西边，面向东；文官自丞相以下在东边依次排列，面向西。大行设九宾之礼，上下互相转告。一切准备就绪之后，刘邦乘辇车出廷升殿，百官执帜传声喝警。接着，刘邦升上御座，大行引诸侯王以下至六百石的官员依照次序，一一向皇帝致贺，诸侯王以下没有不肃然起敬的。贺礼而后，百官伏地而拜。接着，皇帝赐酒，大宴群臣。群臣在殿上低首俯身，战战兢兢，按照尊卑次序，举爵向皇帝祝寿。酒过三巡，谒者宣布"罢酒"。朝拜之中，由御史执法，将不按礼仪行事的官员引去惩治，因而，整个宴会过程中，没有人敢失礼或喧哗闹事。朝会之后，刘邦情不自禁地说："我今天才知道做皇帝的乐处啊。"于是任命叔孙通为太常，并赐金五百斤，还将叔孙通的弟子全部任命为郎官。叔孙通将赏赐给他的黄金全部转赐给弟子和儒生，他们众口一辞地转而称颂叔孙通为"知当世之要务"的"圣人"。叔孙通这个"进退与时变化"的"圣人"，因为替刘邦制定朝仪，为封建皇权制定经典礼法，终于成为"汉家儒宗"。

2. 大封功臣

如何对待功勋卓著的大臣是皇帝们所面临的一个棘手的问题。刘邦能从平民成为九五至尊，离不开众臣的辅佐。他很害怕这些人居功自傲，叛逆谋反。张良认为，若想避免祸乱，可以封赏有功之臣。

（1）分封诸侯王

韩王信是第一个受封者。刘邦被封为汉王入据汉中时，韩襄王的孙子信跟随他进入汉中，建议刘邦从函谷关向东出发来争夺天下。刘邦听从了他的建议，拜信为韩太尉，并在阳城（今河南方城）大败项羽所封的韩王郑昌。汉二年（公元前205年）十一月，信被封为韩王。

赵王张耳是第二个受封者。张耳原被项羽封为常王，吃败仗后投靠了刘邦。后来，张耳与韩信出兵大败陈馀和赵王歇。汉四年（公元前203年），张耳被封为赵王。

接着受封的是齐王韩信和淮南王黥布。韩信破赵定齐后，势力剧增，提出要求自封为假齐王。刘邦无奈之下，封韩信为齐王，汉五年（公元前202年），又改封为楚王。黥布追随项羽立有大功，被项羽封为九江王。项羽曾命黥布率九江兵协助自己镇压反叛的田荣，黥布托病不出。汉二年（公元前205年）刘邦千里奇袭彭城，项羽命黥布救援，黥布再次托病不出，项羽因此对黥布很不满。汉三年（公元前204年）十一月，刘邦用计谋策动黥布背楚投汉。汉四年（公元前203年）七月，刘邦封黥布为淮南王。

汉五年（公元前202年），彭越、臧荼、卢绾、吴芮等人也被封为王。彭越因怨项羽赏罚不明而反叛，经常断绝楚军粮道，为刘邦立下战功。垓下会战前，刘邦让彭越击楚，彭越没有答应，刘邦只好封他为梁王。臧荼原被项羽封为燕王，归汉后，仍被刘邦封为燕王。不久，因为反叛被刘邦所灭，此后，刘邦封自己的同乡好友卢绾为燕王，防守北部边境。吴芮原被项羽封为衡山王，后被削去王号，称为番君。归汉后被刘邦封为长沙王，安定南方。

（2）功人功狗之论

汉六年（公元前201年），刘邦登上皇帝宝座以后，决定论功行封。但是文臣武将整日争功吵闹，甚至拔剑击柱，一年多争执不下。刘邦想封他认为功劳最大的萧何为侯，食邑八千户。这引起了将领们的不满，他们说："我们这些武将冲锋陷阵，历战无数，大小各有功劳。而萧何没有在战场上立下赫赫功勋，只会舞文弄墨，凭什么封赏在我们之上？"刘邦毫不客气地驳斥道："你们知道打猎的事吗？"武将不知个中缘由，回答说："知道。"刘邦又问："你们知道猎狗吗？"武将说："知道。"于是，刘邦奚落他们说："打猎时，若没有猎人指挥猎狗，指示野兽踪迹，猎狗就捕捉不到猎物。现在你们武将攻城略地，犹如猎狗捕捉到了猎物，是功狗；而萧何，就是指挥你们获得猎物的猎人，是功人。而且，诸位只不过一人最多也是两三人随我征战，萧何却向我推荐了数十个随我一起出征的人，功劳是不能忘的。"武将听了这一番功人功狗之论，再也不敢讲话了。

功臣受封定赏后获封侯爵者一百多人。在讨论上朝位次时，武将们又将曹参抬出来。他们认为，曹参在战场上受伤七十余处，功劳应位居第一。刘邦没有说话，但心里认为萧何功劳最高。鄂千秋深知刘邦的心意，就起身评赞萧何，为萧何说好话。他说："曹参虽有攻城略地的功劳，只不过偶尔为之。皇上与西楚霸王项羽相持四年，士兵在失败之后，单身逃跑的就有很多次。然而萧何总能从关中调兵遣将加以增补，皇上并没有下令让萧何增兵援助，有好几次都是萧何调数万兵马刚好解除了皇上手下无兵的困境。汉与楚相拒荥阳数年之久，军中无粮，都是萧何通过水路，接济军粮以使粮草供应充足。陛下数次失去关东，都是萧何守住完整的关中以待陛下，终于成就陛下万世的功业。现在即使失去曹参这样的武将百余个，对于汉并不太缺乏，即使得到了也不一定就会统一天下。怎么能以一日之功而加于万世之功以上呢？还是应定萧何第一，曹参次之。"刘邦马上表示赞同，立即发布命令，将萧何的功劳位次定为第一，同时允许他可佩带宝剑上殿，入朝不用下跪。为了答谢鄂千秋在关键时刻对萧何功劳的评价，刘邦还晋封鄂千秋为安平侯，增加食邑二千户；同一天，又封赏萧何的父子兄弟十余人，皆有食邑。

经过这一番辩论，群臣不敢再争执，开始分封功臣。

（3）萧何功劳第一

萧何，秦泗水郡沛县（今江苏沛县）人，因为做事一丝不苟，待人宽厚仁慈，才能超出同僚，被升为沛县主吏掾，即县令以下主事的官员。萧何是刘邦反秦的最早支持者之一，早年与刘邦友善交好。汉高祖刘邦起事之前，数次违法获罪，全赖萧何从中庇护才得平安。刘邦为亭长后，又因其办事不严密，常出纰漏，多次在萧何周旋下才处理妥当。刘邦曾率领一批民夫到咸阳服役，其中一般小吏都送给刘邦三百钱做路费，唯独萧何送刘邦五百钱。秦监察泗水郡的御史很欣赏萧何的才干，就征召萧何为卒吏。监御史考核手下从吏的能力和功绩，评出萧何才能第一。由于萧何治绩突出，监御史打算上奏朝廷，推荐萧何到秦中央做官。萧何坚辞而不就。

秦二世元年（公元前209年）七月，陈胜、吴广起事反秦以后，刘邦也聚众数百人在芒砀山泽之间。得到陈胜、吴广起事消息后，萧何、曹参就劝说秦国的沛令举兵反秦，同时劝说他把刘邦徒众招来，以号令沛县父老，共谋大计。当刘邦、樊哙率众赶来时，沛令又反悔，把城门紧闭，不接纳刘邦、樊哙进城，而且想杀死萧何、曹参。萧何与曹参秘密从城上缒下，逃至刘邦军中，后来帮助刘邦把沛令杀死，接着就率众起义。此后，

第一章　威加四方

刘邦称沛公，萧何被任命为沛丞，负责行政和后勤事务，一直跟随刘邦转战东西南北，是刘邦最有力的辅佐者之一。

汉元年（公元前206年）十月，刘邦攻入关中，秦王子婴束手投降。进入咸阳以后，将领士兵纷纷跑到秦朝的府库中掠取金帛财物，只有萧何不顾金帛财物，进入秦丞相、御史府，将秦朝的法律、文书、档案秘籍和图书全部清点接收，使沛公刘邦得以明白天下险要形势、户口多少、强弱分布、百姓疾苦，打下了他日扫荡群雄、统一天下的基础。项羽攻入关中以后，掠取秦宫的宝货、妇女，一把火烧得咸阳残破不堪；之后，又裂地分封，改变楚怀王同诸将"先入关中者王之"的约定，分封刘邦在受大山隔阻的山坳里称王，以防止刘邦的势力扩大。汉王刘邦对项羽的分封不公、不讲信义大为震怒，准备发大军与项羽一决高下。周勃、樊哙、灌婴极力相劝，刘邦的怒火仍不能平息，萧何对刘邦说："虽在汉中恶地为王，总比死还强一些罢？"刘邦忙问萧何："你怎么能说是死呢？"萧何为他分析说："现在您部众兵马都不如项羽，战必败，又怎会不死？《周书》说，天予不取，反受其咎。所谓'天汉'的说法，是称颂其美。能够隐藏自己于一人之下，而取信于君王，商汤、周武王就是这样的人。我希望大王能够称王于汉中，休养百姓招揽贤人，同时收用巴蜀，这样做以后就可以还定三秦，这样，还是有希望夺取天下的。"听完萧何的一番分析，刘邦极为赞成。然后，刘邦率领人马来到汉中，并任命萧何为丞相。萧何做了丞相以后，迅速挑选贤能官员，把巴、蜀地区控制起来，这个从战国以来备受称誉的"天府之国"成了后来刘邦同项羽争雄天下的总根据地，源源不绝的士兵、粮秣和军资在萧何的精心组织下送到了楚汉战争的前线，对楚汉战争的胜利起到了至关重要的作用。萧何的分析显示了他长远的政治战略眼光。

韩信年少时，家中贫困，自己既不能当官，又不能经商作买卖，经常寄人篱下，别人都很厌烦他。陈胜、吴广反秦以来，韩信仗剑从军，参加了项梁队伍。项梁死后，韩信几次向项羽出谋划策都遭冷遇，韩信被迫投靠刘邦，因犯法当斩，正碰上夏侯婴，才免一死。上荐给刘邦以后，韩信被任为治粟都尉。后来韩信感到刘邦无法真正信任和重用自己，愤而出走，萧何月下追回韩信，力劝刘邦立坛拜将，重用韩信，使得韩信成为刘邦手下所立军功最多的将领，对楚汉战争的胜利起了关键作用。

汉元年（公元前206年）八月，刘邦开始进攻关中，留萧何守汉中。

萧何全力经营巴蜀，征集兵源，筹集军资，源源不断地输送粮草兵丁，保证了前线需要。汉二年（公元前205年），刘邦率军东出函谷关，千里奇袭彭城（今江苏徐州）。萧何留守关中，以栎阳（今陕西富平）为临时都城，辅佐太子刘盈，制定严明的法令规章，建立宗庙、社稷、宫室、县邑，使整个关中地区的社会和生产秩序走上了正确的轨道，保证了后方的稳固。刘邦也给了萧何以治理后方的权力，凡后方军国大事，一经萧何上奏即刻批准，来不及上奏的也予以认可，给了萧何"便宜行事"的权力。刘邦在前线作战，几次几乎全军覆灭，全赖萧何在后方统筹安排，不断征发兵士，保证了刘邦兵员和军资的补充，使刘邦未因军事失利而一蹶不振。因此，刘邦将关中的军政大事放手交给萧何，使得萧何得以独立自主地充分发挥才能，取得了赫赫成绩。

汉三年（公元前204年），刘邦和项羽在京、索（今河南京县）一线对峙，萧何兢兢业业地给前线提供补给。为此，刘邦数次遣使到关中慰问萧何。谋士鲍生对萧何说："现在汉王披坚执锐、鞍马困顿地在前线作战，却数次派使者前来，是因为他不放心您一个人在后方威权过重啊！所以，你不如派遣自己能打仗的子孙及族人一律到前线作战，这样，汉王就不会怀疑你了。"萧何依计而行，汉王刘邦果然十分高兴。

垓下会战打败项羽之后，刘邦西迁洛阳。汉五年（公元前202年）五月，汉高祖在洛阳南宫置酒褒奖功臣，与臣下共论汉胜楚败的原因。高起、王陵说："陛下使人攻城略地，战胜以后，就封赏臣下，与天下人共享富贵；而项羽则不然，有功之人遭到嫉害，贤能之人受到怀疑。这就是楚失天下、汉成天下的原因所在。"高祖刘邦说："你们只知其一，不知其二。"然后说："运筹于帷幄之中，决胜于千里之外，我不如张良；治理国家，安抚百姓，供给军需，不绝粮道，我不如萧何；率领百万之众，战必胜，攻必取，我不如韩信。这三个人是人中英杰，我能信用他们，这就是我能取天下的根本原因。"可以说，萧何为楚汉战争的胜利做出了巨大贡献，刘邦的评价是公正客观的。

（4）曹参战功赫赫

　　曹参，沛县人，秦朝时任沛县的狱掾，与当时沛县主吏萧何都是县吏中的佼佼者。汉高祖为沛公时，曹参以中涓的身份跟随他，攻打胡陵、方舆，大胜秦国郡监的军队。然后东下薛地，在薛城西面攻击泗水守军，再次攻占了胡陵。然后又调转方向，战守方舆。方舆和丰地造反，投靠魏国，又被曹参一一攻破。由此高祖特赐封他为七大夫。随后，曹参又攻取下邑以西直到虞地，打击了秦将章邯的车骑兵。紧接着他攻打辕戚和亢父，由于最先登城，他被升为五大夫。又向北救援东阿，攻击章邯军，取得陈，一直把敌军追到濮阳。攻下定陶，取得临济。往南救援雍丘，攻破李由军，杀了李由，俘虏秦侯一人。

　　后来曹参跟随沛公攻打东郡尉军队，在成武的南边攻破敌军。在咸阳南边攻击王离军队，又攻杠里，彻底地击溃了他们。追赶败兵西至开封，攻打赵贲军队，并将赵贲围困于开封城里。向西攻击秦将杨熊的军队，在曲遇打败他们，俘虏秦司马和御史各一人。此时曹参因功升为执珪。后来又跟随沛公西攻阳武，攻下辕、缑氏，隔断黄河渡口。

　　项羽到咸阳后，封沛公为汉王。汉王封曹参为建成侯。曹参在汉王率领下到了汉中，升为将军。又跟随汉王刘邦还定三秦，攻击下辨、故道、雍、邰，在好南面把章平军击败，围好城取得壤乡。在壤东和高栎迎击三秦军队，打败了他们，再围章平，章平无法抵挡，只得从好城突围逃走。接着进攻并打败了赵贲、内史保军队。向东直取咸阳，攻占后改名新城。曹参带兵守护景陵二十三天，三秦的章平等人又带兵攻击他，曹参再次大败敌军。汉王因功赐宁秦作为他的封地。曹参以将军身份率兵把章邯围困在废丘，以中尉身份跟随汉王出临晋关，到河内，攻取武，渡过围津向东在定陶击败龙且、项佗。再向东夺取砀、萧、彭城，攻打项羽时汉军大败逃走。曹参作为中尉围取雍丘，王武和程处分别在外黄、燕地反叛汉王后，又都被曹参率军平定。柱天侯在衍氏造反，曹参进兵攻取了衍氏。在昆阳攻击羽婴，追赶到叶，又挥师直攻武强，随之到达荥阳。曹参自汉中任将军、中尉，跟从汉王攻打诸侯，直到项羽败亡，才回到荥阳。

汉二年（公元前205年），曹参被拜为代理左丞相，入关中屯兵驻守。只过了一个多月，得知魏王豹叛汉，曹参作为代理左丞相，分别与韩信东进，在东张攻击并打败魏军。随后，趁新胜之势攻下安邑，抓获魏将王襄。在曲阳攻魏王，追至东垣，生擒魏王豹。最后率兵夺取平阳，俘虏了魏王的母亲妻子儿女，平定魏地，共得五十二县。因为平定魏地的大功，曹参受赐食邑平阳。接着跟随韩信攻打赵相国夏说军队并大获全胜，斩了夏说。韩信与故常山王张耳领兵往井陉，攻打成安君陈馀，而曹参受命回师围攻在邬城之中的赵国别将戚公，戚公弃城逃走时被曹参杀死。之后领兵到达汉王驻地。这时韩信已攻破赵国当了相国，向东攻打齐国，曹参以左丞相职跟随。攻破齐国历下军之后，取得临淄。随即平定济北郡，收复著、漯阴、平原、鬲、卢。不久在上假密，随韩信大败龙且军，斩了龙且，俘虏亚将周兰。扫平了齐郡，取得七十个县。还擒得齐王田广的相国田光、守相许章及故将军田既。韩信当了齐王，引兵向东到陈，与汉王一同攻破项羽。曹参则留在齐郡去平定还没有臣服于汉王者。

汉王即皇帝位后，改立韩信为楚王并收回曹参的相印。高祖封长子刘肥为齐王，而命曹参为齐相国。汉六年（公元前201年），赐曹参为列侯，食邑平阳一万六百三十户，世代继承下去。

（5）张良运筹帷幄

张良，字子房，战国时韩国人。其祖父、父亲曾任韩国相。秦王政十七年（公元前230年）韩为秦所灭。韩亡时，张良虽尚为少年，但他决心刺死秦王，以报灭国之仇。为达到这一目的，他倾所有家产来招集死士，于公元前218年在博浪沙谋杀秦始皇，因铁锥误中副车而失败。从此，张良过着隐姓埋名、流浪他乡的生活。

在流亡的日子里，他考察山川，广交名士，并研读了中国古代兵书——《太公兵法》，关于张良得到《太公兵法》曾有一段离奇的故事。

张良流亡的日子有一段时间是在下邳（今江苏睢宁西北古邳镇东）

第一章　威加四方

度过的。有一天，张良在下邳桥头漫步，有一个身穿粗布衣的老者，在走到张良面前时，故意把鞋掉到桥下，然后回过头对张良说："年轻人，下去把我的鞋捡上来！"张良感到很生气，想打他一顿，但又看到他体衰年迈，就走到桥下，把鞋取了上来。可老者又说："给我穿上！"张良想，既然鞋已取上来了，穿又何妨，就恭恭敬敬地给老者把鞋穿好了。老者感到心满意足，大笑而去。张良很是诧异，一直目送他远去。老者走了没多久，又走了回来，对张良说："年轻人，表现不错，有必要教给你点东西，这样吧，五天后的一大早，到这儿来等我。"张良也不知老者葫芦里卖的是什么药，仍是恭敬地弯腰答道："是。"五天后的一大早，张良如期赴约，只见老者已站在桥头，见到张良后，非常生气地说："为什么与老人相约都迟到？五天后再来吧！"说完扭头即走。五天到了，这次鸡叫头遍，张良就来到桥头，只见老者已经在桥头，他责问说："怎么又迟到了？五天后再早一点儿来吧！"又过了五天，这次张良不到半夜就在桥头等待。不一会儿，老者也来了，高兴地对张良说："这样子才对。"说完，从怀中拿出一卷书，对张良说："好好研读吧，十年后，你定可为帝王之师，十三年后你可以到济北去见我，那里的谷城山下有一块黄石，就是我。"说完便转身离去，其后再也不见其踪迹。这个故事尽管有传奇色彩，但从中可以看出，在长期流亡生涯中历经磨炼之后，张良已变得稳重、老练多了。

秦二世元年（公元前209年）七月陈胜揭竿而起，天下云集响应，张良也组织一百余人的队伍响应。后和刘邦一起，投到项梁麾下。在这期间，张良和众人谈论《太公兵法》，别人不明所以，唯有刘邦听到感觉大妙，深明其理。从此，张良决心辅佐刘邦打天下。

秦二世三年（公元前207年），刘邦奉楚怀王之命西征，一路上攻无不克，战无不胜，破宛城，克武关，来到咸阳的最后一道门户——峣关（今陕西商县西北）。刘邦打算以二万之众强攻，张良劝阻说："秦军强大，切不能等闲视之。我听说守关的秦将是屠夫之子，商贩是很看重金钱的，我们可以把军卒散置到周围的山上，四处树立旌旗，作为疑兵，造成大军压境之势，再令郦食其携重金去贿赂秦将。"刘邦依计而行。因秦将内贪贿赂，外怯强兵，所以甘愿献出峣关。峣关既得，刘邦一路无阻，抵达咸阳霸上，秦王子婴投降。

项羽进军咸阳后，要杀刘邦。又是张良让刘邦与项伯结为儿女亲家，通过项伯说服项羽，并在鸿门宴上施展智谋，解了鸿门之危。

楚汉战争开始后，张良在下邑（今安徽砀山东）为刘邦分析了天下大势，策划长期的战略部署。张良建议刘邦在成皋、荥阳建立持久防线，阻挡项羽西进；让韩信率兵北上，攻赵、魏、燕、齐，以形成对项羽的战略包围；派彭越深入楚后方，扰乱楚的军心民心，断其粮饷；用计说降镇守淮南的九江王黥布，断项羽臂膀。刘邦在楚汉之争中的行动布署就是按照张良所提战略步步执行的。

汉三年（公元前204年）冬，项羽倾全力攻击刘邦，这实际上是项羽的孤注一掷，刘邦渐觉无力抵抗，郦食其建议刘邦分封六国之后，多树楚敌。刘邦认为言之有理，并立即派人刻印准备分封天下。就在这时，张良赶回。他一连提了八个问题，刘邦无可奈何地答了八个不能。张良说："既然这些都不可能做到，那么汉王拿什么去分封天下？拿什么去节制分封后的六国贵族？现在项羽势大，若是分封六国贵族，谁又敢保证他们不背叛你而去投靠项羽呢？"刘邦听了这番话，才知道问题的严重性，赶紧令人把刻好的印毁掉。

汉四年（公元前203年），楚弱汉强的趋势已成必然，但就在此时，占据齐地的韩信以齐人多变为借口，向刘邦请求赐给封号"假齐王"。刘邦这时正需韩信大军救援，想大骂韩信不是东西，当时韩信的使者在座，张良用脚悄悄踢了刘邦一下，刘邦猛然醒悟，立刻领会了张良的意思，便改口说道："韩信这小子，要称王就做真王，要什么代理齐王呢？"于是厚赏了韩信使者，派张良亲自到齐地去宣布封韩信为齐王。这就是历史上"踢脚封王"的故事。张良一向是反对分封的，可现在为什么又劝刘邦分封韩信呢？因为在楚汉的对立中，韩信具有举足轻重的地位。当时正是楚汉决战的前夕，如不封韩信为王，以调动他的积极性，形势就难以预料了，这就叫做"因时制宜"。

汉五年（公元前202年）十月，刘邦和项羽在广武相互对峙，将近一年。张良进言让刘邦与项羽讲和，骗项羽退兵，并乘其退兵之际追击。刘邦采纳了这一建议，和项羽签订了鸿沟之约，但在追击项羽的战争中，由于韩信、彭越坐壁上观，刘邦在固陵被项羽打得大败。为使韩信等人积极杀敌，张良劝刘邦为韩信、彭越、黥布划分领地范围，刘邦采纳张良的建

议后，韩、彭、黥三人合兵，合围项羽，最后在垓下歼灭了项羽，使刘邦完成统一大业。

在刘邦大封功臣的过程中，刘邦十分赞赏张良在建汉过程中的功绩，要把齐地三万户封给张良，张良婉言谢绝。他想起自己在秦末战争中与刘邦在留县（今江苏沛县东南）相识，提出"愿封留足矣，不敢当三万户"，张良以君臣初识，相知弥深的留地请封，其间深义，不言自明。刘邦同意了他的要求，封张良为留侯。

封侯后，张良对人说："我家世代辅佐韩国，韩被秦灭后，曾散尽家财，想为韩报仇，终于如愿。现在能凭借三寸之舌而受封万户侯，已经是一介平民所能得到的最高荣誉了。我既已满足，便当舍弃人间一切富贵，去追寻仙人的踪迹。"张良功成而退，对汉初统治集团来说，的确是一个大损失。但当汉王朝建立后，原来与汉高祖同甘共苦的重臣和开国元勋，或拥重兵、或居要位，都不啻是对皇权的潜在威胁，君臣之间的矛盾迟早要爆发，张良此举，是远避祸事、保全自身之明智之举。

（6）周勃冲锋陷阵

周勃，沛县人，祖先是卷县人，后来迁居到沛县。周勃以编织竹器为生，还常在别人办丧事时吹奏挽歌，但他也能挽强弓，是一名起起武士。

刘邦以沛公为名起义时，周勃以中涓身份跟从攻打胡陵，夺下方舆。方舆人反叛，周勃率兵击退了敌人。进攻丰县，在砀东攻击了秦军，率领军队回到留地与萧地，再次攻下砀县。攻打下邑时，周勃最先登城。汉王赐给他五大夫的爵位。又攻下蒙、虞二县。打败章邯的车骑殿兵，平定魏地，进攻辕戚、东，进军并攻占了栗。攻打啮桑，周勃最先登城。在阿城下击败秦军。周勃锲而不舍，追敌到濮阳，占领蕲城。进攻都关、定陶，袭取宛朐，俘虏单父县县令。又乘夜袭取临济，攻击寿张，向前直到卷，在雍丘打败李由军。攻开封，周勃的士卒在先到城下的汉军中数量最多。当章邯打败项梁后，沛公与项羽就带兵东回砀县。从初起沛县到回军砀县前后共计十四个月。楚怀王封沛公为武安侯，为砀郡长官。沛公任命周勃为襄贲令，随同沛公平定魏地，在武成打败东郡尉。攻长社，周勃又最先登城。攻颍阳、缑氏，阻断黄河航道。在尸乡之北袭击赵贲军。向南攻南阳郡守，破武关、关。在蓝田攻打秦军，最后占领咸阳，灭亡秦朝。

项羽入咸阳后，封沛公为汉王。汉王赐封周勃为威武侯。后来周勃又随汉王进入汉中，被任命为将军。刘邦回师平定三秦之地后赐给周勃怀德县作食邑。周勃在进攻槐里、好之战中功劳最高。向北救援漆地，攻打章平、姚军队。西定地，回兵攻占、频阳。在废丘包围并打败章邯军队。向西打败益已军。攻打上，东守崤关。袭击项羽，进攻曲阳，功劳又最高。回守敖仓，追击项羽。项羽自刎后，趁势向东平定楚地泗水和东海郡，共占领二十二县。回守洛阳、栎阳，接受与颍阴侯共同享有钟离县租税的赏赐。后来又作为将军跟随刘邦进攻燕王臧荼，在易水将其打败。周勃率士卒在出征途中建功最多，被赐列侯爵位，并剖符为信世世不绝，以绛县八千二百八十户为食邑。

（7）樊哙勇猛果敢

樊哙，沛县人，初以杀狗为生，后来与刘邦一同潜逃，在芒砀山泽间隐藏。在陈胜起义后，萧何、曹参让樊哙寻找刘邦，迎立为沛公。之后樊哙以舍人身份跟随刘邦攻打胡陵、方舆，回守丰县，在丰城下打败泗水郡监。再次收复沛县，在薛县西打败泗水郡守。樊哙与司马展交锋于砀东，击退敌人，杀敌十五人，被赐爵为国大夫。

樊哙曾跟随沛公攻打章邯驻守的濮阳，攻城时率先登城，斩敌二十三，赐爵列大夫。攻打阳城，又先登城，夺取户牖，击败李由军，斩敌首级十六，被赐上等爵。后来在成武进攻围县都尉、东郡守尉，击退敌人，斩敌首级十四，俘获十六人，赐爵五大夫。接着随刘邦攻打秦军，攻打亳南，打败驻守杠里的河间郡守。又在开封北打败赵贲军。樊哙率先攻上敌城，还斩杀了敌人的一位列侯，另外杀敌六十八人，俘虏二十六人，被赐爵为卿。后又随沛公在曲遇击败杨熊，攻宛陵城又先登城，斩敌八人，俘获四十四人，再赐爵封为贤成君。再随高祖攻长社、辕，断绝黄

河渡口，向东在尸乡攻打秦军，向南在地进击秦军，在阳城打败南阳郡守。东攻宛城，又率先登城。西进到郦，击退敌人，斩杀二十四人，俘敌四十，又一次被赐封号。攻打武关，进军霸上，斩敌都尉一人，士兵十人，俘获一百四十六人，招降敌兵二千九百人。

刘邦进入咸阳后，项羽要进攻沛公。沛公带百余名随从通过项伯的关系同项羽见了面，当面谢罪并陈述没有闭关抗拒项王之事。项羽于是设宴款待，饮宴之中，亚父范增设计要杀沛公，令项庄席上以舞剑为名刺杀沛公，项伯一再挡护。当时只有沛公与张良能进营帐入坐，樊哙留在营外，知道刘邦有危险，就拿了盾向帐内冲去，营中守卫阻止他，樊哙直撞进去，站在帐下。项羽很吃惊地盯着他，问他的姓名。张良说："这是沛公的参乘樊哙。"项羽说："是个好样的壮士！"赐给他酒和猪肉。樊哙一饮而尽，拔剑切肉吃。项羽问他："还能再喝吗？"樊哙说："我死都不怕，难道会怕喝一杯酒吗？再说沛公首先入定咸阳，军队在霸上露营驻扎，等待大王前来。大王今天到了，却听信奸邪小人的话，对沛公有了疑心，我怕天下因此分裂，人们再不信任大王了。"项羽沉默不语。沛公假装要上厕所，招呼樊哙离开，出了营帐，沛公留下车辆马匹，独自骑马，要樊哙等四人步行跟从，从鸿门项羽军处逃回霸上营里，只留下张良向项羽谢罪。项羽也只好作罢，放弃了杀沛公的念头。如果不是樊哙冲入营帐当面指责项羽的过错，沛公只怕已死于剑下。

数日后，项羽进兵咸阳，大肆屠杀。然后立沛公为汉王。刘邦封樊哙为列侯，称为临武侯，又升职为郎中，跟从进入汉中。汉王还定三秦后，樊哙带兵在白水之北攻打西县县丞，在雍南打败雍王章邯的轻骑。跟随沛公攻雍、邰二城，率先登城。在好攻打章平军，攻城时率先杀入，斩县令、丞各一人，敌首级十一个，俘二十人，因此升为郎中骑将。又跟随进攻三秦骑兵于壤东，击退敌军，升为将军。攻打赵贲，取得、槐里、柳中、咸阳，在水攻废丘一战中，樊哙功劳最高。攻下栎阳后，受赐杜县的樊乡作食邑。跟随刘邦攻打项羽，在外黄打败王武和程处军队，又进攻邹、鲁、瑕丘、薛等地。后项羽在彭城打败刘邦，将鲁、梁全部夺回。樊哙回到荥阳，被加赐平阴二千户食邑。并以将军身份镇守广武一年。项羽率大军向东进发之际，樊哙随刘邦攻打项羽，占领阳夏，俘虏楚国周殷将军士卒四千人。在陈县包围项羽，将其打得大败。

项羽死后，刘邦即皇帝位，因为樊哙有功，增加食邑八百户。当年秋天，燕王臧荼反叛，樊哙跟随高祖攻打臧荼并将其俘虏，平定燕地。楚王韩信谋反，樊哙又跟随高祖到陈地，俘获了韩信，平定楚地。后樊哙因战功被赐爵为列侯，世世传袭。因为食邑在舞阳，所以樊哙被称为舞阳侯，去掉了以前所封的食邑，然后又以将军身份随高祖讨伐在代反叛的韩王信。自霍人直到云中，都是樊哙与绛侯周勃等一起平定的，故又被新赐食邑一千五百户。又因攻打陈豨与曼丘臣军队，在襄国作战，攻破柏人城，率先进入，降服平定了清河、常山等二十七县，在东垣多有杀伤，因功被提升为左丞相，又在无终、广昌打败綦毋、尹潘的军队，在代南打败陈豨的胡人别将王黄，乘胜在参合进攻韩王信，手下士兵斩了韩王信，在横谷打击陈豨的胡人兵马，斩了将军赵既，俘虏代郡丞相冯梁、郡守孙奋、大将王黄、太仆解福等十人。与别的将领共同平定代郡七十三个乡邑。后来燕王卢绾造反，樊哙作为丞相讨伐卢绾，在蓟南击败燕丞相抵，一举平定燕地十八县，五十一个乡邑。又增加食邑一千三百户，最后确定五千四百户为舞阳的食邑。樊哙随高祖征战，共斩一百七十六人，俘虏二百八十七人。樊哙独自统兵，打败七支军队，攻下五座城池，平定六郡五十二县，俘获丞相一人、将军十三人、官阶二千石以下到三百石的将官十二人。

（8）夏侯婴勤王辅政

夏侯婴，沛县人。当初做沛县马房的司御时，每次送使者客人经过泗水亭，都停下来和刘邦说话，总是谈到日落西山才离开。不久夏侯婴补了县吏，仍与刘邦过从亲密。有一次刘邦开玩笑说曾打伤夏侯婴，于是有人控告刘邦为官伤人。当时刘邦身为亭长，当官的伤人要被判重罪。所以刘邦就申述情由，说自己不曾伤害夏侯婴，夏侯婴也出面作证。后来案子又复审，夏侯婴还为刘邦坐了一年牢，挨了几百鞭笞也坚持不松口，终于使刘邦脱了罪责。

最初刘邦与手下众人想攻打沛县，夏侯婴以县令史的身份做刘邦的使者，使沛县父老打开城门迎立刘邦做了沛公。之后，夏侯婴被封为七大

夫，担任太仆，专门为沛公驾车。跟从刘邦攻过胡陵，与萧何一同接受了泗水郡监平的归降。胡陵归降后，夏侯婴被封为五大夫。又随刘邦在砀东攻打秦军，攻取济阳，夺取户牖，在雍丘打败李由军，夏侯婴在战斗中以兵车快进猛打战胜敌军，被赐爵执帛。随刘邦在东阿、濮阳城下同章邯军队作战，又以兵车迅猛攻打，被赐为执圭。在开封同赵贲军队交战，在曲遇与杨熊军队交战。夏侯婴随高祖征战，俘虏敌兵六十八人，招降士卒八百五十人，获得敌方印章一匣。后在洛阳东部又一次与秦军交战，以兵车勇猛迅速地冲击敌军，被赐爵封号，任滕令。后来一直随刘邦转战，攻取南阳，战于蓝田、芷阳，直至霸上。沛公被封为汉王，赐夏侯婴为列侯，称昭平侯，仍做太仆，随从刘邦进入巴蜀。

刘邦回军平定三秦后，夏侯婴仍随从他与项羽作战，在彭城，项羽大败汉军。汉王见形势不利，赶快乘车逃跑。途中遇到他的两个子女孝惠帝和鲁元公主，也载上车来。因为追兵在后，而马匹都已疲惫不堪，所以汉王万分焦急，屡次用脚拨两个孩子，要丢下他们。而夏侯婴总是坚持带着孩子。汉王发怒，有几次都想杀了夏侯婴，最后他们得以逃脱，把孝惠和鲁元送到丰县。汉王到了荥阳，收集散兵，重振旗鼓。将沂阳赐给夏侯婴做食邑。夏侯婴又随从刘邦在下邑打击项羽，一直追到陈地，终于平定了楚国。他们来到鲁，夏侯婴又得到兹氏县做食邑。刘邦即了帝位后，燕王臧荼谋反，夏侯婴随帝出征。第二年，又在陈抓住楚王信。改封汝阴为夏侯婴食邑，剖符为凭证，世代相袭。又随高祖讨伐代国，到武泉、云中，受赐食邑增加到千户。随高祖在晋阳城旁进攻韩信军队和胡人骑兵，大获全胜。再向北追击敌军，结果被胡人包围，受困七天。高祖派使者以重礼赠送阏氏，冒顿单于才放了高祖和夏侯婴部众。高祖出围后要夏侯婴急速驱驰，他却坚持徐缓而行，护驾的弓弩都拉满指向车外，最终脱险。为此，高祖增细阳一千户为夏侯婴的食邑。夏侯婴后又随高祖打击胡人骑兵于句注之北，大获全胜。在平城南面进攻胡人骑兵时，夏侯婴连续三次冲锋陷阵，立下汗马功劳，又增所攻取之地的五百户为食邑。在随刘邦征陈豨、黥布时，又冲入敌阵拼死厮杀，遂增加食邑一千户。最后食邑定为汝阴六千九百户，免去以前所封的地方。

（9）灌婴拼战沙场

灌婴，睢阳人，当初沛公攻城到雍丘，章邯杀了项梁，沛公就回师砀郡。灌婴此时在他手下任中涓的职务，跟随他在成武击败东郡尉，在杠里击败秦军。因为灌婴敏捷勇敢，善于争斗，所以被赐爵七大夫。后又跟随刘邦攻亳南、开封、曲遇的秦军，灌婴作战勇猛，所以被赐爵执帛，称为宣陵君。后来他又跟随刘邦征战，从阳武以西到洛阳，往来冲杀，在尸北打败秦军。北断黄河渡口，南破南阳郡守于阳城东边，平定南阳郡。西入武关，与秦军在蓝田决战，迅速攻入咸阳，驻军霸上，赐爵执圭，称昌文君。

沛公做了汉王之后命灌婴担任郎中，跟随自己进入汉中，并任其为中谒者。后来，灌婴随汉王回师三秦，夺取栎阳，降服塞王。回头将章邯包围在废丘，但未攻下。又随汉王东出临晋关，凭借武力迫降殷王，平定了殷地。在定陶南进攻项羽部将龙且和魏相项佗的军队，随韩信速战得胜。汉王赐封灌婴侯爵，称昌文侯，食邑为杜县的平乡。

后来，灌婴又以中谒者之职随从汉王收服砀，向北直至彭城。汉王兵败于项羽后，向西逃跑，灌婴跟从回军驻扎在雍丘。王武、魏公申徒反叛时，灌婴又随汉王出征，将他们平定。攻占外黄，向西募兵驻军荥阳。此时楚国大批骑兵来攻，汉王在帐下诸将中挑选骑兵将领，大家一致认为原秦国骑士重泉县人李必和骆甲是合适的人选，因为他俩学习过骑兵，当时是校尉，可任骑将。汉王觉得有理，决定采纳众将建议，可李必、骆甲说："我俩原是秦国旧将，恐怕兵士不能信任服从，望大王以您左右善骑之人为将。"当时灌婴年纪虽轻，但经过多次激战，已经很有威望，于是汉王任命他为中大夫，任李必、骆甲为左右校尉，率领郎中骑兵在荥阳东边与楚军骑兵交锋，取得大胜。又奉命偷袭楚军后方，截断楚军从阳武到襄邑的粮道，汉军在鲁下击退项羽部将项冠，灌婴的士卒斩杀敌军右司马、骑将各一人。汉军在燕县西边击败柘县令王武的军队，灌婴军又斩杀楼烦将五人、连尹一人。在白马又打败王武的别将桓婴，部卒斩都尉一

人。又领骑兵渡黄河，来到黄河以南护卫汉王至洛阳，北进汇合韩信的部队于邯郸。回到敖仓之后，灌婴因功升为御史大夫。

汉三年（公元前204年），灌婴以列侯爵位食邑杜县平乡，奉命率领所部骑兵东归受韩信指挥。在历下打败齐军，部下俘虏车骑将军华毋伤和将吏四十六人。迫使临淄城归降，抓住齐相田光，又追击齐相田横，打败齐国骑兵，夺下赢、博等地。在千乘杀了齐将军田吸。随韩信东攻龙且，终于斩了龙且，生擒右司马、连尹各一人，楼烦将十人，灌婴亲自活捉了亚将周兰。

齐地平定后，韩信自立为齐王，派灌婴另外率兵攻打楚将公杲，败之于鲁北。转而向南打败薛郡长，亲自俘获骑将一人。攻博阳，前锋达下相东南的僮、取虑、徐三县。渡淮水，直指广陵，所经过的城邑没有不归降的。项羽派项声、薛公、郯公收复淮北，灌婴又渡淮水，在下邳击败项声和郯公，杀了薛公，夺取下邳和寿春。灌婴又在平阳打败楚国骑兵，使彭城降服。俘虏柱国项佗，降服留、薛、沛、鄑、萧、相六县。灌婴与汉王在颐乡会师，共同击败项羽的军队。所率士卒斩敌楼烦将二人，俘将八人。灌婴增加食邑二千五百户。

项羽兵败垓下，向后撤退，灌婴作为御史大夫率车骑兵追赶到东城，灌婴手下的战将五人共同斩杀了项羽，结果五人都被封为列侯。降服左右司马各一人，士卒一万二千人，俘敌军全部将吏。占领东城、历阳。渡过长江，在吴城下捉住吴郡守，于是平定吴、豫章、会稽。回师平定淮北共五十二县。

汉王即帝位，加赐灌婴食邑三千户。让他以车骑将军之职随同攻打燕王荼。第二年，又随同捉楚王信于陈。回朝后剖符为信，爵邑世袭，食邑为颍阴二千五百户。

（10）战功重者封侯

靳歙，发迹于宛朐，最初以中涓身份跟随刘邦。他在开封东边与秦兵交战，斩敌骑兵的千人将一人，敌首五十七级，俘虏七十三人，受爵封为临平君。又在蓝田北斩敌军司马二人，骑长一人，敌首二十八级，俘虏五十七人。进军到霸上，沛公称汉王，封靳歙为建武侯，升任骑都尉。

跟从汉王平定三秦后，靳歙率军西进陇西打败章平的军队。平定了陇西六县，他率兵斩敌车司马、侯各四人，骑长十二人。随高祖东征楚国，在彭城失利后，退守雍丘之地，战败叛将王武等人。汉王攻占梁地，靳歙带兵向西，在南部打败邢说军队，亲自抓获邢说的都尉二人，司马、侯十二人，得归降士卒四千六百八十人。又击败楚军于荥阳东。食邑增至四千二百户。

靳歙自己带兵到河内，在朝歌战败赵贲的军队，他的部下俘敌骑将二人，马二百五十匹。后随从高祖进攻安阳东部，进军到棘蒲，夺取十县。另外率军与赵军交战，获胜。抓获赵将司马二人、侯四人，归降吏卒二千四百人，收降邯郸。取平阳，亲手斩敌守将，他的部下斩郡守一人，收降邺城。他跟随高祖攻朝歌、邯郸，又另外带兵出击赵军，将邯郸六县降服。回师敖仓，在成皋南边打败项羽军队，将楚军从荥阳到襄邑的粮道截断，在鲁一带打败项冠。在济阳一带攻打楚军，回头重挫项羽于陈地。另领兵平定江陵，收降柱国、大司马以下八人，江陵王被他亲自抓获，送至洛阳，因而平定了南郡。后来他又跟随高祖到陈，捉住楚王韩信。受剖符凭信，世袭侯爵。封为信武侯，定食邑四千六百户。

郦商，高阳人。陈胜起义时，郦商聚集了数千青年人。沛公举义六个多月后，郦商带领四千人在岐归依了沛公。长社之战中，他率先登城，因此赐爵，封为信成君。后随从进攻缑氏，断绝黄河渡口，在洛阳东边给秦军以重创。再跟从沛公攻下宛、穰，平定十七个县。另外受命攻旬关，从西道将汉中平定。

沛公做了汉王，正式封郦商为信成君，让他凭借将军身份担任陇西都

第一章 威加四方

尉。后来郦商平定北地郡，在乌氏、邑、泥阳打败章邯的别将，受赐武城六千户作食邑。战败项羽时，他与钟离眜交战，被授以梁国相印，增加食邑四千户，之后两年跟随汉王与项羽作战，其间攻打过胡陵。

汉王登上皇位，燕王臧荼叛乱，郦商以将军之职随皇帝出征，与臧荼军战于龙脱。他率先冲入敌阵，在易县城下痛击敌军，因此升为右丞相，赐爵列侯，剖符为凭证，爵位世代承袭，食邑为涿郡五千户。

傅宽，最初作为魏五大夫骑将的宾客，身为舍人，起兵横阳。后跟随高祖攻打安阳、杠里，在开封与赵贲交战，攻击杨熊的军队于曲遇、阳武，斩敌首级十二，受赐卿爵。又跟随高祖到霸上。沛公立为汉王，赐傅宽以共德君的封号。傅宽随同汉王进入汉中，任右骑将。回定三秦后，受赐雕阴县为食邑。随同攻打项羽，候高祖于怀县，被赐爵通德侯。随从攻打项冠、周兰、龙且，敌人一骑将被他所率士卒斩杀，又增食邑。傅宽在淮阴侯韩信麾下，打败齐国历下军，进攻田解。又听命于相国曹参，夷平博地，增加了食邑。因为平定齐地，高祖与之剖符为凭，世袭不绝，食邑为二千六百户，撤除以前的封邑，封为阳陵侯。傅宽被任命为齐国右丞相，以防备齐地残存势力死灰复燃。五年后成为齐国相国。

周昌，刘邦故乡沛人，与从兄周苛皆为秦时泗水郡卒吏。刘邦在丰沛起事，击破泗水郡，周昌、周苛前来投降，后一直跟随刘邦入关灭秦。刘邦为汉王，周昌、周苛从入汉中，周昌为御史大夫，周苛为中尉。汉三年（公元前204年）六月，周苛守荥阳，被俘。项羽以封万户侯诱降，遭周苛痛骂，誓不降项羽，被烹杀。周昌坚守敖仓，供给汉军粮草，升为御史大夫。由于随刘邦破楚灭项屡有战功，他与萧、曹同时受封，封为汾阴侯，食邑二千八百户。

王吸，刘邦故人。跟随刘邦在丰沛起事，后随刘邦入关灭秦，被任为骑郎将。跟随刘邦入据汉中后被封为将军。后一直跟随刘邦参加一系列战斗，军功显著，封为清阳侯，食邑二千二百户。

召欧，刘邦故人。从刘邦起事丰沛，后随刘邦入关破秦，被任为骑郎将。他也随刘邦进汉中，任将军之职。后随刘邦还定三秦，参加楚汉战争。因立有军功，封为清河侯，食邑二千二百户。

薛欧，刘邦故人。他在丰沛跟随刘邦起事，一直至刘邦入关灭秦，还军霸上，被任为郎中。再从刘邦进汉中，被任为将军。后随刘邦与楚将钟离昧交战，屡立战功。薛欧被封为广平侯，食邑四千五百户。

武虎，刘邦故人。从刘邦起事丰沛，被任为谒者。一直跟随刘邦参加灭秦战斗，灭秦时退军霸上。再随刘邦进汉中，还定三秦，千里奇袭彭城，被任为将军。刘邦破秦灭楚平定天下，武虎一直追随他。他被封为梁邹侯，食邑二千八百户。

董渫，刘邦故人。刘邦在丰沛起事时，他做刘邦舍人，一直跟随刘邦破秦，入关中，还军霸上，被任为都尉。后随从刘邦进汉中，还定三秦，被任为将军。再随刘邦出函谷关，千里袭彭城，战败楚王，平定天下。他被封为成信侯，食邑二千八百户。

陈濞，在砀参加刘邦队伍时，身为舍人，跟随刘邦入关灭秦，被任为刺客将。再从刘邦进汉中，还定三秦，职为都尉，与项羽激战于荥阳前线，率军断楚军粮道有功，封为博阳侯。

丁复，作为彭越的将军随从刘邦于薛（今山东滕县），并入关破秦，还军霸上。他随刘邦进汉中、还定三秦时，位居楼烦将。军属周吕侯，率军在彭城大败楚将龙且，被任为大司马。又败项羽于叶，被任为将军。他被封为阳都侯，食邑七千八百户。

陈贺，在砀投奔刘邦时，身为舍人，随刘邦入关灭秦，被任为左司马。再从刘邦进汉中，还定三秦，被任为都尉。军属韩信，参加垓下会战，被任为将军。会稽、浙江、胡陵被其率军平定，被封为费侯。

刘缠，即项伯。随项梁、项羽一起反秦，被任为楚左令尹。与张良交好，救刘邦于鸿门宴上。刘邦为报答项伯救命之恩，封他为射阴侯，还赐姓刘。

孔聚，在砀投奔刘邦时，身为执盾，随刘邦入关定秦，被任为左司马。又随刘邦入汉中，还定三秦，被任为将军。以都尉身份率军跟随韩信作战，三击项羽，立有战功，封为蓼侯。

第一章 威加四方

（11）布衣卿相之局

　　刘邦已经大封了功臣二十余人，而其余的功臣因为争夺功劳，久久得不到分封。刘邦当时居住在洛阳南宫，他从复道中望见将军们坐在沙土中窃窃私语，就问张良："这些人在说什么？"张良说："陛下还不知道吗？他们在策划谋反。"刘邦大惊，忙问："天下刚刚平定，人心思定，他们有何理由策划谋反呢？"张良分析说："陛下起自布衣，同这些人共同取天下。现在陛下已做了天子，故人和亲信之人被封功臣，遭到诛杀的全是平生怨恨和有仇之人。现在军吏度量功劳，不可能封赏天下的每一个人，他们担心受到怀疑或者因为平生之中有所过失而遭到诛灭的下场。这就是他们聚在一起准备谋反的原因。"刘邦很担心地问："怎么办呢？"张良献计说："在功臣们都知道的、陛下平生最憎恶的人中，以谁最厉害呢？"刘邦说："雍齿与我有仇怨，而且屡次侮辱我，让我脸面无光，我想杀了他，但由于他功劳多，所以不忍下手。"张良劝刘邦说："那么就先封雍齿为侯，其余功臣的疑心也就消除了。"于是，刘邦依计而行，设酒置宴，封雍齿为什方侯，食邑二千五百户，并下令丞相、御史赶紧将功臣功劳排定，加以封赏。雍齿原是沛地的强豪，孔武有力，因为同刘邦素有仇怨，所以开始没有参加刘邦的队伍。参加了刘邦队伍以后，又曾背叛刘邦，投靠魏国。所以，刘邦常想杀了他以解心中之怨。雍齿被封的消息传开后，功臣们高兴地说："雍齿尚且被封为侯，我们这些人就没问题了。"就此，一场处于酝酿之中的叛乱被平息。随后，为安抚功臣，刘邦先后共分封一百三十七人为侯。

　　刘邦大封功臣，还与功臣剖符作誓说："使黄河为带之长，使泰山为石之固，封国永存，恩及子孙。"又将誓词写成丹书，藏于秘府，作为诚信；还与功臣们一起杀白马歃血为盟，盟誓说："非刘氏不得为王，若为王，天下共击之；非功臣不得封侯。"还将功臣列侯排定位次，将誓词、剖符和位次表列于官府秘籍，收藏在宗庙里。

　　汉十二年（公元前195年）三月，刘邦临死之前，下诏书说："我立

为天子，掌管天下已经十二年了，与天下之豪士贤大夫共同平定天下，共同安抚稳定天下。有功的人，按功劳大小都已封王、拜侯、赐食邑。功臣亲属子弟，有的封为列侯，皆令自己设置家吏，收取租赋，女子则为公主。有食邑的列侯也都赐与佩印，赏赐了较小一点的住宅。凡是跟随我进入汉中、还定三秦的士兵，皆代代不服徭役。可以说是不负天下的贤士大夫和功臣了吧。"

刘邦称帝后，在秦末农民战争、楚汉战争中一直追随其左右的文臣武将，作为开国元勋都得到分封、赐官、赏爵而身居要职。这些人大都出身卑微，如樊哙在参加义军前以杀狗为生，灌婴是一个小商贩，陈平、陆贾、夏侯婴等都是布衣，其他如萧何、曹参等也不过是秦朝的下层官吏，只有张良曾是韩国贵族，张苍曾任秦御史，叔孙通曾为秦待诏博士。"布衣卿相之局"就是历史上对西汉初年这种大量出身下层的人进入最高统治集团的称呼。

（12）汉承秦制

刘邦建汉后，首先致力于建立健全汉家制度。因汉初的制度大都是继承秦朝而来的，所以历史上有"汉承秦制"之说。其实，汉在继承秦制的同时，又根据西汉初年的需要有所变革。

在中央，汉初实行的也是"三公九卿"制度。在三公中，丞相仍是最高的行政长官，但汉仅设一名丞相，而秦是左、右两个丞相。汉丞相起初是萧何，其后是曹参，再后是王陵、陈平、审食其、周勃、灌婴、张苍等，均为开国之臣。汉初丞相的权力相当大，既辅佐皇帝处理政务，又决策朝政方针，还可以荐任官吏、诛杀犯官，甚至谏止帝命。

执掌军队的太尉，在汉初只是征伐时偶尔设立。就是在设立时，调兵权也不归太尉所有。太尉统掌军队征伐时，必须要有皇帝的符节。这说明，皇帝在任何时候都不会将军权授予他人的。

汉初的御史大夫具有相当的权力，作为丞相的副手，他协助丞相处理朝政事务；作为掌监察的最高官员，他监察百官，举劾不法；同时还

制诏转达、承办皇帝交付的军国大事，是皇帝的高级近侍。正因御史大夫职权如此之多，所以，他的属官也很多，主要有御史丞和御史中丞。其中御史中丞的俸禄虽然仅千石，但地位却很特殊，有"贰大夫"之称。因其负责皇宫内藏书的兰台，因而与皇帝更接近，不仅内掌图籍，还外掌弹劾百官。

刘邦称帝前，曾宣布废除秦代苛法繁仪。在法律上，入关时的"约法三章"当然是不可能适应汉政权建立以后的需要了。因此，萧何在秦法的基础上，编定汉法《九章律》，包括盗、贼、囚、捕、杂、具、户、兴、律。《九章律》保留了秦法中的一些酷刑。

3. 白登之围

汉七年（公元前200年），刘邦亲自带兵攻击韩王信，大破其军，韩王信逃至匈奴，刘邦就率领大军准备进攻匈奴。

（1）冒顿单于的崛起

秦王朝的时候，蒙恬以三十万大军北伐匈奴以后，凭借山脉河流修筑城池要塞，修成著名的万里长城，又在北方屯驻庞大的部队以阻止匈奴南进。于是，匈奴稍稍北徙。

秦末天下大乱，秦政府将边防军队全部撤回，北门大开，匈奴骑兵重新回到长城脚下，并再次侵入河套地区。楚汉战争期间，中原政权无暇北顾，匈奴东灭东胡，西击月氏，南兼并楼烦、白羊王，建立起空前强盛的奴隶制政权。

冒顿是匈奴头曼单于的长子，由于头曼喜爱后娶的阏氏（匈奴称妻、妾为阏氏）所生少子，冒顿便作为人质被送往月氏，然后头曼发兵攻击月氏，试图让冒顿死于月氏之手。冒顿偷了月氏一匹"善马"逃了回来。头曼命他统领一万名骑兵。冒顿为了训练他的骑兵，创制了一种鸣镝（响箭）。他下令：凡鸣镝发射而不跟着射其所射目标的，一律斩首；率骑狩猎时，凡不遵从他的规定发射的，一律斩首。过了不长时间，冒顿用鸣镝自射他的善马，凡不敢随着发射的，通通被他杀掉。然后，他用鸣镝自射其爱妻，不敢随他发射的人也被他一个不留地杀掉。有一天，冒顿随父出猎，冒顿突然以鸣镝射向头曼，骑兵也跟着将头曼射杀了。于是冒顿自立为单于，把后母、弟弟及不服从的大族贵族全部杀死。

冒顿单于崛起于中原楚汉争霸时期。汉元年（公元前206年）二月项羽行分封时，曾把韩王封号封给韩国贵族韩成，后来又食言，干脆将韩成杀掉。同年八月，项羽又封故吴令郑昌为韩王。刘邦为汉王，随从入汉中的韩襄王的孙子韩王信劝刘邦向东出关与楚争夺天下。刘邦东出函谷关，任命韩王信为韩太尉，率兵将郑昌包围于阳城（今河南方城），迫其投降。汉二年（公元前205年）十一月，刘邦立韩王信为韩王。楚汉战争结束后，汉六年（公元前201年）春天，刘邦北迁韩王信于太原，希望既消除他对汉中央的威胁，又使其抵御匈奴的南侵，一举两得。韩王信因刘邦的迁国措施而不满，为了对抗刘邦，他决定将都城由晋阳（今山西太原）再移至距匈奴更近的马邑（今山西朔州）。

汉六年（公元前201年）秋，马邑被匈奴单于冒顿引兵围困，韩王信数次派出使者到匈奴请求和解。汉朝廷得到匈奴兵围马邑的消息后，立即发兵前往救援。抵达马邑的汉军得知韩王信数次遣使去匈奴的消息后，就怀疑他背着朝廷与匈奴勾结。情况汇报到刘邦那里，刘邦致书韩王信，责备他"专死不勇，专生不任"。韩王信本来就对汉朝不满，接到刘邦信后，认为危难之际仍遭刘邦怀疑，害怕遭到诛杀，于是决定投降匈奴，配合匈奴骑兵袭击太原。

韩王信投降匈奴以后，更助长了匈奴南侵的嚣张气焰。匈奴骑兵迅速南下，越过句注（今山西代县北），攻到晋阳。汉朝的北部边境出现了严重的危机。

东胡听说冒顿自立为单于后，派使者到匈奴，对冒顿说想得到头曼

第一章　威加四方

时的千里马。冒顿问群臣，群臣都说："这是匈奴宝马，不能给！"冒顿说："同邻国相处怎么能偏爱一匹马呢？"就送给了东胡。过了不久，东胡想得到单于的一个阏氏而派使者到匈奴。冒顿征询臣下意思，群臣都说："东胡太无理，请发兵击之。"冒顿却说："同邻国相处怎么能偏爱一个女人呢？"于是，送给了东胡一个自己所爱的阏氏。东胡王愈益骄横恣肆。东胡同匈奴边界中间有千余里双方各居一边的闲弃之地，为瓯脱边界。东胡派使到匈奴，对冒顿单于说："想占有瓯脱闲弃的无用之地。"冒顿征询臣下的意见。有的大臣说："这块闲弃之地，给了也行，不给也行。"冒顿单于大怒说："土地，是国家的根本，岂有随便给人的道理？"于是将同意给东胡地的人全杀掉，遂袭击东胡。东胡因为长期轻视冒顿，遭冒顿灭族。冒顿灭了东胡以后，又向西出击，将居于河西地的月氏人赶走，占领河西地区，向南兼并了楼烦、白羊王，占据了河南地，侵入燕、代，将秦时蒙恬所攻夺的匈奴故地全部收复，占领汉边关河南塞至于朝那（今宁夏固原）、肤施（今陕西榆林）。当时，中原之地正疲于楚汉战争的兵革之事。所以，冒顿强盛一时，拥兵三十余万，威服北边各族，并严重威胁汉族北部边郡，建立起空前强盛的奴隶制政权。

冒顿单于将他所控制的广大地区划分为三个部分加以统治：一是单于庭，是政治中心，即单于直接统治的地区，它直辖的地区在匈奴中部，其南面对着代郡（今河北蔚县）和云中郡（今内蒙古托克托）。二是左贤王庭，它管辖的地区在匈奴东部，其南面对着上谷郡（今河北怀来）。三是右贤王庭，它管辖的地区在匈奴西部，其南面对着上郡（今陕西榆林），西面连着月氏和氐、羌。

匈奴族的最高首领就是单于，匈奴人称单于为"撑犁孤涂单于"。匈奴人称"天"为撑犁，称"子"为孤涂，"撑犁孤涂单于"意为"与天子同样伟大的首领"。单于总揽军政及对外一切大权，左右骨都侯辅政，氏族贵族呼衍氏、兰氏和须卜氏担任骨都侯。呼衍氏居左位，兰氏、须卜氏居右位，主断狱、裁决案件，不须文簿记录，只要口头报告单于。左右贤王是地方的最高长官。匈奴人尚左，左贤王只在单于之下，地位、权力都高于右贤王。左贤王是单于的储副，故常以太子为左贤王。左右贤王以下则是左右谷蠡王，左右谷蠡王亦各建庭于其驻牧之地。左右大将、左右大都尉、左右大当户等高官依次在下。

冒顿单于建立了一个游牧的奴隶制军事政权，带有很大的攻掠性。在这个政权之下，所有及龄壮丁都被编为骑兵，而大大小小的军事首长就组成了各级官吏，军事组织和行政组织是合为一体的。匈奴单于自己统领军队并亲临战阵，军队也由左右贤王直至左右大当户统领，指挥作战，大者统领万骑，小者统领数千。这些统领万骑的军事首长被称为万骑长，共有二十四人。二十四个万骑长亦各自置千长（千骑长）、百长（百骑长）、什长（什骑长）、裨小王、相封、都尉、当户、且渠等官。都尉、当户、且渠等也是中下级带兵官，他们区别权力大小及地位高低的标准就是所辖部众的多少。依照匈奴习惯，在作战中斩敌首级的赐一卮酒，并赏给他所得的掳获物，俘虏得来的人口收为奴婢。因此，匈奴人作战，有利可得时，像鸟兽一样蜂拥而至；无利可图时，也像鸟兽一样四散而走，并不以为羞耻。

匈奴游牧军事政权之下，氏族首领被任命为什长、百长或千长，万骑长或王、侯等高官要职则被显贵家族或世家所垄断和世袭。匈奴单于所在的挛氏最为显贵，单于由挛氏世袭，诸大臣也都由贵族世袭。挛氏而外，匈奴中最尊贵的还有呼衍氏、兰氏、须卜氏三姓。

匈奴保持着野蛮的风俗，子娶亡父小妾，弟娶亡兄之妻。单于死，殉葬的近幸臣妾达数百人。对于征服地区，则进行残暴掠夺，征服东邻乌桓之后，勒令乌桓每岁输送牛、羊、马，过时不缴，常常没收他们的妻子。匈奴还强迫迁移被征服部落或部族的人口，使他们直接处于匈奴的统治之下。

（2）高祖被围

刘邦得到韩王信叛降匈奴的消息之后，于汉七年（公元前200年）冬亲率大军北征。在铜（今山西沁水南）大败韩王信军队，斩其将王喜。韩王信逃往匈奴，原赵国贵族赵利被他的部将曼丘臣、王黄立为王，收集韩王信残部，盘踞原韩王信封地，与韩王信及匈奴共同谋划联合进攻汉朝。匈奴冒顿单于派左、右贤王领兵万余骑，与王黄等驻屯广武（今山西代

县）以南，并发兵攻至晋阳，被汉兵屡屡击退。然而，匈奴骑兵不久就又屯聚一处。汉兵乘胜追击，正赶上天降大雨雪，气温骤降，有十分之二三的士兵被冻掉手指。

当时刘邦驻扎在晋阳，他准备进攻在代北山谷中的匈奴冒顿单于，就派人出使匈奴，以窥探匈奴虚实。冒顿单于将精壮的士兵和肥牛马藏匿起来，只让一些老弱士兵和瘦弱的牲畜出现在汉使者面前。出使匈奴的使者前后有十余批，他们回来后，都说可以对匈奴实施攻击。刘邦又派刘敬出使匈奴，刘敬回来后对刘邦说："两国打仗，夸大显示自己的强盛是很正常的。现在，我到匈奴去，只见到一些瘦弱的牲畜和老弱的士兵，这一定是匈奴故意埋伏奇兵而以短处示人以获得大利。我以为匈奴不可击。"当时汉兵已经有二十万士兵越过了句注。刘邦大怒，骂刘敬："齐虏！徒以口舌取官，现在又妄言胡说来败坏军事。"遂把刘敬捆起来押在广武。

刘邦率大军北进，先到平城（今山西大同），大队兵马还未赶到，却在平城白登山被冒顿单于率领的四十万精兵围困，史称"白登之围"。

陈平向刘邦献上秘计，派使臣送大量财物给冒顿单于的阏氏，劝她向冒顿进言。当时，正赶上天有大雾，匈奴骑兵竟然丝毫不知汉使节的到来。冒顿阏氏受了大量财物以后，就对冒顿说："两主不相困。即使得了汉地，最终也不能被单于占有。况且汉主刘邦往往有神灵保佑，请单于细察。"会兵的日期是冒顿与王黄、赵利约好的，但约期已至却不见王黄、赵利的兵前来，于是冒顿怀疑他们俩同汉有阴谋，就将包围圈解开了一角。于是，陈平组织强弓劲弩之士备好利箭，围成一个通道，护送刘邦由通道从解围的一角逃奔出来。后来汉大军赶到，匈奴骑兵才解围而去。汉朝也罢兵而回，只是命令樊哙留下平定代地。

回到广武，刘邦为刘敬解了绑，说："我不听你的话，遂导致白登之围；我已经杀了前面出使匈奴的使者了。"乃以二千户封刘敬为关内侯，号为建信侯。南过曲逆（今河北完县）时，刘邦感慨地说："壮哉此县！我行天下，唯此县与洛阳人口众多。"

（3）汉与匈奴和亲

刘邦北伐匈奴遭白登之围以后，匈奴更加紧了对汉朝北部边境的侵扰。汉八年（公元前199年），刘邦向刘敬请教对付匈奴的方略。刘敬为刘邦分析基本情况：汉皇朝刚刚建立，天下初定，士卒苦于战事，百姓也饱尝战乱之苦，百业待兴。匈奴是一个武力强大的游牧民族，用武力战胜他们相当困难。刘敬向刘邦提出了"和亲"的建议，劝刘邦将长公主嫁给匈奴冒顿单于为阏氏，另外把一定数量的金、帛、絮、缯、酒、米、食物等奉送匈奴，同时开放关市，准许两族人民交易。汉与匈奴约以长城为界，北面游牧地带，归单于管领；汉朝天子统治南面"冠带之室"农耕民族。汉匈双方各守边界，互不相扰。

高祖刘邦准备派遣长公主出嫁匈奴。吕后日夜哭泣，对刘邦说："妾只有太子和这个女儿，况且已经嫁了人，怎么能忍心弃之匈奴。"刘邦决定不下，未能立即实施刘敬的建议。

汉九年（公元前198年），为了缓和北部边境的紧张形势，刘邦决定实施刘敬建议的对匈奴的"和亲"政策。他命刘敬为和亲使者，将称为长公主的宗室女嫁与冒顿单于为阏氏，并携大量絮、缯、酒、米、食物等，与匈奴单于约为兄弟以"和亲"。

刘敬出使匈奴归来以后，向刘邦建议说："匈奴白羊、楼烦王，最近的离长安只有七百里，轻骑一日一夜就可来到秦中。由于长期战乱，秦中残破，土地肥沃而人口稀少。希望迁徙关东大族齐诸田、楚昭、屈、景等到关中，既可对付匈奴，又对关东广大地区实行控制，是一个强本弱末的好办法。"刘邦采取了这个办法，迁徙齐诸田和楚昭、屈、景、怀诸大族和豪杰之士共有十余万口到关中。

刘邦为打击匈奴、加强北部边防，将名将周勃、樊哙等多次派出，对叛逃匈奴的汉降将韩王信、陈豨、卢绾进行打击，并将韩王信和陈豨杀死。刘邦还把自己的儿子刘恒封为代王，刘建封为燕王，以功臣宿将为辅佐，让他们在北部边防前线驻扎大军，对匈奴进行积极防御。

白登之围后实行的"和亲"政策，尽管是在汉匈力量对比对汉朝不利的情况下实行的，带有某种屈辱色彩，但由于"和亲"政策的实行，使和平一直成为汉匈关系的主流，使汉匈两个强大民族之间避免了大规模战争的发生，从而使汉朝获得了一个宝贵的恢复经济、发展生产、人民有较长时间休养生息的和平环境。

4. 高祖平叛

刘邦登基后，面对的是一个外有强敌、内有忧患的局面，巩固最高统治就成为汉初的中心任务。开国之初，他平定了贯高以及陈豨的叛乱，加强了中央集权。

（1）贯高谋逆

贯高是赵国的丞相，曾长期追随赵王张耳。张耳死后，贯高又以丞相之职辅佐张耳的儿子张敖。后来刘邦把自己的长女鲁元公主嫁给张敖，刘邦此举是为了让赵国也成为拥护自己的忠实力量。

汉七年（公元前200年）七月，刘邦北伐匈奴，困于平城（今山西大同）。突围归来途经赵国时，在邯郸驻留。赵王张敖执子婿之礼，非常恭敬，从早到晚亲自服侍刘邦，刘邦的态度却十分粗暴傲慢。赵相贯高、赵午已年过六旬，曾长期追随张耳，对刘邦非常不满，更不满意张敖在刘邦面前卑躬屈膝，说他失去了一国之君的尊严。他们鼓动张敖说："天下豪杰之士纷纷四起，能者捷足先登。现在，大王对高祖恭敬，而高祖却傲慢无礼，请大王准许我们杀了他。"张敖对他们的谋划断然拒绝，咬破手指

发誓说："你们何出此言？我们被秦亡国，全靠高祖才得以复国，德泽恩及子孙。这件事希望你们不要再提了。"贯高、赵午都不听张敖的话，他们商议说："我们的大王充满仁爱之心，不愿背德。虽然我等没有受到侮辱，但是高祖侮辱我们的大王，让我们忍无可忍，所以才想杀了他，但不能让我们的大王受此事牵连。若事情成功了，功劳归赵王；若失败了，我们来承担罪责罢了。"

汉八年（公元前199年）冬，刘邦在东垣（今河北石家庄）击溃韩王信余党之后，班师回朝，路经赵国。贯高等人利用这个机会，准备在刘邦住宿时行刺他，于是在柏人（今河北柏乡）的行辕，藏了个刺客在厕所的墙壁中。刘邦本想留宿此地，但感觉有些不对，就问左右此处是何地，左右告诉他，此处叫"柏人"。刘邦认为"柏人"即"迫人"的意思，以为不吉祥，于是改变了主意，不在此地留宿，连夜就走了。贯高等人未能实现这次密谋。

汉九年（公元前198年）十二月，贯高的这个密谋被他的仇人得知后上告朝廷。于是，刘邦下令逮捕赵王张敖和贯高等人。消息一传到赵国，十余人争着要自刎，贯高大声怒骂："谁让你们这么干的？这件事情大王并没有参与谋划，现在却一并被捕；如果你们都死了，谁来向皇上说明大王没参与这件事呢？"

朝廷下诏，用囚车押送张敖入京治罪，并下令说，赵的宾客群臣中有敢随从张敖来京者，灭其宗族。贯高与宾客孟舒等十余人，自己髡钳为奴，以赵王张敖家奴的身份一起来到长安。狱官审讯时，贯高在公堂上申诉说："这件事是我们这些人筹划的，我们大王一点都不知道。"贯高被法吏鞭笞数千下，已体无完肤，仍然不改口。吕后也数次向刘邦进言，说张敖应该没有反叛之心，刘邦盛怒之极，根本不听她的劝告。

廷尉审不出结果，就如实向刘邦报告。中大夫泄公与贯高是同乡，就对刘邦说："我平素了解贯高的为人。赵国士人向来重气节，不容受辱，又好行大义而不顾个人安危。"刘邦就派泄公持节前去探问。问贯高，赵王张敖是否参与了这件事。贯高回答他："从情理来讲，谁不爱父母、妻子儿女呢？现在我三族都已定成死罪，难道赵王能替代我的亲族吗？这件事的确与赵王无关，全是我们这帮人策划的。"泄公将情况如实上奏。刘邦获悉真相后十分赞赏贯高重承诺轻生死的行为，于是赦免了张敖和贯高

等人。

贯高得知已经赦免张敖的消息后，对泄公说："我所以宁受鞭笞而不自寻一死，就是想为赵王的确未参与此事做证明。现在，我已尽到责任，可以死而无憾了。作为人臣而有篡上谋弑之名，若让我再服侍陛下，我又有何脸面呢？纵然皇上不杀我，我能问心无愧吗？"于是断然自杀。天下人一时都知道贯高的英名。

张敖被赦免后，又被封为宣平侯。刘邦非常赞赏赵王张敖的宾客为主死节的行为，于是凡自钳为奴随张敖入关者，都被任命为诸侯相和郡守等二千石高官。

（2）陈豨造反

陈豨，宛朐（今山东曹县）人，刘邦非常信任他，曾任刘邦的特使。韩王信反入匈奴，高祖刘邦北击韩王信，遭平城之困，解围后归来，将功臣陈豨由郎中封为列侯，并任命他为代的丞相，同时又让他以将军的身份统领赵国、代国及北部边地的部队，显示了对他的信任和器重。

陈豨年轻时，对魏国公子信陵君无忌非常仰慕。他被任命为边地将军后，广招宾客。陈豨待客礼贤下士，所以宾客云集。赵国丞相周昌到长安求见高祖，说陈豨宾客众多，又擅兵于外，恐怕要出变故。于是，高祖就派人调查陈豨的宾客在代地做的所有不轨之事，其中有很多牵连到陈豨。陈豨非常害怕，打算联合匈奴反叛汉朝，于是暗地里派人联络叛逃匈奴的韩王信的部下王黄、曼丘臣。

汉十年（公元前197年）秋天，太上皇晏驾，高祖刘邦派人请陈豨入京。陈豨称病不从。九月，陈豨与王黄等人反叛朝廷，自立为代王，劫掠赵、代一带。

高祖刘邦得知陈豨反叛后，亲自率兵平叛。他下诏说："代地是急要之地，所以封陈豨为列侯，任命他为相国，是想让他防守代地，我如此信任他，他却与王黄等人起兵反叛！官吏民众并无罪过，凡是与陈豨决裂并前来归附的，一律赦免他们的罪过。"到邯郸以后，刘邦高兴地说：

"陈豨不向南占据邯郸以大河为阻塞,这说明他已不会有什么作为了!"赵相周昌上奏刘邦说:"常山郡二十五城有二十城丧失,请斩杀守尉。"刘邦不想这么做,他问:"守尉投降敌军了吗?"回答说:"没有。"刘邦说:"那只不过是没有守住的能力罢了。"刘邦令周昌选择勇士四人前来拜见。刘邦骂道:"竖子怎能做将军?"四人惭愧伏地不敢说话。刘邦遂封他们四人各食邑千户,并任命为将军。随从诸将心有不服,说:"我们这些人随从入蜀、伐楚,有人仍没有得到赏赐,现在却封这四人食邑千户,他们功劳何在?"刘邦斥责说:"这其中的道理很简单。现在陈豨反叛,赵、代之地都为他占有。我以羽檄征发天下兵马,但没有前来会合的。现在我只能依靠邯郸的兵马了。我何必吝啬四千户的封邑,而不用来安抚赵地的父老子弟呢?"然后,又派人寻找乐毅的后代,将其后人乐叔封为华成君。并通过调查得知陈豨的将领以前多为商贾,就下令以重金封赏招募陈豨的将领,于是陈豨的将领纷纷叛逃陈豨。

(3) 高祖亲征

汉十一年(公元前196年)冬天,高祖刘邦在邯郸反击陈豨。在曲逆(今河北完县)城下,汉兵斩杀陈豨的大将王黄、侯敞,又在聊城打败陈豨的另一将领张春的部队,斩首万余人。太尉周勃也平定了代地。十二月,高祖刘邦又亲自指挥队伍进攻东垣(今河北石家庄)。陈豨的将军赵利顽守东垣,高祖攻之不下,又遭陈豨士卒大骂,十分恼怒。破城以后,刘邦将那些大骂的人全部斩首,并改东垣县为真定县。

周勃率军攻占代国都城马邑,手下的士卒斩杀陈豨的将军乘马,并在楼地会战韩王信、陈豨、赵利的军队,大破陈豨的部队,俘虏陈豨的将军宋最和雁门太守,平定雁门郡十七县、云中郡十二县。后来周勃率军又在灵丘大败陈豨的部队,斩杀陈豨并俘虏了陈豨的丞相程纵、将军陈武、都尉高肆,平定代郡九县。至此,彻底平定了陈豨反叛。

陈豨反叛的时候,燕王卢绾也从东北方向参加了平定反叛的战斗。

卢绾与高祖同乡,他的父亲与高祖之父——太上皇感情很好。高祖和

卢绾是同日降生，长大后一起读书，情同手足。当高祖还是平民时，卢绾总是追随被官家事务所迫而隐匿他处的刘邦。高祖在沛县起兵之初，卢绾以宾客的身份追随高祖入汉中后，卢绾被封为将军，并追随在高祖身边。后高祖向东进攻项羽，卢绾以太尉的身份随侍高祖身边，自由出入高祖的内室，其衣被、饮食和赏赐等，群臣连跟他攀比的念头都不敢有。即使是萧何、曹参等人，谈及亲近与宠幸，也比不上卢绾。后来卢绾又被封为长安侯。

项羽死后，汉王命卢绾为别将，与刘贾一起战败了临江王共尉。接着，卢绾又随高祖征讨燕王臧荼，也获得胜利。这时，诸侯之中，居王位而非刘姓的人共有七位。皇上想封卢绾为王，但怕群臣不满。到俘虏了臧荼后，便下诏给所有的将相列侯，让他们在其中选举一个功臣立为燕王。群臣都知晓皇上想立卢绾为王，都说："太尉长安侯卢绾长年随侍皇上平定天下，以功而论，理当为王。"于是皇上立卢绾为燕王。诸侯中没有谁比燕王更得皇上的宠幸，但卢绾被立为燕王六年后，因皇上猜疑他与陈豨反叛一事有牵连，所以宠幸大减。

当时，陈豨派部将王黄到匈奴那里请求援兵。卢绾也派使者张胜出使匈奴，目的是告诉匈奴：陈豨已经末路穷途，不要与之联合。张胜到匈奴以后，刚好与逃亡到匈奴的故燕王臧荼之子臧衍相遇。臧衍对张胜说："燕王之所以器重你，是因为你熟悉匈奴事务。而燕之所以能够久存，是因为诸侯屡次反抗朝廷，战火不断。现在你们燕国却想灭陈豨，陈豨灭了以后，马上就轮到燕国灭亡了，你们也即将成为阶下囚。"张胜非常赞同臧衍借匈奴、陈豨以自保的理论，就擅自请求匈奴攻击燕军。事情发生以后，燕王卢绾以为张胜已经投降了匈奴，请求刘邦把张胜灭族。不久，张胜自匈奴归来，把详情报告了卢绾，卢绾认为很有道理，就采纳了张胜的建议，秘密派亲信范齐到陈豨那里，共同密谋对抗汉朝。

陈豨反叛很快就被平定，他同卢绾的阴谋也未能实现。陈豨手下的裨将投降了刘邦，把卢绾派范齐到陈豨那儿共同策划谋反朝廷的阴谋上告了刘邦。刘邦马上派使者征召卢绾，卢绾知道事情已经败露，十分害怕，称病不从。刘邦又特派辟阳侯审食其、御史大夫赵尧前去燕国，想查验卢绾同陈豨勾结的详情。卢绾更加惊恐，隐匿起来不见汉使。他对左右幸臣说："非刘氏而王者，只有我与长沙王吴芮。往年春，淮阴侯韩信被汉朝

廷灭族，夏天，彭越被杀，这全是吕后的计策。现在皇上有病，事情全托付给了吕后。吕后这个女人的能事就是诛杀异姓王和大功臣。"他决定继续称病。而此时，卢绾手下的人很多逃亡到汉朝廷，这样，阴谋一点点暴露了出来。审食其得悉后，将那些搜集来的情报上报朝廷，高祖刘邦更加恼怒。后来，匈奴的降者说张胜作为燕的特使联络匈奴，反叛朝廷。刘邦决定派樊哙率军攻燕。卢绾率领宫人、家属、宾客和骑兵数千人，撤退到长城脚下，为了得到刘邦的宽恕，想等到刘邦病愈以后亲自到长安谢罪。不料，汉十二年（公元前195年）五月，高祖刘邦病故。卢绾于是率领部众逃入匈奴。匈奴封卢绾为东胡卢王，一年之后，客死匈奴。

5. 狡兔死，走狗烹

汉十一年（公元前196年），韩信因为与陈豨通谋叛乱，被吕后、萧何用计擒杀。

（1）高祖伪游云梦泽

韩信被刘邦拜为大将以后，屡立战功，是刘邦首屈一指的功臣，被封为齐王。在楚汉战争中，虽然盱眙人武涉、齐人蒯通都曾劝韩信拥兵自立，但韩信并没听从，因为他感念刘邦的知遇之恩。

垓下之战刘邦打败了项羽之后，回军途中经过韩信的统帅部驻地定陶时，在事先未通知韩信的情况下，将他的将印收回，剥夺了他的兵权；接着，又改封韩信为楚王，都下邳（今江苏睢宁），将他连城七十、人多地广且有鱼盐之利的齐封地收回，而改封地处淮北、地方狭小、地瘠民贫、

第一章　威加四方

四面又无险可守的楚地。可见，一灭劲敌项羽，刘邦就开始精心策划如何削夺韩信的兵权。而韩信此时却还以大功臣自居，考虑如何享受荣华富贵，不知自己岌岌可危。

韩信在项羽手下时，与项羽手下的将军钟离昧很要好。项羽死后，钟离昧就到韩信那儿避难。刘邦怨恨钟离昧，就让楚王韩信逮捕他。但是，因为故人情面，韩信拖延未予执行。韩信到楚地就任楚王后，经常陈兵出入，巡行县邑。刘邦的耳目将这些密报给刘邦，说他蓄意谋反。

汉六年（公元前201年），这些密告韩信谋反的上书让刘邦很惊恐，于是他召集诸将谋划。将军们一致主张发兵讨伐，刘邦默然不应。后来，他问陈平，陈平说："上书告韩信谋反这件事，不仅外人不知晓，恐怕楚王韩信自己也还蒙在鼓里。"他又分析道："楚王韩信的兵力稍胜您一筹，且他用兵才能又高于您的将领，真打起仗来，恐怕就危险了。"刘邦问陈平该怎么办，陈平献计说："古时天子巡狩四方以会诸侯。南方有云梦泽，陛下不妨以游云梦泽为由，在陈（今河南淮阳）会见诸侯。陈在楚的西部边界，韩信若听说天子在陈游云梦会诸侯，一定以为无事而前来迎接。在谒见的时候，可以顺势将其擒拿，这只不过是一个力士就能干的事。"

于是高祖采纳了陈平的计谋，假装要去游玩云梦泽，暗地里却要擒拿韩信。当高祖将要抵达楚国边境时，韩信想起兵反叛，可是没有什么借口；想去拜见高祖，又怕被擒。有人劝韩信说："你去拜谒皇上之前，先杀掉钟离昧，皇上一定很高兴，这样肯定安然无事。"韩信就约钟离昧商议此事。钟离昧说："汉王不敢来攻楚国的原因是因为我钟离昧在这儿。你若想讨好汉王而把我杀死，那您的命也就难保了。"并大骂韩信："你这个人真不讲仁义道德。"骂完，就拔剑自刎了。韩信到陈地去拜见高祖时，虽然呈上了钟离昧的头，但高祖仍然令武士把韩信捆绑起来。韩信说："果真像人家所说：'狡兔死，良狗烹。'"高祖说："有人揭发你造反。"于是将韩信用刑具锁缚起来。直到洛阳才赦免韩信，改封他为淮阴侯。

韩信知道汉王既害怕又嫉妒自己的才能，于是常借口生病不来朝见，也不随从出行。一天到晚在家闲着，闷闷不乐，认为与周勃、灌婴等人地位相等是自己的耻辱。有一次，韩信拜访樊哙将军，樊哙说话必自称

臣，恭迎恭送。韩信出了门，笑道："我这一辈子，竟和樊哙等人平起平坐了。"

高祖曾和韩信闲谈，讨论诸将的本领有何不同。高祖问道："以我的能力可率领多少兵马？"韩信说："陛下最多不能超过十万。"高祖问："像你又可以率领多少兵马呢？"韩信回答说："臣是多多益善。"高祖笑道："你既然是多多益善，为什么会被我捉住呢？"韩信说："陛下虽不擅长统率军队，但却天生善于统率将领，这就是原因所在。"

（2）吕后杀韩信

阳夏侯陈豨被刘邦任命为赵国的相国，并监领赵、代两地的兵权。莅任前，陈豨特来向韩信辞行。韩信屏退左右，拉着陈豨的手，仰天长叹说："你有话要对我说吗？我有话要跟你说。"韩信劝陈豨说："您住的那个地方，精兵云集；而您是陛下的宠信之臣，如果有人说您要反叛朝廷，陛下开始一定不相信；再有人告，陛下就要怀疑了；如果有人第三次上告，一定会激怒陛下，对您兴兵讨伐。我趁此为您作内应，天下可图。"陈豨深信韩信的才能，愿意听从韩信的建议。

汉十年（公元前197年），陈豨果然反叛。刘邦亲自将兵征讨，而韩信以生病为借口没有跟从。韩信暗地派人告诉陈豨说："弟举兵而起，我一定帮你。"韩信还准备夜间矫诏赦诸官徒奴，派兵偷袭吕后和太子。只等陈豨的密报一到，就要开始行动。

韩信舍人乐说得罪了韩信，韩信囚禁他以后，还想杀了他。乐说的弟弟向吕后上书告发了韩信要谋反的事。吕后很害怕，就召来相国萧何共同策划。二人商定，让从前线回来的人诈称陈豨已兵败身死，并让群臣上朝祝贺。韩信听到这一消息，惊恐万分。萧何前来会见韩信，劝他说："你身体虽然欠安，但强打精神上朝祝贺还是可以的。"韩信听从了萧何的劝说，谁知一进宫门，就被吕后早已安排的武士缚住。吕后很快就在长乐宫悬钟之室斩杀了韩信。韩信死的时候，悔恨万分地说："我后悔不听蒯通的话，今日败于女子之手，岂非天意！"韩信被杀后，还被夷三族。

第一章 威加四方

高帝回到洛阳，知道淮阴侯韩信被杀，又是高兴又是怜惜。他问吕后："韩信临死有什么话？"吕后说："韩信说后悔没用蒯通的计谋。"高帝悟道："是齐国的能辩之士蒯通呀！"于是诏令齐国将蒯通逮捕押至长安，高帝问："你教淮阴侯韩信造反的吗？"回答说："是的，我确实教过。那家伙自取灭亡，落到这个下场就是因为不听我的话。如果用我的计策，他又怎能被陛下所杀呢！"高帝勃然大怒，下令："煮死他！"蒯通大叫："哎呀！煮我实在太冤枉了！"高帝问："你教唆韩信造反，还敢说冤枉吗？"蒯通说："秦朝失去江山，天下人都群起争夺，有才能、行动快的人能先得到。古时跖的狗对尧吠叫，并非尧不仁，而是狗本来就要对不是它主人的人吠叫。当时，我作为臣子只知道有韩信，不知道有陛下啊！更何况天下想做陛下这般大业而力量达不到的人很多，您能都煮死他们吗？"高帝听罢说："放了他吧。"

世人有的认为汉高祖开业大计首先是韩信奠定的，韩信与他一同在汉中起事，平定三秦后，又分兵向北，占领魏国，取得代国，扑灭赵国，胁迫燕国，再向东攻击占领齐国，复向南将楚国消灭于垓下，汉之所以能得到天下，都应归功于韩信。再看他拒绝蒯通的建议，在陈地迎接高祖，哪里有什么反叛之心呢？陷于大逆不道也是由失去诸侯王的权位后闷闷不快造成的。卢绾仅仅有高祖里巷旧邻的交情，就封为燕王，而韩信的身份不过只是侯爵，高祖难道不也有亏待韩信的地方吗？我认为汉高祖用诈骗手段在陈地抓获韩信，也就是他的亏待之处。不过，韩信是咎由自取。当初，汉与楚在荥阳相持不下，韩信灭了齐国，自立为王却不来奏报汉王；其后，汉王追击楚王到固陵，同韩信约定共同进攻楚王，但韩信按兵不动。当时，高祖诛杀韩信的念头已经产生了，只是力量还达不到罢了。待到天下已经平定，韩信还有什么可倚仗的呢？抓住机会去谋取利益，是市井小人的志向；有志君子的胸怀该是建立大功以报答恩德。韩信用市井小人的志向为自己谋取利益，而要求他人用君子的胸怀回报，不是太难了吗？假如让韩信学学君臣之道，谦虚礼让，不夸耀自己的功劳，也不以自己的才能而自矜，情形就不同了！他对汉家的功勋，可以与周公、召公、太公吕尚等人相媲美，原本可以享有后世的祭祀。他不这样去做，反而在天下已安定之时，图谋叛逆，他被斩灭宗族，不是理所当然的吗？

6.黥布谋反

汉十一年（公元前196年）七月，淮南王黥布看到淮阴侯韩信被杀，彭越也落得同样下场，兔死狐悲，为保全性命，兴兵造反。

（1）黥布归汉

黥布，六县人，原来姓英。小时候有人替他看相说，他在受刑之后会被封王赐爵。等他壮年时，果真因连坐受黥刑。他欣然而笑说："有人给我看相，说是受刑后能称王受爵，现在大概是受刑的时候吧！"听到他说这话的人，都嘲笑他。黥布最后被判到骊山做苦工。当时，在骊山的刑徒有几十万，黥布专门结交其中的豪杰，后来，率领这班人逃亡到江泽中做了强盗。

当陈胜起兵时，黥布便去见番君。这时，他已经率领了几千人的部众。番君将女儿嫁给他。章邯灭掉陈胜，战败吕臣的军队后，黥布带兵向北攻打秦的左右校，并且大败秦军于清波，再引兵向东。这时，听说项梁平定会稽，西渡淮河，于是黥布率部归附项梁。项梁西攻景驹、秦嘉等地，黥布在众军中最为勇猛。项梁听说陈胜已死，便立楚怀王，让黥布作了当阳君。后来，项梁战败而死，怀王与黥布等众多将领都会聚在彭城。此时恰逢赵国被秦军围攻，赵国多次派人向楚怀王求救。楚怀王派宋义为上将军，项羽与黥布都为其部属，向北救赵。后来项羽在河上杀了宋义，自立为上将军，命令黥布先渡河攻击秦军。由于黥布愈战愈勇，于是率全军渡河与项羽会合，终于大破秦军，使章邯投降。楚军连战皆胜，功冠诸侯。诸侯所属军队之所以都逐渐归附楚国，是黥布带领楚军屡次以少胜多

在其中起了决定性的作用。

项羽引兵向西到了新安，又令黥布等乘夜将章邯手下的秦兵二十万余人暗杀或坑杀。到了函谷关，进不了关，项羽又派黥布等先从别的道路攻破关下的军队，然后才得以进关。楚军一直打到咸阳，都是黥布为先锋。项羽分封诸将时，立黥布为九江王，都六县。后来，项羽假装尊怀王为义帝，迁都长沙，又暗中令黥布偷袭他。于是黥布派人在郴县将怀王杀死。

齐王田荣叛楚时，项羽率兵前往讨伐，向九江征兵。黥布称病没有去，而派别将率几千人随行。楚王在彭城被汉王重击时，黥布也称病不肯救助楚王。项羽很怨恨黥布，于是黥布更为惊恐，不敢前往。当时，项羽正担心北边的齐、赵造反，西边担心汉王起兵，只有黥布可以支持他。而且，项羽特别欣赏黥布的才干，想亲近他、重用他，所以一直未对他用兵。

在楚汉相争中，黥布看到汉王刘邦更有可能夺取天下，就随同汉王使臣随何归汉，此举极大地削弱了楚王项羽的军事力量，增强了汉王刘邦的势力。黥布为战胜项羽立下卓越功勋，被封为淮南王。

（2）黥布反汉

汉十一年（公元前196年），淮阴侯被吕后诛杀，黥布心中十分恐慌。这年夏天，梁王彭越又被汉王杀害，做成肉酱，赐给各诸侯。当肉酱送到淮南时，正在打猎的黥布大为恐慌，偷偷派人将军队聚集，随时注意邻郡的意外警报。

黥布有个宠姬生了病，在医生家就医，那医生家正好跟中大夫贲赫是对门。贲赫就竭尽全力讨好这个宠姬，还请她喝酒。宠姬回来侍候淮南王，闲谈时谈到贲赫，称赞他是仁厚的长者。淮南王大怒："他是一个长者，你又如何知道？"宠姬便禀告了她与贲赫往来的情形，淮南王便怀疑他们之间有苟且行为。贲赫知道这事后很恐惧，便称病不出。淮南王见状更怒，想拘捕他。贲赫便扬言有变乱，乘传车赶往长安。黥布派去的人没有追上他。贲赫上书高祖，说黥布有谋反迹象，应杀掉他。高祖看了他的上书后，跟萧何商量。萧何说："这恐怕是他的仇家陷害他。请先拘捕贲赫，再仔细调查黥布的情况。"黥布见贲赫畏罪逃亡，且上书言变，怀疑他已经把自己暗中布置军队的事情说出来，又加上高祖派使者前来，于是对自己的猜测更是深信不疑，就将贲赫的全家诛杀，再起兵造反。

　　黥布造反的消息一传到长安，高祖就赦免了贲赫，且封他为将军。高祖召集各诸侯，问道："应该如何处置黥布？"众人都说："应该发兵讨伐，活埋这小子。他怎么能这样做？"汝阴侯滕公就此事请教他的门客薛公。薛公说："黥布谋反是必然。"夏侯婴问："皇上割地给他，又赐爵位让他称王，他为什么还要造反呢？"薛公回答道："皇上前不久杀了彭越，再早些还杀了韩信，他们三人，是功劳相同三位一体的，他一定会担心自己也要大祸临头，所以便要造反了。"夏侯婴将此话告诉高祖，高祖于是传来薛公。薛公对高祖说："黥布造反不足为怪。但是，如果他采用上策，山之东便不再是汉朝的了；如果他采用中策，将很难预料双方的胜负；如果他采用下策，那么陛下就可以高枕无忧了。"高祖问："什么是他的上策？"薛公回答说："向东攻取吴地，向西夺占楚地，吞并齐地，占据鲁地，传令给燕、赵让他们固守本土，那么山以东就要归他所有了。""什么是他的中策？"高祖再问。"向东攻取吴地，向西夺占楚地，吞并韩地，占据魏地，掌握敖仓的储粮，阻塞成皋通道，这样就与陛下难分胜负了。""什么是他的下策？""向东攻取吴地，向西夺占下蔡，然后把辎重送回越地，自己回到长沙，那么陛下就可以高枕无忧了。"高祖又问："他将会使哪种计策呢？"薛公说："必用下策。"高祖问："为什么他会采用下策而舍弃上、中策呢？"薛公答道："黥布这个人，原是个骊山的刑徒，王位是他自己奋力爬到的，这些都使他只顾自身，不顾他人，更不会为老百姓做长远打算，所以说他必采用下策。"高祖下令封薛公一千户，又立皇长子为淮南王。

（3）战败身亡

当时，高祖正有病，想把攻打黥布的任务交给太子。太子的宾客东园公、绮里季、夏黄公、角里先生劝建成侯吕泽说："太子统领大军，立了功也不会再升迁了，没有功劳便会从此受祸。你何不赶快去请求吕后，寻求机会在皇上面前哭求说：'黥布是天下闻名的猛将，擅长用兵。而我方众将却是曾经与陛下称兄道弟的故人，若让太子指挥这些人，无异于让羊去驱使狼，没人听命于他。况且假使黥布知道，便会击鼓向西，长驱直入了。皇上您如果带病上帝车指挥战斗，躺着指挥，众将领一定会为您效命。皇上虽然劳苦，为了妻子儿女还是要自己振作一下！'"于是吕泽立刻连夜求见吕后。吕后寻机流泪对高祖哀求，说出了四位宾客的意思。高帝说："我就知道这小子不配派遣，还是我自己去吧！"

这样高祖亲率大军向东进发，留守朝中的群臣都送行到霸上。留侯张良生了病，也强撑起身子，来到曲邮，谒见高祖说："我本应随您出征，但实在有重病在身。黥布那些楚国人剽悍凶猛，皇上要记住硬拼不是取胜之道啊！"又建议高祖让太子为将军，监督关中军队。高祖说："张先生虽然有病在身，请勉强辅佐太子。"当时，叔孙通是太子的太傅，张良代理少傅之事。高祖又下令征发上郡、北地、陇西的车骑兵，巴蜀两地的材官及京师中尉的军队三万人，驻扎在霸上，作为皇太子的警卫部队。

黥布造反之初，对他的将领说："皇上老了，讨厌兵事，肯定不能来。他的大将中，我只怕韩信、彭越，但他们现在也都死了，其他人则不值得担心。"所以决心反叛。他向东攻击吴地的荆王刘贾，如薛公所言，刘贾败亡死在富陵。在黥布胁迫下，刘贾的全部兵士渡过淮河攻打楚王刘交。刘交发兵在徐县、僮县一带迎战，他把军队分为三支，想以互相救援出奇制胜。有人劝说楚王道："黥布善于用兵，众人一直很怕他。何况兵法上说：'诸侯在自己领土上作战，士兵极易逃散。'现在楚军分为三支，敌军只要打败一支，其余的就会逃跑，怎么能互相援救呢！"楚王不听，结果黥布攻破一支军队，另两支果然一哄而散。黥布于是引兵西进。

汉十二年（公元前195年）冬，十月，高祖与黥布的军队在蕲西对阵。黥布军队十分精锐，高祖便坚壁固守庸城。远远望去，黥布军队的布阵如同当年的项羽军队，高祖心中甚是厌恶。高祖与黥布二人可远远望见，高祖质问黥布："你何苦要造反？"黥布回答说："想当皇帝而已！"高祖怒声斥骂他，于是双方大战。黥布的军队败退而逃，渡过淮河，几次停脚也是屡战屡败。他只好与一百多人逃到长江南岸，高祖便另派一员将军继续追击。

高祖凯旋，路过沛县，停下，在沛宫举行酒宴。召来旧友、父老、儿女长辈、家族子弟陪同饮酒，共叙旧情，欢笑作乐。酒喝到畅快时，高祖自己作歌，欣然起舞，唱到慷慨伤怀之时不禁潸然泪下。高祖对沛县父老兄弟说："游子悲故乡啊！我以沛公的名义起事诛灭秦朝暴逆，夺取了天下。现在把沛县当作我的汤沐邑，免除县中百姓的赋役，世世代代不予征收。"高祖在沛县畅饮十余天后，方才离去。

汉朝将军在洮水南、北追击黥布残军，大获全胜。黥布曾与番君吴芮结有婚姻之好，所以长沙成王吴臣便以想和他一起逃到南越为饵诱骗黥布。黥布果然相信，随之而去，结果在布兹乡农民田舍被番阳人杀死。

第二章

吕氏专权

刘邦逝世后，太子刘盈即位，是为汉惠帝。由于惠帝生性懦弱，大权实际上掌握在其母吕后的手中。

为强化自己的统治，吕后把家侄吕禄、吕产等封为诸侯王，分别负责守卫京城的北军和警卫皇宫的南军，并对刘氏子孙以及前朝遗老予以排斥。

吕后专权，特别是她分封吕氏为王，违反了刘邦生前立下的"非刘氏而王，天下共击之"的誓约，引起刘氏宗室和元老重臣的不满。

公元前180年，吕后病逝，吕禄、吕产准备发动政变，建立吕氏王朝。阴谋暴露后，齐王刘襄发兵讨伐吕氏，长安城内周勃等人响应。一番激战之后，诸吕被诛。

1. 吕后夺权

惠帝元年（公元前194年），汉高祖刘邦驾崩，太子刘盈为帝，实权掌握在吕后手里。吕后名雉，字娥，砀郡单父（今山东单县）人，是刘邦的发妻，生惠帝刘盈。刘邦即帝位后，她被立为皇后。刘盈即帝位后，她被尊为皇太后。

（1）争立太子

刘邦定天下后，吕后为巩固刘氏政权、清除异姓王立下很大功劳，诛杀韩信、彭越等诸侯，她都是主谋。刘邦在发迹过程中及做皇帝后收了不少姬妾、嫔妃，吕后对此十分嫉妒。刘邦死后，她就将刘邦宠爱的许多嫔妃囚禁起来，不许出宫，并对她们进行惩罚，只有侍宿极少的薄姬得以出宫，跟着儿子刘恒去了代国。

吕后对戚夫人最为怨恨。戚夫人是刘邦率部攻下定陶时所得，有沉鱼落雁之貌，刘邦对她非常宠爱。刘邦从征战各地到初入关中，入蜀汉，然后定三秦，最后江东灭项羽，一直都是戚夫人陪在身边。甚至在吕后立为皇后以后，戚夫人伴宿刘邦的次数也最多，因此，吕后非常嫉恨他。

与戚夫人相比，吕后得到刘邦的宠爱却极少。刘邦还是一介平民时，其行为常被人看不起，吕后父吕公看中了他，将女儿许配给他。成家后，刘邦很少回家，更不事耕种劳作；而吕后既要操持家务，又得领着儿女下地干活。刘邦在沛县起兵后，托付审食其、刘仲照料刘父、吕后，自己就一心去打天下了。高祖二年（公元前205年），在灵璧睢水之上（今安徽

第二章 吕氏专权

境内），刘邦的五十六万大军反而被项羽三万精兵所败，最后仅以十余骑逃命。途经沛县，刘邦派人去接家室，而家人已经在战乱中逃亡，不知下落。后来在途中遇到他的一双儿女，但刘邦为摆脱追兵，几次将他们推下车去，幸亏被夏侯婴救起，才免于一死。吕后、刘父及其家人由审食其等人护送，抄小路逃命，却又与楚军相遇。从此，吕后等人就被项羽当作人质扣押在营中，直到高祖四年（公元前203年）九月项羽向刘邦求和，她才回到刘邦身边。刘邦行军作战时，吕后常常留守后方，见到刘邦的机会很少，因此关系更加疏远。吕后被立为皇后以后，刘邦对她依然是尊而不亲。

吕后怨恨戚夫人，主要因为立太子的问题，她们二人都想争立自己的儿子为太子。

戚夫人的儿子如意在汉九年（公元前198年）被封为赵王；吕后生的儿子刘盈早在汉二年（公元前205年）就立为太子，他是皇后所生，按理不存在废立问题。但是，刘邦却比较喜欢如意，认为他在性格、气质和相貌上更像自己；而刘盈生性仁慈、软弱，刘邦认为他没有能力做皇帝。加上戚夫人经常在他面前苦苦相求，于是，刘邦常常生出重立太子的念头来，好几次都差点实现这一想法。

早在如意被封为赵王时，刘邦就想立他为太子。一次朝廷议事，多数大臣都不同意重立太子。御史大夫周昌反应最为强烈，重立太子之事就被暂时搁置了。

当时赵王如意年仅十岁，刘邦担心他在自己驾崩之后小命难以保全，眼下找个可靠的人保护他是最主要的。一天，刘邦郁郁寡欢，群臣不知皇上为何如此。符玺御史赵尧走上前，轻轻地问："陛下一直闷闷不乐，是不是考虑赵王年少，而戚夫人与吕后又有隔阂，担心百年之后赵王不能保全自己呢？"刘邦说："正是。我私下担忧，不知用什么方法能解除我的忧虑？"赵尧说："陛下，唯一的办法就是给赵王找一个德高望重的相国，这个人必须是吕后、太子、群臣平时所敬畏的人。"刘邦问："谁合适呢？"赵尧说："御史大夫周昌。"于是，周昌立即被召来进见，刘邦对他说："我想麻烦周公做赵王的相国。"周昌哭泣说："臣最初就跟随陛下，陛下为何要将老臣中途抛弃呢？"刘邦说："辅佐赵王，非公莫属。我心念赵王，就只有委屈你了。"

没过多久，刘邦还是对赵王放心不下，仍想立其为太子。吕后闻知，心里非常着急。有人对吕后说："留侯善于筹谋，何不向他求得一策？"吕后就让建成侯吕泽去跟张良说这事。吕泽对张良说："您是皇上最为信赖的谋臣，如今皇上想更换太子，您怎么能置若罔闻呢？"经过深思熟虑之后，张良想出一条妙计："有四人皇上不能相招，这四人年纪大了，他们对皇上的傲慢轻侮深感不满，所以逃到深山隐居起来。假如以太子名义修一言辞谦逊之书，配以座车，由说客相请，他们肯定出山。然后以贵宾相待，让他们时刻伴随太子，这样对太子最有帮助。"吕泽便按计从事。

汉十一年（公元前196年），黥布造反。高祖刘邦正生病，想把征讨的任务交给刘盈。四老相互商量之后，认为太子领兵平叛很不利，就让建成侯吕泽去找吕后，吕后按四老之意哭诉一番，终于使刘邦决定带病亲自出征。

汉十二年（公元前195年），刘邦从前线平叛归来以后，身体每况愈下，更换太子的想法更加强烈。太子太傅叔孙通以死相谏："从前晋献公因骊姬之故，想废太子，结果致使晋国数十年大乱，为天下人耻笑。秦朝就因为不早定扶苏，使赵高得以诈立胡亥，导致国亡，陛下已经亲眼所见了。当今太子仁义礼孝，人所共知。陛下与皇后同甘共苦几十年，怎么可以背弃！陛下一定要废太子，立赵王，臣定先死。"其他大臣也纷纷劝谏，刘邦口头上只好答应不再更换太子，但内心还想更换。

一次，刘邦大宴群臣，四老站在侍立刘邦身边的太子身后。四老都已是耄耋之年，银须白发，衣着也与常人不同。刘邦从未见过这四人，感到奇怪，就问他们是什么人，四老一一向刘邦作自我介绍。他们正是刘邦寻找多年的高人。刘邦问他们为何要跟随太子，四老解释道："陛下轻视读书人，我等讲求骨气，不愿受侮，所以躲进深山。太子对读书人恭敬有礼，为人仁义孝明，我等当然跟随太子，侍奉左右。"刘邦这才知道太子早已羽翼丰满，无法再更换了。

看着飘然而去的四老，刘邦对坐在身旁的戚姬说："我想更换太子，现在已太晚了。太子在他们四人辅佐之下羽翼已丰，难以动摇了。"

（2）铲除异己

高祖进攻黥布时，曾被乱箭射中，病情在行军路上恶化。吕后请来一位外科良医，医生入内诊视后说："病可以治。"高祖却破口大骂道："我凭手中三尺剑，以一介布衣夺取了天下，这难道不是天命吗！我的生死在天，即使扁鹊复生又有什么用！"于是不让医生治病，以黄金五十斤赏他。吕后问高祖："陛下百年之后，相国萧何死了，让谁代替他呢？"高祖说："曹参可以。"吕后再问曹参之后，高祖说："王陵可以，但他有点憨厚，陈平可以帮助他。陈平智谋有余，却不能独自担当重任；周勃为人虽然厚道不善言辞，但他将来一定可以帮助安定刘氏天下，可任用他为太尉。"吕后再追问其后，高祖只说："这以后的事也就不是你能操心的了。"

惠帝元年（公元前194年）四月，高祖驾崩，太子刘盈为帝。吕后掌握实权，立即着手残害与她为敌的戚夫人，而赵王如意也成了太子之争的牺牲品。

吕后先命令永巷令将戚夫人囚禁起来，接着派人去邯郸（今河北邯郸市），想召回刘如意，以图加害。遵从高祖遗愿的赵相建平侯周昌，对赵王悉心照料。他明白吕后使者的来意，好几次都将使者挡了回去，他对使者说："高帝将年幼的赵王托付给老臣。老臣窃闻戚夫人遭太后怨恨，欲召回赵王一并诛杀，故老臣不敢放赵王回都。况且赵王生病，不能奉诏。"吕后十分恼怒，但又不敢对有恩于她的周昌如何，只好想出个调虎离山之计，即先派人将周昌召回长安（今陕西西安市），然后再次派人去召赵王。

惠帝是个不计较个人恩怨、心地善良之人，他深知戚夫人及赵王为母亲所深深痛恨，赵王来长安必定凶多吉少，于是就亲自到霸上（今陕西西安市东）迎接。赵王来京后，惠帝一直陪着他饮食和起居。吕后一直没有机会得手。惠帝元年（公元前194年）十二月的某一天，惠帝很早就出去射猎，而赵王年少不能早起相随，吕后探听到后，立即派人拿着鸩酒，逼

如意喝下。惠帝天亮以后回宫，赵王已气绝身亡。后来，朝廷改封淮阳王刘汉为赵王。

吕后毒死赵王如意后，就毫无顾忌地对其生母戚夫人进行残害。她命人砍去戚夫人手足，灼烂耳朵，挖掉眼珠，又给她灌了哑药，然后将其丢进厕所里，称之为"人彘"。过了数天，戚夫人惨死于极度的精神折磨和肉体摧残之下。吕后还把惠帝请来观看人彘，惠帝见后，一问才知道是戚夫人，大哭不已，因此而大病一场，一年多未愈。后来，惠帝派人告诉太后："这事非人所为。太后如此残虐，臣身为太后子，再也无脸治理天下了。"从此，惠帝日日饮酒作乐，不再上朝听政。朝中大权，就由吕后独揽了。

齐王刘肥入朝看望惠帝，与吕太后共宴。惠帝请他坐上座，吕后非常恼怒，让人倒了一杯毒酒，赏赐给齐王，为他祝福。惠帝与齐王一起起身接酒杯，太后一见大惊，忙起身泼掉惠帝手中的酒。齐王心知有异，假装酒醉离去，不敢再喝。经打听知道那是杯毒酒，惊恐万分。最后齐王把城阳郡献出来，做吕后女儿鲁元公主的汤沐邑，太后因此高兴，才放走了齐王。

吕后费尽心机，终于保住了自己儿子的太子地位，她也稳做了皇太后。然而，她丧失人性地残酷报复戚夫人，遭到了自己亲生儿子的谴责。惠帝终究软弱，身为天下之主，无法忍受母后的残酷行径，遂弃国家而不管，日日纵酒色为欢，可以说他是只知小仁而未识大义。倘若惠帝英明，即应振作，借此机会夺回实权，施仁治，精心整治国家，那么吕后专政、诸吕乱政也就不会出现了。

2.萧规曹随

惠帝二年（公元前193年），丞相萧何去世，曹参接替了相位。萧何、曹参是汉初著名的两位丞相。

（1）萧何为相

萧何，沛县丰邑（今江苏丰县）人，秦时做过沛县（今江苏沛县）的县吏，通晓刑法律令。陈胜、吴广在渔阳起义之后，他参与了刘邦的起义部队，负责督办军务。他办事一丝不苟，深得刘邦信任。萧何建议刘邦进入秦都咸阳后"约法三章"："杀人者死，伤人及盗抵罪"，敬告关中各县父老、豪杰，避免了乱杀，对稳定关中局势起了重要作用。攻克秦宫之后，他收取秦丞相府和御史府中的律令文书、山川图册、户籍簿等文献档案，对当时全国的山川险要、郡县户口及社会情况有了及时的了解。

楚汉战争结束后，刘邦总结了汉家取胜的原因，其中之一就是拥有萧何。论功行赏，萧何功劳最大，被封为侯，位居列侯第一。

尽管位高权重，但萧何作为臣下，贪功自傲之心却丝毫不敢有，行事十分小心谨慎。他跟随刘邦多年，对其为人非常了解，他深知，自己稍有疏忽即会引起大祸。汉十一年（公元前196年），萧何向吕后献计，将大将淮阴侯韩信诱杀。刘邦从前线回来后，听说铲除了心腹之患，就派人拜望萧何，将他由丞相升为相国，加封五千户，还专门为他配备了卫队。同僚前来祝贺，他毫无得意之色；相反，他接受谋士的建议，不但辞谢封赏，还以补充军费为由，将自己的资产全部捐出。他所做的一切无非是想

向刘邦表示自己绝无野心。

萧何临终之时，惠帝刘盈前来探望，问及谁能接替相国，萧何回答："了解臣下的人莫过于陛下。"惠帝说："曹参如何？"萧何回答说："最好的人选陛下已得知，我死而无憾了。"惠帝二年（公元前193年）秋七月，萧何去世。他生前购置田地房宅，必位于穷乡僻壤；他主持家政，也从不招摇显富。他说："如果我的后代贤能，就学我的俭朴；如果后代不贤，也没人会抢夺这些劣房差地。"

（2）曹参无为而治

曹参曾做过沛县（今江苏沛县）吏，与萧何同时追随刘邦。起初，曹参位低时，和萧何相交甚好。后来一人做了将军，一人做了丞相，关系渐渐疏远，但两人的相知相识并未受到影响。到萧何快死时，所推举接替自己的贤能之人唯独曹参。

曹参文武全才，先做了将军，后做了丞相。在灭秦、击楚以及平定叛军的诸多战役中，他披荆斩棘，立下赫赫战功。

韩信被诛杀后，刘邦封长子刘肥为齐王，曹参出任齐国相国。

惠帝刘盈继位后，改任曹参为齐国丞相，统管齐国七十余城邑。时天下初定，齐王刘肥又年轻，不懂朝政，曹参主持所有大事。曹参广纳民谏，召全国有名望的读书人，询问他们治国安民之策。这些齐国儒生吞吞吐吐，众说纷纭，究竟该用哪种治国方式，曹参也难以决定。后来，他请精通黄老学说的盖公出山，以厚礼相待。盖公对他说："治理国家、安抚百姓贵在清静无为，这样百姓必然自行安定。"曹参对盖公的话很感兴趣，决定采纳其建议。从此，曹参就以黄老学说作为治理齐国的纲领。

曹参在齐国做了九年丞相，把齐国治理得井井有条，齐民安居乐业，都称赞他是贤相。汉初因长年战乱，人口锐减，经济凋敝，民不聊生。采用清静无为、与民休息的办法，给老百姓充分的时间喘息，这对汉初的人口及农业生产的恢复和发展都有一定的好处。

第二章 吕氏专权

惠帝二年（公元前193年），萧何死。曹参闻讯，便对属下说："我将要进朝廷做相国了。"不久，朝廷果然来了使者，召他回京。

曹参在离开齐国之前，仍不忘他的无为之治。他对新任齐相说："首先你要把齐国的监狱变成奸人的住宿场所。对于监狱这样的地方，要持谨慎态度，不要随意去扰乱。"他的意思是不行峻法、不施严刑，这样奸人就不会因无处容身而作乱了。曹参说："监狱是善恶兼容的所在。如果你以严刑惩治奸人，奸人就失去了改过自新的机会。所以，我常把这类事放在治国的首位。"

曹参在继任相国后，更充分地体现了他的无为之术。

他喜欢忠厚老实之人，于是选择郡县官吏中质朴而不善文辞的忠厚长者做相国府的属吏，撵走官吏中那些能言善辩、苛求深究、追求声誉的人，而他自己则日夜莺歌燕舞。卿大夫以下官吏乃至宾客，见曹参不理政事，就欲进言劝告，这些人一到，曹参只让他们喝酒，不让他们说话，这些说客往往喝得大醉离去，无人有机会进言。

曹参的住宅后园与小吏的房舍相近。小吏们整天饮酒，欢呼歌唱，曹参的下属常常感到不满，但却管不着他们。下属们就请相国在后园中游赏，希望他来弹压。哪知曹相国听了小吏们的高歌、喊叫，反而设置酒菜和属下一起大饮，同时放声高歌，大声呐喊，呼应小吏。

在相国府中，曹参从不渲染、指责他所见到的官吏的过失。相反，他总是设法加以隐瞒、遮掩。所以，在他任职期间，相国府相安无事。

萧何在世时制定的规章、制度主要有：《九章律》，这是以秦朝《六律》为蓝本，增加《户律》、《擅律》、《厩律》，合为九章；田赋、口赋、献费三种构成赋役；徭役制度，有正卒、戍卒、更卒三种。还有许多其他制度。曹参对这些规章制度不做任何变动，而是全盘执行。在他出任相国的三年内，没提出任何建议和措施。

汉惠帝对曹参整天饮酒作乐、不理朝政感到很奇怪。于是，他对身为中大夫的曹参的儿子曹窋说："你回家时，试着问问令尊：'您身为相国，不向皇上上书言事，却每天饮酒不止，凭什么来考虑天下的大事呀？'"曹窋回家后，就把惠帝的话以自己的口气说出来。曹参一听大怒，打了曹窋二百鞭子，训斥道："你只管侍奉皇上，天下大事由不得你来问。"次日上朝时，惠帝责怪曹参说："为何要惩罚中大夫？是我让他

用那些话劝诫你的。"曹参赶忙摘下帽子谢罪,说道:"陛下圣明英武,然而比之高帝何如?"惠帝说:"怎敢与高帝相比。"曹参紧接着说:"依陛下看,臣与萧何谁更贤能?"惠帝说:"君似乎比不上他。"曹参说:"陛下所言极是。高帝与萧何定天下,已经明确地制定了法令制度。今天,陛下无为而治;参等谨守职位,遵而勿失,不也是很好吗?"惠帝无言以对。

争天下,取有为;得天下,取无为。这是汉高祖刘邦及其后继者治国方略的真实写照。萧规曹随,同样也是无为而治,它作为治国纲领而在汉初被最高统治者采用,客观上促进了当时的社会经济的恢复和发展。

3.吕氏争权

惠帝七年(公元前188年),刚刚在位七年的惠帝刘盈驾崩,满朝文武、后宫群妃恸哭不已;而吕后只是干嚎,毫无悲哀的表情。侍中张辟强将这一小小细节看在眼中。辟强是留侯张良之子,时年十五岁,却智慧过人。他对吕后的心事十分清楚,就对左丞相陈平说:"太后只有惠帝这么一个亲生儿子。惠帝驾崩,作为母后哭而不悲,您知道是什么缘故吗?"老丞相问道:"什么缘故?"辟强答曰:"这是因为惠帝英年早逝,又无亲生壮子,太后担心你们这班老臣谋反,无心哭泣啊!您现在如果提议拜吕台、吕产、吕禄为将,统率南北诸军,诸吕皆入官,居中用事,那么太后就心安了,你们这班老臣也就相安无事了。"于是陈平等人依辟强之计,禀奏太后。吕后果然大为高兴,吕氏家族从此开始掌权。张敖所生之女是惠帝的皇后,吕后想让张皇后生子,但终不能如愿。于是,吕后命人将宫人之子抱来,由张皇后领养,冒充亲子,并将其生母杀掉。惠帝一死,假太子便做了皇帝。吕后又把吕禄之女立为少帝皇后,借此加固吕氏根基。

第二章　吕氏专权

（1）吕后称制

惠帝死后的第二年，吕后称制，称高后元年（公元前187年）。从此国家的一切权力便掌握在吕后手中。

高后元年（公元前187年）春正月，吕后下诏说："前日孝惠皇帝意图废除对重罪戮及三族，将过于荒谬的语言视为妖言的严酷法令，其议未决而去世，现在宣布废除。"二月，赏赐人民爵级，每户一级。首次设置年禄为二千石的孝弟力田官一人，以劝励天下。立孝惠帝后宫之子刘强为淮阳王、刘不疑为常山王、刘弘为襄城侯、刘朝为轵侯、刘武为壶关侯。

高后二年（公元前186年）春，吕后又下诏说："高皇帝统一天下，分赐采邑与列侯之位给各功臣，万民大安，同受恩泽与美德。朕考虑到年代久远而功名会被湮没。现在朕想以功劳高下为先后次序，在高皇帝的祠庙中收藏功劳簿，代代相传，其子孙世袭其功位，请丞相与列侯共同提出议案上报。"丞相陈平上奏："臣与绛侯周勃、曲周侯郦商、颍阴侯灌婴、安国侯王陵等共议，列侯蒙恩得赏租俸与食邑，陛下又格外加恩，等级以功定，臣等请将功劳簿藏于高庙。"吕后批准此奏。

高后四年（公元前184年）夏，少帝知道了自己的身世，无意间吐露怨言，被皇太后软禁在长巷之中。吕后下诏说："凡是统驭天下治理万民的人，应像上天那样包罗、大地那样容纳，皇上治理百姓的目的是爱护百姓。当今少帝患病长期不愈，甚至精神错乱，请提议一个可以代替他继承大统、担当天下重任的人"。群臣都说："皇太后是为天下苍生着想的，这对于宗庙社稷的稳定至关重要。臣等俯首奉诏。"五月十七日，立恒山王刘弘为皇帝。

吕后掌权后，就准备分封吕姓诸人。为了考察大臣们对封吕之事的态度，她在朝廷上讨论这件事。问到右丞相王陵时，王陵坚决反对。他说："高祖曾杀白马以盟誓：'非刘氏而王，天下共击之。'今封吕氏为王，岂不违背了高祖的誓言？"吕后极不高兴。而左丞相陈平、绛侯周勃却认为："高祖定天下，立刘氏子弟为王；今太后称制，王为吕氏家族，有何不可？"听到二人说出这番话，吕后大喜。罢朝后，王陵指责陈平、周勃

说:"当初与高祖歃血订盟,二位都在场,现在太后成了一国之主,想要立诸吕为王,你们顺从其欲,曲意逢迎,将来有何面目见高祖于地下?"陈平、周勃道出了他们的理由:"眼下当面抵制、抗廷而争,我们不如您;但是安定刘氏社稷,您恐怕就比不上我们了。"王陵一时无语。

王陵在朝廷上惹恼了吕后,吕后对其怀恨在心。几个月后,王陵被吕后拜为皇帝太傅,以此为借口,剥夺了相印。但皇帝已是有名无实,太傅也难有作为,王陵自知得罪了太后,便托病告老归田。吕后任命陈平为右丞相,任亲信辟阳侯审食其为左丞相。其实,诸事皆由审食其决断。

(2)分封诸吕

吕后将丞相职位安排停当后,先追尊郦侯吕台的父亲为悼武王,由此正式开始了分封诸吕。

吕后首先开始封各吕姓为侯。高后二年(公元前186年)四月,吕后封郎中令冯无择为博城侯——先封异姓为侯,目的是为了掩人耳目;又封齐王刘肥之子刘章为朱虚侯,并将吕禄之女嫁给他;齐丞相齐寿为平定侯,少府阳成延为梧侯;长女死,赐谥鲁元太后,将鲁元太后之子张偃封为鲁王。接着,吕后正式开始了分封吕氏家族:吕种为沛侯,他是吕后次兄建成侯吕泽之子。

吕后封诸吕的第二步是封诸吕为王。她采用了以前封侯的策略,先将惠帝后宫嫔妃所生的儿子进行分封:刘强为淮阳王、刘不疑为常山王、刘山为襄城侯、刘朝为轵侯、刘武为壶关侯。她做此事的用意在暗示大臣们上书封立诸吕为王。大臣们心领神会,上书请立郦侯吕台为吕王,吕后当即应允。这时,建成侯吕泽死,其嫡长子因罪被废,吕后将胡陵侯封给其次子吕禄。

高后二年(公元前186年),常山王刘不疑死,其弟襄城侯刘山改名刘义,被封为常山王。

高后四年(公元前184年),吕后封其妹吕媭为临光侯,这是历史上第一个女侯;另封吕子吕他为俞侯、封吕更始为赘其侯、封吕忿为吕城侯。吕更始、吕忿都是吕后的侄子。

第二章　吕氏专权

吕台死后,他的儿子吕嘉继位,又于高后六年(公元前182年)十月被废。吕后将其弟吕产立为吕王。吕国与刘氏子弟们所辖的赵、梁等国相比地位甚低,吕后很想封吕氏子侄为这些要地之王,但她必须先铲除刘姓诸王。因此,赵王刘友成为第一个牺牲品。

刘友原为淮阳王,赵王如意被吕后的鸩酒害死后,他被立为赵王。吕后让刘友立他并不喜欢的吕氏女为王后。因为不得宠,吕王后就跑到吕后处告状,说赵王曾说过"吕氏怎么能称王?太后百岁后,吾必击之。"吕后闻后大怒。她立即召赵王进宫,时高后七年(公元前181年)正月。刘友进京后,马上被幽禁在长安的赵王官邸。吕后派卫士层层看守,既不召见他,也不准送饭给他吃。有些大臣因与刘友交往甚好,暗中给他送了些吃的,却都被治了罪。赵王深知大难临头,饿极之际作歌道:"诸吕用事兮刘氏危,迫胁王侯兮强授我妃,我妃既妒兮诬我以恶,谗女乱国兮上曾不寤。我无忠臣兮何故弃国?自决中野兮苍天举直!吁嗟不可悔兮宁蚤自财。为王而饿死兮谁者怜之!吕氏绝理兮托天报仇!"没几天,赵王刘友被活活饿死于其官邸,后葬于乱坟之中。

同年二月,吕后改立梁王刘恢为赵王,目的是想将梁王封予吕产。刘恢迁往赵国后,闷闷不乐。吕后强行将吕产之女嫁给刘恢,立为赵王后。王后擅权,所用官员皆是吕姓,刘恢如同刘友一样,无任何人身自由。他有一个爱姬,被王后鸩杀。于是,他作歌四章,让乐工谱曲歌唱,其曲哀婉缠绵。刘恢听后,心里十分悲愤,于六月自杀。吕后听说此事后,骂他为了女人而背弃祖宗,将其后人的王位继承权废除。

吕后想立吕产为梁王,但因为封吕姓为王太急,她担心遭人口舌,一时不好开口,希望大臣们能主动提出来。这时齐国一位说客帮了她大忙。

齐人田生想外出游说,可苦于没有钱财,便借献策之机求助于营陵侯刘泽,刘泽给了他二百金,田生大喜过望。第二年,他来到长安,租了一处豪华大宅。田生先让儿子与吕后的宠臣宦官张卿结交。不久,张卿拜访"田府"。"田府"装饰豪华,室内张挂罗帷绫帐,又陈列着高级器具,其规格如同列侯。张卿为"田府"之奢华感到吃惊。酒至半醉,田生屏退左右,对张卿说:"如今吕氏太后,曾辅佐高祖取天下社稷,忠心与功劳都是天下可昭,而今,诸吕力量太弱,她老人家打算立吕产为王,统辖梁国,可又不便开口,怕遭人非议。现在,你最为得宠,也为群臣敬重,应

该私劝群臣同意封吕产为王，再禀明太后。这样一来，太后必定高兴。要是诸吕为王，你也少不了被加封万户侯。你身为内臣，应该帮助太后实现她的心愿，否则恐怕祸将临头了。"张卿很赞同这个建议，就逐个私劝群臣。果然太后上朝，群臣就提议封吕产为梁王。这样梁王的名号就顺利地归吕产所有，可他后来并没有去封国，而是留在都城做了皇帝太傅，成为吕后的得力助手。

吕后如愿以偿，赏了张卿千金。张卿送一半给田生，田生不要，只是对张卿说："吕产封了王，大臣皆服。如今营陵侯刘泽是刘氏宗族，又任大将，只有他会因未得封王而感不服。你去劝说太后，封他一个王号，他得了王号，就会高兴而去，吕氏地位也更加巩固了。"吕氏封诸吕，最担心的就是大将军刘泽。刘泽是高祖的堂兄弟，汉初位居郎中，后来凭着赫赫的军功被封为营陵侯，长期掌握着军权。吕后也怕他以后威胁到吕氏的地位，便听从张卿的建议，封刘泽为琅邪王。田生见刘泽封了王，就劝他火速起程去封国。刘泽一出函谷关，吕后突然改变主意，想铲除后患，便派人追赶。但刘泽、田生一行已经走远，很快就到了琅琊国（都今山东诸城县）。

吕后封了吕产为梁王，还觉得吕姓地位不够牢固，又想封吕禄为代王。这年秋天，她派使者到代地，要迁代王刘恒为赵王。她的意图被识破，刘恒谢绝就赵，愿守代地（都今河北蔚县东南）边疆。吕后无奈，只好将目标放在赵国。

这时，为迎合吕后之意，太傅吕产、右丞相陈平上言，请将武信侯吕禄（原为胡陵侯，后改封）立为赵王。吕后欣然应允，另将赵昭王的名号追封予吕禄父吕泽。

高后八年（公元前180年）十月，吕后封立吕台之子、东平侯吕通为燕王，吕通弟吕庄为东平侯。原燕王刘建于高后七年（公元前181年）九月死，由于他没有嫡生之子，而他的庶子又被吕后派人一一杀掉，这样，他因无后人继位，被废除了封国。吕后在病中仍不忘吕氏一族，她担心早丧双亲、孤弱无助又年少的外孙鲁王张偃，就封张敖前姬两子张侈、张寿为侯，让他们辅佐张偃，同时还封了吕荣为祝兹侯。至此，吕后分封诸吕完毕。

4. 平定诸吕

吕后的一手扶植，成就了庞大的吕氏家族。吕后深知，自己分封诸吕的行为定会使得天下人不满，只是这些人迫于威势，敢怒不敢言。她死后，势单力薄的吕族肯定会受刘氏子弟与朝臣的联合攻击。只有掌握军权，才能控制住局势。因此，吕后在晚年，设法让吕氏掌握了兵权，任命吕禄为上将军，统率北军；吕产为太傅兼将军，掌管南军。北军负责守卫都城长安，南军负责守卫皇宫，南、北二军由全国挑选的精锐兵卒组成，驻守京师。

（1）反吕同盟

这一时期，朝政由诸吕把持。朱虚侯刘章年方二十，身强力壮，血气方刚，对刘氏宗室不能执掌政权心怀不满。他曾经侍奉太后参加酒宴，刘章自己请求说："我本是将门之后，请太后允许我监酒时依照军法。"太后回答："可以。"酒酣之时，刘章请求吟唱一首《耕田歌》，太后准许。刘章吟唱道："深耕播种，株距要疏；不是同种，挥锄铲除！"太后默然无语，她深知其中所指。不一会儿，参加宴席的诸吕中有一人酒醉，离开席位出去，刘章追上来，将此人挥剑杀掉，还报太后说："有一人逃酒，我以军法将他处斩！"太后及左右人等都大吃一惊，但因太后已经同意他以军法监酒，想治他罪也没办法，于是散席。从此以后，诸吕都很惧怕朱虚侯刘章，朝廷大臣也都要倚重他，因此刘氏宗室的力量增强了。

诸吕用事擅权，因担心群臣不服，就想铲除异己，但由于有陈平、周勃、灌婴这些老臣在，他们不敢动手。

高后七年（公元前181年）七月，陈平担忧自己无力制止诸吕横暴，恐怕大祸临头，便独居静室，苦思对策。恰在此时陆贾来访，未经通报直入室中坐下。陈平正在冥思苦想，竟然没有察觉到。陆贾说："什么事让丞相如此苦思，如此全神贯注！"陈平说："先生猜我思虑什么事？"陆贾说："你一定担心诸吕和皇上年幼的事吧。"陈平说："先生猜得对。此事该怎么办呢？"陆贾说："天下安，就会重相；天下危，就会重将。将与相关系和谐，士人就会归附；天下即使有重大变故，大权仍能集中。安定国家的根本，就在你们二位文武大臣掌握之中。这一利害关系我曾想对太尉绛侯周勃说明，绛侯平素与我常开玩笑，恐怕不会重视我的话。丞相您何不联手太尉，与他密切合作呢！"接着，陆贾为陈平谋划将来平定诸吕的几个关键问题。陈平依陆贾所言，举办丰盛的宴席，用五百斤黄金作为绛侯周勃的寿礼，周勃也回报以重礼。陈平与周勃互相结好，吕氏图谋篡国的意图大为受挫。陈平送给陆贾一百个奴婢、五十乘车马、五百万钱，以示重谢。

太后参加了祭祀仪式后还宫，途经轵道，见到类似于灰狗的动物，猛扑她的腋窝，可转眼间便消失了。太后召来占卜之人，命其占卜此事，回答说："作祟的是赵王如意。"从此，太后腋窝伤痛不止。不久，太后去世，留下遗诏：大赦天下，命吕产为相国，以吕禄之女为皇后。高后丧事完毕，左丞相审食其被朝廷改任为皇帝太傅。

诸吕因惧怕大臣周勃、灌婴等人，未敢贸然作乱。

（2）刘襄用兵

朱虚侯刘章办事果断，魄力在高祖孙辈当中首屈一指。吕后封他为侯时，强迫他娶了吕禄之女为妻，刘章竟欣然应允，因为可以常常从妻子身上了解吕氏的动态。当他得知诸吕变乱之谋的消息后，立即秘密派人飞驰齐国，向他的长兄齐王刘襄通报，劝其调兵西进，杀掉诸吕而自立；自己则发动大臣在长安作内应。

高后八年（公元前180年）八月，齐王刘襄接报后，便与舅父驷钧、郎中令祝午、中尉魏勃紧急密商，部署发兵事宜，但遭到齐相召平的坚决

第二章 吕氏专权

反对。刘襄派人找召平，召平没有去，反而起兵包围了王宫。魏勃假装与召平合作，骗他说："齐国要想用兵，必须有大汉朝廷的虎符合配才行。您发兵包围王宫，保护齐王，当然是好事。但您还有其他事要办，不如让我来替您统兵护卫齐王吧。"召平起兵并非反齐，目的在于牵制齐王，使他不能领兵攻长安，以免引起大乱。他听魏勃一说，信以为真，就让魏勃统兵。魏勃当即撤出包围王宫的军队，掉头包围了相府。召平叹道："当断不断，反受其乱。"然后自杀了。齐王刘襄消除了障碍，任命驷钧为相、魏勃为将军、祝午为内史，将国内的所有军队调集，整装待发。

为了增加实力和胜算，刘襄派祝午去琅琊（今山东诸城县一带）与琅琊王刘泽联络。刘泽本来就痛恨诸吕当权，但自己已老，兵力又弱，所以不敢轻举妄动。祝午到琅琊后，诱骗刘泽说："吕氏作乱，齐王计划西去救难，诛杀吕氏。齐王自认晚辈，又不谙熟军事，愿意把齐国托付给大王。大王通晓兵法，惯于作战，自高帝时就为将军。如今齐王不敢离开军队，派我请大王赴临淄（今山东淄博市东北）面商，并请您统率齐兵西进，讨平关中之乱。"刘泽毫不犹豫，立即驰奔临淄。一到临淄，他就被刘襄软禁起来，祝午赴琅琊，调发了刘泽的兵力。

刘泽被软禁，无法返回，便劝诱齐王说："齐悼惠王刘肥是高帝长子，溯其本源，大王应该凭借高帝嫡长孙的身份继位。如今大臣们还在为立谁为帝犹豫不定。而我在刘氏家族中最为年长，大臣们商议决策必然会有我的参与。现在，我留这里已无益处，不如派我入京，与大臣们商议迎立新帝事宜。"齐王认为他说得有理，于是就准备了许多车辆为琅琊王送行。后来在确立新帝的争论中，刘泽却说了反对齐王的话，使他的帝梦破灭。

刘襄部署停当，随即发兵向西攻济南国。齐王还致书于各诸侯王，历数吕氏的罪状，表明自己起兵灭吕的决心，称："高祖平定天下后，封立刘姓子弟为王。悼惠王为齐王，他死后，孝惠帝派留侯张良使齐，立臣为齐王。孝惠帝崩，高后称制。她年纪已大，听从诸吕擅自废帝更立，又连弑三个赵王，灭梁、赵、燕而封诸吕为王，分齐为四。忠臣进谏，太后不听。今太后崩，皇帝年少，尚不能治理天下，只得依靠大臣、诸侯。然而，诸吕又擅自尊官，聚兵权以强己势，劫持列侯忠臣，矫制以令天下，刘氏宗庙因此而危。今寡人率兵入京，就要将不当为王者诛灭！"

得知齐王刘襄用兵，吕产等人急得团团转。他们一面派遣颍阴侯灌婴前往讨伐，一面调集军队守卫皇宫，同时还加强了长安城的守备力量。这时长安不仅有吕氏家族的大部分人，而且少帝及其名义上的弟弟济川王刘太、淮阳王刘武、常山王刘朝以及鲁王张偃这些年少的封王也都留在京都。形势对吕氏极为不利，对内，他们得提防周勃、刘章这些元老大臣；对外，又惧齐、楚之兵，同时还要提防灌婴反戈一击。

灌婴原是高祖手下的大将，他对诸吕专权一直心存不满，领兵阻击齐王刘襄是他的无奈之举。他率兵进至荥阳（今河南荥阳县东北）时，寻思道："诸吕在关中掌握兵权，就是想灭刘自立。今天我若是破了齐兵，还军京师，岂不给吕氏增添了篡权夺位的可能。"于是他不再前进，留屯荥阳，然后派密使传书齐王及其他诸侯，表示愿与他们联合，只要吕氏变乱一起，必将其一举诛灭。刘襄接到灌婴将军的约书，十分欣喜，就停兵等待机会。

（3）周勃安天下

觉察到吕氏变乱的阴谋，绛侯周勃也积极行动起来。他曾随高祖转战四方，是功劳卓著的老臣。惠帝六年（公元前189年），汉置太尉官，即以周勃为首任，掌握全国兵权。吕后上台后，军权落入吕氏手中。周勃首先要做的就是夺回兵权，尤其是南、北二军。他想到了曲周侯郦商。郦商也曾是高祖的重要将领，高祖起兵后，他率四千人归附，后因功封为曲周侯，任右丞相，在朝廷中具有很高的威望。他的儿子郦寄与吕禄关系很密切，于是周勃让郦寄前往吕禄处骗出兵权。郦寄受命前往，对吕禄说："高帝与吕后共定天下。刘氏所封立的有九王，吕氏所立的有三王，都是大臣商议的结果，事情已布告诸侯，得到诸侯的认可。现在太后已崩，皇帝年少，而足下佩起赵王印，反而仍然担任上将军，统兵留在京师，大臣诸侯就要怀疑您了。足下何不归还将印，将军队交给太尉掌握？再请梁王交回相国印，然后与大臣们盟誓而去自己的封国。只有这样齐王才会退兵，你也可以安稳地做你的封国之王了，这对你、对吕氏是大大的有利呀！"

第二章 吕氏专权

吕禄受到齐王等人的威胁，很赞同郦寄的建议，准备交出将印，将兵权交与周勃，但他自己不敢作主。后来，吕禄与吕产及其他吕氏长老商议此事，仍然难以决定，但吕禄很信任郦寄，时常与之游猎。

一天，吕禄拜望其姑吕媭，将交印让兵之事告诉她。吕媭大怒说："一旦你放弃兵权，吕氏便无处藏身！"吕媭还将珠玉宝器摔到堂下，说："这些东西我还有必要为别人守着吗！"意思是，吕氏不久就将遭殃了。这样，吕产、吕禄仍然掌握着南北二军的军权。

高后八年（公元前180年）九月十日，平阳侯曹窋作为代理御史大夫与相国吕产议事，郎中令贾寿急匆匆地走进来，对吕产说："大王不早去封国，现在想走恐怕也来不及了！"贾寿刚出使齐国回来，他向吕产详细叙述了在齐国的所见所闻，说完，就催吕产快去宫中。平阳侯曹窋从这些话中听出情形不妙，立即飞马告知陈平、周勃。周勃急奔北军营，却不得入内，他就令掌管符节的襄平侯纪通矫命北军迎纳。周勃进入北军后，又令郦寄与典客刘揭先说服吕禄："皇帝已要求足下去封国，北军由太尉统领。足下赶快交出将印，否则，大祸将至。"吕禄对郦寄仍然十分信任，他把将印解下交给典客刘揭，将兵权拱手让给了周勃。周勃携印在北军中大喊："拥护吕氏的袒露右臂，拥护刘氏的袒露左臂。"军中将士都袒露了左臂，愿听从太尉调遣，拥护刘氏。

夺了北军，尚有吕产控制的南军。丞相陈平接到曹窋密报，急召朱虚侯刘章协助太尉。周勃命令刘章监守军门。曹窋对门卫说："不要让相国吕产进入殿门。"吕产此时还未了解情势，以为吕禄还控制着北军，想进入未央宫作乱，却进不了殿门，只好在门前来回走动。曹窋担心阻止不住，就驰告周勃。周勃也怕不能取胜，就没有公开声明要杀吕产，而是给刘章拨了一千精兵，对他说："赶紧到宫中保卫皇上。"刘章带兵进入未央宫，见吕产已在宫中，就采取行动。吕产见势不妙，赶紧逃跑，被追上的刘章杀掉。

刘章杀死吕产后，少帝命人拿节信慰劳他。他想夺下节信，谒者不肯，于是刘章就跟着谒者同车行进，借着谒者所持的节信畅通无阻，将长乐卫尉吕更始乘机斩杀。到北军与太尉周勃会师，周勃兴奋地对他说："我们所患的就是吕产，今已被杀，可安定天下了。"周勃又派人将吕氏男女全部逮捕并斩杀。第二天，吕禄被捕获，旋即处斩；吕媭被处笞刑而

死。接着，燕王吕通被杀，鲁王张偃被废。

诛灭诸吕，太尉周勃等人便派遣朱虚侯刘章通告齐王刘襄等人。刘襄本想借讨伐诸吕之机夺取帝位，不料周勃、陈平等老臣智取了尚未来得及变乱的诸吕，他只好收兵。灌婴也从荥阳撤军而归。这样，一场势在必发的战争被化解了。

第三章

文景之治

诛灭吕氏集团后，大臣们一致认为，代王刘恒在高祖的儿子中最为年长，为人宽厚，其母也一向谨慎善良，应当继承皇位。于是刘恒称帝，史称汉文帝。

文帝倡导以农为本，多次下诏劝农，自己也以身作则，非常节俭。由于统治者的重视，再加上劳动人民的辛勤努力，农业生产逐渐发展起来。文帝还下令废除肉刑，对于缓和社会矛盾有一定的作用。

景帝即位后，政治上平定了七国之乱，削弱了诸侯王的势力，巩固了中央政权；经济上，执行发展经济、重视农业的方针。

文帝、景帝执政期间，社会经济逐渐由凋敝状态恢复过来，整个国家日趋繁荣，创造了汉朝统治的新阶段，史称"文景之治"。

1. 文帝登基

高后八年（公元前180年）九月，平定诸吕以后，诸大臣拥立代王刘恒为帝，是为汉文帝。

代国在战国时曾是赵国属国，秦时设立代郡，辖今山西大同市以东、河北张家口市以西地区。陈胜起义后，歇为赵王，歇即命陈馀为代王。后张耳、韩信攻赵，赵王歇、代王陈馀被斩杀。汉七年（公元前200年），高祖亲自带兵抗击匈奴，在平城白登山（今山西大同市东南）遭围。突围后，樊哙留下来平定代地，高祖封兄刘仲为代王。第二年，匈奴再次攻击代地，刘仲被取消代王封号，改封为合阳侯。汉十年（公元前197年）八月，赵相国陈豨在代地反叛。叛乱平定之后，高祖划出赵国常山（今河北恒山）以北地区归代国，将其子刘恒立为代王，定都中都（今山西平遥县西南）。

（1）迎立代王刘恒

高祖刘邦有八个儿子，刘恒是薄夫人所生，排行第四。赵王刘如意首先被吕后残害。惠帝死，吕后称制，先后被封为赵王的刘友（原淮阳王）、刘恢（原梁王）又相继遭毒手，而吕产、吕禄、吕通分别被封为梁王、赵王和燕王。高后七年（公元前181年）秋，吕后曾想将代王刘恒徙封赵王。刘恒知道吕后徙他为赵王是假，除掉他是真，所以坚决不愿受封，表示愿意为国长守边疆。刘恒这才免遭毒手。

惠帝死后，吕后即着手准备篡位之事，吕氏完全控制了汉室政权，虽

第三章 文景之治

立有皇帝，却都年幼无知，根本无法过问朝政。吕后先立惠帝的"太子"为帝，但他并非皇后所生，惠帝皇后无子，在吕后安排下，她佯装怀孕，等宫中有个美人生了儿子，就抱了过来，将其立为太子，为了杜绝后患，杀了那位美人。太子继位为帝后，在他稍懂事时从别人口中得知自己的身世，就说："太后怎么能杀掉我的生母？我长大后，一定要报仇。"吕后听到这话以后很不安。为了消除隐患，吕后就把这个小皇帝囚禁起来，不久就将他折磨致死。此后，吕后又将常山王刘义立为帝，更名为弘。他也是惠帝后宫美人所生，年龄比前少帝更小。

吕后死，诸吕擅权，齐王刘襄起兵，准备扫除诸吕，将刘氏天下重新建立。太尉周勃、丞相陈平、朱虚侯刘章等人联袂设计制服了吕氏之乱，将吕产、吕禄及所有吕氏老幼斩杀，并劝退了齐兵。

扫除了诸吕，最主要、最迫切的问题就是重立皇帝。周勃、陈平等老臣在一起商议此事，认为："少帝及淮阳王、常山王都不是惠帝的亲生儿子，吕后杀其生母，养于后宫，冒充张皇后所生，后来，又将他们立为皇帝及诸王，其用心在于扩充吕氏力量。现在诸吕已灭，如果让他们留下来，等他们长大当权时，就是我们这些人亡种灭族之日。不如趁现在大好时机，选择一位最有贤德的诸侯王为帝。"有人提议："齐悼惠王是高帝的长子，齐王刘襄又是齐悼惠王的嫡子。从血缘关系来推，齐王刘襄算是皇帝的嫡长孙，可以立为皇帝。"刘泽曾上过刘襄的当，这时他说话了："吕氏之所以为恶，全是仗着外戚的身份，他们大肆加害功臣名将，刘氏江山差点毁于一旦。大恶人驷钧就是齐王的舅舅，要是立了齐王为帝，那不又是一个吕氏家族吗？"群臣都觉得此话很有道理，因而就把齐王刘襄搁在一边。有人想到淮南王刘长，但此人的缺点是太年轻，不够老成，又有一个很不善的外祖母。众人最后商定："代王是高帝的儿子，为人仁慈、礼孝，又宽容厚道。太后薄夫人为人谨慎、善良。再说，立长为帝本来就名正言顺，加上代王本人深得百姓爱戴，立他最为合适。"代王刘恒为帝被定下来后，陈平、周勃等人便秘密派人火速赶赴代国，迎接新帝。

代王刘恒接报，又喜又忧，犹豫不决，就召集手下谋士商议此事。郎中令张武等人议论说："现在的朝廷大臣都是高帝时的大将，不仅善于用兵，还惯于使用诈谋。他们并不满足于做大臣，只不过原先畏惧高帝与高后的威势才不敢造次。如今，诸吕已灭，他们口头上是来迎接代王，其

实心里所想的并不那么简单。代王可先托病不去，以静观其变。"中尉宋昌进言说："群臣之言差矣。秦末朝政腐败之时，各地诸侯、豪杰并起。当时自以为能够做皇帝的人数以万计，然而最终只有高祖一人登上了天子宝座。现在已没多少人再有做皇帝的念头了，这是其一。其二，高帝封刘姓子弟为王，其封地犬牙交错，相互制约，组成了坚如磐石的宗族体系，刘氏势力的强大，已被天下所信服。其三，汉朝废除了秦朝的苛政，制订了新的法令，对人民施行恩惠，百姓安份守己，民心稳定。再说，吕后虽然立了吕姓王，然而周太尉仍可以轻而易举地进入北军，一声召唤，将士们无一不袒露左臂，表示效忠刘氏，最后扫除吕氏，这完全是天意所授。现在即使大臣们想作乱，也不会得到百姓的响应，刘氏仍有朱虚侯、东弁侯；外有吴、楚、淮南、琅琊、齐、代各诸侯国。而今只剩下代王与淮南王是高祖的子辈，况且代王年又居长，更以圣明贤德闻名于天下，故朝廷大臣顺应天意民心，迎立代王，希望代王不要有什么疑虑。"刘恒觉得这番话也有道理，但对自己的去留仍没有决定。他禀告了薄太后，薄太后也要他慎重考虑，他一时难以定夺。

刘恒命人占卜以探明天意，去不去长安就由占卜的结果决定。结果，卜兆是一大条横向裂纹。卜辞是："大横庚庚，余为天王，夏启以光。"意思是，我将成天王，像夏启一样继承父业并发扬光大。刘恒对问卜者说："我不已经是王了吗，还当什么王？"问卜者回答："卜辞所说的天王，就是皇上。"刘恒这才有点相信，就派其舅父薄昭到京城与周勃等人商议立帝之事。周勃详细地向薄昭说明了迎立代王之意。薄昭很满意，回代对刘恒说："他们是完全可以信任的。"刘恒大为高兴，随即坐车，携张武等六人，一同起程，奔赴长安。

刘恒一行行至高祖陵墓时，停了下来，由宋昌换乘快车去长安观察动静。宋昌车到渭桥（今陕西西安市近郊），丞相以下的官员都已恭候多时了。他旋即回报代王。代王刘恒完全放下心来，马上也改乘快车，意气风发地来到渭桥边。群臣一见代王，立即跪下行拜见之礼。刘恒下车，向群臣一一答谢。

太尉周勃快步向前，对代王说："臣想单独进言。"宋昌不满地说："如果是公事，不妨公开说；如果是私事，代王是不会接受的。"周勃二话没说，跪着将大汉皇帝玉玺及符节向代王呈上。刘恒不便当场接受，

说:"到了代邸再商量吧。"于是群臣簇拥着代王驱车前往代王宫邸。

到了代王宫邸,右丞相陈平、太尉周勃、大将军陈武、御史大夫张苍、宗正刘郢客、朱虚侯刘章、东牟侯刘兴居、典客刘揭等一齐上前向代王行了君臣之礼,高声说道:"刘弘没有资格再做皇帝。我们特与阴安侯、顷王后、琅琊王,以及宗室、大臣、列侯并食封二千石以上的官员商议,一致认为最适合做高帝继承人的就是代王您了。恳请代王不要推辞,尽早登天子之位。"刘恒谦逊地说:"我何德何能,怎堪担当刘氏社稷之重任。希望大家再推选一个合适的人。我实在不敢当。"群臣急了,都伏在地上不肯起来,一再恳求,随后群臣上前,硬扶他面南背北坐下。陈平说:"我等慎重考虑,代王侍奉高祖祠庙最为合适,天下诸侯及百姓也会这样认为。我等为社稷及刘氏宗庙设想岂能草率?还请代王接受大家的心愿!"说着,再次奉上玉玺和符节。刘恒说:"既然宗室、将相、王侯认为寡人是合适的皇位继承人,寡人也就不推辞了。"于是即天子位。群臣各依原职。派太仆灌婴、东牟侯刘兴居先清扫未央宫,奉天子仪仗到代王馆舍迎接。皇帝当日晚住进未央宫。当夜封张武为郎中令,巡查殿中;封宋昌为卫将军,统领南北军。帝坐于前殿,下诏令"诏谕丞相、太尉、御史大夫:昔日诸吕专擅权柄,阴谋篡逆,想危害刘氏宗庙,赖将相、列侯、宗室、大臣将其诛杀,都各伏其罪。朕初登基,应该大赦天下,赏赐天下男子爵一级,女子每百户赐牛若干头、酒若干石。聚饮五日为欢。"

(2)文帝封臣立嗣

刘恒当了皇帝时,少帝刘弘还住在宫里,为了避免由于争夺帝位而造成刘氏子弟互相残杀,群臣施行先立而后废的策略。齐王刘襄的弟弟刘兴居对刘恒说:"诛杀诸吕,我是没有功劳的。请让我为皇上您清宫室。"他就和太仆、汝阴侯滕公(夏侯婴)一起赶到未央宫,上前对少帝刘弘说:"您不是刘氏宗室,不应当立为皇上。"滕公随即将少帝载出皇宫。少帝在车上问:"想把我送到哪里去?"滕公说:"出去住吧!"后来把少帝载到少府。他们另派人通报刘恒,说:"宫内已被清除。"一宫不能

二主，清除宫内，实际上就是清除刘弘。

少帝刘弘被赶出宫后，群臣就为新任天子刘恒准备好皇冠、龙袍以及御车等必备之物。当天晚上，群臣保护刘恒进入未央宫。这时，端门还有十名持戟仪卫没有撤走。他们对刘恒等人说："天子在宫中，您为什么要入宫？"刘恒问太尉周勃是怎么回事，周勃说："他们并不知道陛下才是天子。"于是上前对他们说明了情况，那些仪卫就放下武器撤走了。

刘恒进入大殿，登上天子宝座后，马上召集群臣，连夜处理政务。在群臣商议之后，淮阳王、常山王及少帝等人被诛灭于各自的宫邸。

做臣子的，应当力保贤明君主；做君王的，应当寻求忠诚的臣子。高祖靠萧何、曹参、张良等谋臣，又有韩信、黥布、彭越等良将，历尽挫折，夺取天下。得到天下后，韩信等良将纷纷由功臣变成了叛逆之徒，最后都遭到杀身之祸。萧何、曹参等人也是战战兢兢，以保身家性命为重。等到吕后称制后，诸吕掌权，刘氏宗室子弟很多遭到杀害，老臣旧将如陈平、周勃等人更是一刻不得安心。吕后死，他们便竭力推举贤明仁厚又无外戚背景的刘恒为帝。刘恒为帝后，全靠群臣辅佐，施行无为之治，与民休息。从此，天下得到了安宁，君臣之间相安无事。

汉文帝元年（公元前179年）冬，十月二日，皇帝在高祖庙接见群臣。派车骑将军薄昭到代地去把皇太后迎回京。又下诏说："前时吕产自封为相国，吕禄做上将军时，擅自派将军灌婴领军攻打齐国，企图取代刘汉。灌将军停兵荥阳，与诸侯合谋以诛吕氏。吕产欲做篡逆之事，陈平丞相与周勃太尉等运谋夺取吕产所控制的北军。朱虚侯刘章首先擒获并斩杀了吕产。太尉周勃亲率襄平侯通持节承诏入北军。典客刘揭智夺吕禄相印。因此加封太尉周勃邑万户，赐金五千斤。加封丞相陈平、将军灌婴邑各三千户，赐金二千斤。加封朱虚侯刘章、襄平侯刘通邑各二千户，金千斤。封典客刘揭为阳信侯，赐金千斤。"

朝廷对诛灭诸吕的人论功行赏，右丞相周勃以下，都被赐给数量不等的封户和赏金。周勃散朝时小步疾行退出，十分得意。文帝对绛侯以礼相待，很为恭敬，经常目送他退朝。任郎中安陵人袁盎谏阻文帝说："诸吕骄横谋反，大臣们合伙将吕氏诛灭。那时，丞相身为太尉，掌握兵权，才凑巧建立了这番功劳。现在，丞相好像已有对人主骄矜的神色，陛下却对他一再谦让。臣子和君主都有失礼节，我私下认为陛下不

应如此！"以后朝会时，文帝越来越庄重威严，丞相周勃也就越来越敬畏他。

这年十二月，文帝立赵幽王之子刘遂为赵王，将琅琊王刘泽升为燕王。原来被吕氏所夺取的齐楚之地都归还原主，并废除秦法"一人有罪，株连全家"的律令。

次年正月，有官员上书说，为了尊崇宗庙，应该早立太子。文帝下诏说："朕德行浅薄，上帝神明并不情愿享受我对他们的祭祀，天下人民也认为我还不是他们理想中的皇帝。如今不能广泛寻求天下圣贤有德之人来接替帝位，却建议应该早立太子，这就使我的薄德更亏了。这岂不是辜负了天下人对我的期待？立太子事暂缓计议。"有官吏又上奏："早定太子，正是说明皇上以宗庙社稷为重，证明皇上时时把天下大事牢记在心中。"皇上说："楚王是朕的叔父，年高德劭，具有丰富的阅历与经验，对治理国事了如指掌。吴王、淮南王二人是朕的兄弟，他们二人都是靠道德辅佐我的，这难道不是早就安排好的皇位继承人吗？各侯王宗室兄弟中有不少功臣，有不少贤德仁义之人。如果从上述贤人中推举德行高尚的人来接替我不能胜任的皇帝之位，这就是社稷之灵、天下百姓之福了。今日不去推选贤人，而说一定要立太子，百姓会认为我忘记了贤德的人，而一心想让自己的儿子继承皇位。这不是真正在关心天下大事，朕实不愿采纳。"有官员再三请求说："古代殷、周得天下，长治久安近千年。以往拥有过天下的王朝都不如殷、周相传的长久，就是因为殷、周都采用传位于太子之道。只有皇帝的儿子才能立为太子，历史上都是这样。高帝平定天下，建立诸侯后，才成为刘汉王朝的太祖。列侯开始受封国的也都成为封国的国祖。子孙继承，世世不绝，这是天下的公理。所以高祖立太子，目的是为了安定天下。今日放弃立子为太子的事不办，而另从诸侯宗室中去进行推选，这不符合高祖的本意。另行推选是不合适的。皇子启是长子，敦厚仁慈，请皇上立他为太子。"文帝慎重考虑之后，还是同意了。

文帝的长子刘启被立为太子。从此，其生母窦氏就被立为皇后。窦氏能做上皇后，也颇有戏剧性。她自小家境贫寒，父母早亡，仅留兄妹三人相依为命。吕后时，窦氏以良家女被选入宫当宫女。一次，吕后以宫女赏赐诸侯，窦氏也在其中。窦氏家在赵国，所以便请求把她分往赵国。但主

管的宦官把这件事给忘了，最后把她分到边远的代国去了。为此，窦氏大哭一场。不想到了代国，窦氏却深得代王的宠爱，生得一儿一女，儿子即为刘启。而代王的王后以及王后所生的三子，又都先后死去，刘启才得以当太子，窦氏也幸运地当上了皇后。

（3）文帝习明政事

文帝下诏说："当春风和畅时，动植物都有复苏之乐，而百姓中的鳏寡孤独穷困者却在死亡的边缘挣扎，作为民之父母其心何安？众卿讨论一下该怎么进行赈济。"诏文又说："老人不穿棉袄不会感到温暖，不吃肉不会感到饱。今年春初，要经常派人看望老父老母，如不赐一些布帛酒肉，又怎么能帮助天下的子孙孝养其亲？有的官吏竟然以陈粟烂米充养老粮，难道这是在贯彻养老的诏令吗？！现在我要制定具体条例。"有关官吏通知各县、道，八十岁以上的老人，赐每人每月一石米、二十斤肉、五斗酒。年在九十以上的老人，再增加每人帛二匹、絮三斤。对年过九十的老人赐物及发放养老粮时，县令要亲自督促检查，县丞或县尉要亲自送交。不到九十岁的老人的养老粮，由农政官员、令史送交。各地官员都要督促查办，对不执行诏令的要予以查处。已被判刑及将判二年以上刑罚的老人，不适用此令。

六月，文帝下诏命令郡国可不向朝廷进献财物。惠政广及天下，诸侯及四夷远近都深感皇恩浩荡。于是，文帝下诏奖励从代地到京城的辅佐人员。诏书说："当大臣们诛讨诸吕以后，迎立朕为帝时，朕心中疑虑很多，很多人劝朕不要离开代地。最后是中尉宋昌劝朕进京继位，朕才得以侍奉高祖宗庙。朕已经加封宋昌为大将军，现在加封宋昌为壮武侯。其他随朕到京的张武等人，提升做九卿。"诏令又说："跟随高皇帝进入蜀汉的六十八人各增封邑三百户。二千石以上的高级官吏曾经随从高皇帝的颍川守尊等十人封食邑六百户。淮阳太守申屠嘉等十人封食邑五百户。卫尉足等十人封食邑四百户。"封淮南王舅赵兼为周阳侯，齐王舅驷钧为靖郭侯，原常山丞相蔡谦为樊侯。

文帝对于国家大事越来越关心，处理起来也越来越熟练。朝会时，他问右丞相周勃说："全国一年内判决多少案件？一年内全国钱谷收入有多少？"周勃都谢罪说不知道。他又紧张又惭愧，汗流浃背。文帝又问左丞相陈平。陈平说："这些事务都由专人主管。"文帝问："由谁主管？"陈平回答说："陛下如果要了解诉讼刑案，应该责问廷尉；想了解钱谷收支情况，应该询问治粟内史。"文帝说："假如各事都有主管官吏，那么您是负责做些什么事呢？"陈平谢罪说："臣下无能忝为宰相。宰相的职责，对上是辅佐天子，理顺阴阳，顺应四时变化；对下使万物各得其所；对外安抚四夷和诸侯；对内使百姓归附，使公卿大夫各自得到能发挥其专长的职务。"文帝这才赞好。右丞相周勃在朝堂之上被弄得甚为尴尬，退朝之后责备陈平说："您平常怎么不教我怎样回答皇上的问题？"陈平笑着说："作为宰相，你应当知道宰相的职责。况且，如果陛下问长安城中有多少盗贼，您能勉强回答吗？"由此，绛侯周勃自知能力比陈平相差很远。过了一段时间，有人劝周勃说："您诛灭了吕氏，把代王扶立为皇帝，威名远震天下。现在您虽然接受朝廷厚赏，担任受人尊崇的右相职位，可时间一长，大祸就要临头了。"周勃也为自己担忧，就以有病为由，辞去丞相之职，文帝答应了他的请求。八月，文帝罢免了右丞相周勃，从此由左丞相陈平一人担任丞相。

（4）文帝纳谏

文帝执政后，深知听取不同意见对处理朝廷事务的重要，于是，下诏命令群臣进谏。他说："群臣都要认真考虑朕的过失和朕所未知、未见的问题，并请大家告知朕。还请大家向朝廷举荐贤德善良、刚正不阿、能够直言进谏的人才，以辅佐朕。"文帝还下诏，命令务必减轻徭役赋税，以便利百姓；罢废卫将军；太仆留下仅够朝廷用的马匹，其余马匹全部发给驿站用。

颍阴侯的骑从贾山上书文帝，讨论治乱之道说："我听说在雷霆的轰击之下，无论什么都会被摧毁；在万钧之力的重压下，无论什么都会被

压碎。现在君主之威严远超雷霆，君主之权势何止万钧。君主即便采谏纳言，重用进谏之人，臣子仍然惧怕而不敢全部说出自己的意见。更何况如果君主纵欲残暴，不愿听到别人议论他的过失呢？即使人的智慧如同尧舜，勇力如同孟贲，难道不能被摧毁吗？这样的话，君主就听不到别人对其过失的批评，国家就危险了。

"过去，在周朝时大约有一千八百个封国，以九州的百姓来事奉一千八百国的君主，君主的财富有剩余，百姓也有宽裕的力量，天下太平。秦朝时，一千八百国的百姓只供养一个秦始皇，但老百姓筋疲力竭也负担不起他的徭役，倾家荡产也缴纳不足他的赋税。秦始皇自认为功德无量，估计他的子孙会万代相传不衰，但是，他死后不过几个月，天下便大乱，其宗庙便遭四面进攻而毁灭了。秦始皇处于被灭绝的危机中却不自知，是为什么呢？就在于没人敢告知他实际情况。天下人不敢告知秦始皇实情的原因，就在于秦王朝没有尊老养老的道义，没有能够辅佐的大臣，罢免批评朝政的官员，杀害敢于当面劝谏他的人。而那些阿谀逢迎、只求自保利禄的无耻小人，将秦始皇吹得德功高于尧舜，业绩超过商汤和周武，却没有人告知秦始皇天下已将土崩瓦解。

"现在，陛下命令天下人荐举贤良之人，天下人备受鼓舞，大家都说：'皇帝将要复兴尧舜治理天下之道，造就像三皇一样的功业了。'天下之人，皆善其身以求被用。现在，方正之士都已被选入朝廷了，又从中选择贤能的人做常侍、诸吏，陛下与他们一块驰驱打猎，一天之内几次出宫。我担忧朝政由此而松懈，百官因此而玩忽职守。陛下即位以来，大德于天下，百姓对此都感到十分喜悦。我听说崤山以东官吏公布诏令时，老百姓即使是老弱病残之人，也都挂着手杖前去聆听，希望暂时不死，想看到仁德教化百姓的良好结果。现在功业刚刚建立，四方仰慕跟从，在此关键时刻，陛下却只与大臣、诸吏天天射猎，击兔捉狐，从而影响国家的治理，使天下人失望，我私下替陛下痛惜！古代为了让大臣们保持品格和节操，规定大臣不得参与安闲的游乐，这样，群臣就没人胆敢不严格约束自己，从而提高品行修养，尽心事君，按君臣礼节办事。士人在家中养成的品行，都在天子的朝廷上被破坏了，我私下里为之惋惜。陛下同群臣消闲游乐，与大臣在朝廷之上议论国事，这是极为重大的事体。"文帝赞扬了他并且采纳了他的意见。

文帝每次上朝，郎官进呈奏疏，他向来都是停下辇车接受。奏疏上所说的如果不能采纳就放在一边，如果可以采纳就深表赞赏，加以采纳。

汉文帝想要从霸陵上向西纵马奔驰下山。中郎将袁盎骑马上前，挽住文帝的马缰绳。文帝问："难道将军害怕了吗？"袁盎回答："我听说'家有千金资财的人，不能坐在堂屋的边缘'。圣明的君主不能冒险，现在陛下您要快速驾车，在险峻的山峰上奔驰，如果马匹受惊，车辆被撞毁，陛下可以不顾及自身的安危，可怎对得起高祖的基业和太后的养育之恩呢！"文帝这才停止冒险。

文帝最为宠幸慎夫人，在宫中时常常不避礼节，让她与皇后同席而坐。等到她们一起到郎官府衙做客时，袁盎却把慎夫人的坐席排在下位。慎夫人恼怒，不愿就座；文帝也大怒，站起身来，返回宫中。袁盎借此机会规劝文帝说："我听说'尊卑之间次序分明，上下级之间就能和睦。'现在陛下既然已册立了皇后，慎夫人只是妾，妾怎么能与皇后同席而坐呢？如果陛下真的宠爱慎夫人，给她丰厚的赏赐就行了，而陛下现在的做法，却恰恰会给慎夫人带来祸害。难道陛下不清楚前朝曾有'人彘'的悲剧吗？"文帝幡然醒悟，转怒为喜，召来慎夫人，把袁盎的话告诉了她。慎夫人十分感谢袁盎，赐黄金五十斤以示奖赏。

这一时期，文帝自己谦逊守礼，而将相大臣大都是老臣，都质朴平实。君臣以导致秦灭亡的弊政为鉴，论议国政时以宽厚为本，耻于议论别人的过失。这种风气影响到全国，改变了那种互相检举、攻讦的恶俗。官吏安稳地做好本职工作，百姓安居乐业。府库储蓄每年都有增加，人口繁衍。风俗归于笃实厚道，刑罚大量减少，甚至一年之内全国只审判了四百起案件，出现了停止动用刑罚的趋向。

2. 南越称臣

汉文帝元年（公元前179年），文帝派遣陆贾出使南越，说服南越王赵佗与汉通好。

汉、越两族之间很早就有密切联系，彼此友好交往，互相贸易。我国古代的越族分布广泛。在今浙江、福建一带称为东越，在今广东、广西一带叫南越。当时汉族的生产工具和生产技术传入南越，对他们的经济发展起了很大作用。

秦始皇统一中国后，在南越设置了桂林、南海、象郡三个郡，并从内地迁徙人口与越人杂居。

刘邦称帝后，感到天下刚刚平定，军队已很疲惫，需要休整，暂时放弃了攻打南越的打算。高帝十一年（公元前196年），刘邦封赵佗为南越王，并派陆贾出使南越。

吕后执政时，为防南越强大，下令禁止卖铁农具给南越，马、牛、羊要卖，也只能卖雄性的，不能卖雌性的。赵佗对此非常愤怒，他误认为这是长沙王刘发想要兼并南越的阴谋，由此与汉闹翻。高后五年（公元前183年），赵佗自立为南越武帝，并且发兵攻打长沙王国。攻取数县后还兵。高后七年（公元前181年），南越再次攻打长沙王国，汉派兵反击，正赶上暑疫，汉兵损耗很大。一年后，吕后去世，文帝继位，立刻命令撤军。赵佗挟此兵威并加以利诱，使闽越、西瓯等国臣服，控制了东西万余里的广大地区，自封皇帝，与汉王朝分庭抗礼。

因汉文帝刚刚继位，无力伐南越，只好继续采取高祖时奉行的怀柔政策：先是为赵氏家族在真定的坟墓设置守邑，年年供奉，按时祭祀，并命赵佗的堂兄弟做大官，赏赐给他大量的财物。

不久，文帝又派遣陆贾第二次出使南越国，并修书说："朕是高皇帝

侧室所生之子，被高皇帝安排在外地，在北方代地做藩王。只因为路途遥远，加上朕眼界不开阔，所以那时没有与您通信问候。孝惠帝辞世后，高后亲自处理国政，晚年不幸患病，吕氏诸人乘机阴谋造反，幸亏有各位开国功臣的力量，吕氏才得以诛灭。朕因无法推辞诸侯王和百官的拥戴，不得不登基称帝。前不久，听说大王寻找您的亲兄弟，请求罢免长沙国的两位将军。朕因此已经罢免了博阳侯的将军官职，并派人去慰问您在真定的兄弟，又将您先人的坟墓修整了。前几日听说大王在边境一带发兵，当时长沙国受到侵袭，而南郡尤其严重。即便是大王的南越王国，难道就能在战争中不受一点点损害而只受益吗？战争一发生，必定使许多将士伤亡，出现许多寡妇、孤儿和无人赡养的老人，朕不忍心做这种只得小利而损失巨大的事呀。朕本来准备对犬牙交错的地界做出调整，但官员说'这是高皇帝为了隔离长沙国而划定的'，朕不能擅自把地界给变更了。现在，汉若夺取大王的领地，并不能增加多少疆域；夺得大王的财富，也不见得能使财源增加多少。即便大王已有皇帝的称号，但两位皇帝同时并立，之间没有一位使者帮助互相联络，仍是以力相争而不讲谦让，这是仁人所不屑于做的。希望与大王共弃前嫌，从今以后，互通使者，恢复原有的良好关系。"

陆贾携书信到达南越。南越王赵佗见了文帝书信，十分惶恐，顿首谢罪，表示愿意遵奉皇帝明诏，永远做藩国臣属，遵奉纳贡。赵佗随即下令国中说："两雄不能同时并立，两贤不能一时并存。汉皇帝是贤明天子，从今以后，我废去帝制。"于是写了一封回汉文帝的书信，说："蛮夷大长、臣赵佗昧死再拜上书皇帝陛下：老臣在旧越地供职，被高皇帝宠幸，赐我玺印，把我封为南越王。孝惠皇帝即位后，不忍心断绝与南越的关系，以丰厚财礼赏赐老夫。高后当政，歧视和隔绝蛮夷之地，下达命令说：'不要给蛮夷南越金铁、农具、马、牛、羊；如果给它牲畜，也只能给雄性的，不给雌性的。'我们处于偏僻地带，马、牛、羊也已经老了。曾派遣内史藩、中尉高、御史平等三批人上书朝廷谢罪，但他们没有一个人返回来。又听说我的父母的坟墓已被毁平，兄弟宗族人等已被判罪处死。官员一同议论说：'现在对内不能得到汉朝尊重，对外没有自我显示与众不同的地方。'所以才自称皇帝，但我也只在南越国境内称帝，并不敢为害天下。高皇后得知后大怒，削去南越国的封号，断绝汉与南越往

来。老夫受人蛊惑，怀疑是长沙王阴谋陷害我，所以才发兵攻打长沙国边境。我已经在越地生活了四十九年，现在已抱孙子了。但我夜不能寐，饭不能香，只是因为不能侍奉汉朝廷天子。现在，陛下哀怜臣下，恢复我原来的封号，允许我像过去一样派人通使汉廷，那么即使我死了，尸骨也不腐朽。改号为王，不敢再称帝了！"

陆贾回报后，文帝大喜，南越由此终于臣服，其地位已如诸侯一般了。

从汉高祖到汉文帝，对南越基本上都是采取了怀柔政策，尤其是汉文帝，最终用怀柔政策使之永远臣服，化干戈为玉帛，为巩固汉王朝的南部边疆做出了卓越的贡献。

3. 张释之用法

汉文帝三年（公元前177年），文帝任命张释之为廷尉。

张释之，南阳人，任骑郎之职，历时十年未得升迁，有意辞官返归故里。袁盎知道张释之贤能，于是向文帝推荐他，被授谒者仆射官职。

一天，张释之跟随文帝来到禁苑中养虎的虎圈。文帝向上林尉询问禁苑中所饲养的各种禽兽的登记数目，前后大约问了十几种，上林尉仓惶失措，全都答不上来。虎圈啬夫代替上林尉回答了文帝的提问。文帝想考察一下啬夫的才能，就详细地询问禽兽登记的情况，没有一个问题能把他难倒。文帝说："官吏应该像这样！上林尉真是有负朕望。"于是，文帝想诏令张释之任命啬夫为管理禁苑的上林尉。张释之思考了一会儿，走近文帝说："陛下以为绛侯周勃是个什么样的人呢？"文帝回答说："他是长者。"张释之又问："东阳侯张相如是个什么样的官员呢？"文帝答："长者。"张释之说："绛侯周勃、东阳侯张相如都被称为长者，他们两人在论事时尚且有时难以言之成句，哪能效法这个啬夫的多言善辩呢！况

第三章 文景之治

且秦王朝很重视使用文官官员，即被称为刀笔之吏，官场之上争着用敏捷苛察相较高低，它的害处是空有其表而无实际的内容，皇帝听不到他们对朝政过失的批评，致使国家最终走上了死亡的道路。现在陛下因啬夫善于辞令而破格升官，我只是担心天下的人们竞相效尤，都去习练口辩之术而无真才实能。在下位的受到在上位的感化，君主的一举一动不可不谨慎啊！"文帝说："您说得好啊！"于是没给啬夫升官。文帝令张释之与之陪乘，一路上缓缓而行，文帝询问秦朝政治的弊端，张释之都给以认真的回答。车驾返抵宫中，文帝任命张释之为公车令。

时隔不久，太子与梁王共乘一车入朝，经司马门直过而不下车显示对皇上的敬意。于是，张释之追上太子和梁王，不允许他们进入殿门，并马上上奏弹劾太子和梁王不敬。薄太后也知道了这件事，文帝为此向太后免冠赔礼，承认是自己教育孩子不严格。薄太后于是派专使传诏赦免太子和梁王，二人才得以进入殿门。从此，文帝十分器重张释之，先升其为中大夫，不久又升其为中郎将。

张释之随从文帝巡视霸陵，文帝对跟随的大臣说："我的陵墓用北山岩石做外层，间隙中填充的是切碎的麻絮，再用漆将它们粘合为一体，如此又有谁能打得开呢？"左右近侍都赞同。唯独张释之说："假使里面有令人垂涎的珍宝，即便熔化金属把整个南山封起来，也会有间隙；假如里面没有珍珠宝玉，即便是没有石头做外层，又有什么值得忧虑的呢？"文帝称赞他说得好。

这一年，张释之被任命为廷尉。文帝出行经过一座桥时，为皇上驾车的马匹突然受到一个从桥下跑出的人的惊吓。于是，文帝令骑士追捕，并将他送交廷尉治罪。张释之向皇上禀报了处置意见："此人违反了清道戒严的规定，应当罚金。"文帝发怒说："这个人的举动惊动了我乘车的马匹，幸好这马脾性温和，假若是其他马，我不是受伤了吗？可廷尉却仅仅判他罚金！"张释之解释说："法对天下人是普遍施用的。按照现在的律法，这一案件就该这样定罪，如果加罪重判，律法就不能取信于民众了。况且，在他惊动马匹之际，如果皇上派人将他杀死，那我就没办法了。现在您已把他交给廷尉，廷尉是天下公平的典范，稍有倾斜，天下用法就可轻可重，百姓会怎么想呢？请陛下您慎重考虑一下！"文帝思虑半晌，说："廷尉的判决是对的。"

83

过了不久，有人偷盗高祖庙中神位前的玉环，被捕。汉文帝大怒，交给廷尉治罪。张释之奏报判案意见：按照"偷盗宗庙服御器物"的律条，案犯应该在市井公开斩首。汉文帝大怒说："此人大逆不道，竟然敢盗先帝器物！我将他交给廷尉审判，是想将他全族诛灭，而你却依法判他死罪，这不是我供奉宗庙的本意。"张释之免冠顿首谢罪说："依法这样判足够了。而且，对于同样的罪名，还应该根据情节的轻重程度区别对待。现在此人以偷盗宗庙器物之罪被灭族，若有愚昧无知之辈从高祖的坟墓上盗取了一捧土，那陛下会不会给他加以更重的惩罚呢？"于是，文帝向太后说明情况，批准了张释之的判刑。

4. 贾谊上《治安策》

汉文帝六年（公元前174年），贾谊上疏汉文帝，建议解决诸侯割据威胁中央集权的问题。

贾谊，洛阳人，十八岁时就以博学多才、文采超群而闻名全郡。河南郡守吴公听说他才华出众，把他召到自己身边委以重任，对他十分赏识。汉文帝刚刚即位，听说河南吴公政绩非常突出，在全国名列第一，又因与李斯同乡，曾经拜李斯为老师，于是擢升吴公担任廷尉。吴公便向文帝上奏，说贾谊年少有为，精通诸子百家之书。文帝便将贾谊召入朝廷为博士。

在当时的博士中，贾谊最为年轻。每次皇帝召集博士商议事务，诸老先生不能应答的，贾谊都能对答如流，且常常道出诸生心中所想而又无法说出的意思。因此，大家都很佩服贾谊的才干。文帝大悦，将他越级提拔，不到一年就升到了太中大夫的职位。

贾谊认为汉朝已经建立二十余年了，天下太平，应当改订历法，改变车马服饰用色的制度，重新制定官职名位，鼓励礼法音乐。于是他创制了

第三章 文景之治

一套仪法上奏文帝，祭祀用五种供品，崇尚黄色，官职名也全部更换。文帝为了表示谦逊不肯改变制度，但各种法令的更定以及列侯各回封国等问题，都照贾谊提出的主张办了。因此，文帝提议让贾谊担任公卿职位。周勃、灌婴、张相如、冯敬等大臣一起反对，并诋毁贾谊说："那个洛阳人年纪轻轻，刚刚做学问，便想独揽大权，把各种事搞得乱七八糟。"此后，文帝渐渐疏远了贾谊，不再采纳他的建议，后来将他贬为长沙王太傅。

贾谊因为被贬而远离朝廷，情绪低沉，渡湘水时作了一篇《吊屈原赋》。屈原是楚国贤臣，遭受谗言而被放逐，因为忧愤不平而创作了《离骚》，而后投江自尽。贾谊追思伤感，借凭吊屈原来比喻自己的现状。

过了一年多，文帝又想起贾谊来，将他重新召回京师。贾谊入朝拜见文帝时，文帝刚刚祭祀过天地各神，坐在未央宫前的宣室中，因为对鬼神之类的事情有所感触，便向贾谊问起鬼神本源的问题。贾谊便把鬼神的由来一一地说出来，直到半夜，文帝听得入神，不知不觉中竟挪到了他的身边。事后文帝说："我已经很久未见到贾生了，自以为已超过他，而今看来还是未赶上他。"于是文帝便让贾谊做了梁怀王太傅。怀王是文帝的小儿子，最受宠爱，因为他爱好读书，所以让贾谊担任了他的老师。在贾谊担任太傅期间，文帝还经常就国家大事向贾谊咨询意见。

文帝初年，天下太平时日不久，中央政权还不是特别稳固。从外部看，主要是匈奴正处于强盛时期，经常侵掠汉朝边境地区，从高祖刘邦到文帝时期，汉朝都没有力量抵抗匈奴在北部边境上的侵略骚扰；在汉朝内部，各项法令制度、礼仪规章还不健全，有的甚至还没有建立起来。诸侯王经常僭礼、非礼，行为处事依照天子的规格，有的甚至起兵反叛，图谋夺取帝位。在此情况下，贾谊多次上疏陈述自己的政见，最著名的就是《治安策》。

在这篇文章中，贾谊先分析了分封诸侯的弊病，认为当时是解决诸侯坐大、安定天下的大好时机，如果错过了机会，必然会导致骨肉相残，天下重新陷入动荡混乱之中。

贾谊主张对图谋不轨、胸怀异志的诸侯王用强硬的手段。他把"仁义恩厚"比作刀刃，"权势法制"比作刀斧，把行为不轨的诸侯王比作是牛身上的硬骨头，处置硬骨头只能用刀斧而不能靠刀刃，否则"不缺

则断"。

贾谊提出，要"割地定制"，分割较大的诸侯国如齐、赵、楚为若干个较小的诸侯国，让齐悼惠王、赵幽王、楚元王的子孙都能分一块地为王，直到地分完为止。对地多而子孙少者，可以先立一国空着，等有了子孙之后再封。受封为诸侯王的人如果因犯罪而被废黜，将他的土地全部没收归中央。这种分封制度实施后，宗室的子孙全封为王，则"天下诸侯王国再也不会起反叛之心，皇帝也不用为讨伐平定诸侯国而忧心"，"天下不再有动乱，国家立即就会太平，后世的人也会称颂皇上的圣明。"

贾谊又进一步分析当时的局势，他说："目前天下的形势就像是一个人得了脚肿病，只能平举不能屈伸，指头稍动就很痛，如果不及时医治，就会后患无穷，成为痼疾，以后即使有扁鹊这样的名医，也无能为力了。"

在讨论完分封制后，贾谊又以大量篇幅阐述维护"四维"，即礼义廉耻的重要性。

梁怀王刘揖去世，他没有儿子继承。贾谊再次上疏说："从如今的趋势来看，封国不过传了一代两代，诸侯就自行其事不受朝廷的管制，如果陛下不立下制度，听之任之，他们就会一再扩张强大。到那时朝廷的法度就无法实行了。陛下可以当做屏障和皇太子所能依恃的，只有淮阳国、代国两个封国罢了。淮阳国与那些强大的诸侯国相比，仅仅像一颗痣附着在脸上一样，它恰恰足以诱发大国吞并扩张的欲望，却无力对大国有所牵制。代国北部与匈奴相接，与强敌为邻，能自保就不错了。现在国家的政权在陛下您的手中，分封诸侯、建立国家，却使自己儿子的封国小得只能做被人吞并的诱饵，怎能说当初分封设计得好呢？我有个愚笨的建议，请皇帝把原属淮南国的封地全划归淮阳国，并且为梁王立继承人，把淮阳北边的两三个城和东郡划归梁国。可以把代王改封为梁王，把淮阳设成新的梁国都城。梁国封地起于新并且北面直达黄河，淮阳国的封地囊括了原来陈国的全境并且南部直达长江，那么就算原来已生异心的大诸侯国也会胆战心惊而不敢反叛朝廷了。梁国能够阻止齐国和赵国，淮阳国能够限制吴国和楚国，陛下可以安枕无忧，再没有对崤山以东诸侯国的忧虑了。这可使两代君主安享太平。现在天下之所以安然无事，是因为诸侯王都还年幼，几年之后，陛下就会看见诸侯王带来的危机了。秦始皇日日夜夜费尽

心机来铲除六国之祸，而现在陛下牢牢地控制着天下，一举一动都能称心如意，却高拱两手安坐，造成新的六国之祸，这不能说是有智慧的人的所为。即便您终生太平无事，却留下了祸乱的根源，对这些危机早就看到了却不去解决，待您百年之后，把危机留给了老母幼子，使他们不得安宁，这样做不能说是讲仁义。"文帝于是采纳了贾谊的策略，把淮阳王刘武改封为梁王，梁国封地北以泰山为界，西到高阳，共有大的县城四十多座。又过了一年多，贾谊去世了，死时年仅三十三岁。

四年后，齐文王死了，他没有儿子。文帝想起了贾谊的建议，就把齐国分成六个小王国，让齐悼惠王的六个儿子做王。又改封淮南王刘喜为城阳王，把淮南分为三个小国，立淮南厉王刘长的三个儿子为王。又过十年，文帝死，景帝即位。景帝三年（公元前154年），吴国、楚国等七个诸侯国联合反叛，向京师进发，但先被梁王刘武所挡，最后七国之乱失败。到武帝时，淮南厉王的两个儿子衡山王刘赐和淮南王刘安谋反被杀。这些都应验了贾谊的预言。

5. 两王叛汉

汉文帝三年（公元前177年），济北王刘兴居造反，最终落得一个自杀身亡的下场。汉文帝六年（公元前174年）十一月，淮南王刘长联系闽越、匈奴，想要造反。事发后刘长被捕，流放蜀地，死于途中。这说明诸侯王割据地方的政治制度已不符合历史发展的需要。

刘邦平定天下后，铲除异姓王，分封同姓王，各王国占去了国土的绝大部分面积，当时全国的五十四个郡，有三十九个归王国占有。在中央所统领的十五个郡中还有一百多个列侯、公主的封地充斥其中。从人口方面来说，根据现代学者的估计，汉初人口约一千三百万，西汉中央政府直接控制的约四百五十万，近九十七万户；属于王国的约八百五十万，近一百八十万户。

并且王国拥有自己的军队,有财政大权,甚至有自己任命官吏的权力。王国实际上是一种半独立的封建割据力量。刘邦在位时,封国刚定,加上汉王朝刚刚建立不久,民心未安,因此他们各自忙于整治内部,无暇外顾,对中央政权没能构成什么威胁。但到文帝时,情况就不一样了,经过惠帝、吕后时的休养生息,使经济恢复,人口迅速增长,诸侯国的力量大幅度增强。因为文帝并不是以太子身份入继大统的,很多诸侯王对此不服,再加上文帝继位之初,威信未立,羽翼不丰,对国家大事无为而治,这些因素助长了诸侯王的气焰。他们骄横不服法,渐渐有了反叛之心。

(1) 济北王起兵

济北王刘兴居是汉高祖刘邦的孙子,父亲是齐悼惠王。齐悼惠王是刘邦外妇曹夫人所生,高祖六年(公元前201年)立为齐王。他有九个儿子,第三个儿子是刘兴居。齐悼惠王死后,长子刘襄继位,即齐哀王。后哀王二弟刘章被吕后封为朱虚侯,刘兴居为东牟侯。吕后先后割了齐国的济南郡给吕王吕台(高后兄之子)、琅琊郡给刘泽,招致了刘氏家族的不满。吕后死时,赵王吕禄、吕王吕产聚兵擅权准备政变。刘章从其妻(吕禄之女)那里知道了这一阴谋,就暗自派人到他的兄弟齐哀王那儿报信,让哀王率军向京师进发,而刘章与刘兴居准备在京师联络大臣为内应,里应外合,诛杀吕氏,并立齐哀王为帝,后因周勃等人立代王刘恒为帝,此事未果。

文帝登基后,将原属齐国土地全归还给齐国,并增封刘章、刘兴居二兄弟各二千户、一千斤黄金。汉文帝二年(公元前178年),刘兴居被立为济北王。当初诛杀诸吕时,因刘章兄弟功劳最大,文帝也有意厚赏。但文帝后来听说刘章、刘兴居本来是要立齐哀王为帝,心有不快,于是大封诸子时,就割了齐国的城阳和济北二郡分封给刘章、刘兴居二人,刘兴居对此非常不满。一年后,刘章去世,正值匈奴大规模入侵边境,丞相灌婴率大军前去与匈奴作战,文帝亲自到太原坐镇。刘兴居见京师空虚,视为良机,于是起兵反叛。汉文帝得知刘兴居举兵谋反,诏令丞相和准备攻

击匈奴的军队都返回长安，任命棘蒲侯柴武为大将军，统领四位将军、十万军队出击刘兴居；任命祁侯缯贺为将军，领兵驻守荥阳。七月，文帝自太原返抵长安。文帝下诏书："济北境内吏民，凡在朝廷大兵未到之前就归顺朝廷和率军献城邑投降的，都对其宽大处理，并且恢复原有的官职爵位；即使是追随刘兴居参预谋反的，只要归降朝廷，也赦免其罪。"八月，济北王刘兴居兵败，自杀。济北国也被废除，疆土并入中央。

（2）淮南王造反

汉八年（公元前199年），刘邦经过赵国，赵王张敖为讨好刘邦献一美女。刘邦幸后，美人怀孕，赵王不敢再让其住宫中，就在宫外给美人找一住所，安顿下来。赵相国贯高等人谋反之事败露，汉朝将赵王收捕，赵美人一家也受牵连被逮捕，美人对看守的官吏说："前些日侍奉皇上，现已怀孕。"官吏向上边报告了这件事。但当时刘邦正生着赵国的气，没有理会赵美人。赵美人的弟弟赵兼请辟阳侯求吕后在高帝那里为美人说情，吕后因为嫉妒，不为赵美人说情，辟阳侯也没有强争。赵美人生下一男儿刘长后因羞愤而自杀。官吏将刘长送给皇上，刘邦事后想来也有些愧疚，就让吕后抚养刘长。

汉十一年（公元前196年），淮南王黥布反叛，刘邦亲自前往平叛，打败了黥布，此时刘长尚未被立为王，于是刘邦立其为淮南王。

刘长后来知道了自己身世，对辟阳侯不为其母强争一直怨恨在心，惠帝、吕后时还不敢发作出来，等文帝即位后，刘长自认为高帝的儿子只有文帝与他二人了，除了皇帝以外，他就是地位最尊贵的人，因此，开始骄纵起来，多次不奉法行事。文帝三年（公元前177年），刘长入朝，比以往更加骄横，与皇帝出去打猎时共乘一辇，不称文帝为皇兄而称"大兄"。刘长身材比较高大，力气也很大，能举起大鼎。他觉得报仇的时机已到，就去找辟阳侯算帐，辟阳侯出来见他时，刘长用袖中金椎刺辟阳侯，并命手下将其杀了。随后他到文帝那里请罪，说："我的母亲不应当因赵国反叛而受牵连，辟阳侯本能说服吕后，但他不强争，这是第一条

罪；赵王如意母子无罪，吕后杀了他们，辟阳侯不争，这是第二条罪；吕后以诸吕为王准备夺刘氏的天下，辟阳侯不争，这是第三条罪。我只是为天下杀这个贼臣，报母亲之仇，现在向皇上请求原谅。"文帝考虑到他是为母报仇心切而杀人，没有治他的罪，赦免了他。

在京师期间，从薄太后、皇太子到各位大臣都惧怕淮南王。淮南王从此更加骄横，回国后，不依汉朝法律办事，出入时仪仗同皇帝一样，还自己定法令，几次上书都有不逊之词，文帝感到自己不好说他，就让舅舅薄昭写一封劝谏信给他，说："听说你非常刚正勇敢、慈爱温和并且待人宽厚，而又办事果断，这是你的天资。然而你如今的所作所为，已与你的天资不相称。你多次不顾应有的礼仪违反国家法度，皇上仁厚，不忍心惩罚你，你今后应该遵守法度、尽职尽责，用这种方法来报答皇帝的恩德，并且应该上书向皇上谢罪，就说：'我不幸早早离开先帝，成为孤儿，吕后在世时，我总是担心自己活不了多久。您当上皇帝后，我却辜负了您对我的仁爱恩德，行事大多不遵法度，现今想起来确实是我的过错，因此，心中恐惧，请陛下发落。'皇上对你的这番话一定很高兴，你与皇上便能像从前一样。请你好好考虑一下，早早作出决断，如果再犹豫不决，等到大祸降临，就悔之晚矣。"

淮南王接到此信很不痛快。文帝六年（公元前174年），他命令一个叫但的大夫率领七十人，伙同棘蒲侯柴武的太子柴奇，计划凭借四十辆辇车在谷口（今陕西西安北）造反，并派人出使闽越、匈奴，寻求支持。事情败露后，朝廷抓捕有关造反的人，并且把淮南王召回都城。

淮南王到了长安后，丞相张苍、典客冯敬与宗正、廷尉等人奏道："淮南王刘长在自己的领地里废除先帝的法令，不听皇帝的召唤，住的地方毫无节度，还仿照皇宫建了宫殿，擅自颁布法令，不执行汉法，设置官吏时自行任命郎中春为丞相，并且收留那些在朝廷、诸侯国中犯了罪逃亡的人，把他们藏匿起来，为他们置家娶妻，还赐给他们财物田宅、爵位俸禄，有的人被授爵位竟到了关内侯，给他们相当于二千石的俸禄。大夫但、士伍开章等七十人与棘蒲侯的儿子柴奇谋反，要危害宗庙社稷，并密派使者到闽越和匈奴联络发兵。事情败露后，长安尉奇等人前去逮捕开章，刘长将其藏起来不交，并且同前中尉简忌策划，把开章杀死灭口，还欺骗朝廷的官员说，不知道开章在何处，而后又做假坟墓，墓上写'开

章死，葬此下'。刘长本人曾经杀害过一个无辜的人，还下令官吏杀另外六名没有罪的人。有犯死罪的逃亡者，刘长将其藏起来，却随便捕一无罪之人抵数。他还擅自判人有罪，在没有原告的情况下判十四个人有罪，还赦免了十八个犯死罪的人、五十八个犯轻罪的人，赐关内侯以下爵位的有九十四人。前些日子刘长有病，陛下很担忧，派人赐枣脯给他，刘长竟不肯见使者。南海国有人叛乱，淮南王刘长派官吏去那里平叛，皇上您派使者用帛五十匹来犒赏那些在平叛中立功的人，刘长却不接受这些赏赐，说'并没有辛苦有功的人'。南海王上书献璧帛给皇上，简忌擅自烧了他的上书，不向上报告。要捉拿简忌问罪时，刘长不交人，谎称简忌病了。刘长犯的罪按法律应该斩首，请皇上依法把他斩了。"

汉文帝有些犹豫，让列侯及所有俸禄达到二千石的官员共四十三人讨论这件事，结果，都认为应依法论处。文帝命："赦刘长死罪，废王位。"群臣向皇上奏请把刘长发配到蜀郡去，让他的家人随同前去，并下令让当地政府为刘长修建房屋，负责每日三餐，并配给柴薪、菜、盐、炊具、被褥。文帝命供应刘长食物，每日肉五斤、酒二斗。原来得到刘长宠幸的美人、才人共十个跟他一起去。参与反叛阴谋的有关人员全部被杀。

袁盎谏文帝道："皇上您一向宠着淮南王，不给他设立一个严厉的丞相、太傅，才发展到今天的这种地步，而且淮南王为人刚烈，现在这样惩罚他，我恐怕他会因为感觉受到侮辱，气愤而死。这样陛下就会有杀弟弟的名声，这可如何了得！"文帝说："我是特意要让他受受苦，让他自悔，现在就追他回来。"

淮南王刘长在路上对侍者说："我因为骄纵听不进别人的劝告，才到了如此地步。"于是一路上不吃不喝终至死亡。刘长所坐槛车是由各个县负责在本县内押送，然后转到下一个县，但这些县的县令都不敢揭开槛车上的封条，直至到了雍县（陕西境内），县令揭开了封条，这才向上报告了死讯。文帝听说后当即哭了，对袁盎说："我没有听你的话，到底使淮南王死了。"袁盎说："淮南王已经死了，那是没办法的事，请皇上您放宽心。"文帝问："如今该怎么办呢？"袁盎说："只有杀了那些有罪之人，才能向天下谢罪。"文帝于是命丞相、御史将那些不揭封条、不侍候淮南王的各县有罪之人，逮起来杀了，并按照列侯的规格把刘长葬在雍县，还设置了三十户人家替刘长守坟。文帝八年（公元前172年），文帝

怜悯刘长，于是把他的四个儿子都封为侯：刘安为阜陵侯，刘勃为安阳侯，刘赐为阳周侯，刘良为东城侯。

文帝十二年（公元前168年），民间有人作歌吟唱淮南王刘长："一尺布，尚可缝；一斗粟，尚可舂。兄弟二人不相容！"文帝听说后说："当初尧舜放逐骨肉（即鲧和共工，都是尧舜同姓），周公杀管，天下人都称赞他们很圣明，没有因为私人关系而损害了国家的法规制度，难道天下人以为我是贪图淮南王的地盘吗？"于是改封城阳王统治淮南国旧地，追谥刘长为厉王。

文帝十六年（公元前164年），文帝又怜惜淮南王刘长因行为不轨，致使被废除王位，早早死去，于是把淮南王刘喜改封城阳王，让刘长另外三个儿子在淮南原地统治。把淮南王旧地分成三个小王国，刘安为淮南王，刘勃为衡山王，刘赐为庐江王。

6. 晁错言边事

汉文帝十一年（公元前169年），匈奴发兵侵扰汉朝北部边境狄道一带，给边境人民带来巨大的人身伤害和财产损失。太子家令颍川人晁错上书文帝说："《兵法》说：'有战无不胜的将军，没有战无不胜的民众。'由此来看，安定边境，保邦定国，关键在于良将的选择，因此一定要慎重行事。

"臣又听说，在战场上与敌人交锋，有三件事情最为重要：一是武器精良，二是士兵训练有素，三是占据有利地形。按照《兵法》：步兵、车骑兵、弓弩、长戟、矛、剑盾等不同的兵种和武器，适合不同的地方作战。如果战场地形不适于发挥军队和武器的长处，十个士兵抵不上一个士兵的情况就可能出现。士兵不经过挑选，军队缺乏训练，起居管理混乱，动静不一致，胜不能进、退不能守，士兵不能听令行军，这是不训练军队

的错误，这样的军队，人数虽多却不中用。兵器不齐备不锋利，与空手作战一样，难以快速制敌；盔甲不坚固，与脱衣露体一样；弩箭射不远，与短兵器一样；目标不能被射中，射中目标却不能深入，就像没有箭头一样，与没有箭没有区别。这是由于将领不检查武器装备造成的，这样的军队，也难有什么大用。所以《兵法》说：'器械不锋利，是把士卒奉送给敌人；士卒不听号令，是把将领奉送给敌人；将领不懂兵法，是把他的君主奉送给敌人；君主不精心选择将领，是把国家奉送给敌人。'这四种情况，决定用兵的成败。

"臣又听说：在用兵时，应按照双方国家大小、强弱和战场地形的不同，选择不尽相同的作战策略。选择侍奉大国，这是小国应采取的措施；如果与敌方旗鼓相当，就应联合其他小国对敌作战；中原王朝应该采取的战略是利用蛮夷去进攻蛮夷部族。和匈奴作战情形与在中原作战大不相同：在山间河流行走，中原的马匹比不过匈奴；在危险的道路上，边策马奔驰边射击，匈奴的骑射技术胜过中原；不畏风雨疲劳，不怕饥渴，中原将士比不过匈奴人。这是匈奴的优势。如果到了平原，在地势平缓的地方，形势就会好转，匈奴的军队就容易被使用轻车、骁勇精锐的汉军打乱。汉军使用强劲的弓弩和长戟，箭可以射得很远，长戟也能远距离杀敌，持小弓的匈奴就无法与我军抗衡；汉军身穿坚实的铠甲，手持锋利的武器，长短兵器配合使用，弓箭手适时出击，士兵按什伍编制统一进攻，匈奴军队就无法抵挡我军的进攻；聚集勇敢强健的弓箭手，以特制的好箭射向同一个目标，匈奴用木材和皮革制成的防御武器就全不起作用；在平地作战，剑戟交锋，近身搏斗，匈奴人的脚力就不如汉军。这是中原的军事优势。由此来看，匈奴优势有三，汉军优势却有五。加之陛下动用了数十万军队，去攻打只有数万军队的匈奴，从数量角度看，这是以十击一的战术。

"尽管如此，战争总是万分凶险之事。由大变小，由强变弱，很快就会实现。用人的生死去决胜负，失利就难以重振国威，就会追悔莫及。英明的君主在决策时，应确保万无一失。现在来归降朝廷的胡人、义渠、蛮夷等，部众达数千人，他们有与匈奴一样的饮食习惯和善于骑射的特长。可以赐给他们精良的武器和充足的粮食，加上边境各郡的精锐骑兵，再起用通晓兵法、能把蛮夷部族的人心笼络到一起的将领，以陛下明确的

约定统率他们。如果遇到险阻，就发挥这些人能够冲锋陷阵的优势；在宽阔的平野，敌人就会被我们的战车、步兵制服。两支军队相互配合，优势互补，再加上以众击寡，这才是万无一失的战略。"他的意见得到文帝的赞赏。

晁错再一次上书说："臣听说秦起兵攻打匈奴和百越，并不是为了戍边安民，而是出于贪心，想扩大它的领土范围，所以，功业还没建立，天下就已经大乱。而且如果对敌人的虚实强弱不了解，进攻就会被敌人所瓦解，屯守就会被敌人所围困。北方严寒，南方扬、粤一带的人，生性耐热。秦朝的戍卒不服南方的水土，戍守的将士死在边境，输送给养的士兵死于路上。秦朝的百姓被征发当兵，就像被处死在刑场上一样，于是那些犯罪的人就被秦王朝发配去戍边，称'谪戍'。先是犯罪的官吏以及赘婿和商人被征发充军，后来又扩大到曾有市籍的商人，然后又扩大到祖父母、父母经过商的人，最后居住在闾左、按规定不负担兵役的人也都被迫去当兵。被强迫当兵的人都心怀怨恨，他们去戍边就等于去送死，朝廷却没有丝毫报偿给那些死于战场的人们，他们的家属得不到国家任何回报，天下人都清楚地知道秦的暴政祸及自己。陈胜前去戍边，中途起义，倡导天下人反秦。他的主张得到天下人的响应，如同洪水势不可挡，这是秦以威势强制征兵的恶果。

"匈奴人不是依靠土地获得衣食来源，因此经常骚扰我国的边疆，这是匈奴人的谋生之业，却使中原汉人离开了农田。现在，匈奴人经常在边界一带打猎、放牧，偷偷察看汉军守边士兵的状况，发现汉军人少，就会入侵。如果陛下不发兵救援，边境老百姓的失望情绪就会产生，最终导致归附匈奴；如果陛下发兵救援，发兵太少就不起作用，多发援兵，从远方各县来的援兵刚刚到达，匈奴军队则又已撤走了。不撤走聚集在边境的大量军队，军费开支太大；撤走援兵，匈奴人又会趁虚而入。如此往复，那么中原地区就会受拖累，陷入贫困，百姓也就无法安居乐业了。幸得陛下对边境问题很关心，派遣将吏加强边塞防务，边境的老百姓得到了很大的恩惠，对您感恩戴德。但是现在远方的士兵驻防边塞，一年轮换一次，他们对匈奴人的本领就不能清楚地了解。因此，不如选常居人口在边境安家，从事农耕生产，防御匈奴，利用有利地势建成高城深沟；在战略要地、交通要道建立规模不小于千户的城镇，城中的房屋由官府先来修建，

第三章　文景之治

准备农具，再招募百姓，赦免罪名，赏给爵位、四季粮衣，应募者全家的赋税劳役都免除，直到他们能生产自给时为止。如果不给边塞民众优厚的利禄，塞民就无心长期定居边塞。匈奴入侵所掠的财物有被夺回的，就把其中的一半给他们，边塞的百姓得到这样的待遇，就会邻里街坊互相救援帮助，同仇敌忾，与匈奴拼死搏斗。他们这样做，并不是对皇帝感恩图报，而是想使亲戚邻居得以保全。他们与那些远道而来的中原士兵相比，防御匈奴的效果要好许多。在陛下当政之时，迁徙百姓以充实边防，免除屯戍边境的百姓的徭役，而边塞的居民，家人彼此保护，不再受被匈奴俘虏的苦难。陛下这样做，就会利益万代流传，得到圣明的名声，与秦的强征百姓戍边是截然不同的。"文帝采纳了晁错的建议，许多百姓被招募到边塞定居。

晁错又一次上书说："陛下幸好招募迁徙百姓以充实边塞，屯戍的费用大为减省，运输费用更加减少，这对百姓是很大的恩惠。下级官吏如果真能相符于陛下对百姓的恩惠，遵奉陛下的法令，善待迁徙来的应募百姓，照顾其老弱，厚待其中的壮士，争取他们的拥护而不去欺凌他们，使先来的人乐业安居而不思念自己的故乡，那么贫民就会羡慕他们，也争相去边塞了。臣听说古代明君迁徙百姓，要先看一看当地的阴阳是否调和，然后再营建集镇、修筑城池，先为百姓修筑房屋、配置器物，使百姓有房可住、有物可使。这正是百姓不留恋故乡而互相勉励迁往新居的原因。官府在迁徙的新居住区设置巫神、医生，为百姓医治疾病，主持祭祀。百姓得以男女婚配，繁衍生息，彼此照顾生老病死，栽种树木，喂养六畜，屋房完好。让百姓乐于长期定居此地正是这样做的目的。

"臣又听说古代明君为了防御敌人入侵，在沿边境的各县创设如下建制：使每五家为一伍，设置伍长；每十个伍的民户为一里，里设置假士；每四里为一连，连有假五百；每十连为一邑，邑设置假侯，都选择邑中贤才、有能力、了解民心、熟悉地形的人担任这些职务，安居本地就教民众学习射箭用兵之法，出临边境就教民众学习如何防御敌人的进攻。所以军事编制形成于平时的百姓之中，军事政令就能在战场有效地发挥作用。百姓训练有素，随便迁移是不允许的，年幼时一同玩耍，成年后一同共事。这样，夜间战斗，通过声音就可彼此辨认，就能够相互救援；白天作战，只要看见，就足以相互识别。他们能生死与共是出于友爱之心。在此基础

上，朝廷再施以厚赏、重罚，百姓就会勇往直前、前仆后继。所迁徙的百姓一定要强壮有力的人，这样才不会虚耗衣服粮食，才可用于充实边防；百姓强壮有力，同时也需要好官治理，这样才有功效。

"与匈奴和亲的事被陛下拒绝了，我私下估计他们冬季会向南进犯。如果边境得到巩固治理，就可以重创匈奴，他们就再也振作不起来了。如果想树立汉朝廷的威势，就应该在秋季匈奴刚发兵入侵时给以痛击，假若不能打败匈奴的侵犯，使他们得志而去，以后就不容易降服他们了。"

7. 晁错论农耕

文帝重视农业生产，采取了休兵养息的安民政策，使汉朝的农业生产得到很大的发展，国库也日渐丰盈。重视农耕政策是由大臣晁错首先提出的。

汉文帝十二年（公元前168年），晁错对文帝说："英明的君主在位时，百姓不会受到饥饿、寒冷的折磨。这并不是说君主能亲自耕种供给百姓食物，亲自织布供给百姓衣服，而是君主为百姓开辟了生存之道。所以尧虽然遇到九年的大涝灾，商汤虽然遇到了七年的大旱灾，而全国并没有被抛弃的病饿者，其原因就在于积蓄财物多并做了充分的准备。现在海内一统，土地广阔而人口众多，这都不亚于商汤和夏禹之时，再加上没有持续几年的旱涝灾害，但积蓄却没有上古时多，原因何在？这是由于土地的余力没有被完全利用，百姓还有余力没有发挥，适合耕种的土地还没有全部被开垦，山林川泽的财富还没有全部被开发，不从事生产而消耗粮食的游民还没有全部回归农耕生产。

"严寒之时人们急需衣服，不会要求衣服要轻柔暖和；饥饿难忍急需食品时，人们不会要求食品香甜可口。饥寒临身，人们顾不得讲究廉耻。一天吃不到两餐就会饥饿，一年不做衣服穿就会挨冻，这都是人之常情。

如果饥饿却得不到食物，寒冷却得不到衣服，即便是慈母也无法保住她的儿子，君主又怎能控制得住广大百姓呢？英明的君主知道这个道理，所以引导百姓从事农桑，辛勤耕织，少征赋税，多搞积蓄，用这些方法来充实府库，防备旱涝灾害，这样才能稳定对百姓的统治。百姓的善恶，就看君主如何去引导他们；百姓追求财富，就如同水只会向下流而不会选择流动方向一样。

"珠、玉、金、银等物品，饿的时候不能拿来吃，冷的时候不能拿来穿，但是大家都把它们视为宝，原因就在于君主喜欢使用它们。这些东西轻便易带，只要拿在手里，就可以周游天下而不受饥寒之苦。这会导致臣子轻易背叛他的君主，导致百姓轻易离开故乡。又刺激了盗贼的贪欲，使逃亡者得到轻便的资财。粟、米、布、帛等物，由土地生产，依时成长，投入很多人力，不是一天就可以生产出来的。重达数石的粟、米、布、帛，一个体力中等的人就已无法搬运，它们不会是盗贼想要掠夺的目标，而人们一天得不到它们，就会遭受饥寒。所以英明的君主应看重五谷而轻视金玉。

"现在一个五口的农民之家，为官府服徭役的不少于两人。能耕种的土地不过一百亩，而百亩土地的收获量不超过一百石。农民春天耕种，夏天锄草，秋天收获，冬天贮藏，砍柴，修缮官府房屋，服徭役，加上民间的人情礼节如吊唁死者、慰问病人、赡养父母、哺育子女等，也得从一百石的收获物中支付。农民春天不能避风尘，夏天不能避暑热，秋天不能避阴雨，冬天不能避严寒，终年劳碌没有休息的日子。如此勤劳困苦，再加上遭受旱涝灾害，官府政令严厉苛刻，赋税沉重，赋税不按规定时间征收，政令早上发出，晚上又有了变化。农民家中有资财的，以半价折卖，家中贫穷的，只好去借双倍利息的高利贷，于是就有人卖土地房宅、妻子儿女以偿还债务了。那些大商人积聚钱财发放双倍利息的高利贷，实力小的坐在市井中做买卖，依靠手中囤积的物品，每天游荡在都市之中，趁着某种物品急需，就把价格提高到两倍以上。所以商人家庭男的不去耕耘，女的不去养蚕、织布，但穿的却是华丽的绸缎，吃的是上好的米肉。商人不必遭受农民那样的辛苦，却可以得到他们那样的收获。商人依仗手中大量的钱财，与王侯显贵结交，势力超过了一般官吏，于是以财利进行倾轧。商人到千里之外旅游，车子在路上排成了首尾不能相望的队伍。他们乘坐着坚实的车子，驾驭着良马，穿着丝制的鞋子和精美的绸缎衣服。这就是商人兼并农民、农民破产流亡的原因。

"当务之急，没有比鼓励百姓从事农耕更重要的了。要想让百姓从事农耕，关键在于使全社会重视农业生产；使全社会重视农业生产，关键在于朝廷把粮食作为奖惩手段。朝廷可以招募天下百姓向官府缴纳粮食，用以购买爵位，免除罪名。这样的话，商人可以拥有爵位，农民可以得到钱财，粮食就不会被私人屯积。那些能够缴纳粮食换取爵位的人，都是有大量剩余粮食的。收取余粮供给国家使用，就可以减少对贫困百姓赋税的征收，这就是所谓'损有余，补不足'，政令一公布就可以给百姓带来利益。现在的规定：有一匹战马的人家，可免除三人的兵役。战马，是非常重要的军事装备，所以给予免除兵役的优待。神农的教令说：'有高达十仞的石砌城墙，有宽达一百步的护城河，有一百万全副武装的士兵，但如果没有粮食，也无法守住城池。'由此看来，粮食是君王的重要资本，是国家政治稳定的根本。现在规定百姓缴纳粮食得到五大夫以上的爵位，才能免除一人的兵役，这与对有战马的人的优待相比较，其间差得太远了。爵位是君主所专有的，由口而出可以无穷无尽；粮食，是百姓所耕种的，生长于土地而不会匮乏。得到高等爵位和免除罪名，是天下百姓最大的愿望。让天下人输送粮食到边境地区，凭这种方式来换取爵位、免除罪名，这样不到三年时间，边塞的粮食储备就必定会很充足了。"

文帝采纳晁错的意见，传令天下：百姓输送粮食到边境地区，依据输送粮食的多少，分别授给高低不等的爵位。

晁错又上奏说："陛下下诏，让天下人输送粮食去边塞，并授给爵位，这是对百姓的很大恩德。我担心边塞驻军的粮食不够，所以让天下屯粮大量输入边塞地区。如果边塞屯粮足够使用五年，就可以让老百姓向内地各郡县输送粮食了；如果内地郡县积粮足够使用一年以上，就可以随时下诏书，免收农民的赋税了。这样的话，陛下的恩泽遍及天下万民，百姓就会更积极地投身于农耕生产，天下就会十分富庶安乐了。"

文帝又采纳了他的建议，下诏说："引导百姓的正确方法是让他们从事农耕生产。朕亲自率领天下百姓务农耕种，到现在已有十年了，但荒地的开垦没有增加，一年收成不好，百姓就有饥饿之色。这是因为从事农耕的人还不够，而官吏并没有重视发展农业。朕屡次颁下诏书，每年都鼓励百姓耕种，至今未见成效，这是官吏没有认真地执行诏令去勉励百姓，向他们解释清

楚农耕生产的重要意义。况且朕的农民生活艰苦，而官吏并不去关心他们、照顾他们，又怎么能勉励他们从事农业呢？今年只向农民征收税的一半。"

汉文帝十三年（公元前167年）二月，文帝下诏说："朕亲自率领天下臣民进行农耕以供应宗庙祭祀的粮食，皇后亲自采桑、养蚕以供应祭祀用的祭服。请相关部门制定有关此事的礼仪！"

8. 文帝御匈奴

汉文帝时期，匈奴不断派兵袭扰汉朝北部边境，汉文帝采取了两手策略，一是同匈奴和亲，一是用武力讨伐匈奴，两种手段交替使用，既巩固了边疆，又为国内创造了一个较为稳定的生产环境。

（1）汉匈交恶

匈奴单于冒顿给汉朝廷送来书信说："前些时候，皇帝谈到和亲的事，与书信的意思一致，双方都很满意。汉朝边境官员冲撞、侮辱了我们的右贤王，右贤王气恼之下来向我请示，我听从了后义卢侯难支等人的意见，与汉朝的官吏互相敌对，并使得你我之间的和好盟约断绝，兄弟之国情谊也大受损伤，为此我惩罚右贤王，命令他攻击月氏国。由于苍天降福保佑，加上战马强健、将士精良，现在月氏国已被我消灭，其部众或杀或降，月氏已被我征服；乌孙、呼揭、楼兰等国及其附近的二十六国都已经归顺了我匈奴，现在北方所有游牧民族都已合并统一了。我愿意平息战事，休息士卒，安定居民，牧养马匹，消除以前的仇恨和战争，恢复原来被断绝的结好盟约，以使双方边境的民众安定。如果皇帝您不想我们匈

奴靠近汉边境居住，我会诏令匈奴的官民远离汉边界。"汉文帝复信说："单于深明大义，对这件事朕表示高度的赞赏。汉与匈奴相约为兄弟，所以我们送给匈奴的东西很多而且很贵。违背盟约、离间兄弟情谊的事情，尽管多发生在你们匈奴一方，右贤王之事也是事出有因，单于也就不必过分责备他了！单于如果能按来信所说的去做，明确告知大小部属官员，使他们不再违反和约，遵守信用，这就算是遵守了单于您信上的约定了。"

其后不久，冒顿死去，他的儿子稽粥继位，被称为老上单于。为了两国继续和好，文帝又把一位宗室的女儿翁主嫁给他做阏氏，并派宦官燕人中行说去辅佐翁主。中行说不想去匈奴，汉朝廷逼迫他去。中行说恼怒地说："如果一定要让我去，我就一定会使汉朝深受匈奴的祸害！"中行说到匈奴以后，就归顺了单于，单于很宠信他。这就为汉匈失和埋下了隐患。

当初，匈奴人非常喜欢汉朝的缯帛丝锦和食品。中行说劝单于说："匈奴的人口，与汉朝人口相比差之甚远，然而能强大起来，原因在于匈奴人的衣着、饮食习惯与汉朝不相同，而不必依赖汉朝。现在，单于您改变习俗，喜爱汉朝的东西，汉朝只要拿出不到它所有东西的十分之二，就会把匈奴人都收买过去。"他把所得的汉朝的丝绸衣裳，叫人穿在身上冲过草丛和荆棘地，结果衣服裤子都被撕裂扯烂，以显示它不如匈奴人所穿的兽皮结实实用；又把所得的汉朝的食物都扔掉，以显示它不如乳酪便利和味美可口。中行说还教单于的左右侍从学习文字，凡是匈奴送给汉朝的书信木札以及书信木札上的印封，其规格都增长加宽，并使用傲慢不逊的言辞，自称是"天地所生的，日月所置的匈奴大单于"。

汉朝使者有人讥笑匈奴是不讲礼义的民族，中行说就驳斥汉朝使者说："匈奴的习俗律法容易实行，君臣之间坦诚相见，可维持长久。一国的政务会，就像一个人的身体那样容易控制协调，而且必定拥立宗族的子孙为首领。现在中原虽自称是礼义之邦，但同姓之间相互仇杀争夺，以至于改姓，都是由于这个原因。希望你们不要多说了，汉朝送给匈奴的好米酒曲、缯帛丝绵，只要数量足够、质量好就行了，你们这些居住于中土的人，何必多说话呢？而且，你们所给的东西，如果数量足、质量好，就算了；如果数量不足、质量低劣，那么等到秋天庄稼成熟时，我们匈奴的铁骑就会去践踏你们的庄稼！"

（2）冯唐谏用将之道

　　汉文帝十四年（公元前166年）冬季，匈奴老上单于的十四万骑兵攻入朝那县和萧关，北地郡都尉被杀，匈奴人掳掠了很多汉朝百姓和牲畜财产。匈奴骑兵随后又到达彭阳县境，并派一支奇兵深入腹地烧杀一番，侦察骑兵一直到了雍地的甘泉宫。文帝任命中尉周舍、郎中令张武为将军，在长安附近驻扎了一千辆战车、十万骑兵，以防御匈奴进攻。文帝又任命昌侯卢卿为上郡将军，宁侯魏为北地将军，隆虑侯周灶为陇西将军，在各战略要地屯守。文帝亲自去慰劳军队，操演军队，奖赏将士，颁布训令，准备亲自统兵去征伐匈奴。群臣加以劝阻，文帝不听，最后皇太后坚决阻止，他的这个念头才打消。于是文帝任命东阳侯张相如为大将军，成侯董赤、内史栾布都为将军，与匈奴作战。匈奴单于在关内活动了一个多月后，才撤退出塞。汉军将匈奴撵出关外以后，就撤兵回境，未能杀伤匈奴。

　　文帝乘辇车经过中郎的官邸，问郎署长冯唐说："您的老家是哪儿啊？"冯唐回答说："我的祖父是赵国人，父亲时迁居代国。"文帝说："我在代国生活时，我的尚食监高祛多次称赞当年赵国将军李齐的才能及他与秦兵的巨鹿之战。现在，我吃饭时，总想着这个巨鹿之战。老人家您知道吗？"冯唐回答说："廉颇、李牧为将带兵的本领胜过李齐。"文帝拍着大腿说："唉！廉颇、李牧那样的人才难得呀！假如这样的将领为我所用，我难道还担忧匈奴的入侵吗！"冯唐说："陛下即使得到了廉颇、李牧这样的人，也不会被重用。"

　　文帝大怒，起身回宫中，过了许久，想起此事，召见冯唐，责备他说："您为什么要侮辱我，而且还是当着那么多人的面！"冯唐谢罪说："我是个粗鄙之人，不懂得忌讳。"文帝正在担忧匈奴的入侵问题，于是又问冯唐说："我不能任用廉颇和李牧，您为什么这样说呢？"冯唐回答说："我听说上古明君派遣将军出征时，推着将军的车辆前行，而且说：'由我处理国门之内的事，国门以外的事情，请将军裁决。'将军可以在外决定军功、封爵、奖赏一切事务，回国后再奏报。我的祖父说，李牧为

赵将，驻守边境时，把从军中交易市场上收得的税收，都自行用于犒劳将士，这样在外的将帅就可决定赏赐，不需要得到朝廷的批准。赵国对他委以重任而责令他必须取得成功，他消灭澹林，在西方，强大的秦国得到了抑制，在南方抵御了韩国和魏国，当时，赵国几乎成为七雄之霸。后来，恰逢赵王迁继位，听信小人的谗言，李牧遭到诛杀，由颜聚代李牧统兵，正因为如此，赵国军队溃败，将士逃散，落得被秦军消灭的下场。现在我私下听说魏尚担任云中郡郡守，他把交易市场所得的税收全都用来犒劳士卒，自己的官俸钱也经常用于宰牛杀羊，宴请宾客、军吏和幕僚属官，因此，匈奴不敢接近云中边塞，远远地躲避开。匈奴曾经入侵一次，魏尚率领车骑部队出击，大败匈奴军队。我认为陛下的惩罚太重而赏赐太轻了。那些士兵都是平民百姓的子弟，被征发从军的都是从田间来的，怎能知道'尺籍'、'伍符'之类的军令军规？他们整日拼死战斗，捕获俘虏，斩敌首级，在向幕府呈报战果军功时，只要一个字有出入，那些官员就引用军法来惩治他们，就连应得到的赏赐也被取消了，平时，他们还必须执行那些官吏奉行的法令。云中郡守魏尚因为上报斩杀敌军首级的数量差了几个，陛下就把他交给官吏治罪，他的爵位就被削去，并且被判罚了一年的徒刑。由此说来，陛下即便得到廉颇、李牧，也不能任用啊！"冯唐的批评，文帝欣然接受。当天就令冯唐持皇帝信节去赦免魏尚，重新任命他做云中郡守，并任命冯唐为车骑都尉。

汉文帝后元六年（公元前158年）冬季，匈奴三万骑兵入侵上郡，三万骑兵入侵云中郡，很多百姓惨遭杀害，报警的烽火一直传到甘泉和长安城。中大夫令免为屯守飞狐的车骑将军，任命原楚相苏意为将军，屯守句注；命将军张武屯守北地郡；周亚夫被任命为河内郡守，驻扎在细柳；命宗正刘礼为将军，驻扎在霸上；命祝兹侯徐厉为将军，驻扎在棘门，以防备匈奴。文帝亲自犒劳将士，到达驻扎霸上和棘门的军营时，文帝一行人直接驰马进入营垒，将帅和他的部属都骑着马迎接文帝。接着文帝到细柳的军营慰问，只见将士们身披铠甲，张满弓弩，手执锋利的武器，文帝的先导队伍也不能进入军营。先导说："皇上很快就要到了！"把守军门的都尉说："将军下令说，军中不听天子的诏令，只听将军的命令。"过了一会儿，文帝到，同样被拦在了军营之外。于是文帝便派使者持节诏告将军："朕想慰劳军队，所以要进入军营。"周亚夫才传达军令说："打开军营大门。"守卫军营大门的军官说："将军规定说，在军营中骑马是

不允许的。"文帝一行人便拉着马缰绳缓慢地前行。来到军营中，周亚夫身佩兵器对着文帝拱手作揖说："请允许我以军礼参见陛下，因为我身穿盔甲不便下拜。"文帝为之感动，表情庄重肃穆，手扶车前的横木，向军营将士致意，并派人把赞许之意传给了周亚夫。劳军的仪式完成后文帝离去。当文帝走出营门时，群臣都表示惊讶。文帝说："周亚夫才是真正的将军呢！前面所经过的霸上和棘门的军队，只是如同儿戏罢了，使敌人很容易就能袭击和俘虏我们的将军。至于周亚夫，谁能侵犯他呢！"文帝对周亚夫称赞了许久。一个多月过去了，汉军到达边境，匈奴远远地离开了边界，汉军也撤军回来。于是，周亚夫被文帝任命为中尉。

匈奴连年入侵边境，杀害、掳掠了许多百姓及其牲畜财产，受害最深的是辽东郡和云中郡，受害人数每郡多达一万余人。此事令文帝很担忧，就派使臣给匈奴送去书信，匈奴单于也派一位当户来汉廷答谢，匈奴与汉又恢复了和亲关系。

9. 景帝重用晁错

汉文帝是中国历史上一个比较有作为的皇帝，他在位期间，与民休息，社会经济得到很大发展。但是诸侯的问题始终没有得到根本解决。景帝即位后，重用主张削藩的晁错，掀开了平定诸侯国的序幕。

（1）文帝驾崩

汉文帝后元七年（公元前157年），文帝驾崩于未央宫。留下遗诏说："朕听说：大凡天下万物萌生以后，死亡是其必然结果。死亡是天地间的常理，事物的自然规律，不必为此而哀恸！我极不赞同厚葬重服，这样劳民伤财。况且朕也没为百姓做什么事情，在去世之后，长时间隆重的吊唁活动会在寒暑中使临丧者受尽折磨，让别人的子弟为我尽哀，就会令别人的长辈感到伤心。其他鬼神的祭馔被损坏而丰盛对我的祭馔，其他鬼神就会饱受饥饿之苦，这样的话，我的罪过就更加深重了，这叫我如何向天下交代！朕以细末之身继承大统，二十三年已经过去了，依赖于上天的威灵、社稷的洪福，四海安宁，未有战乱。朕天生就愚钝，经常害怕言行有过失之处，将先帝的声名玷污，而在位时间愈久，愈来愈害怕不能做到善始善终。今日幸以自然死亡，得以供奉于刘汉的祖庙之中，这对我这个薄德之人实在是最大的嘉勉，我已经很满足了，还有什么可哀恸的？可令天下吏民在接到志哀令后进行三天悼念活动即可停止。对在国丧期间举行嫁娶、祭祀的，不得禁止其饮酒食肉。凡须参加葬礼的，大量披麻戴孝也没有必要，其头与腰的孝带宽不许超过三寸。灵车不要用布帛铺盖，也不用派羽林军护灵，宫殿中也不要有百姓来哭灵。朝廷中应参加葬礼的，只能在早晚与大功时可以有哭泣的哀音，礼毕就停止。不是早晚与举行葬礼时，禁止擅自放声哭泣。下棺后，服大功（丧服）十五日，小功十四日，细布衣七日，孝服要在三十六天后全部脱掉。其他有关事项在诏令中没提及的，都以此令类推。布告天下，使黎民百姓都知道我的意见。不要改造霸陵山川，按其原貌下葬朕灵。宫中夫人以下的都遣送归家。"汉文帝又下令中尉周亚夫为车骑将军，郎中令张武为陵墓复土将军。征发近县士卒共计两万一千人，内吏卒一万五千人，交给张武将军从事开挖墓井与复土回填工作。赐各王侯以下至孝弟力田的人金钱帛各若干。"六月初七日，汉文帝遗体被葬于霸陵。

　　文帝即位二十三年来，宫室、园林、车骑仪仗、服饰器具等都没有增加，废除了许多对百姓不便的禁令条例。文帝曾想修建露台，召来工匠算了一下开销，需花费一百斤黄金。文帝说："一百斤黄金，相当于中等民户十家财产的总和。先帝的宫室由我居住，我都惧怕使它蒙羞，还修建露台干什么呢？"文帝自己身穿黑色的粗丝衣服，他所宠爱的慎夫人所穿的衣服不拖到地面。为显示朴素，文帝所用的帷帐都没有刺绣花纹，为天下人做出表率。修建霸陵，不准用金、银、铜、锡装饰，都

使用陶制器物，利用山陵形势，高大的坟堆也没有修建。吴王刘濞伪称有病，不来朝见，文帝反而赐予手杖给他。群臣之中，袁盎等人的进谏虽然言辞激烈而尖锐，文帝常常予以宽容并采纳他们的批评意见，张武等人接受金钱贿赂的事情被发现后，文帝反而赏赐他们钱财，使他们心中愧咎。他教化百姓全凭德政。所以，国家安宁，百姓富裕，后世能做到他这样的很少。

汉文帝逝世后，太子刘启即位，即汉景帝。

（2）晁错上《削藩策》

景帝继位以后，任命了一系列官员，任命太中大夫周仁为郎中令，任命张欧为廷尉，楚元王的儿子平陆侯刘礼被任命为宗正，任命中大夫晁错为左内史。周仁为人廉洁谨慎，曾做过太子舍人。张欧也曾在太子宫中侍奉过景帝，他虽然研究刑名律法的学问，却为人宽厚，景帝因此很器重他，让他做了廷尉之职。张欧以诚厚长者居官用事，因此他的下属也不敢欺骗他。当时，景帝经常与晁错单独议论国政，晁错的意见经常被景帝采纳，许多法令按晁错的建议修改了。

晁错为人忠正耿直，年轻时跟随一位叫张恢的儒生学申商刑名之学，后来因为精通文学做了太常掌故。

汉文帝时，《尚书》在天下已无人研究，不解其义，故四处求通《尚书》者。后听说齐国有一个曾做过秦朝博士的人精通《尚书》，但年岁已大，不可能召其进京。文帝便命太常派人带书登门求教，太常选中了晁错担当此任，晁错圆满地完成了这件事。回来后晁错向文帝讲解了《尚书》大义，文帝对此很满意，先任命晁错为太子舍人，很快又升任了门大夫、博士。

晁错曾上书文帝，讨论皇太子读书学习的问题。他说："人主之所以尊贵显赫，功名扬于万世之后，是因为懂得如何治国。所以，人主懂得怎样临制臣下治理民众，则群臣畏服；懂得怎样听取言论处置事物，则不被欺骗蒙蔽；懂得如何造福万民，则海内人心安定；懂得如何以忠孝服事上人，则臣子之德行完美。臣以为皇太子首先要学这四条。臣观察前代的

君王，凡是不能继承社稷而被其臣下所劫杀的，都是不知治术者。皇太子读的书已很多了，但还不懂得如何治理国家，是因为不深究书中所说的道理。书读得再多而不知其义，正所谓劳苦而不为功。臣暗自观察皇太子智慧过人，骑马射箭之技艺远非凡人所比，但对于治国之术却不能保持兴趣，陛下要多关心才是。希望陛下选择可运用于今世的圣人之术，来传授给皇太子，并定时要太子向您汇报学习所得。请陛下裁察。"汉文帝采纳了晁错的建议，任命他为太子家令。晁错很快以能言善辩、足智多谋，博得了皇太子的信任。

当时匈奴正处于强盛时期，边疆地区屡次遭其侵犯，对汉朝边境威胁很大。晁错为此上书文帝，认为安边境、立功名，关键在于选良将；而用兵打仗，关键在于熟悉地形，训练士卒、兵器坚利等。文帝对此又大加赞赏。

一次，文帝策问有司举荐的贤良人士。晁错胜过其他对策者一百余人，升迁为中大夫。

晁错在文帝时即多次提出应对诸侯王予以削夺，以及对法令应予更改等事，共上书三十篇。文帝虽没全部采纳，但还是很欣赏他的才华，皇太子对他更是言听计从。这引起了袁盎等大臣的反感。

汉景帝即位后，晁错被任命为内史，景帝对他的各种建议总是很痛快地采纳。晁错更定了多种法令，深受景帝宠爱。丞相申屠嘉由嫉生恨，总想找机会参他一本，置其于死地，但一直没有找到机会。有一天他终于抓住了晁错的一个过失。内史府位于太上庙内墙外边的空地附近，府门朝东，很不方便进出。晁错为开出个南门，就把围空地的墙（即太上庙的外墙）凿开一段。申屠嘉认为这一过失足以成为杀晁错的理由，准备上奏。这件事被晁错知道了，马上先对景帝解释了一番。申屠嘉上朝奏晁错擅自凿庙墙开门，请由廷尉治他的罪。景帝说："那不是庙墙，而是庙墙外面空地里的墙，不至于因此而治罪。"申屠嘉回去后对长史愤愤地说："我应当先斩后奏。如今先请示了，反而误了事。"申屠嘉由此发病而死。晁错以后更加显贵。

晁错升迁为御史大夫后，更加积极地倡导削藩政策。他多次奏请削有罪诸侯国四边的郡县，以缩小诸侯国的地盘。其中以《削藩策》影响最大。

晁错在《削藩策》中说："高祖刚平定天下时，因兄弟小，几个儿子尚年幼，同姓的很多人被封为诸侯王，齐国辖七十余城，楚国四十余城，吴国五十余城，这三个诸侯国几乎占去了天下一半的疆土。吴王刘濞以前因皇太子杀了他的儿子而与朝廷结怨，托病不来朝见，依法应杀，只因文帝仁慈，不忍处罚他，反赐杖给他，允许他不再朝觐。朝廷对他有如此之厚的恩德，吴王本应改过自新才是，但他反而更加骄横，在国内铸钱煮盐，招引天下的罪人阴谋作乱，现在削他的地他会反，不削也要反。削地他反得快，祸害要小些；不削地反得慢一些，祸更大。"

这一年，晁错的建议被景帝采纳，先后削了楚、赵、胶西三个诸侯国的地，下一步要削吴国的地。

为了限制诸侯国的权力，使中央政府的统治地位得到巩固，晁错更改的法令共有三十章，诸侯大哗。晁错的父亲听说后，从颖川赶来对他说："皇上刚刚即位，你掌管朝廷的政事，侵削诸侯的土地，疏人骨肉，诸侯多有怨言，你为什么要这么做呢？"晁错说："本来就应如此，不这样做，则天子不尊，宗庙不安。"其父说："刘家的天下安定了，可我晁氏却危险了，我得快快离开你。"回去后就喝药自杀了，说是不忍见祸加于身。十几天后，吴楚等七国反叛，诛杀晁错成为他们谋反的借口。

10. 七国之乱

汉景帝三年（公元前154年），以吴国刘濞为首的七个刘姓诸侯发动了一次大叛乱，历史上称为"七国之乱"。

汉王朝实行的同姓分封制度是产生七国之乱的根源。刘邦登上皇位以后，封同姓，先后立兄刘喜为代王、弟刘交为楚王、子刘肥为齐王、从父弟刘贾为荆王、子刘长为淮南王、子刘如意为赵王、子刘盈为代王，刘友先为淮阳王后为赵王，刘恢先为梁王后为赵王，子刘建为燕王，从祖昆弟

刘泽为琅琊王（文帝时徙为燕王），刘喜之子刘濞为吴王，旧时燕、赵、齐、魏、楚等国的全部疆土几乎全被这些封国占去。

诸侯王在封国内就是国君，拥有很大的权力。王国的政权机构大致按照中央的政权机构设置，除了由中央任命太傅和丞相外，诸侯王可以任命自御史大夫以下的各级官吏。诸侯王还有一定的军权，有财政权，有在国内征收赋税的权力。王国在政治上处于半独立状态。王国拥有众多疆土和人口，多数王国很富庶，如齐王刘肥有六郡，计七十三县；吴王刘濞有三郡，计五十三县。

刘邦在世时，问题还没有暴露出来，由于当时社会经济凋敝，同姓诸侯王又大都年少。惠帝和吕后以后，随着社会经济的恢复和各诸侯王长大成人，国家力量与日俱增，他们就都成为割据一方的势力，与中央的矛盾越来越大，有的甚至觊觎帝王之位，西汉政治由此开始动荡，正是在此背景下发生了"七国之乱"。

（1）吴王图谋造反

吴王刘濞是"七国之乱"祸首。刘濞被封王时年方二十，体壮有气力，刘邦担心吴、会稽一带社会风气不好，难于治理，需要一个年轻力壮的封王来镇抚，于是就封刘濞为吴王。受封仪式后，刘邦召刘濞来给他相面，说："你的样子有反相。"刘邦心中很是后悔，然而封王仪式已经完毕，再难更改，便抚着刘濞的后背说："汉家今后五十年内东南方有叛乱者，希望不会是你。天下同姓是一家，你要谨慎，不要造反！"刘濞叩首说："不敢。"以后刘濞自食其言。

当初，孝文帝在位时，吴国太子奉诏进京陪伴皇太子饮酒、博戏。吴太子在博戏过程中与太子争棋路，行为不恭。皇太子就拿起棋盘猛击吴太子，将他打死。朝廷送他的灵柩回吴国去安葬，吴王恼怒地说："刘氏掌管天下的一切，死在长安就葬在长安，还送回来，这是什么意思？"于是太子的灵柩又被吴王送回长安安葬。吴王从此渐渐失去藩臣的礼节，称病不来朝见皇帝。朝廷知道是因为儿子的缘故吴王才如此，就将吴国的使

者拘留审问，吴王开始产生谋反的念头。后来，吴王派人代他去长安行秋季朝见之礼，文帝再一次追问吴王不来朝见的原因，使臣回答说："吴王其实没有病，朝廷拘留了几批吴国使者，又治他们的罪，吴王是害怕呀，因此才假称有病。有这么一句话，'察见深潭中的鱼，不吉利'。对吴王以往的过失希望皇上不再追究，让他重新做人。"这样，文帝就释放了吴国使者，又让他们带给吴王几案和拐杖，表示对他年事已高的照顾，不必前来朝见。但是，因为吴王国内有冶铜、制盐的财富，所以不再征收赋税；每年慰问有才能的人，并使其得到闾里的赏赐；其他郡国官吏想来捉拿逃亡的人，吴王就把逃犯藏匿起来，不交给官府。吴王四十多年坚持这样做。

晁错多次上书奏陈削减吴王的封地，汉文帝宽厚，不忍心对他实施惩罚，所以吴王日益骄横。等到汉景帝即位，晁错再次将此事上书景帝，景帝将他的建议交于公卿、列侯、宗室讨论，没有人敢与其辩驳，表示坚决反对的只有窦婴一人，从此两人结怨。等到楚王刘戊来京朝见，晁错借机说："去年为薄太后服丧，刘戊在服丧的居室里私下奸淫，请求处死他。"景帝虽然免去刘戊的死罪，但下令收回了原楚国的封地东海郡。另外，朝廷以赵王犯罪为由削夺了他的常山郡；胶西王刘卬因在卖爵事上有不法行为，他封地中的六个县被朝廷削夺了。

吴王刘濞担心朝廷不断地削夺诸侯的封地，就打算举兵叛乱。听说胶西王刘卬勇武，对兵法研究极深，诸侯都畏惧他，于是，吴王派中大夫应高去游说胶西王刘卬，说："现在，奸邪之臣把持朝政，天子听信谗言恶语，侵夺削弱诸侯国，对诸侯王的惩罚很重，而且愈加变本加厉。胶西国和吴国，都是有名的诸侯王国，是朝廷的眼中之钉，肉中之刺。吴王身体患有暗疾，不能朝见已有二十多年了，时常担心受到朝廷怀疑，无法表白自己，只能自我约束，朝廷仍然不宽容他。我私下听说大王因出卖爵位的过失而受朝廷处置。其他诸侯封地被削夺的事情我也听说了，他们都不应该受到如此严重的惩罚。朝廷的用意，恐怕不仅仅是要削夺诸侯王的封地吧！"胶西王说："我确实有被削夺的事。你认为如何是好？"应高说："吴王自认为与大王面临着同样的忧患，希望大王顺应时势，遵循情理，为天下冒死消除祸患，我想您不会反对吧？"胶西王大吃一惊，说："这样的事我怎么敢做！天子待诸侯虽然

很严苛，我只有以死尽为臣之道，怎能起意反叛呢？"应高说："御史大夫晁错，蛊惑蒙骗天子，侵夺诸侯封地，诸侯王都有背叛之心，从人事来看，已势在必行了。彗星出现，蝗灾发生，这是不容错过的好时机；而且愁恼困苦的局势，应该是圣人挺身而出的时候。吴王准备对朝廷提出要求清除晁错，在战场上则跟随大王打遍天下，兵到之处，没有人胆敢不服。大王若真能许诺一句话，吴王就率领楚王兵锋直逼函谷关，据守荥阳、敖仓的粮库，阻挡汉军，把驻扎之地整治好，恭候大王到来。大王一旦起兵，就可以吞并天下，大王和吴王平分江山，不也很好吗！"胶西王考虑之后，答应此事。应高返归吴国，向吴王汇报了结交的事情，吴王亲自到胶西国与刘卬当面约定。胶西国群臣中，有人得知胶西王的图谋，谏阻说："诸侯王的封地与汉朝廷相此，十之才二，发动叛乱而使太后担忧，这不是高明的计策。现在侍奉一个天子，都已经很不容易了，假设吴与胶西起兵成功，两位君主并立相争，更大的祸患就会来到。"胶西王不听，于是派使者与齐王、淄川王、胶东王、济南王约定共同举事，诸侯王们都答应出兵反叛。

（2）七国联合反叛

　　汉景帝三年（公元前154年）正月，朝廷削夺吴国会稽郡、豫章郡的文书到达，吴王刘濞就率先起兵，朝廷任命的二千石以下的官员都被杀死了；胶西王、胶东王、淄川王、济南王、楚王、赵王也都举兵反叛。丞相张尚、太傅赵夷吾谏阻楚王刘戊，刘戊便派人杀死了张尚和赵夷吾。赵相建德、内史王悍谏止赵王刘遂，结果两人被刘遂烧死。齐王后悔通谋叛乱，撕毁吴楚的盟约，依靠城池进行抵御。济北王的城墙坏了没有修好，他被其郎中令劫持了，因此济北王无法举兵参加反叛。胶西王和胶东王为统帅，淄川王、济南王以胶西王和胶东王为统帅共同攻打齐国，围攻齐国都城临淄。赵王刘遂把军队调往赵国西部边境，准备联合吴、楚等国军队一起进攻，再向北方的匈奴派出使者，联络匈奴一起举兵。

　　吴王在其国范围征发士卒，对国中的老百姓下了命令说："我今年

六十二岁了，还亲自担任统帅；我的小儿子十四岁，也身先士卒。所有年龄上与我一样下与我的小儿子一样的人，都应应征从军！"吴国二十多万人被征从军。吴王还拉拢闽、东越参加叛乱。吴王在广陵起兵，向西渡过淮河，随即与楚国的军队联合，派使者致书诸侯，指控晁错罪状，准备以诛杀晁错为名联合进兵。吴、楚两国军队一起攻打梁国，攻破了棘壁，梁国几万人被杀；吴、楚联军乘着胜利的气势继续向前进攻，其势锐不可当。梁孝王派将军迎击，又被吴楚联军打败，梁军士兵都向后败逃。梁王只能死守其都城睢阳城。

当初，汉文帝临终前，告诫太子说："假若国家有危难，军队统帅的重任可由周亚夫担当。"等到七国叛乱的消息传到朝廷，景帝就任命中尉周亚夫为太尉，统帅三十六位将军及其部队，到达前线与吴、楚叛军交战；派遣曲周侯郦寄攻打赵国，派将军栾布攻打齐境叛军；景帝又任命窦婴为大将军，让他带领军队在荥阳驻守，监视用兵于齐国和赵国境内的汉军。

晁错上书奏请景帝亲征平叛，晁错又建议："吴国尚未攻占徐县、僮县一带，可以送给吴国。"晁错与吴国宰相一直不和，有晁错在某处就坐，袁盎总是避开；袁盎出现在何处，晁错也总是避开；两个人从未在同一个室内说过话。晁错升任御史大夫以后，以接受吴王贿赂之事，惩罚了袁盎。景帝下诏赦免袁盎，把他降为平民。吴、楚叛乱发生后，晁错对御史丞、侍御史说："袁盎受吴王之惠，说他不会叛乱；现在，吴王果然发动叛乱，我想奏请捉拿袁盎，他肯定知道吴王的密谋。"御史丞、侍御史说："如果在吴国叛乱前，治袁盎的罪，可能会中止叛乱密谋；现在叛军大举向西进攻，再审查袁盎，为时已晚矣！更何况，袁盎又没有参预密谋。"晁错犹豫不决。袁盎听到这消息后很是害怕，他当夜就去求见窦婴，对其说明吴王叛乱的原因，希望能够见到景帝，亲口说明原委，窦婴与袁盎进宫奏报景帝，景帝正在与晁错商量调度军粮。景帝问袁盎："现在吴、楚叛乱，你觉得局势将会怎样发展？"袁盎回答说："不值得担忧！"景帝说："吴王利用矿山就地铸钱，将海水熬干制盐，招揽天下豪杰；到年老发白时举兵叛乱，无绝对把握，绝不会贸然起兵，为什么说他不能有所作为呢？"袁盎回答说："吴王确实有采铜铸币、熬海水为盐的财利，但他并没有招揽到什么豪杰，假若吴王真的招到了豪杰，豪杰也

会辅佐他行仁义之事，也就不会叛乱了。吴王所招诱的，都是些无赖子弟、没有户籍的流民、私铸钱币的坏人，所以才能相互勾结而叛乱。"景帝问："应采取什么妙计？"袁盎回答说："请陛下让左右臣子们退下。"景帝留下晁错摒退其他人，袁盎说："我要说的话，任何臣子都不应听到。"景帝就让晁错回避。晁错只能退避到东边的厢房中，对袁盎极为恼恨。看晁错离去，袁盎这才说："吴王和楚王互相通信，说汉高祖皇帝曾分封诸子弟为王，诸侯各有其封地，贼臣晁错擅自贬谪诸侯，削夺他们的封地，因此他们才造反，以图共同诛杀晁错，直到恢复他们原有的封地才罢休。现在的对策，只有斩晁错，派出使臣，恢复他们原有的封地，那么，七国的军队就会自动撤走。"景帝沉默了很长时间，说："除此以外，还有没有其他办法？我不会为了爱惜一个人而使天下黎民百姓遭罪。"袁盎说："此乃唯一之策，请皇上认真考虑！"景帝就任命袁盎为太常，准备让其出使吴国。过了十多天，景帝就让丞相陶青、中尉嘉、廷尉张欧上疏弹劾晁错："有负皇上的恩德和信任，离间君臣，又想把城邑送给吴国，一点没有作为臣子应具备的礼节，犯下了大逆不道之罪。晁错按刑律应被判处腰斩之刑，他的父母、妻子、兄弟不论老少应全部公开处死。"景帝批复说："同意所拟判决。"晁错却一直蒙在鼓里。景帝派中尉召晁错，并欺骗他说是让他坐着车在市中巡察，于是，晁错穿着上朝的官服在东市被腰斩。接着，景帝就派袁盎与吴王的侄子、宗正德侯刘通为使臣，出使吴国。

谒者仆射邓公担任校尉，上书景帝分析了战况，在进见皇帝时，景帝问道："你从军中而来，有没有听说晁错被杀之后，吴楚叛军撤退了？"邓公说："吴王处心积虑几十年，是因朝廷削夺了他的封地发怒，杀晁错只是他叛乱的借口，其本意却不是杀晁错啊。再说，朝廷杀晁错，我担心天下的士大夫都不敢再向朝廷进忠言了！"景帝问："为什么呢？"邓公说："晁错忧虑诸侯国势力越来越大，以致朝廷不能制服，这才请求削减王国封地，使朝廷更加稳固，这本来是造福万世的好事。平叛刚开始实行，他本人突然被杀。这样做，对内堵塞了忠臣的口，对外替诸侯王报了仇，我认为陛下不应该杀晁错。"于是，景帝深深地感叹说："您说得对，我也很后悔呀！"

袁盎、刘通到达吴国，吴、楚军队也开始向梁国的堡垒进攻了。宗

正刘通因是同姓亲属，所以先进入内殿会见吴王，让他跪拜接受皇帝的诏书。吴王听说袁盎也来了，知道他来是劝说自己撤兵，就笑着回答说："我已经做了东方诸侯国的皇帝，还向谁跪拜呢！"吴王不肯与袁盎见面，但是将其扣留在吴国军营中，准备强迫他担任吴军将领；袁盎不答应，吴王派人把他关押起来，准备将其杀死。袁盎寻找机会得以逃脱，并向景帝禀报了出使的种种情况。

（3）周亚夫平吴楚

太尉周亚夫对景帝说："楚军剽悍敏捷，如若正面交锋，很难取胜，我建议放弃梁国，先断绝吴、楚军队的粮道，这样他们不投降也不行了。"景帝同意了这个策略。周亚夫乘坐着六辆驿站的马车，准备到荥阳与诸路军队会合。走到霸上，赵涉拦住去路，劝说周亚夫说："吴王一直很富。早就收买了一批刺客，若得知将军准备由此路去前线，必定会在崤山、渑池之间的险要地段派刺客截杀您；将军为什么不改变路线，从此处向右走，经过蓝田，出武关，抵达洛阳。这样走，虽然晚了一两天，却可以直接进入洛阳武库，一旦将军擂响战鼓，命令出兵，参与叛乱的诸侯王听到了，还以为将军是从天而降的呢！"太尉按照他的计策行事，到达洛阳，高兴地说："七国反叛，我乘坐的驿车能平安抵达洛阳，真是出乎意料之外。现在我已驻守荥阳，就不必担心荥阳以东的情况了。"周亚夫派军队搜索崤山、渑池之间的险要地段，果然抓到了吴国的伏兵。周亚夫就奏请景帝，让赵涉担任护军。

太尉周亚夫带领军队朝东北方向抵达昌邑。吴军猛攻梁国，梁王多次派使者向周亚夫求救，周亚夫不愿意出兵相救。梁王又派使臣向景帝告状。景帝派使臣命令周亚夫援救梁国，他却按兵不动不执行皇帝诏令，仍坚守营垒，不派出军队去援救梁军；但他却命弓高侯韩颓当等人率领轻骑兵，快速赶到泗口，偷袭吴、楚军，切断吴楚军队粮道。梁国派中大夫韩安国和楚相张尚的弟弟张羽为将军，凭借张羽的勇猛和韩安国的持重合力挫败了吴军。吴军想向西进兵，但因梁军据城死守，于是不敢越过梁国进

兵西方诸国；因此，吴军就前来进攻周亚夫的军队，两军相遇下邑，吴军想迅速交战，周亚夫坚守壁垒不肯交战。吴军粮尽，士卒饥饿，多次叫阵，周亚夫始终不应战。吴军调集军队到汉军营垒的东南方向，周亚夫却命令营中加强防御西北方向；不久，吴、楚的精兵果然突袭汉营西北，但却无法攻进去。吴、楚军队中，许多士兵因饥饿背叛离散，吴王就领兵撤退了。二月，周亚夫派出精锐军队追击，大败吴、楚联军。吴王刘濞只得丢下了他的军队，带领了几千精锐得以逃脱。楚王刘戊自杀。

吴王刚举兵叛乱时，任命田禄伯担任大将军。田禄伯说："如果集结大军，挥军西进，没有能够得以派出军队奇袭的通道，就难以成功。我请求给我五万人马，另外逆长江、淮河而上，占领淮南、长沙，攻入武关，同大王主力军队会合，这也不失为一路奇兵。"吴王的太子劝阻说："大王以造反为名带领大军，这样的军队怎能让别人带领？假若别人也反叛您，又该怎么办呢？况且，这其中容易导致许多其他相关问题的产生，只不过白白地削弱了自己的力量！"吴王就没有批准田禄伯的请求。

吴国的青年将领桓将军劝吴王说："吴军是以步兵为主，步兵便于在险阻的地方作战；汉军中以战车、骑兵为主力，在平原地区作战，战车、骑兵有利。希望大王不要进攻沿途平原的一些城池，挥兵西进，占据洛阳的武库，利用敖仓的粮食，凭借山势险阻，依靠黄河天险，向诸侯发号施令，这样，虽然没有进入函谷关，你已经掌握了整个天下。如果大王进军缓慢，一旦汉军的战车、骑兵到来，冲进梁楚的大片平原、郊野，您的大事就将失败。"吴王就此事征询老将军们的意见："他还是个年轻人，全然不懂全局战略呢！"就因为这个，吴王没采用桓将军的计策。

吴王独自专揽了军队的指挥权。在吴军尚未渡过淮河时，吴王就将他的宾客一一封了官职，唯独没有任用周丘。周丘是下邳人，流亡到吴国，以卖酒为生，品行不好。吴王刘濞对他很鄙视，周丘就自行拜见吴王，说："我本领低微，所以不能在军队中为您效力。我虽然不能带领军队做将军，只希望从大王处得到汉朝的一个符节，必定做成一番足以回报大王的事业。"吴王就答应了他的要求。周丘得到符节，当夜就驾着车进入了下邳城。这时，下邳的官民得知吴王叛乱，都据城日夜防守。周丘到达驿站，就号令县令进入驿馆会见，将其杀死，于是召见与他的兄弟们友善的有权势的官吏说："吴王已经造反，大军攻下一个下邳只需一顿饭工夫；如果先归降吴王，就可以保全家室，有本事的人还能立功封侯。"官吏出去后，将此事告知下邳官民，下邳的官民就都归顺了吴王。周丘一夜之间得到了三万人，就顺势率军队北进，夺取沿途城池；打到城阳时，周丘的军队已有十多万人了，夺城阳城。周丘听说吴王失败逃走，想到再也不能和吴王一起完成天下大事了，就率兵返回下邳，途中患疾而终。

因吴王只顾自己逃跑，丢下了自己的军队，吴军就崩溃瓦解了，一些部队陆续向太尉周亚夫和梁国的军队投降。吴王刘濞逃到丹徒县，依附于东越国，以求自保，约有军队一万多人，还召集逃散的士兵。汉朝派人送来钱财收买了东越的首领，东越首领就骗吴王出来慰劳军队，乘机派人刺杀了吴王，割下了他的头颅，派人带上，乘车疾驰到汉朝廷报告汉景帝，吴国太子刘驹逃亡到闽越国。吴、楚叛乱，历时三月，就这样被平定了。

（4）平定七国之乱

当胶西王等三个诸侯王的叛军围困临淄的时候，齐王派大夫路中向景帝报告。景帝又命令他返回齐国复命，让齐王坚守临淄，说："朝廷军队已经打败了吴楚叛军。"路中大夫赶回时，临淄城已被三国的军队重重包围无法进城。三国叛将迫使路中大夫与其结盟，劝道："你反过来说：'汉朝廷的军队已被打败，齐国赶快投降吧。否则的话，临淄就要被屠灭了。'"路中佯装应允了，来到城下，远远见到齐王，他就说："汉廷已经派出了百万大军，打败了吴楚军队，正领兵前来救齐，齐一定要据城不降！"话毕，路中大夫就被三个王国的将领杀死了。当初，齐都城被困万分紧急之时，齐王曾暗中与三个王国联络，准备参与叛乱，但盟约未定；此时，正逢路中大夫从汉朝廷归来，带来吴、楚兵败的消息，齐王的大臣们又劝他不能向三国叛军投降。正好遇上汉将栾布、平阳侯曹襄等率领军队抵达齐国，打败了三国的军队，临淄之围得以解除。齐王与三国密谋勾结的事泄露出去，汉军将领就准备调集军队攻打齐国。齐孝王惧怕之下，

服毒自杀。

胶西王、胶东王、淄川王分别率军队返回封地。胶西王光着脚坐在席子上喝水，胶西王的太子刘德说："汉军已开始撤兵，据我观察，汉军兵困马乏，希望大王召集剩余军队去袭击他们。如果突袭兵败，再逃到海岛上隐蔽起来也还不晚。"胶西王说："我的军队已损兵折将，无法作战了。"弓高侯韩颓派使者送信给胶西王，信中说："我奉皇帝诏令诛杀不义叛军，投降便可免罪，恢复原有的官爵；不投降的，就消灭他。你准备怎样呢？我等你选择好之后，再采取相应的措施。"胶西王来到汉军营垒前负荆请罪，他说："因我刘卬不谨慎地遵守法度，惊扰了百姓，我请求将自己剁成肉酱。"弓高侯对他说："我希望听你解释发兵的原因。"胶西王跪行数步向前，回答说："当时，晁错蒙受天子之幸，更改高皇帝的法令，侵夺诸侯王国的封地。我们认为他的做法不符合道义，所以我们七国才发兵，准备诛杀晁错。现在既然晁错已被皇帝处死，我们决定撤兵回国了。"韩将军说："晁错不好，你可上奏天子，可你为什么擅自调发军队去进攻忠于朝廷的封国？你们发兵的意图，不只是想杀晁错。"韩将军就拿出诏书，向胶西王宣读，然后说："你自己想想应该如何处置自己吧！"胶西王说："像我刘卬这样的人，死有余辜！"于是自杀了，跟着太子也都死了。胶东王、淄川王、济南王相继被处死。

郦将军挥军直抵赵国，赵王据城自守。郦寄发动进攻，久攻不下。匈奴得知吴军和楚军失败，也不愿派兵进入赵境援救赵王。栾布平定齐国率军返回，与郦将军的军队会合，引导河水灌入赵境，城墙被冲毁，汉军杀入城内，赵王被迫自杀。

景帝深知是齐国首先抵御叛军，即便后来由于情势所迫与叛军勾结，那也不是齐王的罪过，就立齐孝王的太子刘寿为齐王，就是历史上的齐懿王。

济北王也准备自杀，想侥幸能够保全他的妻儿不被杀。齐国人公孙卬对济北王说："我请求试为大王去劝说梁王，并通过梁王向皇上解释原委，如果皇上不采纳我的劝说，大王再死也不晚。"公孙卬就去求见梁王，说："济北国的封地，东邻齐国，南接吴越，北面受到燕国和赵国的威胁。这种地理位置，随时都可能被人瓜分，济北王没有足以自守的权谋，也没有足以防御外敌的实力，又没有什么奇方妙计可用来抵御患难。

第三章 文景之治

虽然他曾冒失地说要与吴国联合行动，但却不是出于他的本意。假若当初济北王不顺从吴王，那么，吴国一定会先放过齐国，攻占济北国，以之来诱使燕赵来统领济北，这样的话，完整的诸侯联盟就会在崤山以东形成。现在吴王会合七国的军队，驱使没有受过训练的徒众，挥军西进与天子争夺天下，而唯有济北国恪守为臣之节不降，使吴国丧失盟友而孤立无援，只能艰难地单独进军，结果一蹶不振，土崩瓦解。究其原因，就是由于济北国坚守不降的贡献。如果让小小的济北国与几国叛军抗衡，无异于以羔羊斗虎狼。济北王恪尽职守，不肯屈服，可称得上忠心耿耿了。济北王有这样的功绩道义，竟然还受到朝廷的怀疑，整天无法面见天子，不知如何是好，甚至使他产生了后悔当初没有与吴王联合行动的念头，这对国家是大大的不利。我担心那些恪尽职守的诸侯国，会因为济北国的遭遇而怀疑当今天子。我私下考虑，当今能够直入长乐宫和未央宫，在太后和皇上面前敢于据理力争的，只有大王您一个人。这样，您上能够保全即将亡国的济北国，下有安定百姓的美名，如此，您的功德就像深入骨髓，您的恩义仁惠将被世代相传。希望大王认真考虑这件事！"梁孝王听后很高兴，马上派人急速进京向朝廷奏报。因此，济北王才能够不被处以刑罚，被改封到淄川国为王。

河间王太傅卫绾平定吴、楚叛军有功，景帝将他任命为中尉。卫绾曾以中郎将的身份侍奉文帝，此人除为人忠诚、小心谨慎之外，无其他特长。景帝做太子的时候，曾召请文帝的左右侍从饮酒，但卫绾推说身体有病没参加宴会。文帝临终前，嘱咐景帝说："卫绾是忠厚长者，你要好好对待他！"所以，景帝对他是宠幸有加。

夏季，景帝下诏说："官吏百姓有被吴王刘濞等人连累而应予以判罪的，以及由于从军而逃亡他处的都给予赦免。"景帝打算立吴王之弟哀侯刘广的儿子刘德接续当吴王，让楚元王的儿子刘礼接续当楚王。窦太后说："吴王是宗室中的长者，理应为宗室做忠于朝廷的表率，但他却率领七国率先发动叛乱，扰乱天下，为什么还让他的侄子担任吴王！"于是景帝下诏不许再立吴王，而允许楚王续后。乙亥，景帝改封淮阳王刘余为鲁王；改封汝南王刘非为江都王，管辖原属吴国的封地；封立宗正刘礼为楚王；封立皇子刘端为胶西王，刘胜为中山王。

此后，景帝为了进一步削弱诸侯王的权力，以加强中央集权，下令取

消各诸侯王治理百姓的权力，只有生产衣食，收缴租税的权力，接着又减缩王国的统治机构，降低王国官职的等级，改丞相为相，掌王国政事；内史治民，与郡太守相同，直接听命于中央；取消御史大夫、廷尉等官，重要官员都由中央任命。这样一来，诸侯王国虽在，但已与郡基本相同，成为中央直接管辖的一级地方行政单位。

汉武帝时，为了进一步削弱诸侯王的势力，采纳主父偃的建议，于元朔二年（公元前127年）颁布了"推恩令"，规定诸侯王死后，除嫡长子继承王位外，其他次子可分割王国的部分土地为列侯，列侯归郡统辖，王国由此越分越小，力量越来越弱，而中央的直接辖区（郡县）日益扩大，进一步加强了中央集权。

几年之后，淮南王刘安和衡山王刘赐招纳士人，私下制造兵器，阴谋发动叛乱。元狩元年（公元前122年），武帝下令逮捕二王，二王皆自杀，两国被废国而改为郡。武帝又制定了《附益之法》，不许诸侯王招结宾客，限制他们的活动。

元鼎五年（公元前112年），汉武帝以祭宗庙社稷为理由，向诸侯收黄金以帮助祭祀，以所献酎金的份量不足或成色不好为借口，废除诸侯王一百零六人，此后，还以种种罪名废掉一些侯国。至此，诸侯国再也构不成对中央的威胁，同姓分封制度名存实亡，先进的郡县制终于战胜了分封制，封建中央集权制得到了空前的加强。

第四章

汉武雄风

汉武帝统治的50余年（公元前140~前87年），是西汉王朝的鼎盛时期。武帝初年，经济繁荣，府库充盈。在此基础上，汉武帝在政治、经济、军事等方面都作了一些改革，从而加强了中央集权。

汉武帝是个极富雄才大略的帝王，在太皇太后窦氏去世后，汉武帝得以放手施展自己的政治抱负。

他首先建立了以察举制度为核心的选材制度，又实行推恩，进一步削弱王国势力。设置刺史制度，加强中央对地方的控制，又任用酷吏，强化专制统治。

在对外交往上，武帝以武力开疆拓土，重点放在打击北方匈奴势力，同时派人出使西域，加强了同西域各国的交往。

武帝的文治武功，有口皆碑，他的统治前期是西汉最为鼎盛的时期。

1. 武帝登基

汉武帝刘彻，是景帝刘启的第九个儿子，七月七日早晨出生在猗兰殿。景帝后元三年（公元前141年）正月，景帝刘启死后，刘彻即位，时年十六岁，即为汉武帝。

汉武帝刘彻是中国古代著名的政治家，在其在位的五十四年里制定颁布了一系列的政治、经济、文化措施和政策，为整个封建制度和中华民族的疆域奠立了基本的框架。他的一生当中进行过许多重大的政治活动，对中国封建社会产生了极其深远的影响。

（1）受封胶东王

刘彻的亲生母亲是王夫人，名叫娡，平民王仲之女。王仲的妻子臧儿，嫁王仲之后，生了个男孩取名王信，还生了两个女儿。长女名娡即刘彻生母，次女名姁即广川王刘越生母。王仲死了以后，臧儿携带两女一男，改嫁长陵（今陕西咸阳东北）田氏，生下两个男孩。王娡原嫁金王孙为妻，生下一个女孩，后来臧儿去占卜，卜者说她的两个女儿都有贵人相，以后一定会发达。金王孙是平民，跟着他当然不会显贵。于是，臧儿从金王孙处夺回王娡，送给当时的太子刘启。文帝死后，太子即位，是为景帝。王娡貌美淑贤，深得刘启宠爱，先封美人，不久就封为夫人。

王夫人生下三个女孩和一个男孩，大女儿平阳公主，二女儿南宫公主，三女儿隆虑公主，男孩即刘彻。王夫人在怀上刘彻的时候就对景帝

说，曾梦见太阳投入她的怀中，所以怀上了刘彻。当时的人们都非常相信天命之说，认为皇帝是由上天派下来统治人间百姓的"天子"。所以，富贵的人一定会有富贵的征兆显示出来。王夫人的这个梦引起景帝的重视，他说："这是贵祥的征兆啊！"这个"贵征"日后还成为景帝选择刘彻为太子的重要因素。所谓贵征当然是无稽之谈，但这件事反映了王夫人工于心计，为立刘彻做太子，早早就造舆论、作准备。

景帝薄皇后是其祖母薄太后家女，景帝做太子时，由薄太后做主，娶其为妃。景帝即位以后，薄妃被立为皇后。可是，薄皇后未生一子，便渐渐失去了景帝的宠爱。景帝初元二年（公元前155年）四月，薄太皇太后死去，薄皇后失去了靠山。初元六年（公元前151年），薄皇后被废，这样，皇后之位就空缺出来。

因为薄皇后膝下无子，所以，即位以后几年间，景帝也没有立太子。可是，在君主专制政治下，皇太子是未来的皇帝，是国家的根本。天下统一，政治安定的大事，在很大程度上由立太子而定。按照君位继统法，奉行立太子以身份高贵的皇后之子而不以长子、立嫡子以长幼为依据而非以贤德为据的继统原则。可是，景帝嫡妻薄皇后无子，预立太子只能到其他后妃生的孩子中去选择。

景帝的母亲窦太后最喜爱自己的小儿子梁王刘武，不但对其赏赐极多，甚至还想行商代"兄终弟及"的继统法，让刘武接替皇位。景帝同这个同胞手足感情极深，一起进出皇宫，甚至一起起居安息。景帝本人也想废父子相继的继统法传位于弟弟梁王刘武，后因窦婴极力劝阻，景帝才作罢，梁王也抑郁而死。

景帝生十四个庶子：栗姬生河间献王德，临江闵王荣，临江哀王阏；程姬生鲁共王余，胶西王端，江都蜀王非；贾夫人生赵敬肃王彭祖，中山靖王胜；唐姬生长沙定王发；王夫人生广川惠王越，胶东康王寄，常山宪王舜，清河哀王乘；王夫人生彻。在景帝庶出十四子中，刘彻排行第九，既不是长子，也不是最受宠爱的。

按嫡长继统法，既然没有嫡子，因此其他后妃生出的儿子之间就没有嫡庶贵贱的差别，年龄的长幼就是先天的差别了。预立皇储按年龄长幼的先天差别也能起到平息纷争，使政治稳定，加强贵族之间内部团结的作用。在景帝的庶出诸子中，临江闵王刘荣年龄最长，景帝初元四年（公元前153年)四月,刘荣被立为太子,称栗太子。同一天,刘彻被封为胶东王,时年四岁。

(2)夺太子位

预立太子,不但可以防止骨肉相争,消除内乱,而且从制度上巩固了君主专制的统治。这个制度的核心和灵魂仍是君主,君主权力是至高无上的,这种权力自然也包括废立皇太子的权力。所以,立储的最终权力和最高权力还是在君主的手中。临江闵王刘荣虽然被立为太子,但仍没有最终解决问题。

刘荣的母亲栗姬本来最受景帝宠爱,刘荣又被立为太子,薄皇后因为没有儿子被废,皇后的位子空缺,照理栗姬当被立为皇后。景帝也有立栗姬为皇后的打算,在他得病时,与栗姬的交谈中流露出立其为皇后的意思。可是栗姬心胸狭窄,妒心太重,出言不逊,提出无理要求,景帝很不高兴,失望之下,就把立后的事搁了下来。栗姬一心想当皇后,现在景帝不立她为后,于是心生怨恨,进而又失去了景帝的宠爱。

在景帝后宫立储争后的斗争中,景帝的姐姐馆陶长公主嫖起了关键作用。刘嫖是刘彻的姑母、景帝同母姐,下嫁堂邑侯陈午为妻。窦太后非常宠爱这个女儿,常常赏给她大量财物,而且让她经常出入宫闱。所以景帝与刘嫖的关系最为亲密,她的话对景帝影响很大。由于长公主在宫廷中很有势力,所以后宫姬妾争相巴结她,都希望她能在景帝面前为自己说几句好话。长公主有个女儿叫阿娇,她想把阿娇嫁给太子刘荣,这样阿娇将来就可以做皇后,就派人示意栗姬希望同栗姬结亲。可是栗姬目光短浅而且心胸狭窄,怨恨长公主经常献美女给景帝,分掉了对自己的宠爱,又凭仗儿子刘荣已被立为太子,拒绝了长公主的要求。自此,长公主对栗姬非常不满,心怀怨恨。

长公主想让女儿做皇后的心愿并未因此而打消。她重新估计了形势以后,又看中了刘彻,就向王夫人提亲。王夫人正在寻找个靠山,为了利用长公主的势力来提高和巩固自己的地位,就一口答应。刘彻小时候很

第四章 汉武雄风

聪明乖巧。一次，长公主刘嫖把刘彻抱坐在膝上，问他："儿想娶个媳妇吗？"刘彻回答："想。"长公主身边有很多侍女，她把侍女指给刘彻，刘彻都说不喜欢。最后，长公主指着自己女儿阿娇问他："阿娇好不好？"刘彻笑着说："好，若能娶阿娇当媳妇，我一定盖一座金屋子给她住。"长公主听了很高兴。王夫人工于心计，刘彻又极乖巧，所以，在长公主的一再要求下，最终景帝也同意了这门亲事。

长公主自阿娇与刘彻定亲以来，就积极展开多方面活动，促使景帝立王夫人为后，立刘彻为储君。此后，她常常在景帝面前说栗姬的坏话，说她挟邪媚道，不配做皇后；同时又称赞刘彻聪明乖巧，说王夫人识大体。景帝本来就嫌栗姬妒心太重，心胸狭窄，加上长公主不断称美王夫人，觉得还是王夫人贤能，所以又想起了王夫人怀彻时梦日入怀的贵祥征兆，于是很看重刘彻。

为了争当皇后，王夫人展开阴谋活动，挑拨栗姬与景帝的关系，以打击栗姬。在得知景帝不再宠爱栗姬的情况以后，王夫人暗中派人挑唆掌管宾客礼仪之事的太行向景帝建议，应册立栗姬为皇后。太行不明底里，就去奏请景帝："子以母贵，母以子荣，今太子母应立为皇后。"景帝本来就对栗姬不满，现在以为栗姬又派人来向他要后位，非常愤怒，厉声喝骂。他不但杀了太行，而且拿定主意，不让栗姬做后，废掉太子刘荣。景帝初元七年（前150年）春正月，景帝不顾太尉周亚夫、太子太傅窦婴的谏诤，废掉荣的太子位，改封他为临江王。

栗姬不但未捞上皇后的位子，反而使自己儿子丢了太子的宝座，自此甚至连景帝的面都见不上了，愈思愈怨，最终怨恨而死。

至此，在扑朔迷离的宫廷争夺中，各个竞争对手最后都失败了。汉景帝七年（公元前150年）刘彻被立为太子，并且在栗太子和刘武死后巩固了地位。

现在的太子就是未来的皇帝，太子的教育问题就被提上了日程。汉初政论家贾谊早就说过："太子之善，在于早谕教与选左右。……太子正则天下定矣。"景帝本人偏好黄老刑名之学，他却物色了有名的儒家学者卫绾作刘彻的老师。卫绾升为御史大夫后，传《诗经》的鲁诗专家、汉初有名的儒家学者申公的弟子王臧又被任命为刘彻的老师。这样，刘彻在幼年时期，受到了良好的儒家教育。刘彻即皇位以后，他发诏书时经常征引儒

家的经书，也把儒家赞美推崇的文武成康之道、唐虞尧舜之世作为自己的政治理想。

自从立刘彻为太子以来，景帝非常宠爱他。周亚夫因为平定吴楚七国之乱立下大功，经常恃功自傲。有一次景帝宴请周亚夫，席上没有筷子，周亚夫心中很不高兴，因而脸上流露出怒色。当时刘彻也在现场陪坐，宴席期间，一直盯着周亚夫看，周亚夫觉得自己被看得浑身不自在，愤而离去。景帝问刘彻，为什么一直盯着周亚夫看。刘彻说："此人可畏，以后肯定会作乱。"后来，周亚夫因儿子犯罪受到牵连，景帝命狱吏审讯，周亚夫一想起自己曾立有大功，既是列侯，又做过丞相，如今却受到侮辱，所以闭口不对。景帝便改命廷尉审问周亚夫，周亚夫不甘受辱绝食五日而死。

太子刘彻十四岁时，廷尉奏请景帝审批一件凶杀案：被告名叫防年，是个杀人犯，所杀者为其继母。因为继母杀了防年的生父，为了复仇防年便杀了继母。对于这件凶杀案，廷尉定性为杀母罪，判防年大逆不道。景帝觉得这种判决不太准确，就征询刘彻的看法。刘彻分析说："通常说继母如同生母，也就是说继母同生母毕竟不同，只是由于继母被父亲娶为妻，她才同生母一样罢了。现在防年的继母杀了防年的生父，那么，防年就同继母已不存在母子关系。所以不能判为大逆罪，应按一般杀人罪判刑。"刘彻的分析头头是道，景帝很是欣赏，认为很有道理，就采纳了他的意见，按一般杀人罪判防年斩刑，大臣们也都称赞判决准确。刘彻因此更得景帝器重。

景帝后元三年（公元前141年）正月，景帝在未央宫驾崩。当天刘彻即皇帝位，他就是汉武帝，当时年仅十六岁。王夫人为太后，窦太后为太皇太后。

经过汉初六七十年的休养生息，刘彻继位时，汉代社会经济、文化各方面都呈现出了兴旺发达的局面。这样的形势下，加上刘彻又是一位从小就接受儒家教育，兴趣广泛而又年轻力壮的少年天子，所以他颇想有一番大作为，建功业立，实现自己的政治理想。由此，刘彻就同崇尚黄老无为之治的祖母窦太后产生了矛盾和冲突。

第四章　汉武雄风

2. 董仲舒对策

建元元年（公元前140年）十月，汉武帝诏举天下有识之士，亲自策问。儒学大师董仲舒应诏对策，武帝很欣赏他，连发三策，策问天人性命之情，古今治乱之道。董仲舒连上三策应对，还在对策的末尾，提出了"罢黜百家，独尊儒术"的主张。这就是历史上著名的"天人三策"。

董仲舒，广川（今河北景县）人，约生于高祖九年（公元前198年），卒于元封、太初间，寿约九十岁，汉代经学大师，中国历史上著名的哲学家、思想家。

董仲舒年轻时喜欢研读《春秋》，在景帝时期就以博学多才为天下人所知。他在帷幕内讲学，由弟子传授给弟子，连续不断，以致诸多的"弟子"从来没有与这位师傅见过面。他好多年不走进自家的园圃，而一心钻研古今学问。董仲舒十分注意礼仪举止，言行有道，从来不做违反礼法的事情，所以当时的学者都很尊敬推崇他，把他视为学习的楷模。

"天人三策"基本上概括了董仲舒思想体系的主要内容，是其思想的精华。

汉武帝下诏说："朕继位以来，感觉责任非常重大，有时候连夜不得休息，担心处理不当，导致政务败坏。因此，广泛延纳四方的豪杰俊秀，郡国诸侯也应推选博学之士，我想知道天下之道的根本，明白高深理论的核心要旨。你们的学术造诣深厚，请为朕为社稷精心考虑，我要向你们质询一些问题。"

然后，汉武帝出了他的题目："听说，五帝三王之道，制礼作乐天下和谐，百心归一。虞氏之乐莫盛于《韶》，周代之乐莫盛于《勺》。圣王已经逝去了，而钟鼓之声却仍然鸣响，然而大道缺失，以至于有桀纣之行，王道大坏。五百年之间，想遵循尧舜之道，利用他们治国的方式来治

理当今社会的人很多,然而尧舜之道终因不符合今世的需要而日渐消亡,难道是因为他们操持悖谬而失去了它的法统吗?这是天道的规律啊,事实上,过去的东西不管有多好也不可能重现了,为什么一定要到衰落之极才停止呢?可悲啊!朕朝思暮想,就是想弄懂一个问题,难道效法古代圣王之道,就一定无益于今天的社会吗?历朝历代都要受天命的控制,那么天命的祥符在哪里?灾异的变化,是由什么引起的?人的性命有长有短,人的性情有重仁重义的,也有卑鄙无耻的,那究竟是什么原因造成了这种现象呢?"

接着,汉武帝又说:"我想使社会养成遵守法令的风气,刑罚轻一些,奸佞之徒也有改过自新的机会,君臣与百姓同乐,政治清明,何德何能才能使膏露降,百谷登,德润四海,恩泽普降天下百姓,使政通人和,在天神的保佑之下,普天之下的臣民,莫不生活幸福?请你们不要有所隐瞒,详细地答来,我将亲自审阅。"

(1) 教化之道

董仲舒上对说:"陛下英明,征诏天下,想明白天命和性情的关系的根本道理,这不是我这样愚钝的大臣所能解释得了的。《春秋》说,天人的关系,其实令人敬畏。国家治理不得法,上天就要用天灾来加以警告;如果为君为臣的还不警醒,就要有怪异之象出现,令人惊恐不安;如果仍然置之不理,那么离亡国亡家的灾祸就不远了。关键在强勉而已,若强勉行道,则恩德日起而大有功。"

接着,董仲舒开始正面回答汉武帝的问题:"所谓的'道',是指由此而达到天下大治的道路,仁、义、礼、乐都是推行'道'的具体方法。所以,圣明的君王去世之后,他的后代可以长期稳坐天下,国家几百年太平无事,这些都是推行礼乐教化的功绩。凡是君主,没有人不希望自己的国家能安宁长存,然而政治昏乱、国家危亡的却很多;主要是由于用人不当,治理国家的方法不正确,所以国家政治一天天趋于灭亡。周王朝在幽王、厉王时期出现衰败,并不是由于治国之道不存在了,而是由于幽王、

第四章 汉武雄风

厉王没有遵循它。到了周宣王时,他仰慕过去先王的德政,恢复被淡忘的先王善政,弥补残缺,发扬周文王、周武王的功业,使周代的治国之道再次焕发出灿烂的光彩,这就是日夜不停地推行善政而取得的成效。

"孔子说:'人可以弘扬道,而不是道弘扬人。'所以,国家的治乱兴亡在于君主自己,统治权只有在上天要改朝换代时,才会丧失。君主的所作所为不符合天道,就会丧失统治地位。君主要端正自己的思想以整肃朝廷,整肃了朝廷才能整肃百官,整肃了百官才能整肃天下百姓,整肃了天下百姓才能整肃四方的蛮荒之地。国家周边的蛮夷部落都已整肃完毕,那么天下就没有人胆敢不遵守正道,就没有邪气冲犯天地之间。因此阴阳和谐,风调雨顺,万物安和相处,百姓繁衍生息,所有象征幸福的东西和可以招致吉祥的事就会出现,这就是王道的最佳境界了!

"孔子说:'凤凰不来,河洛不出,我算完了!'他以为自己的德行本可招致这些祥瑞,但因身份卑贱不能招致,所以感到悲哀。现在,陛下贵为天子,富有四海,身居可以招致祥瑞的尊位,手持可以招致祥瑞的权势,又具有能够招致祥瑞的资质;品行高尚而恩德深厚,头脑聪明而心地善良,尊重贤士而且爱护百姓,可以算得上是仁义君主了。但是,天地没有相应的表示,祥瑞没有出现,为什么呢?主要在于没有推行道德教化,百姓没有走上正路。百姓追逐财利,就如水流向低处一样,不用教化来感化他们,就不能阻止追逐财利的现象发生。古代英明的君主深知此理,所以面南为王治理天下时,没有不把教化作为根本大计的。建立太学是为了在都城进行教化;兴办学府是为了在地方城邑里开导民众,用礼来节制民众,用义来激励民众,用仁来感化民众,之所以当时的刑罚很轻但没有人触犯法禁,其根本原因是因为推行教化使社会风气变得很好。圣明的君主承乱世而起,首先要把乱世的一切残余全部扫除,再推行教化,教化见成效,好的社会风气形成,子孙后代沿袭不变,施行五六百年也不会衰败。秦朝实行不顾长远、只顾眼前的统治方法,而丢弃先代圣王的治国之道,所以称帝只有十四年就灭亡了。秦朝遗留下的恶劣影响至今还没有完全清除,从而导致社会风气浅薄败坏,百姓不讲忠信德义,违抗法律,至死不悔,风俗竟然败坏到如此程度。可以打一个比喻:琴瑟声音不和谐,严重时就须解下旧弦,更换新弦,才可以弹奏。实施统治遇到了困难,严重时一定要加以改变,才能治理好国家。所以,自汉朝得到天下以来,君臣都想治理好国家，但是为什么到现在还有那么多的社会问题呢？原因就在于应该实行社会变革的时候却没有实行，耽误了时机。

"我听说圣明的君主治理天下，年幼时就学习知识，成年后用官位来磨砺他的才能，用爵位俸禄来培养他的品德，用刑罚来克制他的恶念。所以，百姓才能通晓礼义，而以冲犯君主为耻。周武王奉行天下大义，推翻了独夫民贼，周公制作礼乐来规范周政，到了成王、康王的大治时期，监狱空置长达四十多年。这绝不是伤残皮肉的刑罚的成效，而是由于教化的推行和仁义的深入人心。而秦代就不是这样了。秦尊奉申不害、商鞅的法令，采用韩非的学说，憎恶圣明帝王的治世之道，倡行贪求财利的风俗，只看虚名而不关注实际，做坏事的人有时会免受惩罚，而做好事的人却不一定能免受刑罚。因此，百官都粉饰虚名假誉而不注重实际政务，表面上忠心侍奉君主，内心却有背叛君主的念头，追逐财利，弄虚作假，不知廉耻。所以遭受刑罚的人很多，被判死刑的人接连不断，但是犯罪现象却层出不穷，这是因为社会风气的败坏导致这种状况的发生。现在陛下统治全国，天下没有不顺从的，但百姓却没有得到您的恩惠，大概是由于您还没有注意到这个问题吧。《曾子》说：'尊重所听到的道理，就算是高明了；实践所知道的道理，就算是光大了。高明光大，不在于别的，就在于认真注意罢了。'希望陛下能真诚地信奉您所听到的道理并把它推行开来，那么，您就可以与圣明的三王相媲美了！"

（2）人才之道

董仲舒接下来又着重阐述了人才对于国家的重要意义，指出应通过建太学、赏罚分明来培养人才，鼓励人才脱颖而出。

"平常不注重招徕和尊重士人，而想求得贤才，就好像不雕琢玉石而想得到花纹美丽的玉器一样。招徕和尊重士人的方法，莫过于兴建太学，太学是推行教化的根本和招募贤士的重要来源。现在，让一郡、一国的所有民众都来回答问题，从中却找不到一个符合诏书要求的人才，表明上古圣王之道已经灭绝了。臣希望陛下兴建太学，用学识渊博的老师来培养天

下的士人，经常考试以便学生能全面体现自己的才能，出类拔萃的人就可以像泉水一样涌现出来。现在的郡守和县令是百姓的表率，其职责就是上承您的仁德，然后进行传播教化。如果这些表率人物无德无才，就会使君主仁德不能传播，恩泽不能人人尽享。现在的官吏都不能教化民众，有的甚至违反朝廷的法度，用残酷的手段对付老百姓，同坏人勾结，贪求财利，致使百姓贫困孤弱，冤屈痛苦，无法维持生计，与陛下的心愿不合。阴阳不和，凶气充满天地之间，读书人不能顺心，天下百姓得不到幸福，这种后果是由于官吏不称职造成的。

"大部分官吏由郎中、中郎、二千石官员的子弟担任，选任郎官又以家庭富有为条件，这样所选的人未必贤能。而且，古代所说的'功'，是按照任官政绩的好坏来区分其大小，并不是指任职时间的长短。没有才能的人，任职时间再长，也仍然做小官；贤能的栋梁之材，即使任职时间很短，也可以做辅政大臣。所以，官吏们都尽心竭力，一心做好本职工作而建功立业。现在的情况就不是这样了，累积时日就可以猎取富贵，任期长久就可以升官晋级，因此，很难判断廉洁与耻辱，贤能和不肖。我认为应让二千石官秩、郡守、列侯等官员，各自从所管理的官吏、百姓中选择贤能的人，每年选出二人送到朝廷为宫中服务。这种方法还可以用来考察大臣的才能，以便进行封赏。所选送的人有贤德，就给以赏赐，选送的人不好，就给以惩罚。如果这样，所有二千石官员都会全力以赴地寻求贤人，皇上就可以得到全天下的人才，用他们来为您效犬马之力。那么，三代圣王的功业不难造就，而且陛下的圣明可以直追尧舜。不要用任职时间长短计算功劳，而用贤能作为考察的标准，根据各人才能大小给以不同的官职，核查品行的高低而确定不同的地位，就可以清楚的区别廉洁和耻辱，贤能与不肖！"

（3）天人之道

　　董仲舒的回答，使汉武帝非常满意，于是又发一策，将继位以来思考的难题统统向董仲舒提出，问个明白。汉武帝问道："有人说，善于讲明

天道的人一定有利于人，善言古代兴亡之道的人也一定会有好的经验提供给今世，所以，我要问天人之间的感应究竟是怎么回事，上可以宏扬唐虞治国之道，下可以吸取桀纣亡国的教训。三王的圣道都有所不同，有所缺憾，但是又有人说，坚持长久而不改动的东西才是治国之道，这意思听起来有些矛盾，请细细给我说来。"

董仲书上书道：

"我听说积少成多，积小成大，所以古代的圣人，都是由卑微而达到显赫，由默默无闻而达到美名远扬。因此，尧从诸侯之位起步，舜从深山之中兴起，应该说他们都是逐渐显赫起来的。话是由自己说出来的，不能收回，行为是由自身做出来的，无法掩饰。言语和行为，是治理天下的重要内容，君子正是凭借着言行而感动天地。所以，能做好一切小事的人，才能成就大事业；能注意一切细微的人，才能功德彰明。积累善德，就像人的身体每天都在增长，而自己却不知道；积累恶行，就像灯燃烧着不知道自己正在消耗油一样。这正是唐尧虞舜成就美名和夏桀商纣令人唾弃的原因。

"快乐而不淫乱，经常做善事而不感到厌倦，这就是所说的'道'。遵循道行事，万世都没有弊害。只要有弊害产生，一定是因为没有按照道行事，一定是因为执行政令出现了偏差。所以，补救政治昏乱，政令不行的办法，就是针对王道中被误解偏废的内容去铲除积弊。三代圣王的治国之道，侧重点各有不同，只是由于各自面对的社会情况不同，才形成了不同的治国之道。所以孔子说：'要说无为而治的人，应该是舜吧！'舜为了顺应天意，才更改历法，改变衣服颜色。其余的一切都遵循尧的治国之道，哪里改变过什么呢？所以，圣明的君主虽有改变制度的名义，却没有改变治道的实际内容。然而，为了拯救前朝的缺失，夏、商、周必须使用不同的方法，才能达到治国的目的。所以夏代推崇忠直，商代推崇恭敬，周代推崇礼乐。孔子说：'商代继承了夏代的制度，所废除和增加的是可以知道的；周代继承了商代的制度，所废除和增加的是可以知道的；如果有人继承周代，就算是过了一百代之后所实行的制度，也可以推测得出来。'这是说夏商周所用的这三种方式也就是百代君主所用的治国之道了。夏代继承了有虞氏，而孔子唯独没有说到两者之间的增减，是因为两者的治国之道一致，而且所推崇的原则相同。道之所以精深博大，是

第四章　汉武雄风

因为它渊源于天，只要天不变，道也就不会变。所以，三位圣王禅让天下，并且遵循相同的治道，而且他们也不用补救积弊，这就是孔子不说他们之间的增减的原因。由此看来，继承一个大治的朝代，继起者应实行与原来相同的治国之道；继承一个政治昏乱的朝代，继起者就一定要改变治国之道。

"汉朝是建立在大乱之后，似乎应该改变周代制度中一些过分强调礼仪的内容，而提倡夏代的忠直之道。古代的天下与现在的天下是同一个天下，为什么用古代的来衡量现在的，却会有那么大的差距？为什么败坏到如此程度？估计是因为没有遵循古代的治国之道，或者是因为违背了天理。

"天对万物也有一定的赐予：赐给利齿的动物不让它再长犄角，赐给双翅的鸟类只让它有两只脚，这是让已受大利的，不能再让它取得小利。古代那些接受俸禄的官员，不许靠力气谋食，不得经营工商业赚钱，这是既得大利就不能再取小利，与上天的旨意是相同的。那些大利小利都想取得的人，连天都不能满足他的贪欲，更何况人呢！这正是天下百姓苦不堪言、生活艰辛的原因。那些达官显贵，身居朝廷高位，家庭富裕，俸禄丰厚，于是凭借着既富又贵的资质和权势，与平民百姓去争利，百姓哪里争得过他们啊！百姓逐日逐月地被削弱，最后陷入穷困。富裕的人奢侈成风挥金如土，穷困的人却走投无路难以为继。百姓感觉不到活着有什么乐趣，还怎么能避免犯罪呢？这正是刑罚繁多却不能制止犯罪的原因。朝廷命官，是平民百姓观察效仿的对象，也是四方蛮夷观察中央政权的对象。远近的人都观察和仿效他们，他们怎么可以身居贤人的高位而去做平民百姓所做的事呢？一心只顾追求钱财，这是平民百姓的心理；而一心追求仁义，希望用仁义去感化百姓，这才是官员应有的境界。《易经》说：'既背负着东西又乘车，难免会招来强盗。'君子应当乘坐车辆，小人应当身背肩挑。《易经》的这句话，是说居于君子的地位而去做平民百姓的事，一定会招来祸患。如果身居君子的高位，而有君子的品行，那么只有用当年公仪休在鲁国为相辅政的方法，才能达到目的。

"《春秋》推崇的天下一统，是天地之间的永恒原则，是古往今来的一致道义。现在，由于学说各异，论点繁多，流派较多，因此，君主没有办法实现统一。法令制度也变化无常，甚至朝令夕改，臣下不知应该遵守

什么。我认为，凡是儒家之外的学派与学说，都应禁绝之，不许它们与儒学并进，将邪恶不正的学说灭绝，这样做才能使政令统一，法度明确，臣民也就知道该遵循什么了！"

董仲舒的对答受到武帝的赞赏，他被任命为江都国的相。会稽人庄助也以贤良的身份参加了考试，他被武帝提拔为中大夫。丞相卫绾向武帝上奏："举荐来的贤良，有研究申不害、韩非、苏秦、张仪的学说导致扰乱国家政治的，请都予以遣返。"武帝批准了他的奏章。在董仲舒的影响下，汉武帝决心立儒学为正统，摒弃其他学派，从而开始了"罢黜百家，独尊儒术"的历史，对中国后世产生了极为深远的影响。

3. 黄老之学与儒学之争

建元二年（公元前139年），尊奉儒术的赵绾向汉武帝建议，剥夺信奉黄老之学的窦太后的权力，引起窦太后的强烈反击，赵绾等人自杀，儒学同黄老之学的斗争遭到重大挫折。

（1）黄老之学大行其道

战国中后期，道家学派中分化出一支假托黄帝为名，以道家之"道"为理论基础，博采诸子百家的黄老学派。这个学派奉行黄老之学中的文武并用、刑德并举的治国方略，尊崇无执无处、无为而治的政治原则。

指导秦代政治的理论是法家思想，这种崇尚耕战、法治和集权的思想，帮助秦统一了中国，但这种思想的极端发挥也导致了秦朝灭亡。

在秦末农民战争推翻暴秦的统治之后汉朝建立。面对饱经战乱，山河

第四章 汉武雄风

破碎，民不聊生，社会生产和生活遭到极大破坏的局面，为了安定民心，恢复生产，巩固统治，必须重新选择一种有利于社会稳定的政治指导思想。要完成这一历史任务，不是儒家思想、老庄思想和法家思想所能胜任的。这样，使得既主张文武并举、刑德并用，又主张清静无为、与民休息的黄老思想适应了社会的需要，成为汉初以来的统治思想。黄老思想的优点使得它很容易为世人接受，上至帝王，下至百姓，都很赞同它的政治理想。崇尚黄老之学的汉文帝，在政治上实行轻徭薄赋、与民休息的政策，在生活上崇尚俭朴，反对奢华。窦太后不但自己特别推崇黄老之学，还强迫景帝和窦姓之人都来学习黄老之术。汉景帝也很信奉黄老之学，他继位以后，继续奉行无为而治的黄老思想。汉初许多大臣，如曹参、陈平、汲黯等也崇奉黄老政治。

在批判法家思想和总结秦朝灭亡教训的强大社会声浪中，不但黄老之学的指导地位确立了，而且儒家学派的势力也逐步恢复壮大。文帝时，儒生贾谊就向文帝提出了改变服色、封禅等恢复儒家礼仪的事情，但是遭到信奉黄老之学的大臣和窦太后的强烈反对。文帝本人也信奉黄老之学，就没有批准贾谊的建议，贾谊因为此事得罪了朝中重臣，被排挤出朝廷。不过，儒学思想并没有被封杀，儒家势力也在逐渐壮大之中。

景帝时，黄老之学与儒学产生了正面冲突，黄老学者黄生与儒学博士辕固生展开激烈的辩论，辩论的议题是汤武除桀纣是受天命而王还是以臣弑君。辕固生认为："汤武除桀纣绝不是以臣弑君，而是受天命而王。桀纣暴虐无道，天下百姓已不再拥戴他了，而汤武正是顺了天下百姓的心愿讨伐桀纣的，百姓一心归往汤武而不愿受桀纣的统治，汤武不得已才立为君王，这不是受天命而王是什么？"黄生则反对说："帽子虽破终究戴在头上，鞋子虽新毕竟踩在脚下，原因就是上下等级的区别。桀纣虽然暴虐无道，终归是君王，汤武虽然圣贤，仍然是臣下。君王有了过失，臣下不能直言进谏以使天子改过，反而因为他有过失而诛杀，这不是弑君是什么？"辕固生反驳说："要像你说的那样，高皇帝伐无道诛暴秦而成为天子，也是不对的了？"汉景帝只好出面说："吃马肉不吃马肝（因为马肝有毒），不算是不知道肉的味道；学者不争辩汤武之事，不能算是愚昧无知。"

窦太后好黄老，平素很看不起儒学和儒生，讨厌他们的浮华，不务实。她听说辕固生同黄生争辩"汤武革命"这件事后，就召问辕固生，问

他对黄老之学的看法。辕固生竟然对窦太后说，那是家内奴仆看的书，窦太后勃然大怒，骂儒家的书是那些犯罪的人看的书，然后，命令辕固生到猪圈中去与野猪搏斗。景帝知道窦太后发了怒，偷偷地给了辕固生一把利剑。辕固生到猪圈，一刀就刺中了野猪的心脏，野猪随即而倒。窦太后这才消了气。

（2）武帝推崇儒术

汉武帝即位以后，这位从小就受到很好的儒家教育的少年天子，立即开始任命信奉儒学的高级官员。他首先起用老师卫绾为丞相。卫绾是代郡大陵人，因为弄车之技精巧而被封为上郎官，服侍文帝。累积功劳逐渐升为中郎将，性情敦厚谨慎。文帝临逝前嘱咐景帝说："卫绾是个忠厚长者，好生对待他。"到景帝即位，有一年多对卫绾不闻不问，卫绾则办事日益谨慎认真。卫绾总是遮掩下属郎官的过失，也不与别人争执，有了功劳，总是谦让给他人。皇帝认为他清廉忠实，没有其他心肠，就任命他为河间王太傅。吴楚叛乱时，诏令卫绾为将，领河间兵力讨伐叛军，立下功劳，升任中尉。三年后，因军功封为建陵侯。

建元元年（公元前140年）冬十月，汉武帝下诏征举贤良方正之士探讨治国的大政方略，选拔有才能的人（特别是儒生）。各地前来对策的人很多，其中很多是学纵横家之学与法吏之术的。丞相卫绾认为，各地征举来的贤良，讲论法家商鞅、韩非，纵横家苏秦、张仪之学的很多，这样容易扰乱国政，建议统统罢黜不用。汉武帝批准了这个建议。

卫绾建议罢黜的对象，虽主要是纵横家和法家，但已露出了其统治思想：即禁绝百家而独尊儒术的迹象。黄老之学虽是从道家学派中分化出来的，但政治思想上更多地吸收了法家的理论，同法家在许多地方是相通的。所以，黄老政治才被人评为"外有轻刑之名而内实杀人"。这样，卫绾打击的矛头实际上已经指向黄老之学。这是信奉黄老之学的窦太后所不能忍受的。不久，卫绾被罢除了丞相职务。

卫绾被罢相以后，窦婴被任命为丞相，他也是个好儒术的人。著名

儒家学者申公的弟子赵绾在好儒术的窦婴、田蚡的引荐下被任命为御史大夫，申公的另一个弟子王臧被任命为郎中令。窦婴、田蚡、赵绾、王臧这些好儒术的人，都主张建立明堂，草拟巡狩、封禅，改定历法、服色等。武帝就请他们在长安城南设立明堂，以演习儒家的礼仪。他们又推荐老师申公作指导。当时，申公已经八十多了，武帝对他很尊重，派使者带着丰厚的礼物，用四匹马拉的大车去迎接申公进京。申公被任命为中大夫，让他做顾问指导赵绾、王臧。

兴儒活动的一个最大障碍便是好黄老之术的窦太后。这个新起的儒者集团借故检举好黄老的诸窦宗室，除掉这些人的宗籍。诸窦宗室的人自然很不满，就跑到窦太后那儿去告状，说儒者打击黄老之学。

建元二年（公元前139年）冬十月，赵绾向汉武帝建议，奏请诸事不必请示东宫太后，这就意味着要夺窦太后的权，这一建议终于激怒了窦太后。她暗中派人查得赵绾、王臧的一些过失证据，就去责问武帝。武帝争不过祖母，只好低头。结果，赵绾、王臧下狱自杀，窦婴、田蚡也被免去职务。儒者同黄老之学的斗争遭到重大挫折。

4. 张骞初使西域

汉武帝建元三年（公元前138年），张骞响应武帝的招募出使西域，希望能够联合月氏，以便共同对付匈奴。

（1）神秘的西域

西汉时期，人们把玉门关、阳关以西直至中亚或更远的地方统称为西

域。而狭义的西域主要是指玉门关、阳关以西，葱岭（今帕米尔高原）以东，天山南北的广大地区。

中原和西域地区的联系是十分密切的。《山海经》、《穆天子传》中就有关于西域地区一些情况的描述。西域同中原地区的物资往来频繁，西域的玉石、马、骆驼，中原的铜器、丝绸等是两地人民喜爱的珍品，因此贸易量很大。

秦汉以前，居住在甘肃河西走廊一带的古老民族如塞种人、月氏人、乌孙人等，开始由东向西不断迁徙，陆续来到新疆及以西地区。最早开始向西迁徙的是塞种人。塞种人是原居住在敦煌一带的允戎族的一支，他们向西迁移到伊犁河地区。

秦汉时期，被匈奴冒顿单于击败的月氏人从河西走廊来到伊犁河流域，占领了塞种人的地盘，并且在那里定居下来。塞种人被迫越过葱岭到达宾（今克什米尔一带），还有一部分迁到了休循、捐毒（今帕米尔以北地区）一带。到公元前177年至公元前176年，月氏人又被另一个游牧民族乌孙人赶走。月氏人大部分南迁，他们转移到妫水（今阿姆河）一带，打败并赶走了大夏人，占据了大夏人原来所在的地方。乌孙人本来常受月氏人的欺侮，后来在匈奴的帮助下向西攻打并赶走了月氏人，占据了伊犁河流域。阗池（今伊塞克湖）附近是乌孙人的政治中心。从此这些民族开始定居于西域地区，并成为当地势力强大的民族。

经玉门关去往西域，主要有两条道。一条是西出阳关，通过一望无际的戈壁滩和沙漠地区大盐泽（今新疆罗布泊），途经鄯善地区（今新疆若羌一带），沿昆仑山、阿尔金山、祁连山北麓西行到莎车，这是通往西域的南道；另一条道出玉门关，通过白龙堆（今新疆罗布泊以东至甘肃玉门关之间的戈壁滩），经过车师前王庭（今新疆吐鲁番西交河古城）及尉黎（今新疆巴音郭楞），沿天山南麓顺着河西行到疏勒（今新疆喀什）为北道。

葱岭以内有很多小国家，西汉初年有三十六国。在南道附近的国家，有羌、鄯善、且末、小宛、精绝、戎卢、弥、渠勒、于阗、莎车等。在北道附近安居的国家，有疏勒、尉头、温宿、姑墨、龟兹、乌垒、渠黎、尉犁、焉耆、危须、山国、狐胡。葱岭诸国分布在南北道以西的地方，有皮山、乌、西夜、子合、薄、依耐、无雷、难兜。天山山后有姑师、劫国。

第四章 汉武雄风

从疏勒河向西走，翻越葱岭，可到休循、捐毒、乌孙（今伊犁河流域）、大宛（今中亚费尔干纳盆地）、康居（今锡尔河流域）、奄蔡（今顿河上游）。从莎车西行翻过葱岭后，可到大月氏（今阿姆河上游地区）、安息（今伊朗）、大夏（今兴都库什山西北地区）、宾、身毒等国。

分布在西域南北道之间的国家，大多数以定居为主要的生活方式，居民以从事农业、畜牧业为主，有城廓庐舍。当地的农作物种类繁多，除谷物以外，还种植葡萄、胡瓜等。畜牧业则主要有驴、马、骆驼等。当地还出产玉石、铜、铁等矿产，有的地方的居民已经用上了铁、铜制造的武器。天山以北的准噶尔盆地，水草丰美，宜于放牧，居民大都过着游牧生活，风俗习惯大体上同匈奴一样。姑师地区，土地肥沃，天清气爽，降雨稍多，比较适合农耕，所以当地以农业为主，和中原地区相似。

西域各国的社会形态，当时大体上处于原始公社逐步解体，阶级社会刚刚建立或略有发展的阶段。一般而言，人口都比较少，多数有几千人到两三万人。龟兹的人口是最多的，但也只有八万人，最小的有几百人。这些小王国设置了简单的军政机构，国王是当然的统治者，在其之下，安排简单的官职，军队也多数是半耕半兵。

公元前2世纪初，匈奴强大起来，并把势力伸展到西域。匈奴在西域地区设置了僮仆校尉，负责各国的军政和财税，实际上控制了这些国家。由于匈奴势力强大，往往只凭匈奴单于的一封信，西域各国就会缴纳赋税、财物等以满足匈奴人的要求。

虽然中原和西域之间很早就有密切的联系，但是，由于路途遥远，道路艰险，气候复杂多变，沿途供给食物用具困难，加之匪贼四起等原因，使得西域同中原的交往非常困难。

强盛起来的匈奴连续吞并了东面的东胡人，向西赶走了月氏人，控制了河西走廊；向南吞并了楼兰、白羊王，占领了河南地；向北征服了丁零（今贝加尔湖一带）、鬲昆（今叶尼塞河和鄂毕河地区）。汉文帝时，又控制了西域广大地区，并设置僮仆都尉，阻断了中原通往西域的道路。

（2）张骞通西域

汉武帝登基之后，开始关注边境地区，思考对付北方强敌匈奴的办法。建元三年（公元前138年），投降的匈奴人透露了一个重要的情报：原居住在敦煌附近的一个强大部落月氏，多次遭受匈奴人的攻击，月氏王也被匈奴杀死，匈奴单于竟然用月氏王的头骨作酒器。被迫西迁后的月氏人对匈奴充满了仇恨，常想报仇，但苦于势单力薄，又无人相助，不敢贸然兴兵，讨伐匈奴。

汉武帝得到这个消息后非常高兴，他希望能够联合月氏，共同对付匈奴。那个时候，汉人对西域的情况并不了解，月氏人西迁以后的具体下落也不清楚。要想联络月氏，还必须通过匈奴人控制的河西地区，当时汉匈正处于敌对状态，匈奴人肯定会杀汉朝使者。因此汉武帝张榜天下，出重金和官位招募出使西域，联络月氏的勇士。重赏之下必有勇夫，汉中成固人张骞揭榜自愿完成这项使命。

建元三年（公元前138年），张骞以郎官的身份出使西域。

张骞带着包括甘父在内的一百多人的大型使团，从长安起程，经陇西（今甘肃临洮）出使西域。但不幸的是他们出陇西不久，就被匈奴骑兵俘虏而去。

张骞和他的使团被押到匈奴单于的宫廷。匈奴单于问道："月氏在匈奴以北，而汉朝竟然想越过匈奴去联络月氏。越国在汉朝的西南，如果我们匈奴要越过汉朝去联络越人，汉朝能够答应吗？"匈奴将张骞等人全都扣留起来。单于还为张骞配妻成家，让他在匈奴定居，企图以柔攻心，诱使张骞投降匈奴。然而，张骞从未丢失汉朝使节的气节，寻找着能逃出来的机会。张骞在匈奴被扣压了十年之久，终于有一天，他趁着匈奴人看守疏忽的机会逃了出来。

逃出匈奴的魔掌，张骞不忘使命，继续西行。在途中，他经常没有食物吃，就靠随从甘父射猎充饥。他们往西走了几十天，终于越过葱岭，来到大宛。大宛国王早就听说汉朝强大富裕，很想和汉朝来往。所以，见

了张骞非常高兴。张骞向大宛王说明了出使的目的，并答应大宛王，等回国以后，一定送给他丰厚的钱物作酬谢。大宛国王专门派人把张骞送到康居，再由康居送到大月氏。

张骞历经千辛万苦来到了大月氏，却发现这个国家的情况发生了很大的变化。此时的月氏人已占有了大夏国的土地，这里土地肥沃，水草丰美，居民安居乐业，他们已经不再仇恨匈奴，也不想报仇了。张骞在大月氏留驻了一年多，最终也没有和大月氏结成联盟，只好回国。回国途中，为了躲开匈奴的拦截，张骞没有走原路，而是沿着南道诸国回国，试图通过羌族地区回到中原。但不幸的是，匈奴人再一次将他们捕获。被匈奴扣留一年多以后，单于死去，匈奴贵族之间产生了争夺王位的斗争，张骞趁乱带着匈奴妻子和甘父于元朔三年（公元前126年）逃回长安。

张骞出使西域，历时十三年，途中两次被匈奴截获，出发时一百多人的大型使团，回来时只剩下他和甘父两个人了。张骞第一次出使西域虽然没有达到联合大月氏夹攻匈奴的目的，但是详细掌握了西域地区的国家分布、政治经济状况、地理特征、气候状况、人情风俗等情况，为汉朝加强同西域的联系，提供了最新、最翔实的资料。汉武帝感念张骞矢志不渝的精神，威武不屈的气节，拜他为太中大夫，同时对与张骞同甘共苦的甘父也进行封赏，任命他为奉使君。

5. 武帝纳谏

汉武帝从即位开始，就大力提拔有才能的人，予以破格重用。天下很多士人向朝廷上书议论国家政事的得失，自我标榜和自我推荐的人数以千计，其中很多杰出的人才都受到武帝的重用和宠信。庄助第一个被提拔，以后又招募了吴人朱买臣、赵人吾丘寿王、蜀人司马相如、平原人东

方朔、吴人枚皋、济南人终军等，武帝把这些人当成自己的亲信，十分宠信。武帝经常命令他们与朝廷大臣辩论，中朝官与外朝官用义理文辞相互辩驳，外朝大臣多次处于下风，被驳得无话可说。司马相如只是以擅长辞赋写作而得到武帝宠幸；东方朔、枚皋的议论没有根据，喜欢幽默嘲讽，武帝仅把他们视做艺人收养，虽然经常赏赐财物，但是却始终不让他们处理国家的政务。然而，东方朔对武帝察颜观色，经常利用时机直言进谏，对朝政发挥了一定的作用。

（1）东方朔谏武帝

建元三年（公元前138年），武帝常常乔装离开皇宫外出，向北走到池阳县，向西走到黄山宫，向南到长杨宫打猎，向东去宜春宫游乐，他还把自己称作平阳侯，经常趁夜晚离宫外出，与能骑马射箭的左右亲随相约在殿门前集会。黎明时，武帝及其随从到达终南山脚下，射杀鹿、野猪、狐狸、野兔等动物，策马践踏农田庄稼，老百姓都大声怒骂。杜县和县的县令下令差役去拘捕这些人，这批人拿出了天子专用的物品为证，才得以脱身。又有一次，武帝等人曾在夜晚到达柏谷，向投宿的旅店的主人要酒喝，主人说："没有酒，只有尿！"而且旅店的主人怀疑武帝一行人是强盗，就召集很多年轻人准备捉拿武帝这些人。店主的妻子见到武帝的体态容貌，觉得不同寻常，就劝阻丈夫说："来客不是普通人，而且他们已有准备，就算了吧。"丈夫不听她的劝告，她就让丈夫喝酒，然后把喝醉的丈夫用绳索捆绑了起来。等到召集来的青年后生走了以后，店主的妻子就杀鸡做饭招待客人以谢罪。第二天，武帝返回宫中，召见那位妇人，赏赐给她千金，而且封这个妇人的丈夫做了羽林郎。后来，武帝就为外出巡游设立了秘密的更衣休息的地方，从宣曲宫向南共设了十二处，夜间投宿在长杨宫、五柞宫等宫殿。

武帝嫌外出路途遥远，身体吃不消，又给百姓带来祸患，就派太中大夫吾丘寿王把阿城以南、以东、宜春以西的土地及其价格统计登记，想在这些地方修建上林苑，一直连接到终南山。武帝又下诏命令中尉、左右

第四章　汉武雄风

内史，把各县的荒田分给县和杜县的百姓作补偿。吾丘寿王办理完毕回来报告，受到武帝的称赞。当时，东方朔正在武帝身边，提出批评意见说："终南山是国家的天然屏障。汉朝建国，离开了三河之地，在灞水、水之西，泾河、渭河之南建立都城，这就是人们所说的国家建立在像大海一样富饶的土地，秦王朝正是凭借着它降服西戎，兼并崤山以东的地区。这一带山中出产玉、石、金、银、铜、铁、优质木材，工匠们依赖它们做原料，百姓们依靠这些土地维持着自己的生活。这块土地盛产、稻、梨、栗、桑、麻、竹等物品，土地适宜于种植姜和芋头，水中有许多青蛙和鱼类，贫穷的人得以人人温饱、家家富足，不必担忧受饥寒之苦；所以，酆水与镐水之间，号称肥沃之地，每亩土地价值一斤黄金。现在将这片土地划为上林苑，断绝了池沼湖泽的财利来源，夺取了百姓的肥沃土地，对上来说使国家的财政收入蒙受损失，对下来说则破坏了农桑生产，这是不可行的第一个理由。这样一来，就会使荆棘之林蔓延，狐狸野兔、虎、狼的活动范围扩大，破坏已亡人的坟墓，拆毁百姓的房屋，使幼童怀恋故土而忧愁，老人痛哭流涕而悲伤，这是不可行的第二个理由。大兴土木，浪费钱财，营建上林苑作为禁苑，策马东西奔驰，驱车南北追逐于其中的深沟大河。为追求一天射猎的乐趣去冒险，不值得像您这样尊贵的天子这样做，这是不可行的第三个理由。当年商纣王兴建了内有九市的宫殿而使诸侯背叛，楚国百姓因楚灵王筑起章华台而四散逃走，秦始皇兴造阿房宫而导致天下大乱。我只是卑贱愚笨的臣仆，冒犯了陛下的旨意，真是罪该万死！"后来，武帝让东方朔作了太中大夫，并授以给事中的官衔，并赐给他一百斤黄金。但是，武帝仍然按照吾丘寿王所奏报的规模兴建了上林苑。

　　武帝姑馆陶长公主号称窦太主，嫁堂邑侯陈午。陈午死后，长公主寡居，年已五十，宠爱一个叫董偃的男童。长公主外出的时候，董偃就给她牵马，在宫内的时候董偃就在左右服侍。因为公主的缘故，京师的权贵都对董偃礼遇有加，称他为董君。董偃劝长公主献出了武帝喜爱的长门园，汉武帝很高兴，董偃也愈加受到长公主的宠爱。

　　董偃为了见到汉武帝，让公主称病不上朝。武帝前去探视，问公主有什么要求，公主说只希望武帝能亲自到公主府上拜访。馆陶公主病愈以后，武帝驾临其家。公主身穿仆人的衣服为武帝服务。公主引见了董偃，

于是，董偃名闻天下，追随他的人就更多了。后来，董偃经常跟从武帝左右一起出去游玩。武帝很高兴，就在宣室正殿为公主设酒宴款待，让谒者领董偃入内。

当时，东方朔为郎，执戟殿下。他将戟扔在一边，上前进谏说："董偃有三条可斩之罪，怎么能让他入内呢？董偃以人臣身份而与公主私通，是一罪；有伤风化，破坏了国家的婚姻制度，是第二罪；陛下正关注《六经》，留神王道之事，董偃不遵经劝学，反而以奢侈为荣，尽犬马之乐，极声色之欲，行为淫荡，不务正道，是国家的祸害啊，这是第三罪。"听了东方朔的进谏之词，汉武帝沉默了好长时间，才说："我已经设好了酒宴，过了这次以后，我再改吧？"东方朔坚持说："不行。宣室是国家正殿，先帝设立的正处，不是法度政事不得入内。淫乱的事越积越多，一定会发生对您不利的事。"汉武帝想了想，还是采纳了东方朔的谏言，将酒宴改在北宫进行，把董偃由东司马门引入，并将东司马门改名为东安门；同时，将三十斤黄金赏赐给东方朔。从此，汉武帝也不再宠爱董偃。

武帝继位以后，极尽声色犬马之欲，劳民伤财建造宫馆楼台，社会风气日趋奢侈淫靡，百姓以耕田为耻，很多人离开了土地而求其他谋生之道。武帝曾问东方朔："我想教化百姓，有什么好的办法吗？"东方朔趁机进谏说："尧舜禹汤文武成康之事，我不敢说。就以文帝为例而言，他身上穿的是粗布织成的衣服，用布条做的剑带挂宝剑，用芦苇编成的席子睡觉。把道德看成是美好的事物，用仁义为标准来衡量人事。天下百姓受到文帝的感化，都以节俭为美，行仁义之举为善，民风顿时好转。现在陛下执政，因为所居宫殿太小，就要建章宫，左边是凤阙，右边是神明，号称千门万户。不仅陛下及下人衣着华丽，就连受宠的狗都打扮入时。欣赏小丑的滑稽表演，宫女妖艳的舞蹈。陛下淫逸奢侈到这个地步，又希望百姓不效仿，恐怕很难做到吧！"

东方朔虽然诙谐谈笑，然而屡屡直言极谏，武帝也常常听从。

武帝喜欢打猎，经常亲自击杀熊和野猪，策马扬鞭追捕野兽。东方朔上疏劝谏道："我听说，人的才能各不相同，所以力量大要数乌获，行动敏捷要数庆忌，勇猛无敌应该是孟贲和夏育。依臣的愚见，既然人有才能高低之分，那么野兽也应该是这样的。现在陛下喜爱攀登险要的地方，射

猎猛兽，万一突然遇到力大凶猛的野兽，它在无路可逃的绝境下，拼死冒犯陛下的随从车辆，倘若陛下的车辆来不及调转方向，护卫的随从来不及施展应变的巧计，即使他们有乌获、逄蒙的超群本领，也来不及施展，那么枯树朽木也会成为祸害了。这种情况，相当于胡人和越人突然出现在京城，而羌人和夷人接近了陛下，怎么能不危险呢？即使是万无一失而没有祸患，然而这种环境也不是您应该接近的啊。陛下出入都要在清道戒严之后才出发，车辆要在道路的正中间行驶，即便如此谨慎，还经常遇到驾驭马匹的铁勒折断，或是车轮脱出等意外事故，更何况穿过茂密的树林，驰过丘陵，前面有着即将抓住猎物的诱惑，心中没有防备意外的准备。野兽要对陛下造成危害，恐怕就很容易了。皇帝不注意自身的安全，反而乐于行进在潜伏危险的道路上寻求刺激，我私下觉得陛下不该如此。只有聪明的人才能预见到尚未发生的问题，只有智慧的人才能提前避开没有形成的灾祸。其实灾难就隐藏在不易被人察觉的细微之处，发生在容易被人忽略的细节上。俗话说：'家中藏有千金，就不要坐在屋子外边。'话虽小，但说得却是大道理。"武帝对他的意见表示赞同。

（2）汲黯谏武帝

　　武帝继位后，好儒术，很羡慕儒家称颂的唐虞禹汤文武之世，想行王道于世，引起元老重臣汲黯的反对。汲黯崇尚黄老无为之术，对于汉武帝的"多欲"政治自然看不惯，又因为此人性情耿直质朴，常常当面直谏武帝，使武帝在众大臣面前下不了台。

　　建元六年（公元前135年）六月，东海太守濮阳县人汲黯担任掌管爵位的都尉。当初，汲黯担任谒者，大家都因为他为人威严而敬畏他。东越部族互相攻击，武帝派汲黯前去巡视，但他仅走到吴地就回来了，向武帝报告说："越人互相攻击，他们的习俗本来就是如此，不值得为此折辱天子的使臣。"河内郡发生火灾，烧毁了一千多家，武帝派汲黯前去视察。汲黯返回之后，报告说："平民百姓不慎失火，由于房屋靠得太近而使火势蔓延，不值得陛下忧虑。我经过河南郡，看到河南郡由于洪水干旱而受灾的有一万多家，有的甚至于到了父子相食的悲惨境地，我就借这次出使的机会，用陛下的符节，命令河南郡的官吏，发放官仓积粮，救济受灾的贫民。我请求归还符节，甘愿领受假托天子命令的惩罚。"武帝很赏识他，就赦免了他的罪。汲黯在东海郡时，治理百姓，整治官吏，喜好清静无为，谨慎地选择治理地方的各级官吏，然后放手任用，只关注大事，从不要求许多细枝末节的小事。汲黯身体多病，常躺在内室中不出门。过了一年多，东海郡被治理得井井有条，百姓都盛传他的美名。武帝听到后，召汲黯入朝，担任主爵都尉，地位与九卿相同。

　　汲黯为人，性情清高孤傲，从不讲究礼数，常常当面使人难堪，特别是不能容忍别人的过失。当时武帝正招揽儒家学者和文学之士，武帝说："我想要怎样就怎样。"汲黯应声回答说："陛下心中有着许多欲望，而表面上却做出施行仁义的样子，怎么能够效法唐尧虞舜那样的政绩呢！"武帝先是沉默不语，接着一脸怒气地宣布退朝，公卿大臣都替汲黯担忧。武帝退朝回到内宫，对左右侍从说："汲黯的愚笨刚直也太过分了！"汲黯便受到许多大臣的批评。汲黯却说："天子设立公卿等辅佐大臣，不是让他们阿谀奉承拍马屁，而是让他们对君主有所帮助。我既然已经处在公卿的位置上，如果只想顾全自身性命，那就会使朝廷蒙受耻辱，那怎么得了！"汲黯身体多病，病了将近三个月，他休病假的时间虽然经过武帝的多次特许延长，但还是没有痊愈。最后病重时，庄助替汲黯请假。武帝说："汲黯这个人怎么样呢？"庄助说："让汲黯任职当官，他没有什么特别的才能，恐怕难以胜任。但要让他辅佐年幼的君主，他会坚定不移地维护祖先基业，即使有人以利禄引诱，他也不会前去投靠，君主严辞苛责地驱赶他，他也不会离去，即使面对像孟贲、夏育那样勇猛无敌的勇士，也不能改变他的耿耿忠心！"武帝说："说得对。古时所谓的社稷之臣，国家栋梁，汲黯是当之无愧的！"

6. 罢黜百家、独尊儒术

汉武帝登基不久，即诏令天下举贤良对策。董仲舒在对策中提出了"罢黜百家，独尊儒术"的建议被武帝采纳。但是由于好黄老之学的窦太后及朝内大臣的阻挠，儒术曾一度陷入低谷。

然而黄老之学不像儒、法、墨等学派，一味禁止别家，它的宽容性较大。所以，黄老之学兴盛之时，其他学派并没有失去生存的余地。窦太后尽管打击了儒家，却没有下令禁止儒学的传播；窦太后虽然阻止了儒家势力的扩大，但却无法阻止年龄的增长，更不可能阻挡历史发展的大趋势。儒家的兴起已是不可拦阻的潮流。

建元五年（公元前136年）春，汉武帝在学官中为儒家设立了五经博士。儒家的五部经典《易》、《书》、《诗》、《礼》、《春秋》，《书》、《诗》、《礼》文帝已立博士，景帝立《公羊春秋》博士，武帝立《易》博士。这样，儒家五经典全部立了博士。儒学的势力在汉武帝及其他主张儒学之大臣的推动下，逐渐强大起来。

建元六年（公元前135年）五月，窦太后病逝。喜好儒术的田蚡复出，当了丞相。田蚡上任不久，就利用权势，打击黄老势力，下令禁止黄老刑名百家之言。同时，他也极力扩大儒家的势力，公开招纳儒生数百人，并委以高官要职。没多久，田蚡又于元光元年（公元前134年）十一月，下令各郡国推荐孝廉各一名。举孝廉是当时一项重要的选拔人才的制度，每年都要定期举行这样的活动，荐举一定数目的后备官员。这样可以使学习儒术的书生文人有机会源源不断地进入官僚队伍，潜移默化地、自上而下地促使官僚体系儒家化，推动了儒术的深入发展。

没有汉武帝的支持，田蚡要这样做是很困难的，正是在汉武帝的授权下，儒学的势力才能急剧膨胀，信奉儒学的文人才能有机会进入朝廷议论

朝政，从而从官僚体系上，权力结构上保证了儒学日渐显贵的独尊地位。

元朔元年（公元前128年）冬十一月，汉武帝下诏说："倡导仁义之政，褒奖德行出众、贤能有才之人，规劝人们行善而对凶残之事严加惩罚，这是三皇五帝时期国运昌盛的根本原因啊！我日思夜想，勤勉处事，嘉奖国内才贤兼具之士；主张尊奉老人，孝敬父母；选拔豪杰英才，文学卓越的人才参与朝政。希望能够使民心安定，有所追求，处理政事，张弛有度。我主张各地推荐孝敬父母、清正廉洁的人，委以官职。我相信，十家之内，一定有忠信之士；三人同行，一定有可以为师的人。但是，至今没有一个郡推荐过一个人才。因此，才导致教化不能普及民众，有道之人不为人所知的情况。享受二千石俸禄的官员不举孝廉，又如何辅佐朕处理政务，劝善百姓？"

礼官、博士等有司建议说："下诏命令二千石长官推举孝廉的目的是为了教化百姓，移风易俗。不推荐孝敬父母之人，不遵守诏书的官员，都以对皇帝不敬的罪名处以刑罚；不考察并推荐孝敬清廉的人才，就以不胜任职务的罪名免去这些官员的职务。"汉武帝同意了这个建议，下诏强令各地察举孝子廉吏。

元朔三年（公元前126年），汉武帝任命布衣出身的儒生公孙弘为御史大夫。公孙弘由一个平民百姓平步青云，直登三公之位。元朔五年（公元前124年），公孙弘又代薛泽为丞相，登上官僚最高位。

公孙弘为丞相后，深得武帝信任。就在这年六月，汉武帝再下一《劝学诏》，继续尊崇儒术。

于是，公孙弘与太常孔臧、博士平等人研究，制定了详细的太学制度。这样，独尊儒术又在教育制度中得到了保证。太学制度规定："博士官一定要是儒家的五经博士才可以胜任，其他学派的学问不允许在太学中教授。博士招收的弟子，定员为五十人。博士弟子享受的待遇是免去本人的徭役。此外又设置了太常衙门作为主办太学的机构。招收的学子年龄都在十八岁以上。选试的办法是：由太常亲自挑选年龄十八岁以上，仪表端正、知书达礼的青年送到太学作博士的弟子；郡国县邑、官府属员中有喜好文学、尊敬长辈、严肃政教、与乡邻为善、行为端正的人员，逐级上报郡守、诸侯相，经考察合格后，可以到太学学习，和博士弟子一起接受教育，发现有才华的人随时上报。凡是入了太学的弟子，一年不能够掌握一

艺的，就令其退学。"

自汉武帝即位开始的尊儒活动，至此赢得彻底胜利。儒术在中国封建政治中一直居于官方地位，虽经佛道冲击而未改变，根子可追溯至汉武帝时代一系列独尊儒术的措施和活动。儒学虽然在窦太后时期遭到压制，但是由于它符合统治者治国安民的需要，因而逐渐取代了黄老之学。经过立五经博士，举孝廉诏贤良，特别是董仲舒上"天人三策"，全面回答了汉武帝提出来的一系列问题，确立了系统、完整的儒家理论，解开了汉武帝的疑难，正面提出了"罢黜百家、独尊儒术"的政治主张。

随后，武帝又重用公孙弘，使他从一个默默无闻的儒生一跃成为权势炙手可热的"红人"，在文人书生中引起巨大的震撼。中国自古以来，就有"学而优则仕"的传统，公孙弘的成功无疑刺激着更多的人效仿他的飞黄腾达之路，那就是学习儒学。公孙弘和孔臧等制定的太学制度，又在教育体系中确立了儒学的独尊地位。汉武帝罢黜百家、独尊儒术的根本目的就是要统一全国思想，加强思想文化的专制，使人心有所向，朝臣有所遵，巩固汉朝的江山社稷。

儒家思想之所以会成为统治思想，并在两千多年的封建社会中长期保持着独尊的地位，是因为在中国封建社会中，政治上始终是保持着君主专制，使得统治者不仅十分重视等级和名分，而且更重视强化君主的尊贵和无人可及的权威。在诸子百家中，尤其是在影响最大的儒、墨、道、法思想中，道家主张无名、无为；墨家提倡兼爱、尚贤，很显然都是不利于君主专制的。法家虽主张君主的威权，但它过分强调法的作用，不利于统治的长久。只有儒家，强调等级的高低尊卑，讲究秩序与三纲五常，要求君臣、父子为绝对服从与被服从的关系，任何人都不得轻易逾越，否则就与"忠义礼智信"相悖，就会遭到惩罚。这样的思想恰好符合统治阶级的需要，适合君主"率土之滨，莫非王土；普天之下，莫非王臣"的极权统治。同时，儒家学说在发展的过程中也吸收了阴阳家、法家、道家对维护统治，加强专制的有用成分，而成为新儒家。

7. 武帝强化中央集权

受过良好教育的刘彻生于宫中，长于宫中。他兴趣广泛、胸怀广阔，所以在做了皇帝以后，虽然仅仅是十六岁的少年，心中仍希望利用先王们积累的雄厚经济实力，做一番轰轰烈烈的事业。

武帝建元六年（公元前135年），太皇太后窦氏死了，汉武帝终于可以随心所欲地去实现自己的雄心壮志。

（1）改革选官制度

汉初主要通过两个途径来选官，一是来自军功，由于汉初特殊的历史条件，在景帝以前，官吏大多是因军功而提拔。但打仗和处理政务毕竟不是一回事，所以许多因军功而做官的人不懂得处理政务，非常不适应日益发展的封建政治的需要。二是由郎官入仕，郎官是属于官吏宿卫侍从的官职，是选拔吏的一大来源。做郎官的途径之一是官吏保荐自己的子弟为郎官。按照汉初的规定，俸禄在二千石以上的高官，任职三年之后，可以保荐子弟一人为郎官，然后再转迁朝廷高级官吏。任子为郎，这是使政治特权世袭化的选官制度。做郎官的另一途径，就是以资产入选为郎。汉景帝时规定必须具有十万以上财产的人才有资格候选入仕，这个数字是一个中等之家的全部财产。当然商人不在入选之列。凭借资财做官的人经常长期得不到升迁，例如司马相如，年少时就博览群书，又会一些剑术，颇有壮志。因仰慕战国时蔺相如为国建立的奇功，便取名司马相如。景帝时，司马相如捐家资为郎，被任命为武骑常侍。因为当时缺少建功立业的机会，

148

第四章 汉武雄风

加之景帝也不好辞赋，满腹经纶的司马相如得不到景帝的重用，最后只好投到梁孝王门下。在那里他写下了第一篇大赋——《子虚赋》，并因此得到汉武帝的重视，才使司马相如改变了逆境，一跃成为人人仰慕的皇帝身边的人。汉初的这两种选官制度路子很狭窄，而且弊端很多，使很多有才能的人不能做官，因此汉武帝除保留了汉初的选官制度以外，还确立了新的察举制度。

察举是一种由公卿或郡国首长向朝廷举荐人才，经朝廷考察后授官的选官制度。汉武帝以前，就有察举的先例，但并没有形成制度。元光元年（公元前134年），武帝令郡国举孝子、廉吏，从这以后，察举正式成为汉朝的选官制度，成为选拔官吏的主要途径。武帝时的察举分常科和特科两种。常科是常行科目，即举孝子、廉吏，简称举"孝廉"，由于"孝"和"廉"对于封建政治，特别是对忠君有着特殊的意义，举孝廉一科受到很大的重视，举荐的人数也是最多的。特科是指特别诏定的科目，主要是"贤良方正"，或称"贤良文学"，实际上就是具备一定才学的人。举"贤良"，在很多情况下是由在任的官吏互相竞争，一旦举为贤良，经过皇帝的策问，便根据对策的情况，授予不同的官职。汉代一些有影响的人物，大多是通过这一途径入仕的。

武帝一方面建立察举的选官制度，另一方面，又规定博士弟子也可以入补官吏。武帝在建元五年（公元前136年），正式设置了《诗》、《书》、《礼》、《易》、《春秋》五经博士。元朔五年（公元前124年），又规定了每个博士可设置五十个弟子。博士弟子的来源一是由负责宗庙礼仪的太常，选择民间十八岁以上的礼貌端庄者；二是由地方选举在本地有着良好口碑的人。并规定博士弟子受业一年，如果，能够通过一经考试的就能出任太常属下文学掌故一职，考试成绩优异的可以直接担任郎中。从此，研究儒家经典，便成为入仕的重要途径。东汉时的史学家班固曾大发感慨："自武帝立五经博士，招收弟子，设科考试，入仕为官以后，使儒家经典传业兴盛，一经可解释到百余万字，一些大师收一千多个徒弟，这都是研经可以得到官职俸禄的结果啊！"中国有句俗话叫"书中自有黄金屋，书中自有颜如玉"，大概也是就此而说的。

对于武帝来说，将察举作为选官制度，使其得到了很多的有用之士，所以历史上说："汉代得到的人才，以这个时代最为兴盛。"的确，当时

149

在武帝身旁有长于治国的公孙弘，有博学多才的司马相如，有热心公益的卜式，有长于纵横学说的主父偃，有刚直不阿的汲黯，有严于执法的张汤，有精于理财的桑弘羊，有杰出的军事家卫青、霍去病，有出色的外交家张骞，就连语言幽默的东方朔也被封为太中大夫。

（2）改革行政制度

在改革选官制度的基础上，武帝对中央和地方的行政制度也进行了改革。汉武帝行政改革的目的是加强皇权，强化中央集权。

武帝强化皇权，是从削弱相权着手的。西汉初年，丞相的权力可以说是一人之下万人之上，权高位重。汉初的最高行政首长——丞相，不仅辅佐皇帝处理政务，而且是朝政方针的主要决策者。丞相不仅可以推荐官吏，诛杀犯罪的官员，还可以劝谏皇帝有所为，有所不为，甚至可以拒不执行皇帝的圣旨。丞相享有其他官员不可比拟的优越地位，他可以佩剑朝见皇上，入朝时不必下跪。丞相进见皇帝时，皇帝要站起来致意；皇帝在路上遇见丞相，要下车；丞相病了，皇帝要亲自至府问候。凡此种种，都显出丞相地位之高，久而久之，就难免和神圣不可侵犯的君王产生了矛盾。汉初的几位丞相功劳很高，而且懂得自我贬抑，所以矛盾比较缓和，而到武帝时，则往往是一些唯唯诺诺的人才会被汉武帝任用为丞相。例如，从武帝元鼎五年（公元前112年）至武帝太初二年（公元前103年），担任丞相的是石庆。他更是以谨小慎微著称。石庆做太仆时，为武帝执鞭驾车。一次，武帝有意问他："拉车的有几匹马？"石庆用马鞭指着马"一、二、三……"一匹匹地数过，然后举手告诉武帝说："六匹马。"任用石庆这样谨慎的人做丞相，结果可想而知。史书上说石庆"在位九年，没有谁能指出他有什么错误"。另外，汉武帝对待丞相十分苛刻，稍不如意，则当廷斥责，甚至动辄治罪处死。在武帝统治的五十年中，十三个曾担任丞相的人中有五人自杀或被杀，因过被免职的有三人，只有石庆等少数几人死于相位。因此，武帝时，大臣们都不愿意担任丞相这个职位。武帝任命公孙贺为丞相，公孙贺哭泣着不愿接受这一职位，最后在武

帝严令之下方才接受。退朝后，公孙贺仍念道："我的死期到了！"公孙贺最后果真死于监狱之中。

在削弱相权的同时，武帝从贤良文士、上书言事的人以及在任的一些低级官吏中，选拔了许多有才能的人。皇帝起居的地方他们可以随意出入，随时侍候左右，以便为皇帝出谋划策，制定国家大计。汉武帝还不断加强尚书的权力，更多地依靠尚书来实施各项重大任务。尚书本来是管理皇室财政的少府属下的一个卑微的官职，职责就是传递皇帝和丞相之间的公文。武帝用宦官为中书，掌管尚书。这样，侍中、常侍、给事中、中书等就逐渐形成一个宫内决策机构，史称"中朝"或"内朝"。"中朝"形成以后，以丞相为首的朝臣就成为只负责处理和执行一般政务的"外朝"了。汉武帝通过中朝，加强了中央集权，中朝则恃皇帝之重，凌驾外朝。

（3）颁布"推恩令"

为了加强中央集权，汉武帝还不断地削弱和打击各个封国。景帝在平定"七国之乱"之后，尽管对王国造成了决定性的打击，使其降为郡一样的地方行政机构，但封国的存在仍是加强中央集权的障碍。所以主父偃向武帝建议：实行推恩，进一步削弱王国的势力。

主父偃，临（今山东临淄）人。他青年时学习纵横家说，成年后又学《易》、《春秋》和百家学说，都很有成就，但由于他的性格十分偏激、自傲，在文帝、景帝执政时期，始终没有得到任用。元光元年（公元前134年），主父偃自荐到卫青门下，但五六年过去了也没有得到重用。寄人篱下的生活过得相当艰难。元朔元年（公元前128年），武帝发动了讨伐匈奴的战争，为进一步招揽人才，武帝下令，只要是有本领的人，都可以直接向朝廷自我推荐。于是主父偃上书武帝，以其丰富的知识，敏锐的政治洞察力，对国家大政的深谋远虑，而得到汉武帝的赏识。在短短一年之内，主父偃得到四次提拔，从一个平民百姓一跃而为郎中、谒者、中大夫，成为朝廷的高级官僚。主父偃的建议对于加强中央集权，巩固封建统

治还是有一定的作用。

主父偃在他的上书中对武帝说:"古时候诸侯封地不过百里,力量弱小,容易控制,但只要有了机会,还是要起来作乱,朝廷剥夺土地,更要激起变乱。现在诸侯已传了两三代,子孙众多,天子应加恩,让诸侯的子孙都成为诸侯,这样他们的力量就弱多了,诸侯子孙没有不乐意的。皇上名为推恩,实际上是为了分化诸侯的势力,使其力量越变越小,对中央政权无法再构成威胁,真可谓是一箭双雕。"汉武帝采纳了这一建议,于元朔二年(公元前127年),下令诸侯"推恩"。具体办法是:下令诸侯将自己的土地分割出来封给其子弟,同时对所分子弟,由朝廷定制封号,所分的侯国管理上也不属于原来的王国,而由中央的郡来管辖。这样,不仅使王国分崩离析,势力范围缩小,而且使中央直接管辖的地区得到扩大。除此之外,武帝还常借故废掉王国。按照汉朝的制度,皇帝每年八月都要在宗庙举行祭祖仪式,叫做"饮酎"。到时候,所有的诸侯都必须贡献黄金助祭,叫做"酎金"。依照规定,如果所献的黄金斤两不够或成色不足,王国要被削地,侯国则要被免除。为了约束各地诸侯王势力的扩张,武帝还颁布了"左官律"和"附益法"。左官是指在诸侯王属地作官的官吏。在汉代,以右为上,左官在级别和地位上低于中央和郡县的官吏,"附益法"限制士人与诸侯之交游。

(4)改革军事制度

为加强皇权,巩固中央集权,汉武帝还改革了军事制度。汉代,兵役制和徭役制是结合在一起的。依汉代制度规定,男子在十五岁到五十六岁期间,要服兵役三年,称为正卒。正卒,第一年在本地当步兵、水兵或骑兵,第二年驻守京城,第三年要戍边一年。这当中,亲自服役的称践更,不愿服役的也可交钱雇人代理,叫过更。由于雇人代役的越来越多,过更钱就演变成一种赋税,叫做更赋。汉代,都尉主管地方上的军事,统领本地的正卒,进行军事训练。每年秋天,郡太守都要举行一次对正卒的检阅,叫都试。中央征发地方军,以铜虎符作为发兵的凭证,没有虎符是不

能调兵的。在京都，驻有南北二军，北军守京师，士卒由京兆、冯翊和扶风地区选调，由中尉率领；南军保卫皇宫，卫士由上述三个地区以外的郡国选调，由卫尉率领。南北军力都不大，南军西汉初年为两万人，武帝初年削减为万人。按照汉初的军事制度，军力分散于全国各地，京都缺乏重兵保护，显然不能适应武帝加强中央集权的需要。元鼎六年（公元前111年），武帝创建屯骑、步兵、越骑、长水、射声、虎贲、胡骑等七支军队，称七校尉，常驻京师及其附近。中垒校尉统领七校尉兵，所以合称八校尉。八校尉属北军系统，每校尉兵力数百至千余不等，但其大多是招募而来的。在南军系统，建元三年（公元前138年），武帝又建立了一支千余人的卫队，命名为"期门军"；太初元年（公元前104年），武帝选拔陇西、天水等六郡的"良家子"七百人组成了一支军队，叫"羽林军"，武帝还把从军战死者的子孙养在羽林军中进行培养，号称"羽林孤儿"。八校尉和期门、羽林的相继建立，加强了中央的军事实力。

在加强了自己的统治以后，汉武帝开始向外开拓疆土。在南方，武帝加强了对东南、岭南地区的控制管辖，在西南加快了西南夷地的开发；在东北，置吏设郡，使其成为汉统一的多民族国家的一部分；在北方和西北，武帝对匈奴进行了大规模的征战；在西域，加强了汉和西域多国的联系。从而使汉王朝的疆域扩大到东起朝鲜半岛东海岸，西至遥远的西域，北至阴山大漠以北，南至今越南中部的大国。

（5）创设刺史制度

为了加强对地方长官的监察，元封五年（公元前106年），武帝下令设立十三州部，每一州部为一监察区，设置一名刺史监察州部所属的郡国，从而创立刺史制度。州部刺史的督察对象主要是所属郡国的二千石官吏，督察的范围是"以六条问事"，六条以外，则不问。这六条是：一、豪强田宅超过国家规定的范围，以强凌弱，以众暴寡；二、两千石官吏不遵守旨意，不遵从典制，以权谋私，假借天子的诏令谋取暴利，鱼肉百姓；三、二千石官吏苛刑酷法，怒则任刑，喜则任赏，烦

扰刻暴，为百姓所害怕；四、二千石官员选拔任用不公平，呵护偏袒自己人，排斥贤能之士，宠幸愚才；五、二千石官员的子女仗势欺人，独霸一方；六、二千石官吏违反法令，勾结豪强，狼狈为奸，损害国家利益。从六条看，除第一条是针对不法的豪强，其余五条都是以郡国守相二千石官吏为督察对象的。其督察范围涉及政治方面的不奉诏书，选举方面的用人不公，司法审判方面的喜怒无常，任意赏罚，还涉及到二千石官吏的子弟骄纵不法。

　　十三州部刺史的官位并不高，仅为六百石，相当于一个中下等的县令，但是权力极大，可以监察守相等二千石高官而无所顾忌。刺史每年八月巡行郡国，年末向中央汇报情况，刺史隶属于御史大夫的属官御史中丞，还要受到丞相司直的监督。武帝对于刺史的选用非常严格，一般是通过考试录取成绩卓越者，或选现任官吏中政绩显著、忠直高节者担任。

　　武帝所设十三州部刺史并无固定的治所，只是巡行郡国，年终回朝汇报，也没有固定的办公场所和幕僚，仅从二千石府吏与从事中挑选随员。

　　汉武帝创设的刺史制度，以地位低下的刺史来监察位高的二千石长官，可以保证刺史有举察的积极作用，而无以上欺下的消极作用，可以收到大小相制、内外调和的效果，在历史上倍受称赞。不过，卑微的刺史能监察位高的长官而无所畏忌，是因为它受到了最高权力的支持。正是由于皇帝不断赐予它更大的权力，它最终成了一级地方行政机构。

第四章　汉武雄风

8. 马邑之谋

元光二年（公元前133年），汉武帝听取大臣王恢的意见，设计攻打匈奴，但是计谋失败，汉匈断绝和亲，从此展开了激烈的对抗。

（1）汉初和亲政策

"白登之围"以后，刘邦采纳刘敬的建议，实行同匈奴和亲的政策，还每年向匈奴奉送大量的财物。然而，和亲政策并没有能够完全保证汉朝北部边郡的安宁。匈奴贵族屡屡食言，不断派骑兵南下侵犯汉朝边境地区，掳掠人畜，抢劫财物，杀害民众，制造了极为严重的边境问题。

文帝六年（公元前174年），冒顿单于致书文帝，希望恢复汉匈和亲。当年，冒顿单于死，子稽粥立，号老上单于。文帝认宗室女为公主，嫁给老上单于为妻。于是，汉匈和亲政策得以重新恢复。

文帝十一年（公元前169年），匈奴再次侵犯狄道。太子家令晁错上书文帝，建议文帝募民实边。由于在边境守卫的戍卒，一年换守一次，不熟悉匈奴的举动，十分被动，因此容易挨打失利。于是汉文帝采纳了晁错的建议，开始将内地的民众迁徙到北部边境地区屯居，一方面可以开发土地，自给自足；另一方面战时也可以集结成军，对付匈奴。

文帝十四年（公元前166年），老上单于指挥14万骑兵大规模入侵，杀北地（今甘肃庆阳）都尉，屠杀掠夺军民牲畜及农产品很多，侦察骑兵甚至已经到达甘泉一带。汉文帝欲亲征匈奴，经太后劝阻才罢。

自此之后，匈奴骑兵连年侵扰汉北部边郡，特别是云中（今内蒙古托

克托）、辽东（今辽宁辽阳）一带受害最深，每个郡的受害人数多达数万人。后二年（公元前162年），文帝致书匈奴老上单于，汉匈恢复和亲。

景帝即位以后，景帝元年（公元前156年），派御史大夫陶青至代（今河北蔚县）与匈奴人和亲。景帝五年（公元前152年），将公主嫁给匈奴单于。

中二年（公元前148年），匈奴军队入侵燕地。中六年（公元前144年），匈奴侵入雁门、上郡，守卫军队战死者二千余人。后二年（公元前142年）匈奴攻入雁门，雁门太守在这场战斗中战死。

从汉代前期的汉匈关系来看，由于中原长期遭受战乱，社会秩序混乱，人民生活困苦不堪，甚至连生命也很难保全，国家实力衰弱，与强大的匈奴无法对抗，战略上处于守势。若匈奴骑兵不侵扰，汉朝也不发兵出击，汉匈之间尚能维持和亲关系。和亲政策的实行，并不能使汉朝北部边境保持安宁。由于汉朝的容忍，双方没有发生大规模战役。和亲政策之下，中原社会安定，生产发展，社会经济全面恢复并有所发展，逐步达到繁荣。在同汉朝的互相交往中，匈奴人得到了大量物资和必需的铁器等，并接受了中原先进的技术和文化，匈奴因此也越来越强盛。汉武帝即位以后，继续奉行和亲政策，同时送给匈奴大量财物，在边境上开通关市，允许匈奴人与汉朝人民之间的贸易。匈奴举国上下，都愿意同汉朝和好，以便开展贸易，获得必需的物资。汉匈边民于长城之下往来交易。匈奴人虽然也时有侵扰汉朝的行为，但较以前相比，规模都不是很大。

雄心勃勃的汉武帝，对于汉匈关系中实行的屈辱的"和亲"政策是不满意的。汉武帝受到过良好的儒家教育，他认为理想的政治格局应当是唐虞成康的威震四方、蛮夷皆服的王道政治，不应该是道家的无为而治，尤其不应该是和亲那样的令汉朝折辱的局面。尽管给匈奴送去了公主和大量的财物，然而，匈奴仍不时侵扰边境，使得黎民不安，边境的防御也很难。汉武帝对此很是不满。

第四章 汉武雄风

（2）武帝计击匈奴

建元三年（公元前138年），汉武帝从抓获的匈奴俘虏口中得知，原居住在河西一带的月氏人，后被匈奴赶往西域。匈奴是月氏人的世仇，月氏人常常想报丧国之痛，但无奈势力衰微而无法实现，于是想联络其他国家。尽管张骞出使西域没有达到预期目的，但是却为汉朝提供了关于西域的第一手资料。汉武帝想打击匈奴，但是又迫于主张黄老政治的窦太后的制约，加上和亲政策实行了几十年，也给汉朝带来难得的和平局面，多数大臣都不主张同匈奴开战。汉武帝并没有放弃打击匈奴的初衷，一旦他巩固了政权，积累了强大的实力，对匈奴开战只是时间的问题。

建元六年（公元前135年），匈奴来请和亲。汉武帝将和亲一事与大臣们讨论，他希望有人站出来反对和亲，主张对匈奴作战。大行王恢是接近匈奴的燕地人，熟悉匈奴事务，他领会了武帝的意思，就站出来反对和亲。他说，汉朝同匈奴实行和亲，然而不过数年，匈奴往往不守盟约背叛和亲，不如发兵反击。王恢的建议遭到了朝廷重臣韩安国的反对，韩安国说："远征千里去打击匈奴，不是一件好事。何况匈奴国力强盛，兵强马壮，过着游移不定的生活，我们的大军很难找到他们的主力一战而胜之。即使打败了匈奴，占有了草原、沼泽这些贫瘠之地，也不算扩大了国土，即使统治了这个逐水草而居的民族也不能增强国力。汉朝派遣大军与匈奴作战，必然士兵倦怠，马匹困乏，而匈奴以逸待劳，我们得胜的希望不大啊！所以，出击不如和亲方便可行。"朝廷大臣一致赞同韩安国的和亲主张，汉武帝答应了同匈奴和亲。

汉武帝并没有放弃自己出击匈奴的主张，所以，元光元年（公元前134年），汉武帝派卫尉李广为骁骑将军屯守云中（今内蒙古托克托），以中尉程不识为车骑将军屯守雁门向匈奴示威。

马邑（今山西朔州）豪强聂壹因为经常同匈奴做买卖，通晓匈奴事务，元光二年（公元前133年），他通过大行王恢提出了出击匈奴的建议。聂壹说，汉准许同匈奴和亲，所以，匈奴人很轻信，可以以此利诱他

们接近边塞，然后发伏兵奇袭，必能打败匈奴。

汉武帝召集群臣议论这件事，他说："我将子女许配给单于，还馈赐他丝绸锦绣、钱币银两，然而，匈奴人傲慢无礼，屡次侵犯我大汉边境，告警救急的紧急军情源源而来。我现在准备发兵攻打匈奴，你们以为如何？"

大行王恢立即发言，赞成发兵出击匈奴。他说："战国之初，代国北面有强敌匈奴的威胁，南面有中原诸国军队的牵制，但是代国国内秩序井然，尊养老人，抚育儿童，蔚然成风。老百姓按照时令，开垦土地，种瓜种树，粮仓中一直有充足的储备粮。所以，匈奴不敢轻易入侵。现在，陛下神威盖世，天下一统，国库充足，兵强马壮，派遣军队防守边塞，转运粮草。然而，匈奴总是侵犯我国边境，没有别的原因，只是因为汉朝不能使匈奴震恐才造成了这种被动的局面，所以，应当出兵对匈奴进行惩罚。"

御史大夫韩安国站起来反对说："我听说高皇帝曾被匈奴围困在平城，七天没能吃上饭，等到解围返回都城之后，却没有愤怒之心。圣人有包容天下的度量，不因自身的私愤而伤害天下大局，所以高皇帝派遣刘敬为使臣与匈奴和亲，到现在已为五世的人们带来好处。文帝知道光靠军队的威力不是久远之计，结果还是恢复和亲。前代圣王的做法应当是效法的，还是不出击的好。"

王恢站出来加以驳斥："不对。高帝身披铠甲，手执利器，征战近几十年，他不向匈奴报复被困平城的怨恨，并不是力量不够，而是出于让天下人休养的仁心。现在边境经常受到匈奴侵扰，受伤战死的士兵很多，中原地区运送死亡士兵棺木的车辆络绎不绝，这是仁人所悲痛的事。所以说打匈奴是应当的。"

韩安国反对说："古代人君谋划大事必遵照古人先例，发布政令必参照圣王语言，目的是表示慎重对待政事。自三代以来，对夷狄就不用正朔、服色，并不是兵威不足以制服他们、力量不够强大，而是因为蛮夷之地偏远，民众没有受过教化，不值得发动战争，以干扰中原地区人民的正常生活。匈奴骑兵，素来轻快迅速骠悍至极，来如风，去如电，以畜牧为业，弯弓射猎，逐兽随草，居无常处，难以制服。如果发动对匈奴的战争，必然使边郡一带百姓因支持对匈奴的战事而长期废弃耕织。由此来看，出击不如不出击。"

第四章　汉武雄风

王恢说："不对，以前秦穆公在雍建都，攻取西戎，吞并十四国，开辟新的领土几千里，远至现在的北地、陇西一带。到秦王朝的时候，大将蒙恬率军出击匈奴，开辟土地数千里，以黄河为界，修筑城池，植树屯田，匈奴人竟然不敢南下在河边饮马。等到秦末天下大乱的时候，撤掉了边境驻军，匈奴人才敢南下牧马。所以，匈奴只能用军队的威力制服，而不能用仁义来教化。现在，以中国之盛大，从它万倍的资财，拿出百分之一用来攻击匈奴，如同用强弓劲弩射击溃烂的伤口，不会有什么疑问。如果能制服匈奴，则北边的月氏亦可臣服。所以说，还是出兵反击匈奴加以制服好。"

韩安国反对这种分析，他说："用兵布阵，如同吃饱的人等待饥饿的人，政治修明的等待政治混乱的，定居休息的等待倦劳疲惫的一样，接兵战阵才能打胜仗，攻城略地才能成功，这样常常可以不战而胜，这是圣人的用兵之法。劲冲的强风，等到衰弱的时候，连羽毛都吹不起；强弩之末，连鲁缟也穿不透。有盛必有衰，就好像有早晨就必有傍晚一样。现在如果轻易对匈奴用兵，长趋直入匈奴腹地，就很难起到打击匈奴的目的。如果纵队前进，容易受到两边夹击，军队如果以横队出击则后援又难以支援上来。前进速度快了，粮草接应不上；前进速度慢了，往往丧失战机。这样算来，出兵还没到千里，就人困马乏了。这正如同兵书上讲的，是拱手送给敌人好处。出击匈奴还有什么其他巧妙的方法可以采用，我还不知道。如果深入千里出击匈奴，没有什么好处还是不出击的好。"

这时王恢献出了他的谋划巧计："我现在所说的打匈奴的方法，并不是征发军队深入敌境。而是要利用单于的贪欲，引诱他们到我们的边境，我们事先将挑选好的骁勇的骑兵和勇士，暗地里进行埋伏，抓准时机，对匈奴军队进行致命一击。谨慎地据守险要的地势，来加强防御的力量。我们已经完成了军力部署，有的军队攻打敌军的左翼，有的军队攻打敌军的右翼，有的军队阻止敌人前进，有的军队断绝敌人的退路，这样就可以擒住单于，必定大获全胜。"

汉武帝听了王恢的计谋很高兴，就批准了这个计划，决定由马邑豪强聂壹引诱匈奴单于入汉边塞加以伏击。

（3）王恢自杀

元光二年（公元前133年）夏季，六月，汉武帝任命御史大夫韩安国为护军将军，卫尉李广为骁骑将军，太仆公孙贺为轻车将军，大行王恢为将屯将军，太中大夫李息为材官将军，统率战车、骑兵、步兵共三十多万人暗中埋伏在马邑附近的山谷中，约定等单于进入马邑就挥军出击。汉军暗地派聂壹当间谍，逃到匈奴人那儿，对单于说："我能杀掉马邑县的县令和县丞，里应外合，将城池献给您，您就可以得到马邑县的所有人畜和财物。"单于很信任聂壹，认为他说得对，就同意了他的计划。聂壹返回马邑县城，就杀了两个死刑犯，用来冒充县令、县丞，把他们的头系在马邑城下，让单于的使者观看，以此作为证明，说："马邑县的长官已经死了，你们赶快来吧！"

于是，单于越过边塞，统率十万骑兵进入武州塞。来到离马邑百余里的地方，见沿途两边原野上到处是散放的畜群，奇怪的是居然没有放牧的人，顿生疑心。单于下令进攻边防都亭。正在匈奴军队猛攻之际，雁门尉史刚好在此地巡逻，他立刻组织防御，但敌众我寡，雁门尉史战败投降。为了保命，他将汉军在马邑伏击的军情告诉了单于。

单于大惊，全线撤兵。他说："我本来就疑心其中有诈，现在是上天让我抓住了雁门尉史，知道了其中原委，使我军不至惨败。"因而，封雁门尉史为天王。汉军得知匈奴撤兵，急速前进追到边境附近，匈奴骑兵已经逃远了。马邑之谋，汉军兴师动众而来，结果计划失败，劳而无功。按照约定，马邑之战开始后，由王恢负责攻击匈奴辎重，现在王恢看到计谋失败，而匈奴兵强马壮，也就不敢轻举妄动出击匈奴。

马邑之谋失败后，武帝迁怒王恢。王恢辩解说："根据原来的计划，约定引匈奴进入马邑县城，主力军队与单于交战，而我率军袭击他们的后勤给养，就可以获胜。现在单于未到马邑就全军撤回，我以三万人的军队攻击匈奴，跟用鸡蛋碰石头的结果是一样的，只能自取其辱。我本知道撤兵回来是要杀头的，但这样却保全了陛下的三万将士。"汉武帝把王恢交

给廷尉审判。廷尉判决:"王恢避敌观望,应该判处斩首。"王恢惊恐不已,暗中向丞相田蚡行贿一千金,乞求他为自己说情,以保全性命。田蚡不敢向武帝说,而对太后说:"王恢第一个提出了在马邑诱歼匈奴主力的计划,现在行动没完成而杀王恢,这是等于为匈奴报了仇啊。"武帝朝见太后时,太后就把田蚡的话告诉了武帝。武帝说:"王恢是马邑计划的主谋,我听从了他的建议,调集了天下几十万人马,安排了这次军事行动。结果不但是伏击没有成功,还放走了单于,当初如果王恢率军袭击匈奴的后勤部队,切断敌军的给养,仍然可以起到振奋军心的目的。如今不杀王恢,无法向天下人谢罪。"王恢得知了武帝的话,就自杀了。

从此之后,匈奴断绝了与汉朝廷的和亲,派出骑兵连年侵扰汉朝北部边境,武装冲突和小规模的战斗经常发生。但是匈奴仍然贪图在边关的互市贸易,喜爱汉朝的财物,汉朝也不关闭边境贸易市场,双方保持着贸易往来。马邑之谋虽然失败了,但它揭开了汉朝大规模反击匈奴的序幕。

9.汉通西南夷

元光五年(公元前130年)正月,汉武帝派遣使者唐蒙联络在今贵州西部的夜郎国,设置犍为郡(在今四川宜宾)。同时派司马相如出使在今四川西昌东南部的邛以及在今四川汉源东南的,设置都尉,归蜀郡管辖。

在秦汉时期,广大的西南地区,围绕着巴、蜀两郡的外围,大约在今天的四川西部、南部,贵州、云南以及甘肃边境一带,分布着许多语言、习俗不同的少数民族,统称为西南夷。

夜郎是贵州西部地区几十个部落国家中规模最大的一个国家。夜郎往西,在云南东部滇池一带,分布着几十个有君长的部落,其中滇最大。在滇的北面,今四川西南部一带,在分布其中的几十个部落中,邛都(今四

川西昌）最大。夜郎、滇、邛都等部落多属濮族，人民多从事农业耕作，建筑了一定规模的城镇，过着定居生活。

在滇的西面，今云南中部地区（今云南云龙），方圆数千里，多属羌族。人民逐水草而居，过着游牧生活。

早在秦国的时候，中原势力已经发展到西南夷，秦朝曾派军队开通了从宜宾到昭通的"五尺道"，并派遣官吏对附近各部落进行统治。汉朝初年，中央政权放弃了对西南地区的统治，但西南各部落仍然同中原地区保持着一定的经济文化联系。汉人从西南夷购买马匹、牛和奴隶，巴蜀的铁器和其他商品也进入到西南夷中，有的还将商品经由夜郎国境内的柯江（今北盘江）转贩到南越地区。

建元六年（公元前135年）秋，王恢平定东越动乱之后，派番阳县令唐蒙去向南越王说明进军意图。南越人让唐蒙吃蜀地所产的枸酱，唐蒙问是从什么地方来的。南越人说："是从西北方向的柯江运来的。柯江宽几里，从番禺城近旁流过。"唐蒙回到长安，又询问蜀地的商人。商人说："只有蜀地出产枸酱，许多人私自带着它出境去卖给夜郎。夜郎靠近柯江，柯江宽一百多步，行船没有问题。南越国利用金钱和价值较高的物品吸引夜郎，达到支配它的目的。南越国在这一地区的影响一直扩展到桐师人住的地区。但是，南越国最终也无法征服这一地区。"

汉武帝元光五年（公元前130年）正月，唐蒙向武帝上书说："南越王使用只有皇帝才能用的宫殿、礼仪，占据着东西长达万余里的地盘，名义上是朝廷的外臣，实际上是一国之君。现在如果从长沙国、豫章郡出兵征讨南越，水路大多断绝，难以通行。我听说夜郎的军队总计有十几万人，假如我军乘船顺柯江而下，出其不意地发起攻击，一定能够打败南越。这是制服南越的一条奇计。只要利用汉朝的强威，再加上巴、蜀两地富裕的经济力量，那么，打通夜郎的道路，在那儿设置官吏实行统治，是很容易做到的。"武帝批准了唐蒙的建议。

于是，武帝任命唐蒙为中郎将，率领士兵一千人和运输粮食衣物的民夫一万多人，经过巴蜀两郡进入夜郎境内，见到夜郎侯多同，并告知汉朝的严威圣德，约定由朝廷在当地任命官吏，并让多同的儿子担任县令。夜郎附近小城邑的人都喜欢汉朝的绫罗绸缎，他们认为中原离当地路途遥远，道路艰险，汉朝不可能征服这片地区。于是就暂时表示服从

第四章　汉武雄风

唐蒙的约定。唐蒙返京奏报，武帝就在这一地区设犍为郡，征发巴、蜀两郡的士卒修筑道路，从道指向柯江，修路的人有几万人，唐蒙等人用"军兴法"诛杀逃亡士卒的头目，巴、蜀百姓极度惊恐，父老忧患。武帝得知此事，又派司马相如为郎中将，前去责备唐蒙，让百姓知道皇帝的恩德，以安定人心。

司马相如到了巴蜀以后，对当地的百姓说："皇上派中郎将唐蒙出使西南夷，是为了让边境地区的人民臣服于中央政权，施德政使当地百姓过上安定的生活。但是中郎将唐蒙启用'军兴法'，使百姓惊恐不安，父老忧患；他又命令沿途郡县转运粮食，扰乱百姓，这一切都违背了皇上的旨意。"然后，司马相如回到京城向汉武帝汇报处置情况。

当时，巴、蜀等四郡正在凿山劈石，修筑连接西南夷的通道，以便把中原地区的粮饷运进来。过了几年，道路仍没有开通，修路的士兵疲惫饥饿、遭受炎热潮湿折磨而死的人很多。西南夷少数民族多次聚众反叛，汉朝集结军队远赴千里征伐，军费开支以万万计，却没有收到平叛的效果。元光五年（公元前130年）夏，武帝对此很是担忧，下诏派公孙弘前去视察情况。公孙弘返京奏报情况，极力诋毁开通西南夷的作用，武帝没听从他的意见。

这时，邛人的部落酋长听说南夷与汉朝结交，得到很多赏赐，于是，他们也自愿归顺汉朝，成了汉统治下的臣民，他们请求朝廷按照统治南夷的模式，在部落任命官吏进行统辖。武帝询问司马相如，相如说："邛、冉都靠近蜀郡，道路也容易开通。秦朝时曾经开通，设置过郡县，到汉朝建国才废掉。现在如果真能再次开通，在那里设置郡县，将胜过南夷地区。"汉武帝认为他说得对，就任命司马相如为中郎将，持皇帝的符节出使西夷。相如和副使王然于等人乘坐驿车，利用巴蜀两郡的官府财物贿赂西夷；邛、冉、斯榆各部族的酋长，都请求做汉朝直接统治下的臣民。司马相如和众部落酋长达成协议，废除了原来阻碍中原地区和西南相通的边关。新设立的边关向外扩展，西部到达沫水、若水，南至柯江为界，开通了零关道，在孙水上架桥接连邛都，在这一地区设立了一个都尉、十多个县，隶属于蜀郡。武帝很高兴，继续开通西南夷。元朔三年（公元前126年）冬，正当北筑朔方、东置沧海时，蜀地长辈及有权威的人又广泛传播联系西南夷有害无益的言论，建议罢除通西南夷。朝廷中也是反对声

不绝，御史大夫公孙弘等认为，西南夷与朔方、沧海都是无用之地，白白使中原地区耗费财物，百姓困扰忧患，应该停止同西南夷的来往。汉武帝命幸臣朱买臣同公孙弘辩论，朱买臣极力陈辩朔方给朝廷带来的好处，连发对策十章，而公孙弘难以反驳。公孙弘退而主张罢沧海郡，停止通西南夷事务，以便专力对付匈奴。于是，春罢沧海郡，秋罢西夷事务，仅置南夷、夜郎一都尉，令犍为郡筑城自保。

　　同年夏，张骞出使西域从大月氏归来。他向汉武帝报告说："在大夏时，曾见到邛山出产的竹杖和蜀地的布，因问他们：'这些东西是从哪里得来的？'大夏人说：'是我国商人去身毒（古印度）买来的。'身毒国在大夏东南约几千里之外，习俗是定居，与大夏一样。据我估计，既然大夏在我国西南一万二千里外的地方，而身毒国又在大夏东南几千里之外，也使用来自蜀地的用具，说明身毒离蜀地不太远。如果现在我国派出使臣出使大夏，若取道羌人地区，道路险恶，羌人又厌恶中原地区，恐怕对使者不利；若从稍北一些的地方走，便会落入匈奴人手中；而通过蜀地，应当是一条捷径，而且没有强盗匪贼从中作梗。"武帝大喜，命王然于、柏始昌、吕越人等分别从冉、、徙、邛、等数道并出，寻找通往身毒国的道路。王然于等使者在滇一带活动了四年，滇王也帮助汉使寻求通往身毒国的道路。使者分两路出发，各向南北开辟道路，然而，北方受到阻拦，南方受到昆明、的阻拦，道路终未找到。特别是昆明一带，各少数民族部落还停留在原始阶段，以抢劫为谋生手段，往往在路边埋伏，杀害汉朝使者并抢劫财物，因此新的道路还是没有开通出来。

10. 酷吏当权

　　马邑之谋后，汉匈断绝和亲，武帝决心武力消灭匈奴，公元前132年，朝廷中又发生了窦婴、田蚡党争案，武帝决心提拔一批法吏之士，巩

固内政，汉武帝元光五年（公元前130年）七月，酷吏张汤被提升为太中大夫，自此用法越来越严苛。汉代吏治进入酷吏时期。

（1）初露端倪

汉初的开国之君刘邦及诸大臣大将都是从社会下层经过秦末农民战争登上统治宝座的。他们深知酷刑暴政是秦亡国的根本原因，因此，都主张无为而治，休养生息，以满足百姓渴望稳定，发展生产的要求。"萧规曹随"是汉初无为而治的典型治国方式，等到了文帝景帝，天下安定，社会稳定，民心自爱，社会风气良好，经济生产也有很大的发展，出现了"文景之治"的大好局面。但是，随着社会各方面矛盾的积累和激化，也开始出现苛刻寡恩，执法不避贵戚，务求惩治豪强的酷吏，如郅都、宁成、周阳由等。

郅都为人重气节，为政清廉，亲戚朋友找他说情，托他办事，他一概不徇私情。他执法严格，秉公审案，即使位高权重、地位高贵的人犯了法也不能有所幸免。郅都常说："我身为朝廷命官，自然应当恪尽职守，以死为国家尽忠，绝不能因为妻子儿女改变我为国尽忠的理想。"后来，郅都被任命为中尉，列侯宗室都很害怕，不敢正眼瞧他，称郅都为"苍鹰"。

南阳人宁成也曾为景帝做事。宁成好盛气凌人，从不屈居人下。在他当小官吏的时候，一定会凌驾于长官之上；当长官的时候，又以严厉的手段对付自己的属下。郅都为济南太守，郡都尉见郅都犹如属下的县令见太守一样，等到宁成当上了济南都尉，他便凌驾于郅都之上了。郅都死后，长安附近宗室贵戚多横行不法。于是，景帝任命宁成为中尉，宗室豪强人人恐慌。

汉武帝即位后，宁成调任内史。外戚纷纷打击报复宁成。因怕遭受重刑，宁成私刻印章关文逃出函谷关回到南阳。他说："做官不到二千石，经商不赚千万钱，不能算成功人士。"宁成回到家乡后，买了上千顷良田，转租给贫民耕种，他的差役达几千家，财产达数千万。在南阳，宁成役使百姓，号令权威甚至重于郡守。

周阳由以侍郎的身份侍奉文帝。景帝时被拜为郡守。周阳由亦好盛气

凌人，不肯屈居人下。周阳由为郡守，视都尉如县令；为都尉，又欺凌太守，夺其治权。周阳由治理郡，一定要铲除豪强地主，执法严酷，行为骄横暴躁。他喜欢的人，即使犯了法，他也会想尽办法为那个人开脱罪责，若是他厌恶的人，即使不犯法，他也会打击陷害。汉武帝登基后，周阳由仍为郡守，在二千石的官吏中，他的执政最为严酷暴虐。后来，周阳由被任命为河东都尉，因为与太守胜屠公争权失败，被杀。

汉武帝即位初期，吏治修谨，酷吏有数。武帝是一个有雄心壮志的人，他想效法儒家政治理想中唐虞成康四夷宾服、官民同乐、祥瑞尽现的盛世。所以，武帝即位以后，诏举贤良文学，议立明堂，改正朔，易服色，各项事业搞得轰轰烈烈，决心彻底改变汉初以来奉行的黄老无为政治。

在武帝的统治之下，尽管他本人期望创造一个人人和乐的"唐虞治世"理想局面，但是就在此时各种社会矛盾开始激化了。建元三年（公元前138年），为了让东海国的百姓过上安居乐业的生活，汉武帝将东海举国迁到江淮一带，耗资巨大，天下震动，百姓恐慌不安。建元六年（公元前135年），派王恢、韩安国击南越，又令唐蒙开西南夷，巴蜀一带百姓人心浮动。特别是元光二年（公元前133年），马邑之谋后，汉匈断绝和亲，武帝下决心武力消灭匈奴。元光三年（公元前132年），朝廷中又发生了窦婴、田蚡党争案。汉武帝为了应付朝中内外的变化，逐步提拔一批法吏，委以重任。这些人奉行严刑酷法，加强了中央对地方，君王对大臣的控制。

（2）张汤用法

元光四年（公元前131年），汉武帝任命律法世家张汤为御史大夫。陈皇后为了争宠，以巫蛊之术诅咒竞争对手。事发后，武帝极为震怒，将这起案子交给御史张汤审理。张汤用法极严，诛杀了跟此案有关的许多人。汉武帝非常满意，提升张汤为太中大夫。此后，汉代吏治进入酷吏时期，大批酷吏受到重用。

张汤，杜陵（今陕西西安）人。张汤父亲为长安丞，汤父死后，张汤

第四章 汉武雄风

为长安吏。汉武帝舅舅田胜为九卿时，曾因罪被关押在长安的监狱里，身为长安吏的张汤全心全意地服侍他。武帝即位后，田胜被封为周阳侯。为报答张汤，田胜向许多贵人引见张汤。

宁成为内史时，发现张汤是个能干的人，就任命张汤为内史掾，又向上推荐张汤，张汤被提升为茂陵尉。武安侯田蚡当了丞相后，觉得张汤精明强干，就提拔他做了丞相史。田向武帝推荐张汤，被汉武帝任命为侍御史，负责治理刑狱。

元光五年（公元前130年），武帝让中大夫赵禹、太中大夫张汤共同修改律令。经过这次修改，汉初实行的宽猛相济、侧重于缓和的用法局面发生了很大的转变，恢复了汉初废除的连坐法、族诛法，并增加见知故纵之罪、缓深故之罪、急纵出之诛等罪刑。见知故纵之罪是指官吏发现有人违法而不检举告发，那么这些官吏就要以纵容犯罪论处。缓深故之罪是指犯了故意制造理由逮捕犯人并重刑处罚的官吏全部从轻发落，从宽处理。急纵出之诛是指官吏释放了犯人，因而被怀疑是故意纵容犯人的，应被判处死刑，并视情况的严重程度，判是否灭族。经过这次大修改，实际上一方面是严密法网，严酷刑法；另一方面又鼓励多杀，轻罪重罚，执法者可以枉法曲法乱捕乱杀，同时鼓励官吏互相检举告发。

张汤、赵禹受到汉武帝重用的同时，另一大酷吏义纵也步步高升。义纵，河东（今山西夏县）人。义纵的姐姐义姁因为医术高明受到王太后宠爱，王太后问她家中是否什么人愿意做官的，义说，有一个弟弟品行不好，不可做官。王太后告诉了武帝，武帝就授予义纵中郎的官职，又担任上党郡中令。义纵做官，果断坚决，施行暴虐统治，毫无缓和包容之心。当官期间，他治理的县没有外逃的事情发生。他升为长陵及长安县令，敢于依法严治，不避贵戚，曾逮捕太后外孙修成君的儿子，汉武帝认为他很能干。元光六年（公元前129年），义纵升为河内都尉。义纵上任以后，马上族灭河内豪强穰氏一族，河内郡即道不拾遗。就在这一年，赵禹由中大夫升为中尉，列于九卿。

元朔二年（公元前127年），酷吏减宣因为治理主父偃案崭露头角，受到重用，被升为御史中丞。减宣，杨（今山西洪洞）人，当年将军卫青到河东买马，见减宣很能干，便将他推荐给武帝，武帝征为厩丞，后因减宣办事利落，升为御史。武帝命减宣治主父偃狱，减宣穷事株连，执法深

严，升为御史中丞。

元朔三年（公元前126年），专门顺从武帝旨意、奏事皆看武帝眼色、鼓吹皇权无限扩张的儒生公孙弘被武帝任命为御史大夫。

张汤被任命为廷尉后，廷尉衙门培养出了王温舒、尹齐、杜周等大批酷吏。张汤善于揣测武帝心意，见武帝好文学、兴儒术，就征用博士弟子为廷尉史，附会《尚书》、《春秋》的经义来处理大案。张汤治理案件从来就是唯上是从，只要武帝想要治罪的，就将犯人交给执法严厉的官吏审问；武帝想要从轻处理，就将犯人交给执法宽松的官吏审理。遇到定罪审判疑决不下的难案，必先奏报武帝，同时为武帝分析案情缘由，让武帝最后决定，判定以后，又把武帝判定的案例记载下来以供后人模仿，以此来弘扬武帝的英明，所以深得武帝欢心。

张汤为廷尉，内修私德，居官廉洁。对于投靠自己的宾客，张汤给予优厚待遇，对于老朋友的孩子为官的、家族成员贫困的都给以佑护，所以他们升迁提拔的机会也多一些。

张汤还善于处理同下属的关系，只要上奏的奏章不合武帝心意的，必定叩谢皇上，说自己不听下属的话以至于出错；而奏章得武帝肯定赞赏的，就说是由属下某某人所做。所以，各方称誉张汤的人很多。

（3）官多酷吏

对于武帝好大喜功、扩展疆域而又重用酷吏的作法，崇尚黄老无为政治的老臣汲黯深为忧虑。元朔三年（公元前126年），张汤为廷尉后，汲黯曾当着武帝的面斥责张汤："你是正卿，身为朝中重臣，你上不能弘扬先帝的功业，下不能教化百姓遵规守法，使国富民安，使监狱里不再人满为患，为什么还要胡乱篡改高皇帝建立的法制？我看应判你诛九族之罪。"在朝廷上，汲黯同张汤常常争论不休。张汤巧舌如簧，汲黯与张汤争论后，不能得利，便大骂张汤："天下人都说刀笔吏不可做公卿，果然如此。一定是这个张汤，要弄得天下人心惶惶！"武帝信任张汤，反而认为汲黯摆老资格，不善于学习，跟不上形势的发展。从此以后，日益疏远

第四章　汉武雄风

汲黯，最后又把汲黯赶出朝廷。

宁成私刻符节逃回老家后，致富有道。武帝想重新起用宁成为郡守，大臣公孙弘出面反对说："臣居山东为小吏时，宁成为济南都尉，治民如狼牧羊，不能让宁成治民。"汉武帝改任宁成为函谷关都尉，约一年多，凡出入关的人都说："宁肯碰到母老虎也别碰上宁成发怒。"

元朔五年（公元前124年），义纵由河内郡调任南阳太守。宁成家在南阳，出函谷关时，宁成亲自去迎送义纵，然而义纵心高气傲，根本不理宁成。到任以后，义纵抄了宁成的家，并且治他死罪。义纵为南阳太守，任用杜衍人杜周为爪牙，并推荐给张汤，张汤任用杜周为廷尉史。因为治理边郡士卒逃亡案，杀了很多人，迎合了武帝的旨意，因此杜周被升为御史丞。

元朔六年（公元前123年），卫青曾经多次率兵到定襄（今内蒙古和林格尔）反击匈奴，却因定襄官吏民众叛乱导致战斗失败。于是，武帝调义纵为定襄太守。义纵到任以后，提出狱中犯重罪的一二百人，以及这些人的宾客子弟私自入监探视的二百余人，合在一块治罪，一日报杀四百余人。至此，定襄境内的吏民便对义纵不寒而栗，奸民纷纷帮助官府捉拿罪犯以减轻自己的罪责。

义纵得势的时候，大酷吏王温舒也越来越受到武帝重视。王温舒，阳陵（今陕西高陵）人，受到张汤重用升为御史，因为督捕盗贼有功，再升为广平都尉。王温舒任广平都尉时，专门选择郡中果敢狡猾的官吏十余人为亲信爪牙，调查掌握他们的罪行，加以控制利用。手下官吏，凡能切实按王温舒旨意办事并使其满意的，虽有重罪亦不治罪；如有不能迅速抓获盗贼并使王温舒满意的，便必定被灭掉亲族。所以，就连接近广平地界的齐赵盗贼都不敢靠近广平之地，广平获得路不拾遗的好名声。汉武帝知道后，提升王温舒为河内太守。

王温舒任广平都尉时，用其任广平都尉时的方略部署下属，逮捕郡中豪猾之家。因连坐获罪的多达几千家，然后，分别其罪，罪大的灭族，罪小的杀头。王温舒到任时，已是九月暮秋时分，为了加快报批速度，赶在立春到来之前执行处决，便下令郡内私自准备五十匹马，安置在河内到长安的驿道上。所以，河内郡公文报批的速度极快，启奏上级的书信不超两日，郡内便能得到批文。被斩杀的罪犯极多，到十二月底，已杀得郡中无犬吠之声。可是，王温舒仍嫌没有杀够，又到邻近旁郡搜求盗贼。到了

立春这一天，按国家规定，已不得再杀人，王温舒顿足叹气，遗憾地说："唉呀！要是冬天能再延长一个月，我的事就可大功告成了。"

武帝实行的酷吏政治对于巩固中央集权，肃清吏治，镇压民众暴乱还是有一定帮助的，但是消极作用也显而易见。严刑苛法只能用于一时，长治久安还是需要实施"仁政"、"德政"。

11. 卫青击匈奴

元光二年（公元前133年）的马邑之谋虽未成功，但揭开了大规模反击匈奴战争的序幕。此后，武帝连续不断地发动大规模反击匈奴的战争。在这场为争夺土地和荣誉的战争中，汉军将士奋勇拼杀，力克匈奴强敌，其中有三场关键性战役的胜利使汉军掌握了战争的主动权。在战争中涌现出来的卫青、霍去病、李广等将领的英勇事迹，至今广为传诵。这三次大战役分别发生在元朔二年（公元前127年）、元狩二年（公元前121的）、元狩四年（公元前119年），史称卫青、霍去病三击匈奴。

卫青，字仲卿，河东平阳（今山西临汾）人，武帝宠妃卫子夫的同母弟，出身卑贱。卫青的父亲叫郑季，以县吏给事身份为平阳侯曹寿办事。他同平阳侯家的女奴卫媪私通，生下了卫青。卫青的同母姐卫子夫在平阳公主家得幸武帝，后受到武帝宠爱，卫青后来就冒姓了卫氏。

一次，卫青到甘泉服役，有人为他相面说，卫青有贵人相，将来应当官至封侯。卫青笑笑说："作为奴婢所生之子，如果不受到笞打辱骂已经足够了，哪里敢想什么封侯的事呀！"

卫青长大以后，在平阳公主家做骑奴。后来，由于骑友宫中骑郎公孙敖的引荐得以时时到建章宫中当差。建元二年（公元前139年）春，卫子夫被汉武帝选召入宫。陈皇后怕自己失宠，由此对卫子夫非常怨恨，于是暗中派人将卫青逮捕，准备杀掉他以泄私愤。公孙敖营救卫青，使他保全

第四章　汉武雄风

了性命。汉武帝听说后，非常吃惊，很生陈皇后的气。立即召见卫青，拜他为建章监，并随侍左右。后来，卫子夫得宠于中宫，被立为夫人，卫青也因此而升为太中大夫。

（1）河南之战

元光六年（公元前129年），匈奴骑兵入侵上谷（今河北怀来一带）。武帝派遣车骑将军卫青从上谷郡出兵，骑将军公孙敖从代国出兵，轻车将军公孙贺从云中郡出兵，骁骑将军李广从雁门郡出兵，他们各自率领一万骑兵，出击边关贸易市场附近的匈奴军队。卫青进攻到龙城，斩首和俘获匈奴兵士七百多人；公孙贺一无所获；公孙敖被匈奴打败，丧失了七千骑兵；李广也被匈奴打败。匈奴人活捉了李广，把他放在两匹马之间连结的网袋中，走出了十多里路。李广先是装死，突然纵身跃起，跳到一个匈奴人骑的马上，夺下他的弓箭，接连射杀追兵数十人，余下的匈奴人不敢靠近，李广得以脱身而回。汉朝廷把公孙敖、李广交付廷尉审讯，论罪当斩首。李广和公孙敖花钱赎罪，被免死罪而贬为平民。只有卫青被加封关内侯的爵位。卫青虽然出身于奴仆，但是他善于骑马射箭，勇力超过常人。卫青对官吏士大夫以礼相待，对士兵有恩，众人都愿为他效力，颇有做军事统帅的才能，所以每次率兵出征都能立下战功。天下人由此都佩服武帝的知人善任。

元朔二年（公元前127年），汉匈之间第一次大战役爆发。秋季，匈奴派二万骑兵入侵汉境，杀死辽西郡的太守，掳去两千多人，并围困韩安国坚守的汉军军营；随后又侵入渔阳郡和雁门郡，在两地各杀害或掳掠了一千多人。韩安国迁往更远的东方，率军驻守北平。几个月以后，抑郁成疾而死。之后武帝再次起用李广，任命他为右北平太守。匈奴称李广为"汉朝的飞将军"，非常畏惧李广，连续几年不敢入侵右北平郡。

武帝决定避实就虚，派卫青率军进攻久为匈奴盘踞的河南地。车骑将军卫青统率三万骑兵从雁门郡出击匈奴，将军李息领兵从代郡出击匈奴，卫青部斩杀匈奴数千人。

这一次战役，汉朝军队获得重大胜利，击败并赶跑了匈奴的白羊王和楼烦王，俘获匈奴几千人，夺得牛羊一百多万头，收复了秦时蒙恬所开辟的河南地，而汉军毫无损失。

捷报传到长安，汉武帝特别高兴，派专使到军中慰劳，并诏封卫青为长平侯，赐食邑三千八百户。

为加强河套地区的防务，汉武帝决定在水草丰美、土地肥沃的河南地设立朔方郡（今内蒙古杭锦旗）、五原郡（今内蒙古包头），并修筑朔方城作为据点。汉武帝又从关东地区移民十多万到朔方一带屯田戍边。

河南地距长安仅有一千多里，骑兵快马一两天内就可以到达，对汉朝统治中心威胁极大。河南战役大败匈奴，使其向北退却数百里，一举扭转了对匈奴作战连年不利的局面。

元朔五年（公元前124年）春，匈奴右贤王率兵猛攻汉朝北方边界，企图夺回黄河以南的失地。汉武帝任命车骑将军卫青率兵三万从高阙出塞，又任命卫尉苏建为游击将军，左内史李沮为强弩将军，太仆公孙贺为骑将军，代相李蔡为轻车将军，他们都由卫青统领，一同率兵从朔方出塞。任命大行李息、岸头侯张次公为将军，一同从右北平出塞。这次出击匈奴一共调集了十几万人。卫青率四将军出边塞六七百里，乘夜神速掩袭匈奴右贤王王庭。右贤王当时正在饮酒，喝得酩酊大醉，对汉军的夜袭毫无防备，被打得措手不及，仅带随从数百仓皇逃走，其余部属一万五千人，小王十余人，牲畜几十万头，全部为汉军俘获。卫青率军回到边塞，汉武帝派使臣带着大将军印信，来到军中拜卫青为大将军，统领各军将领。到该年夏季四月，又加封卫青食邑八千七百户，并将他的三个儿子卫伉、卫不疑、卫登都封为列侯。卫青坚决辞谢，说道："我有幸能够在军中为陛下效力，仰仗陛下的神灵，获得大胜，全都是诸位校尉拼力作战的功劳。陛下已增加了我的封邑，而我的儿子尚在襁褓之中，并无什么功劳，陛下却要划出土地封他们三人为侯，这就不是我效力军中鼓励将士奋力战斗的本意了。"汉武帝说道："我并没有忘记各位奋力作战的校尉的功劳。"于是，封护军都尉公孙敖为合骑侯，都尉韩说为龙侯，公孙贺为南侯，李蔡为乐安侯，校尉李朔为涉轵侯，赵不虞为随成侯，公孙戎奴为从平侯，李沮、李息及校尉豆如意为关内侯。

当时，卫青得到的尊崇宠信，超过了任何一位朝廷大臣，三公、九卿

及以下官员都对卫青作揖奉承，只有汲黯用平等的礼节对待卫青。有人劝汲黯说："皇上想让群臣全都居于大将军之下，大将军地位显赫，您不可以不拜。"汲黯说："以大将军的身份而有长揖不拜的平辈客人，难道就显示不出他的尊贵吗？"卫青得知，越发觉得汲黯贤能，多次向汲黯请教国家和朝廷的疑难大事，比平时更为尊重他。

（2）七将军伐匈奴

元朔六年（公元前123年），汉武帝又命卫青率公孙敖、公孙贺、赵信、李广、苏建、李沮等六位将军两次从定襄出发出击匈奴，共消灭匈奴兵力九千多人。

右将军苏建与前将军赵信合并了部队，共有骑兵三千多人，与匈奴单于统率的部队单独作战。经过一天多的交战，汉军伤亡殆尽。赵信本是胡人的一位部落首领，投降汉朝后被封为翕侯。这次战斗失败，匈奴便劝诱他投降。赵信率领本部所剩骑兵约八百人投降了匈奴。苏建全军覆没，脱身逃回卫青大营。

议郎周霸向卫青进言道："自大将军出师以来，还从没斩过一位部将。如今苏建丢弃了本部人马自己逃跑，应将其处死，以示大将军的权威。"军正闳、长史安说："不应该杀苏建。《兵法》上说：'小部队的战斗力再强，也会被大部队打败。'这次苏建以几千人马抵挡匈奴单于好几万人，奋战了一天多，将士伤亡殆尽，但苏建不敢有二心，独自返回。将其斩首，就等于告诉以后的将领战败不能返回，因此苏建不该杀。"卫青说："我有幸以皇上近亲身份统率大军，不怕没有权威，周霸劝我杀苏建来显示权威，有违作下臣的本份。况且，即使我有权处决将领，作为地位尊贵的大臣，又深受皇上的宠信，怎么也不敢擅自诛杀大将于国境之外。应将此事全部交给皇上，由皇上亲自裁决，不是很好吗？"部下军官一致说"好"！于是将苏建囚禁起来，送交汉武帝。

当初，平阳县小吏霍仲孺在平阳侯曹寿家做事，与卫青的姐姐卫少儿私通，生下霍去病。霍去病精通骑马、射箭，十八岁时就做了侍中。在卫

青第二次出击匈奴时,霍去病身为剽姚校尉,率领八百名轻骑勇士,到离开大军几百里的后方去寻找战机,其斩杀和俘获的匈奴人数超过己方的损失。于是,汉武帝说:"剽姚校尉霍去病斩杀及俘获匈奴二千多人,生擒匈奴的相国、当户,杀死匈奴单于祖父辈的藉若侯栾提产,活捉单于叔父栾提罗姑,战功屡次在全军中居于首位,应封他为冠军侯。上谷太守郝贤四次跟随大将军出征,他斩杀、擒获匈奴二千多人,封郝贤为众利侯。"

这年,汉朝失去了两位将军,所以汉武帝没有加封卫青的食邑,只赏给他千两黄金。右将军苏建被押解到长安,汉武帝没有杀他。苏建在赎身后成为平民。

匈奴单于诱到赵信后,封他为自次王,又把自己的姐姐嫁给赵信为妻,与他商量讨论对付汉朝的方法策略。赵信建议单于进一步穿过沙漠,向北转移,以引诱汉军,使汉军疲惫,待到汉军极度疲劳后,再乘机攻取,不必接近汉朝边塞。单于听从了赵信的计谋。于是,汉匈之间战争的主战场转移到河西走廊一带。

12. 两王谋反

汉武帝元狩元年(公元前122年),淮南王刘安、衡山王刘赐谋反。因为起事前消息泄露,两王自杀。被牵连而诛杀的列侯、二千石官员、豪强有数万人之多。

(1) 两王勾结

当初,淮南王刘安喜欢读书做文章,又爱沽名钓誉,招纳四方宾客

第四章　汉武雄风

和技能之士几千人。他的臣僚、宾客，大多是江淮一带的轻薄之人，常常用厉王刘长在流放途中死于非命一事激励刘安。建元六年（公元前135年），天空出现彗星，他的宾客就向刘安游说道："以前，吴王刘濞起兵时，彗星出现，长几尺，尚且流血千里，如今彗星贯穿天空，恐怕天下将有大规模战事发生。"刘安认为说得有道理，就加紧制造作战用的武器，积聚金钱和粮草。

一个名叫雷被的郎中得罪了淮南王的太子刘迁。当时，汉武帝正颁下诏书，想让有志参军报国的人到长安来应征，于是雷被表示愿意参军去打匈奴。因刘迁在淮南王面前说了雷被的坏话，所以刘安将雷被训斥了一顿，不让他参加攻打匈奴的军队，以防止其他人效法。就在这一年，雷被逃到长安，上书朝廷表白自己的冤情。汉武帝将此事交给廷尉处理，因牵连到淮南王，公卿请求将刘安逮捕治罪。太子刘迁定计，让武艺高强、心狠手辣的勇士穿着卫兵的服装，手持长戟站在淮南王刘安身边，如果朝廷派来的使者想将淮南王治罪，就立即将其刺杀，然后举兵反叛。汉武帝派中尉段宏到淮南王处询问有关情况，淮南王见段宏神色平和，没有逮捕他的意思，也就没有采取行动进行反叛。公卿大臣奏称："刘安拒绝有志抗击匈奴的壮士的请求，是犯了阻碍圣旨的大罪，应当众斩首。"汉武帝下诏削去淮南国的两个县。事后，刘安自怨自艾说："我做仁义之事，反而被削减封地。"他以此为耻，因而越发加紧了谋反的准备。

刘安与衡山王刘赐互相指责，在礼节上，互相不能相容。刘赐听说刘安有反叛朝廷的打算，害怕被刘安吞并，于是也结交宾客，准备武器，打算在淮南王攻打长安之后，就发兵攻下长江、淮河之间的地区。衡山王王后徐来到刘赐面前诋毁太子刘爽，企图废掉刘爽以改立刘爽之弟刘孝为太子。刘赐囚禁了刘爽，将衡山王印信交给刘孝，命刘孝延揽宾客。前来投靠的宾客们隐约了解到刘安、刘赐的谋反计划，便日夜劝刘赐起事。于是，刘赐命刘孝门下宾客江都人枚赫、陈喜制造战车，锻造弓箭，雕刻天子印玺和文武官员的印信。这年秋季，刘赐照例应入朝拜见皇帝，途经淮南国。刘安本是刘赐的兄长，他盛情款待刘赐，两人相见甚欢，畅饮交谈，不知不觉间消除了以往的隔阂。两王反叛朝廷的意思一拍即合，约定共同起事。于是，刘赐上书朝廷，借口有病，不肯入朝。汉武帝赐书信给

他，允许他不来朝见。

淮南王刘安同他的门客左吴等日夜准备，察看地图，部署进兵的路线。刘安派往朝廷的使者从长安回来，谎称"皇上没有儿子，而且朝政腐败"，他非常高兴。

刘安召来中郎伍被，与他商议有关谋反之事，伍被说道："大王您怎么能有这种亡国的言论呢？我好像已经看到王宫中生满荆棘，露水打湿人衣服的凄惨景象了！"刘安大怒，将伍被的父母逮捕，囚禁起来。三个月后，刘安又将伍被召来询问他对谋反一事的看法，伍被说："当初秦朝无道，极为奢侈暴虐，绝大多数的百姓都希望反抗秦朝的暴虐统治。高皇帝在行伍中崛起，最终成为天子，这是因为利用了对方的缺点，把握了时机，趁秦朝土崩瓦解的机会而起。如今大王见到高皇帝得天下容易，却单单不看前不久'七国之乱'的吴、楚吗？吴王刘濞统辖着四个郡的地方，国家富强，人口众多，经过周密计划、充分准备，然后才兴兵西进。然而为什么大梁一战失败，向东逃亡，本人身死，祭祀灭绝？这是因为他逆天行事，不懂得时势。现在，大王的兵力还不到吴、楚的十分之一，而天下的形势却比吴、楚兴兵时安定一万倍。大王不听我的劝告，马上就会看到您丢掉千乘之国的王位，接到赐死的命令，先于群臣死在东宫的惨景。"刘安听了，有所感悟，流着眼泪站了起来。

（2）机事不密

刘安有一个庶出的儿子刘不害，年龄最大，刘安不喜欢他，王后不把他当儿子看待，太子刘迁也不把他视为兄弟。刘不害有一个儿子刘建，才高而气盛，经常对刘迁心怀不满。他悄悄地派人将刘迁曾企图刺杀朝廷命官的事件上报朝廷，汉武帝知道后，大为震怒，立刻下旨将此事交给廷尉处理。

刘安很害怕，想举兵，又一次和伍被商量："先生认为当初吴王兴兵造反，是对呢，还是不对呢？"伍被道："不对。我听说吴王后来很后悔，希望大王不要像吴王那样。"刘安说道："吴王哪里懂得什么叫造

第四章 汉武雄风

反。当初朝廷的将领一天中有四十多人经过成皋。如今我截断成皋的通道，占据了三川的险要之地，再征召崤山以东的兵马，有充足的准备来发动政变，左吴、赵贤、朱骄如等都认为可以有九成把握，只有您认为有祸无福，这是为什么呢？难道真会像你说的那样，不可能侥幸成功吗？"伍被回答说："如果大王一定要出兵的话，我有一计。当今各封国国君对朝廷都没有二心，老百姓也没有怨恨的想法。大王可以伪造丞相、御史的奏章，请求皇上将各郡、国的豪杰之士和殷实富户迁到朔方郡，大量征发士兵，命令他们限期到达。再伪造诏狱之书，声言要逮捕各封国的太子和宠臣。如此一来，就会导致百姓怨恨，诸侯恐惧，然后再派遣能言善道之人到各地游说，或许可以侥幸有十分之一的希望吧！"刘安道："这是可以的。不过，我觉得用不着这么麻烦。"

于是，刘安伪造了皇帝印玺和丞相、御史大夫、将军、军吏、中二千石及周围各郡太守、都尉的印信，并伪造了朝廷使者的符节。又派人假装在淮南国犯罪而西逃长安，投到大将军卫青门下，一旦发兵，马上将卫青刺死。刘安说："朝廷大臣中，只有汲黯喜欢犯颜直谏，能够严守臣节，为忠义而死，难以迷惑，至于游说丞相公孙弘等人，就如同去掉物件上的尘土或摇掉树枝上的枯叶一样容易。"

刘安准备调动本国的军队，又担心丞相和二千石官员不肯顺从配合，便与伍被商议，想先将丞相和二千石官员杀掉，同时打算派人身穿边境士兵的服装，手持告急文书从东边赶来，高喊："南越国的军队就要攻入我国边界了！"想以此为借口起兵。

恰在此时，廷尉前来逮捕淮南国太子刘迁。刘安听到消息后，同刘迁密谋，召相和二千石官员前来，企图杀死他们，起兵造反。但只有丞相一人应召前来，内史、史尉却都没有来。刘安觉得光杀相一人没有什么用处，就放他走了。刘安犹豫不决，不敢立刻起兵叛乱，太子刘迁穷途末路，挥剑自杀，但是没有死成。

伍被自己前往廷尉那里，告发与刘安图谋反叛的过程。廷尉于是派人逮捕了淮南国太子和王后，并且包围王宫，将在淮南国内准备与淮南王一道谋反的所有宾客全部抓起来。取得谋反证据后，奏报朝廷。汉武帝命公卿处治刘安党羽，派宗正手持皇帝符节前往淮南国处治刘安。没等宗正到来，刘安便自刎而死。于是，宗正将淮南王后荼、太子刘迁处死，所有参

与谋反计划的人一律灭族。

汉武帝因伍被的言论中曾多次赞美朝廷,起初不想杀他。廷尉张汤说:"是伍被首先为淮南王作谋反计划,他罪不能赦。"于是伍被被杀。侍中庄助平常与淮南王关系密切,两人曾私下议论事情,淮南王还曾送给庄助许多钱物。汉武帝认为这是小罪,没必要杀他。但张汤坚持要杀,认为:"庄助出入宫廷是皇上的心腹之臣,却外与诸侯私交到如此地步,如不杀庄助,今后类似的事情就不能禁止。"庄助终于被当众斩首。

衡山王刘赐上奏朝廷,请求废掉太子刘爽,另立刘爽的弟弟刘孝为太子。刘爽听到消息后,立即派他的亲信白嬴到长安上书朝廷,揭发"刘孝未经朝廷允许,私自制造兵车、锻铸箭矢,还和他父亲的姬妾通奸"等罪状,想除掉刘孝。正好主管官员在逮捕参与淮南王谋反计划的人时,在刘孝家中抓到陈喜,于是参劾刘孝私自窝藏陈喜。刘孝听说法令规定"先行自首的,可以免除罪责",便自己先向朝廷告发了共同密谋反判的枚赫、陈喜等人。公卿大臣奏请汉武帝逮捕衡山王治罪,衡山王自刎而死。王后徐来、太子刘爽及刘孝都被当众斩首,参与谋反计划的人一律灭族。

当淮南王刘安密谋反叛时,胶东王刘寄听到风声,曾在暗中作战争准备。在廷尉处置刘安谋叛事件时,发现有些犯人的口供牵涉到了刘寄反叛的活动。事发后,刘寄担惊受怕,身染重病而死,临死前也不敢指定继承人。刘寄的母亲王夫人就是皇太后的妹妹,与汉武帝关系最亲。汉武帝听说后很怜悯他,立他的大儿子刘贤为胶东王,又封刘寄生前最宠爱的小儿子刘庆为六安王,将原来衡山王辖地划归他所有。

第四章 汉武雄风

13. 河西走廊之战

元狩二年（公元前121年），为打通河西走廊的通道，打击匈奴右贤王，以切断匈奴右臂，汉武帝发动了第二次具有重大意义的大规模出击匈奴的战役。这次战役是由霍去病指挥的。这年五月，汉武帝任命霍去病为骠骑将军，率领一万多骑兵从陇西出发远征匈奴。过焉支山（今甘肃永昌县西、山丹县东南），沿祁连山峡谷西进，深入匈奴休屠王领地一千多里，转战六日，在皋兰山下与匈奴展开决战，汉军大获全胜，杀死敌人一千多，并缴获休屠王祭天的金人，给了匈奴沉重的打击。汉武帝很高兴，为纪念这次胜利，把休屠王祭天的金人当作大神供列在甘泉宫。夏天，匈奴出兵侵犯汉代郡、雁门一带。这次，汉武帝采取了两翼作战的方针，命博望侯张骞率军万骑、李广率军四千骑从右北平（今辽宁凌源）出发，分道迎击匈奴左贤王，开辟东线战场；霍去病和公孙敖各率万骑分别从陇西、北地出发，开辟西线战场。

（1）激战祁连山

李广率骑兵四千为先锋，开在大部队前方约几百里地，张骞率骑兵一万多人殿后。匈奴左贤王率骑兵四万，将李广率领的先头部队团团包围。李广的军士被围，都感到十分害怕，李广便命自己的儿子李敢独自率领几十名骑兵直入敌阵，从敌阵左右冲出后返回。回营后李敢当着全军的面向李广报告说："匈奴兵很容易对付。"军士的情绪才安定下来。李广命部下的将士向着敌军排成圆形阵营。匈奴兵向汉军阵地发

起猛烈进攻，箭如雨下，汉军士卒伤亡过半，箭也快用尽了。李广便命令部下拉满弓弦，但不发射，他亲自用特大的黄色强弓射匈奴将领，李广一连射死匈奴将领好几人，敌人的攻势才渐缓下来。这时天色已晚，汉军将士全吓得面无人色，只有李广神情自若，加紧巡视阵地，调整部署，全军上下全都钦佩他的勇气。第二天，汉军再次奋力与匈奴兵激战，虽然伤亡大半，但消灭的敌人却超过己方的损失。这时，张骞的大军赶到，匈奴军才撤围而去。汉军疲惫，无力追击，于是撤兵而回。根据汉朝的法律，博望侯张骞由于行动迟缓，贻误战机，应处死，赎身后成为平民。李广功过相抵，没有封赏。骠骑将军霍去病深入匈奴二千多里，与公孙敖率领的部队失去了联系，未能会师。但霍去病率领部队跨越居延海，经过小月氏，到达祁连山，生擒单桓、酋涂二王，匈奴丞相都尉率部下二千五百人投降汉军，汉军斩杀匈奴三万零二百人，俘获小王七十多人。于是汉武帝增封霍去病食邑五千户，封其部下有功将领鹰击司马赵破奴为从骠侯，校尉高不识为宜冠侯，校尉仆多为辉渠侯。合骑侯公孙敖因为中途逗留，贻误军期，未能与霍去病会合，本应处斩，赎身后为平民。

当时，汉军中资格老的将领们统帅的将士、马匹、兵器都没有霍去病军中的精良，而老将们经常因迟留落后而不能立功。因此，霍去病越来越受到宠信尊重，和大将军卫青差不多。

（2）浑邪王降汉

具有重大意义的祁连山之战，沉重地打击了匈奴的右部，匈奴内部也由此产生了矛盾。这年秋天，匈奴伊稚斜单于因浑邪王居西部而屡次被霍去病军打败，损失了数万人和大批财物，于是怪罪于浑邪王和休屠王，准备将他们召到单于庭，杀掉他们。

浑邪王和休屠王感到害怕，打算投降汉朝。于是先派人在边境拦截经过当地的汉人，让他们向武帝报告。当时，大行李息正在黄河边筑城，见到浑邪王的使者后，便派传车急速去报告朝廷。汉武帝听到这一消息，

第四章 汉武雄风

怀疑他们是用诈降手段准备偷袭边塞，便命霍去病率兵前往迎接。休屠王因后悔向汉朝投降，浑邪王将他杀死，兼并其属下部众。霍去病渡过黄河之后，与浑邪王所带领的部队遥遥相望。浑邪王部下将领见到汉军后，很多人不愿投降，于是纷纷想逃走。霍去病便纵马驰入浑邪王大营，与他相见，将其部下企图逃跑的八千人全部杀死，又派浑邪王一人乘传车到汉武帝所居之处，同时命其部下全部渡过黄河。投降的共四万多人，号称十万。浑邪王到长安后，汉武帝赏赐他几十万两黄金；封浑邪王为漯阴侯，食邑一万户，其部下小王呼毒尼等四人全都被封为列侯。又加封霍去病食邑一千七百户。

浑邪王归降时，汉朝征调车辆二万乘前往迎接，但因朝廷没有钱，只得向民间赊购马匹。有的老百姓将马匹藏匿起来，结果马不够用。汉武帝非常生气，要杀长安县令，右内史汲黯说道："长安令没有罪，只有将我杀了，老百姓才肯交出马匹。再说，浑邪王投降我朝，我朝只须从容地按着县的顺序传送，何至于使天下不安，使中原贫困，来奉承异族呢！"汉武帝默然，没有应答汲黯。及至浑邪王等来到长安，当地商人因与他们做买卖而犯死罪的达五百多人。汲黯请求汉武帝闲暇时在未央宫高门殿接见他。汲黯见了汉武帝后向他奏道："匈奴攻击我沿边道路上的要塞，拒绝和亲，我朝兴兵征讨，死伤不可胜数，费用高达几百万。我原以为陛下得到匈奴人，一定会将他们全部作为奴婢，赏赐给那些牺牲在战场上的将士之家，所缴获的财物，也一并赏赐，用来酬谢天下人的痛苦，使百姓心满意足。如今纵然做不到，也不能因浑邪王率几万人前来归降，就用尽国库财富来赏赐他们，征调百姓服侍、奉养他们，好像供奉骄横的儿子一般。那些无知的百姓怎么知道在长安城中做买卖，竟会被官吏以犯有使财物非法流出边关的罪名抓起来治罪呢？陛下既不能用匈奴的财物答谢天下，又凭法令中一项不重要的条文杀死无知小民五百多人，这与'为保护树叶而伤害树枝'无异。我觉得陛下这样做是不对的。"汉武帝沉默不语，没有应许。后来说道："我很久没听到汲黯的声音了，如今他又在这里胡言乱语了！"

不久，汉武帝将归降的浑邪王部属分别迁徙到沿边五郡的旧要塞之外，让他们全部住在黄河以南，保持他们原有的风俗习惯不变，设立了五个属国。从此，金城河西岸、傍南山直到盐泽一带，便没有匈奴人了，即

使是匈奴探马也不多见。

休屠王太子日䃅和他的母亲阏氏、弟弟伦都被罚为官府奴隶，派到属于少府管辖的黄门养马。这之后很久，一次汉武帝在游乐饮宴之时查看马匹，他的身边站满了后宫的美女，日等几十人牵马从殿下经过，没有人不偷偷窥视，而唯独日经过时不敢偷看。日身高八尺二寸，容貌十分庄严，所养的马匹又非常肥壮，汉武帝感到惊奇，召他上前询问，日便将自己的身世一一奏告。汉武帝听了之后对他另眼相看，当日便让他洗澡、赐给衣帽，任命为马监，后又升为侍中、驸马都尉，一直作到光禄大夫。日受到皇帝宠爱，从来没有犯过过失，汉武帝对他十分信任，赏赐累计过黄金千斤，出门时让他陪乘，回宫后让他侍随在左右。很多皇亲国戚都私下抱怨说："皇上不知从哪儿找来个胡儿，竟然当成宝贝。"汉武帝听到后，却愈加厚待日。因为休屠王曾制造金人用来祭祀天神，所以汉武帝赐日姓金。

浑邪王率领部众归附汉朝以后，河西就再也没有乱兵侵扰。金城河西并南山（祁连山）至盐泽（今罗布泊），匈奴人消失贻尽。武帝以其旧地设置武威（今甘肃民勤）、酒泉郡，元鼎六年（公元前111年）又分其地设置张掖、敦煌郡。从此以后，汉朝的防线大大向西推进，切断了匈奴与羌人的联系，打破了汉朝被匈奴、羌人包围的局面，打通了与西域联系的河西通道，切断了匈奴右臂，巩固了第一次战役的成果。汉朝的西部压力至此解除，特别是陇西、北地、上郡一带的百姓负担因此大大减轻。武帝决定："减陇西、北地、上郡戍卒之半，以宽天下徭役。"河西一带，水草丰美，匈奴失掉河西，经济上造成了很大的损失。匈奴人唱道："失我祁连山，使我六畜不蕃息；失我焉支山，使我嫁妇无颜色。"

第四章　汉武雄风

14. 漠北之战

河西战役后，匈奴仍不断发兵攻扰汉朝边境。元狩三年（公元前120年）秋，匈奴集合数万骑兵从东北面的右北平、正北面的定襄对汉朝发动进攻。

（1）卫霍合击匈奴

元狩四年（公元前119年），汉武帝召集将领商议反击匈奴的事宜。汉武帝与各位军事将领商议说："翕侯赵信给匈奴单于出谋划策，认为汉兵不能够轻装穿过大沙漠，即使到了那里也呆不久，此次发动大军，一定要达到我们的目的。"于是征选了用粟米饲养的战马十万匹，命大将军卫青、骠骑将军霍去病各率骑兵五万人出征，跟随官兵驮运行装的马匹也有四万匹，跟在大军之后的步兵和运送辎重的人有几十万。那些敢于深入匈奴腹地，与敌人力战的勇猛将士都归霍去病指挥。开始，霍去病率部从定襄出塞，从正面攻击匈奴单于。后从俘虏口中得知单于在东边，于是汉武帝改命霍去病从代郡出塞，卫青从定襄出塞。郎中令李广屡次主动请求出征，汉武帝认为他年事已高，没有批准他的请求，过了很长时间才任命他为前将军。太仆公孙贺被任命为左将军，主爵都尉赵食其为右将军，平阳侯曹襄为后将军，都归大将军卫青统领。赵信为单于谋划说："汉军横穿大沙漠后，人马必定疲惫，我们可以坐等他们，并将他们擒获。"于是将己方的辎重运到北方很远的地方，命精锐部队在沙漠以北等候汉军。卫青出塞后，从俘虏口中得知单于的住地，便亲自率精兵挺进，命前将军李广与右将军赵食其合兵一处，由东路进军。因为东路绕远，水草也不丰盛，李广于是请求卫

青说："我的部队是前将军的部队，但现在大将军却改命我部为东路军。我从少年时就开始与匈奴作战，今天才有机会正面对付单于，所以愿意作前锋，先去与单于决一死战。"出征前卫青受汉武帝的告诫说："李广年纪已大，运气又不好，不要让他与单于正面作战，他怕是不能完成擒获单于的任务。"而公孙敖不久前失去侯爵，卫青也想让他与自己一同正面与单于作战立功，所以将前将军李广调到了东路。李广得知内情，坚持推辞卫青的调遣，遭到卫青拒绝。李广心中十分愤怒，未向卫青告辞就动身出发。

卫青率大军出塞一千多里，横穿大沙漠，见匈奴单于的军队正列阵以待，于是下令将兵车环绕一周结成阵营，派出五千骑兵攻击匈奴，匈奴也派出约一万骑兵迎战。那时太阳将落，忽然刮起狂风，卷起漫天黄沙，两军士卒相互不能分辨。卫青增派左右两翼的军队包抄单于。单于见汉军兵强马壮，估计自己打不过汉军，便乘坐六匹强健的骡子，在约几百名精壮骑兵的保护下直冲汉军防线，向西北方向飞奔而去。这时天已昏黑，汉军同匈奴的将士们仍在激烈地搏杀，双方兵力损失相差不多。汉军左翼校尉报告卫青说，他从抓到的俘虏那里得知，单于已在天未黑时离去。于是卫青派出轻骑兵连夜追击，自己率领大军紧跟在轻骑之后，匈奴兵四散逃走。将近天亮时，汉军已追出二百多里，仍没有抓到单于，但擒获和斩杀匈奴一万九千多人。于是到颜山赵信城，夺取匈奴的存粮以供养自己的军队。在该地停留一天之后，卫青下令将该城所余的粮食全部烧光，然后班师而回。

前将军李广与右将军赵食其率领的东路军因没有向导，在沙漠中迷失了方向，所以落到卫青的后面，失去了与单于一战的机会。直到卫青率领部下班师回京，经过沙漠南部时才遇到李、赵二位将军。卫青派长史责问二人迷路的情况，并命李广等马上到大将军处听候传讯。李广说道："这不能怪罪校尉们。是我自己迷了路，我自己到大将军幕府去接受审问。"又对他的部下说："我从少年时开始，与匈奴进行过大小七十多次战斗，这次好容易有机会跟着大将军出征同单于作战，而大将军却将我部调到东路，路途本就绕远，又迷失了方向，难道这不是天意吗？况且我六十多岁了，毕竟是无颜面对刀笔小吏！"于是拔刀自刎。李广为人清廉，得到了赏赐就分给部下，同士卒一起吃喝，做了四十多年二千石官，家中却没有多余的财产。他的手臂像猿臂般又长又灵活，擅长射箭，估计射不中目标，绝不发箭。他带领军队，在困境中找到水，只要还有一个士卒没喝过，李广就不沾水；有一

个士卒没吃过，李广就不进食。士卒因此乐意听命于他。等到李广死去，全军都哭了。百姓听到死讯，认识他的和不认识他的，无论年老还是年轻，都为他流泪。右将军赵食其一人被交付审判，其罪当死，赎身后成为平民。

匈奴单于逃跑后，他们部下很多人混杂在汉军中追赶单于。单于长时间未能同他的部众会合。右谷蠡王认为单于已死，便自立为单于。十几天后，真单于重新与其部众会合，右谷蠡王便去掉了单于的称号。

骠骑将军霍去病率领的骑兵军车和辎重都与大将军卫青相同，但没有副将，于是，霍去病任命使将李敢等人为大校，充当副将，从代郡、右北平郡出塞二千多里，穿过大沙漠，与匈奴左部的军队相遇作战，擒获匈奴屯头王、韩王等三人，以及将军、相国、当户、都尉等八十三人。于是霍去病率军在狼居胥山祭祀天神，在姑衍山祭祀地神，又登山眺望翰海，共俘获匈奴七万零四百四十三人。汉武帝增封霍去病食邑五千八百户，又封其部将右北平太守路博德等四人为列侯，从骠侯赵破奴等二人增封食邑，封校尉李敢为关内侯，赐食邑。低级军官和兵卒升官、受赏的人非常多。而大将卫青却没有得增封食邑的奖赏，部下军吏士兵全都没被封侯。

卫青与霍去病两支部队出塞时，曾在边塞检阅，官私马匹加起来一共十四万匹，到班师回京聚在边塞时，马匹不到三万。

于是，汉武帝增设大司马一职，由卫青、霍去病共同担任，还规定霍去病的官级和俸禄与卫青一样。从此以后，卫青的权势日渐衰落，而霍去病却日益尊贵。卫青以前的很多朋友和门客都改去投靠霍去病，马上便得到了官职、爵位，只有任安不肯这样做。

霍去病为人寡言沉稳，敢做敢为。汉武帝曾想让他学习孙武、吴起兵法，但他说："作战只看谋略如何罢了，用不着古代的兵法。"汉武帝为霍去病修建府第，让他前去观看，他说："匈奴还没有消灭，要家干什么呢？"因此，汉武帝便更加看重霍去病。

（2）巩固北部边境

这时，汉朝消灭匈奴共八九万人，汉军也阵亡了几万人。此后，匈奴

迁往更远的地方，漠南再没有匈奴的王国驻地了。汉朝渡过黄河，从朔方以西到令居县，处处开通河渠，设置田官，派士卒五六万人驻扎开垦，逐渐兼并到匈奴旧地以北。但也因缺少马匹，不再大举出击匈奴了。

卫青、霍去病战胜匈奴，为汉朝北方边地开创了一个新局面。边郡和内地之间，邮亭驿站相望于道，联系大为加强。大量的移民和戍卒，在水草丰美的荒凉原野上开辟了大片的耕地，种植谷、麦、秫等作物。中原地区先进的生产工具、耕作技术、水利技术，通过屯田的农民在边郡传播开来。自令居（今甘肃文登）以西至敦煌，修起了屏蔽河西走廊的长城，敦煌以西至盐泽，也筑起了亭障。北方旧有的长城得到了大规模的修整，并建立起完整的边燧系统，自敦煌至辽东一万一千五百余里，众多的吏卒亭台、屯田区、城堡和烽燧系统，既是汉朝在北方边境的政治、军事据点，也是先进经济、技术、文化的传播站，对促进匈奴和相邻地区的社会发展和经济开发，产生了重大的影响。

汉武帝命卫青、霍去病连续不断地大规模出击匈奴，不但将文景时代的积蓄消耗一空，而且造成严重的财政经济危机。长期的战争使得大批青壮劳动力脱离社会生产，全国因此而民怨沸腾。为解决财政危机，汉武帝又实行一系列财经政策，从发行白金皮币、盐铁官营到算缗、告缗、均输平准，不一而足，大大激化了社会矛盾。

第四章 汉武雄风

15. 张骞再使西域

漠北之战后，汉武帝为进一步削弱匈奴的势气，于元狩四年（公元前119年）派张骞再次出使西域，联合乌孙收回河西故地。

张骞归来后，多次随从大将军卫青出击匈奴。由于他在匈奴多年，有关沙漠地区的地理知识非常丰富，能为大军辨别水草之地，使大军行动不致困乏。因从军有功，张骞被封为博望侯。

汉武帝屡次召问张骞，向他询问大夏等国的情况，希望张骞再次出使西域，一方面想搜集西域的奇珍异宝，扬大汉朝兵威；另一方面是为了制服已向西转移的匈奴。张骞又向汉武帝建议，联络乌孙以对付匈奴。

张骞被扣留在匈奴的时候，就听说匈奴西部有一个大国叫乌孙，乌孙国王称呼为昆莫。最初乌孙国的部众在昆莫的父亲难兜靡率领下，和月氏人一起居于敦煌附近。后来，月氏人杀死了难兜靡，乌孙人就依附了匈奴。当时，昆莫年幼，为匈奴单于收养。昆莫长大以后，屡立战功。月氏人后来西迁，昆莫向单于请求发兵以报父仇，单于就把他父亲的旧部交给其管理。于是，昆莫率部西击大月氏。昆莫大败大月氏人，把他们赶到西夏，昆莫就率部定居下来，不再依附于匈奴。匈奴几次发兵进攻，都被昆莫击败。乌孙成为这一地区的强国。

浑邪王归顺汉朝以后，匈奴势力被汉军驱逐到沙漠以北，盐泽以东，不见匈奴踪迹，前往西域的道路也可以通行了。于是张骞建议说："乌孙王昆莫本来是匈奴的藩属，后来势力渐强，不肯再事奉匈奴，匈奴派兵征服，没能取胜，于是远去。如今匈奴单于刚受到我朝的沉重打击，而过去的浑邪王辖地又空旷无人，蛮夷族的习俗依恋故地，又贪图我朝的财物，如果我们现在用丰厚的礼物拉拢乌孙，招他们东迁，到过去的浑邪王辖

地，与我朝结为兄弟之国，他们一定会听从我们汉朝的驱遣，就等于断了匈奴的右臂一般。乌孙结盟之后，就连它西面的大夏等国，也都能招来成为我朝的藩属。"汉武帝认为他说的有理，便任命张骞做中郎将，率领三百人，每人二匹马，以及数以万计的牛羊和价值数千万钱的黄金锦缎；又任命多人为手持天子符节的副使，以便沿途如有通往他国的道路，就派一副使前往。

元狩四年（公元前119年），张骞率领使团再次出使西域。

卫青、霍去病三击匈奴以后，汉朝已经控制了河西走廊，匈奴主力逃往大沙漠以北，大沙漠以南已经基本上不见匈奴骑兵了。张骞此次出使西域，中途几乎没有遇到什么麻烦，顺利到达乌孙。而在这个时候，乌孙国内的政治形势十分不稳定。六十岁的乌孙老王昆莫想把王位传给长孙岑陬，但次子很不满意，就起兵反对，国内大乱，乌孙部众也因此分为互不统属的三个部分。

张骞到达乌孙后，乌孙王昆莫十分傲慢地接待了他。张骞转达汉武帝的谕旨说："如果乌孙能向东返回故土居住，那么我大汉将把公主许配给国王为夫人，两国结为兄弟一般的国家，一起抗击匈奴。那匈奴就会被打败。"然而，乌孙自己因离汉朝太远，不知汉朝是大是小，且长期以来一直是匈奴的藩属，与匈奴相距又近，朝中大臣全都畏惧匈奴，不愿东迁。张骞在乌孙呆了很长时间，一直得不到明确的答复，便向大宛、康居、大月氏、大夏、安息、身毒、于阗和附近各国分别派出副使进行联络。最后，乌孙派几十个人护送张骞回汉朝，并答谢汉朝几十匹马，乘机让他们了解汉朝的实力。

元鼎二年（公元前115年），张骞回国，岁余，张骞死去。张骞死后一年，他派出去的副使先后完成任务，同各国所派的使节一道回到汉朝。中原同西域的外交关系正式建立并日益紧密。

从前，西域各国都受匈奴统治，匈奴西部的日逐王设置僮仆都尉统辖西域各国，常驻于焉耆、危须、尉黎一带，强掠各国的财富，并向它们征收很高的赋税。既然乌孙王不愿东还，汉朝就逐渐从内地迁徙百姓来充实这一地区，以后，又从酒泉分出部分地区设置武威郡，隔断了匈奴和羌人部落的联络通道。

第四章 汉武雄风

乌孙使臣看到汉朝地域广大，回国后向其国王报告，乌孙于是更加重视同汉朝的关系。匈奴因为乌孙和汉朝建交，十分气恼，于是作了攻打乌孙的准备。乌孙国王害怕匈奴对其发动攻击，便派使臣向汉朝表示愿意娶汉朝公主为妻，与汉结为兄弟之好。汉朝君臣共同商议以后，同意乌孙国王的要求。于是，乌孙王以一千匹马作为聘礼，派人前去迎接汉朝公主。汉武帝封江都王刘建的女儿刘细君为公主，嫁给乌孙王，还赠以十分丰盛的陪嫁。乌孙王昆莫把汉公主封为右夫人。匈奴也嫁给乌孙王一女，被封为左夫人。汉朝公主自建宫室居住，一年四季同乌孙王见面一两次，一起饮酒吃饭。由于乌孙王年老，语言又不通，所以公主悲伤忧愁，思念家乡。汉武帝听说后很怜惜她，每隔一年派使臣给她送去锦帐、绸缎等物。乌孙王对汉公主说自己年纪已老，想让公主嫁给他的孙子岑娶军须靡。汉公主不肯依从并上书汉武帝。汉武帝回复她说："你应当遵从乌孙国的风俗，因为我国希望与乌孙一起灭掉匈奴。"军须靡娶了汉公主。昆莫去世后，其孙军须靡即位，号为昆弥王。汉朝同乌孙和亲以后，乌孙成为汉朝在西域抗击匈奴的重要伙伴。

张骞两次出使西域，时间长达十几年，行程万余里，中间曾两次被匈奴扣留，他历经艰难险阻，终于完成出使西域，加强同西域各国的联系，孤立匈奴的使命。张骞出使西域，对待西域诸国，无论强弱大小，一律平等相待，实行和平友好的政策。他性格刚毅，为人宽厚，以他的诚实获得广泛信任，深受西域各国各族的喜爱和欢迎。张骞死后，汉朝出使西域的使节，仍然打着他的旗号。

张骞出使西域，通过艰苦的努力建立起中原同西域各国的联系，掌握了西域地区的真实情况，改变了原先对西域情况模糊不清的认识，使过去对西域的传说和零散的记载，得到进一步证实和订正。《史记·大宛列传》和《汉书·西域传》就是根据张骞向汉武帝提供的报告写成的。

张骞出使西域，打开了长期被匈奴阻塞的东西通道，并同帕米尔高原以西各国建立了友好关系，加强了西汉同西域各国的政治、经济、文化交流。张骞出使西域以后，汉朝赴西域的使团络绎不绝，大者数百人，小者百余人。一年之中，出使西域的多达十余批，少的也有五六批。大批使者

前往西域，远道的要八九年时间，近道的也要几年时间才能回来，其中很多是打着使者旗号到西域从事贸易的商人。西域各国来到汉朝的也很多，其中也有很多商人。

第五章 盛极而衰

汉朝连年对匈奴用兵，耗资甚巨，造成国库空虚，因此，汉武帝实施经济改革，缓解经济危机。

武帝好大喜功，穷奢极欲，又访仙求神，向往长生不老，加剧了国家财政的困难。

匈奴势力被削弱以后，武帝又平定南夷，征服朝鲜，进攻大宛。同时，与匈奴交战，胜负各半，战局陷入僵持状态。

武帝征伐无度，导致民疲财尽，社会危机动摇了西汉王朝的统治，西汉开始走向衰落。

武帝晚年发布了"轮台罪己诏"，停止大规模用兵，鼓励农业生产，社会经济在一定程度上有所恢复。

1. 武帝实施经济改革

元狩四年（公元前119年），卫青、霍去病各率骑兵五万，步兵数十万分道出击匈奴。当时广大的关东地区又遭受特大的水灾，百姓饥饿困乏，离乡背井，社会动荡不安。武帝命各地打开国家粮仓赈济贫民，仍然无济于事。这年冬天，七十二万余口关东移民被迁移到陇西（今甘肃临洮）、北地（今甘肃庆阳）、西河（今内蒙东胜）、上郡（今陕西榆林）、会稽（今江苏苏州）等地开荒垦地。国家要为移民提供衣食，供给种子、耕牛、农具等，耗资巨大。这只是汉武帝多欲政治的一种表现。事实上，在对匈奴开战后，汉朝国库已经所剩无几，面临着严重的入不敷出的局面。

国家财政的严重亏空，形成了一次次的财政危机。

为解决财政危机，武帝决定实行卖官卖爵制，于是规定：凡臣民百姓向国家捐献奴婢的，终身都可以免除徭役；捐献羊的，可以为郎官。

国库空虚，赋税枯竭，百姓也十分穷苦，而卖官卖爵，花钱赎罪，终究不是解决财政危机的办法，这等于饮鸩止渴。

国家财政积蓄已经消耗贻尽，而有的富商大贾不但不出资帮助国家解决财政困难，反而囤积居奇，哄抬物价，趁机兼并破产农民的土地，导致社会经济秩序混乱。汉武帝多次下诏要富人出钱安置灾民，支援打击匈奴的战争，但是没有人响应。河南（今河南洛阳）人卜式，以田畜为业。他上书武帝，表示愿意拿出家财的一半献给国家，佐助边费；后来，又献钱二十万用以安置流离贫民。汉武帝很高兴，召拜卜式为中郎，赐爵左庶长，赏田十顷。武帝同时布告天下，令天下富人响应，以向国家献钱。可是，富商大贾无人响应，还纷纷藏匿财富。

元狩四年（公元前119年），为了解决财政危机，打击巨富，聚敛财

富，张汤向汉武帝提出了发行白金币，实行算缗、告缗、垄断盐铁经营的建议。

（1）算缗告缗运动

武帝以前，国家允许私人铸钱，国家所铸钱币同私人所铸钱币可以同时流通使用。文帝时，吴王刘濞以铸钱大发横财，富同天子；宠臣邓通也以铸钱致富，财产比诸侯王还多。由于铸钱利润大，盗铸、掺假的很多，钱币流通混乱。当时，弃农采铜的人很多，影响农业生产。贾谊、贾山都曾建议国家控制铸币权。武帝即位后，张汤建议：国家可以用多造货币、减轻货币重量的办法从商人手中拿出钱来，解决财政危机。张汤建议，用白鹿皮造币，称为皮币；用银锡合金铸币，称为银币。皮币一尺见方，边缘绣绘五彩。国家规定，一张皮币值钱四十万，王室宗室朝觐，进献之物必须要用皮币。皮币不在民间流通。这等于国家每发行一张皮币，就能从王侯宗室处得钱四十万。银币分为三品：上品重八两，圆形，其文刻龙，名叫白撰，面值三千；中品重六两，其文刻马，方形，面值五百；下品重四两，椭圆形，其文刻龟，面值三百。由于银币的面值大大超过其实际价值，私铸钱可以获大利，盗铸的很多。因为铸钱犯死罪而被赦免的就有几十万人；因为盗铸而自首者则有百万余人，其中有不少郡守、诸侯。

元狩五年（公元前118年）三月，汉武帝又命令郡国铸五铢钱。内外边都有凸起轮廓的五铢钱，铸造难度高，仿造不易，但仍有私人盗铸，而且郡国铸五铢钱多被掺以铅锡。

元鼎二年（公元前115年），白金币废止。汉武帝又令京师铸赤仄钱，规定一枚赤仄钱顶五枚五铢钱，缴纳赋税必须用赤仄钱。因为赤仄钱的面值也超过了其实际价值，所以盗铸的很多。

货币的不断更新，实际上是不断贬值，并没有解决财政危机，反而使币制更加混乱。为了禁止私人盗铸，国家又用严刑峻法，导致社会更加动荡。

为了直接从商人手中拿出钱来，张汤便向汉武帝提出了算缗和告缗的

建议。汉武帝随即下诏实行。

缗，是穿钱的绳子。算，是计算钱的单位，一算是一百二十钱。算缗的具体办法是：凡是高利贷者和商人，不论是否登记为商人户籍，一律自报财产，根据财产定额交纳财产税，每二千钱纳税一算。经营手工业的，每四千钱纳税一算。除三老、官吏、北边骑士以外的人，凡有单马小车的，一辆纳钱一算，商人所有的车，一辆纳钱二算；有船的，五丈长以上的船，每船一算。

算缗的实施有一定的难度，所以出台了新的规定：凡是隐瞒财产或上报虚假数据的，判罚戍守边疆一年，全部财产充公；凡是告发的，奖励被告人被没收财产的一半。凡是登记为商人户籍的家族，一律不得依赖农业户籍买田地，违令者没收所买田产。

此令一出，工商业主隐匿财产、少报甚或不报以偷税漏税者不计其数。为了惩罚商人，汉武帝决定放手发动告缗。武帝任命著名的酷吏杜周负责告缗运动，来惩罚有隐匿财产之罪的商人。元狩六年（公元前117年），武帝又指示杜周，让他暗中派人指使杨可出来发起告缗运动。元鼎三年（公元前114年），为了奖励告缗，汉武帝下令，执行奖励的法令。杨可得到被告发者一半财产的奖励。

告缗奖金巨大，刺激了人们的贪欲，纷纷告缗。朝廷任命的审判官多是酷吏，对隐匿财产的商人处罚极严，商人们纷纷破产，甚至一部分不是商人的有钱人也遭到巨大的冲击。

告缗运动获得的大量财物，缓解了财政危机，但用没收财产的方法充实国库，实际上是一种抢劫政策。由于大商人往往也身兼一官半职，因此可以凭借特权逍遥法外，但真正的商业经济者是无特权的，他们才是告缗运动的真正受害者。所以告缗运动没有任何生产意义和经济成就，却严重地摧残了商业。告缗运动伤害到不经商而有蓄积的人，告缗以后，人们不敢蓄积财产，也不再从事经济生产以增殖产业，只想吃喝玩乐，奢侈腐化，对社会经济的发展产生了严重的消极影响。

（2）盐铁官营

盐铁业一直是古代两个最主要的生产部门。盐铁的生产，由于有着很大的消费市场，利润高，生产规模大，所以，一直在手工业部门中持续、稳定地发展。但是，盐铁的生产，又不是家家户户都能进行的。煮盐多须靠海，炼铁须靠山，而海滨、矿山都是比较荒僻的地方。煮盐与炼铁还需要较多的资金、较高的技术和一定的规模。

在汉初，国家并不直接进行盐铁业的生产和销售，更不去垄断，而是通过征收山泽税的办法实现对山海湖泽的所有权。

由于汉初政府允许私人进行盐铁业的生产和销售，随着社会经济的恢复、发展，盐铁业发展很快，资金、设备、规模和技术都有了很大突破，在盐铁业中，出现了一批靠经营盐铁业发财致富的巨富。

元狩四年（公元前119年），大农令郑当时保荐齐地大盐商东郭咸阳、南阳大铁业主孔仅到长安筹划盐铁官营事宜。东郭咸阳、孔仅以煮盐冶铁致富，有着数千万的家产，二人对于盐铁业的生产销售极其精通。汉武帝任命二人为大农丞，同时，让内朝宠臣桑弘羊参与策划盐铁事业。这三个人以精于理财、善于算计、明于经商而闻名，三人筹划盐铁官营，打击富商，剥夺他们的财产。

元狩五年（公元前118年），东郭咸阳、孔仅通过郑当时出面，正式向汉武帝提出了盐铁官营的建议。郑当时建议，改变汉初以来施行的盐铁税收归皇帝私有的政策，由大农掌管盐铁税，收入充实国库。同时，由大农负责全国的盐铁经营，在全国各地设置专卖机构，实行盐铁官营，禁止私人进行盐铁业的生产和销售。

具体方法如下：禁止一切盐铁业私营，没收私营者的生产资料和财物，敢于私营盐铁的，一律处以重刑，财物充官。国家统一经营盐铁业的生产和销售。规定盐民一律不得使用自置的煮盐锅，必须使用国家统一配给的盐盆，一切费用都由盐民自己来负担。生产出来的盐必须卖给国家，不得私自销售，由国家付给一定的工价。一律禁止私人铸铁，由国家建立

官营冶铁工场，除冶铁以外，还负责生产各种铁器制品。国家在全国各地建立盐铁机构，设立盐铁官，直属中央领导，由中央任命。盐铁官设立后，统一由国家进行盐铁业的生产和销售，盐和铁器的价格由国家统一规定，最后由皇帝亲自批准。

汉武帝同意了这个方案，派孔仅和东郭咸阳乘专车奔赴全国各地，宣传盐铁官营法令，逐一设置盐铁官，取缔私人盐铁业，建立盐铁专营机构，任命原来经营盐铁业致富的盐铁商为官，推行盐铁官营化。

盐铁官营的推行，使国家很快获得大量财富。三年后，即元鼎二年（公元前115年），孔仅升为大农令，列于九卿；桑弘羊升为大农丞，全面负责国家财政。但是，由于区域辽阔，地域分散，豪富大商的抵制，盐铁官由盐铁商担任，朝廷中一部分人的反对等诸多因素，盐铁官营的推广工作很不顺利。元鼎四年（公元前113年），孔仅被免除了大农令职务，只保留盐铁丞职务。元封元年（公元前110年），孔仅又同御史大夫卜式一起上书，反对武帝算商船的法令，说商船要交缗钱，经商的人少了，使得货物减少，引起物价上涨。汉武帝一怒之下，将御史大夫卜式贬为齐王太子太傅。

元封元年（公元前110年），汉武帝任命桑弘羊为搜粟都尉并代理大农令，孔仅负责的盐铁官营事业也全部由桑弘羊代理。

桑弘羊在大农内设铁市长、丞，总管各郡国铁的生产，铁器的制造和销售，并设"斡官"总管盐铁的专卖收入。此外，还将地方划分为若干区片，由中央向其派出大农部丞数十人领导各地方郡国的盐铁官，这样，就加强了对盐铁事业的领导和整顿，增设了许多新的盐铁官。

（3）铸造五铢钱

针对汉初以来一直未能解决的货币混乱状态，桑弘羊经过观察分析，认为关键在于：一、货币的面值同实际重量不一致，对人们作伪产生了极大的诱惑力，所以，私铸钱的很多。二、铸钱权不统一。允许地方铸钱，他们往往营私舞弊，钱中掺假，钱币轻重、厚薄、成分不一致，好钱劣钱

并行，造成货币混乱。

元鼎四年（公元前113年），桑弘羊向汉武帝提出了币制改革措施。办法是：将铸钱权集中于朝廷，由朝廷统一铸造货币和发行。地方郡国一律销毁以前的各种旧钱，熔成铜块上交中央，中央设立铜官掌握铸币的原料来源。中央统一铸造面值同实际重量相一致、质量好的新货币——五铢钱。国家规定不是新造的五铢钱一律不得流通、使用。至此，中央垄断了铸币权。

新币五铢钱，具体由掌管上林苑的水衡都尉负责铸造，审查成色和一般技术工作。由于新的货币是由上林三官合力铸造的，所以又称"上林钱"或"三官钱"。

三官钱制作技术较高，质量较好，币面所记重量同法定实际重量一致，又吸收了旧五铢钱防止私铸者盗铸的合理做法，是一种很成功的货币。私铸盗伪已很不易，工本太高，基本上无利可图，只有少数技术非常高的能工巧匠才能伪造，国家又严厉惩罚伪造者，所以市面上流通的假币就越来越少了。五铢钱将其他各种钱币从流通中排挤出去，结束了钱币市场的混乱状态。为了供给铸钱原料，切断盗伪者原料来源，国家还垄断了铜的冶炼，在出铜的地方设铜官，指挥刑徒、兵士和民工开山采铜，每年出动将近十万人。又在民间收集旧铜，垄断铸币原料，这是桑弘羊实行币制改革能够成功的关键。

（4）创设均输法、平准法

桑弘羊在被任命为大农丞的元鼎二年（公元前115年）创设了均输法。

均输法的具体方法是：在各郡国设均输官，由中央领导。地方郡国把应该缴纳的贡品连同运输贡品的费用，按照当地价格，折合成等值的当地出产的产品，就地缴给均输官。除极少数作为贡品上缴京师以外，其他产品则由均输官将它们运往需要这些物资的其他地区出售，这样可以减少各郡国将贡品长途运往京城、因远近不同造成的运费不均问题，所以称这项政策为"均输"。均输法实际上就是官营商业，是将贡物和其他产品商品化，用官商来代替和排斥私商。国家允许均输官用告缗得来的钱物作为底本去做买卖。

桑弘羊还进一步完善均输法并将其推广到全国。在大农属下设专门管理均输事业的均输令、丞，同时，还向地方派出中央专使——大农部丞数十人分赴各地方。大农部丞虽然也负责综理盐铁官营事业，但其主要任务是在全国各地广泛培养均输官，并使他们直接受大农部丞领导。通过广设均输官的办法，中央政府将主要物资批发贩运的经营权集中在自己手中，除了排斥富商大贾外，还禁绝了其他不合理的经商的行为，改变了均输法创设之初地方机构纷纷经商，各自作主，相互竞争，哄抬物价，扰乱市场的混乱局面，加强了中央对财经的控制。中央财政实力得到加强，有利于经济的统一和稳定。

均输法全面推行后，设置的均输官遍布全国，大凡有土特产贩运出境的地方都设立有均输官，有的地方还以该地所产土特产品名称来命名均输官。蜀郡严道盛产木材，就称为木官；九江多水产，设湖官；辽东多畜产，设牧师官等。

西汉政府通过分布在各地的大农部丞和直接受其领导的均输官，在全国建立起一个庞大的官营商业网，垄断了天下货物的销售，将商品流通的主要渠道掌握在中央手中，将商业利润从富商大贾手中夺了过来，对于削弱富商大贾的势力起了关键作用。在这个官营商业网中，由于中央政府实行高度集中的垂直领导，使得中央政府的财政经济实力迅速膨胀，对解决财政危机起了立竿见影的作用。

在全面加强和推广盐铁官营、均输事业的同时，桑弘羊还创立了平准法。所谓平准法就是在大农属下设平准令、丞，在京师长安设平准官，建立平准机构。全国各地向京师运来的贡物，由均输官收购运往京师。大农诸官掌握的物资，官营手工业生产的器物，都由平准官设立的专门的仓库来统一贮藏，按照需要有计划地统调使用。此外，工官还制造了大批车船和器具作为运输工具，供平准官使用。

平准法的实际操作是：在京师长安，当市场上的某种商品价格上涨时，平准官就下令以较低价格抛售；反之，价格下降时，就收买贮存，以此来稳定、平抑物价，所以叫平准。平准法用平抑物价来控制商品的交换和买卖，将市场始终控制和垄断在中央手中，抑制商贾哄抬物价牟

取暴利。

平准机构设于京师，贱买贵卖以平抑物价，从购销差价中得到利润，是坐商性质；均输法在全国的广泛推广，调剂地区间物资供求，利润极大，是行商性质。均输、平准和盐铁一起构成了一个体系完整、机构庞大、领导统一的官营商业体系。

这个庞大的商业体系的建立，为汉武帝政府带来了无尽的财富。关东运往京师的粮食一年达到六百万石，太仓、甘泉国家仓库毕满，边郡仓库也有了余粮。各地均输官一年输往京师的布帛有五百万匹。这些巨额的财富支持了汉武帝开边拓地的事业，并且起到了缓和社会矛盾，防止社会危机产生的作用。

（5）卜式为国捐财

卜式是南方一个普通的农民，从事农牧业。他有个弟弟，等弟弟长大后，他和弟弟分了家，把全部土地、房子和钱财都分给了弟弟，自己只分走100多头羊。卜式在山里放羊为生，他很会养羊，10多年后，羊繁殖出了1000多头，而且他还用养羊得来的钱买了土地和房子。当时他那个弟弟已经破产了，卜式很心疼弟弟，于是连续好几次把自己的家产重新分配给弟弟。

卜式很爱国，他听说国家正在和匈奴打仗，于是向皇帝上书，表示愿意把自己一半财产捐给国家，用来支援前线作战的官兵。汉武帝觉得很奇怪，派人来问他是不是想当官。卜式说："我只是个放羊的，只会放羊，既不会也不想当官。"使者问他："那你是不是有什么冤屈，打算上告？"卜式说："我从来不和别人争执，没钱的人我借钱给他，品行不好的人我教育他，他们都很顺从我，我哪儿来的冤屈啊？"使者觉得更奇怪了，于是问："那你到底想要什么呢？"卜式说："我听说国家和匈奴在打仗，我认为贤人就应该为了国家、民族而献身，有钱的人就应该捐钱，只有这样才能把匈奴消灭。"使者很感动，回去把他的话传达给了汉武帝。汉武帝把这事跟丞相桑弘羊说了，桑弘羊说："这不是人的真实情感，可能不怀好意，不能为了教化百姓而扰乱法制，所以最好不要答应他。"所以汉武帝没有答复卜式，他捐财的事也不了了之。卜式回到故乡，重新养他的羊。

一年多以后，匈奴和浑邪等国纷纷投降，为了安置他们，政府财政支出巨大，老百姓为了给投降的人腾出土地而纷纷迁移，都要政府给他们提供给养，但政府实在没钱了。卜式听说后立刻拿出20万钱给太守，让他分给那些移民，在他的带动下，当地捐钱帮助移民的富人很多。太守将他们的名单向皇帝作了汇报。汉武帝认出了卜式的名字，说："这就是上次那个想捐出一半财产的人啊！"于是奖赏他每年12万钱，卜式把这笔钱又全部交给了地方政府。当时有钱人都隐瞒自己的财产，只有卜式愿意捐出来，所以皇帝认为他是个始终如一的人，就任命他为中郎，赐给他10顷土地和左庶长的爵位，并号召老百姓向他学习。

卜式并不想当官，汉武帝说："那你去上林苑替我养羊吧。"卜式答应了。虽然他已经是中郎了，但他还是穿着布衣和草鞋放羊。一年以后，他养的羊长得又肥又壮，繁殖也很快。汉武帝知道后表扬了他，并问他怎么做到的。卜式说："其实治理百姓也是一样的道理，按时作息，去除不好的，不要让它们害了一个整体。"汉武帝对他的话感到很惊奇，想让他去治理老百姓试试，于是任命他当县令。结果当地的老百姓很顺从他，不久又把他迁到成皋当县令并兼管漕运，最后考核下来他的成绩是最优秀的。汉武帝认为他朴实忠厚，就让他做齐王的太傅，不久又任命他为齐国相国。

正好当时吕嘉造反，卜式向皇帝上书说："我听说君主忧愁，臣子就应该以死来谢罪。大臣们用生命来保卫国家，而才能低下的人应该献出财产来帮助军队，这样才是国家强大而别人不敢来侵犯的方法。我愿意和儿子还有临淄懂得射箭和博昌懂得驾船的人一起去从军，不惜牺牲性命来保卫国家。"皇帝认为他很贤明，下诏书说："我听说以德报德，以正直去报答怨恨。现在天下不幸有危难，天下的郡县诸侯没有一个挺身而出报效国家的。齐国相国卜式言行雅正，平时勤勤恳恳地耕种放牧。牲畜有多余的就分给兄弟，然后再重新繁殖，从不被利益所迷惑。以前北方有战争，他就上书要求把自己财产捐献给国家；西河一带收成不好，他又带领齐国的人积极捐献粮食。现在又第一个站出来要为国家效力，虽然还没有参战，但他的义气已经表现出来了。因此赐给卜式关内侯的爵位，黄金四十

斤和十顷土地，并向天下宣告，让大家都知道这件事。"

过了几年后，汉武帝下令让卜式取代石庆的御史大夫职位。卜式上任后就说郡国并不经营盐铁业，但船又要收税，这种做法可以废除的,反对汉武帝的盐铁专卖政策。这个建议让汉武帝很不高兴，从此就不喜欢他了。最后卜式享尽天年而终。

2. 武帝求仙

武帝一意追求长生不老之术，尊重方士，任用方士，帮他寻找神仙和长生不老药，他一生接触了许多据说有通神怪本领的方士，但这些人都是为了骗取酬金、官职，而武帝到了晚年的时候才有所醒悟。

（1）栾大惑武帝

元鼎四年（公元前113年）二月，乐成侯丁义向汉武帝推荐方士栾大，说栾大与文成将军少翁同师，其艺更精于少翁。武帝正对诛杀少翁之事后悔不已，现在又得栾大，可以让他代少翁，自然是非常高兴。栾大先前曾侍奉过胶东王刘寄，此人擅甜言蜜语，鬼花样也多，又敢说大话，而且说大话时，表情自然，让人不能不信。栾大说他曾往来于海上，见过安期、羡门等仙人，仙人认为他身份太低，不肯与其相见，而且胶东王也不过是个诸侯，不值得传与方术。他的老师说过：黄金可以炼成，黄河决口可以被堵住，不死的仙药也可寻得，仙人自然也能找到，但他自己不愿落得少翁的结局，因为谈论方术而被杀害。

武帝求神心切，谎说少翁是自己吃马肝被毒死的，并告诉栾大，如能修好其师的方术，还有什么值得吝惜不肯赏赐予你的！栾大听后，又抬高身价说："并不是我的老师向别人请求如何，都是别人有求于我的老师。如果陛下一定要和他相见，就应让他的使徒尊贵，并和陛下结成亲属，待以客礼，然后才能和仙人通上话。"为了让武帝对他的方术深信不疑，栾大又当场表演了"斗棋"的小魔术，使棋子能自相触及。当时武帝正为黄河决口和没有炼成黄金之事忧虑，很高兴地相信了栾大的话，于是拜栾大为五利将军，不到两月时间又连拜栾大为天士将军、地士将军、大通将军，并封爵乐通侯，食封二千户，还赐给他一所宅邸和一千多奴仆，皇家所使用的车马、帷帐、器物也送给栾大，因此，栾大的地位愈显尊贵。武帝又将自己的女儿卫长公主嫁给栾大，与他结为眷属，以示关系亲密，陪嫁有十万斤黄金，并亲自驾临五利将军之家。平日派往其家送东西慰问的使臣更是络绎不绝。其他人自武帝姑母窦太主、将相以下，也纷纷前往他府上巴结。武帝又派使者身着五彩羽毛衣裳，手持"天道将军"玉印，夜里站立在白茅上。栾大也穿上五彩羽衣，站在白茅上，接受玉印，以示行客礼。所以刻玉印为"天道"，表示天子想引导天神之意，希望借此能把天神引到武帝面前。栾大常在夜晚于家中迎神，神仙虽没迎到，但各种鬼把戏却玩得很纯熟。

栾大见武帝后短短的时间，连佩六印，富贵震动天下，齐燕沿海地区的无赖之徒莫不擦拳摩掌，跃跃欲试，很多人都声言握有密方，能招来神仙。但没有人能为武帝求得神仙，求得不死之药。于是武帝就令人在建章宫西北，修建了一个"承露仙人盘"，这是一个高三十丈，大七围的铜柱，上面有一仙人手掌擎托着一只露盘，武帝用它收集甘露，和以玉屑饮之，认为就可以长生不死了。为见到神仙，他还亲自到沿海地区巡游，但费时五个月，行程一万八千里，仍没能和神仙谋上一面。

六月，汾阴出土了一个古鼎，河东太守将此事上奏。武帝派人验证此古鼎并非伪造，便将古鼎迎到甘泉宫，作为宗庙和上帝的祭器，群臣纷纷祝贺。

齐地方士公孙卿得知武帝对汾阴出土的古鼎很有兴趣，趁机编造鼎书，通过武帝的宠臣上奏，说此鼎是先前黄帝铸造的。武帝非常高兴，立即召见公孙卿。公孙卿说："鼎书得自于齐人申公，已化仙而去。他曾与安期交往甚密，受黄帝的旨意，留下这份鼎书。申公说，'汉家当复兴黄

帝时的盛世，汉家圣者，应当在高祖皇帝的孙子和曾孙之间。宝鼎一旦显露在世上，圣者就可与神相通，可以举行祭祀天地的封禅大典。过去只有黄帝真正登上泰山举行过封禅大典，汉家君主也应效法黄帝封禅，这样就能像黄帝一样成为神仙飞到天上去。当年黄帝在首山采铜，于荆山下铸鼎，鼎铸成，有龙垂胡须下临人间，黄帝乘龙与群臣后宫七十多人一同登天'。"听了公孙卿的话，武帝十分向往，感叹道："真如黄帝那样，我会把丢弃家室视同脱只鞋那么容易，没有什么可以牵挂的！"武帝遂拜公孙卿为郎，让他在太室山等候神仙的到来。

元鼎五年（公元前112年），五利将军栾大还是没能迎下神仙，就声称要入东海寻访其师，但事到临头又不敢下海，转道去泰山求神仙。汉武帝已不再相信他的话了，派人跟随加以验证。栾大的方术大都虚假不实，又妄言见到了他的师傅，派去的人如实上报。武帝发现自己又上当受骗，将栾大以腰斩之刑处死。但武帝对神仙的兴趣并未因此而减少。

元鼎六年（公元前111年）冬，在河南等候神仙的公孙卿上报说，在缑氏城上见到了仙人的足迹，还有个像野鸡似的东西在城上飞来飞去。春，汉武帝决定亲自去查看验证，因以前有受骗的教训，便警告公孙卿不要走少翁和栾大的老路。公孙卿确实比这二人更狡猾些，他对武帝说，仙人的到来是可遇而不可求的事情。仙人非有求于人主，而人主却有求于仙人，如果道路不宽敞，神仙是不会下凡的。公孙卿还诡辩说："神仙之事似乎怪诞不可信，但是，只要积累岁月，日久天长就能见到真神。"武帝相信了他的话，命令各郡国清整街道，修缮宫观、名山、神祠，以待日后神仙的降临。

（2）封禅大典

当年，司马相如临死的时候留下遗书，赞颂汉武帝的文治武功，并谈及祥瑞之事，劝汉武帝到泰山进行封禅祭祀天地。汉武帝深受感动，适逢获得宝鼎，他便与公卿大臣和儒生们商议封禅之事。天子封禅泰山，是极为罕见的事，又有很长一段时间没有举行了，因此没人懂得它的礼仪。

方士们认为："封禅的意义就是不死。黄帝以前的君主，封禅都能招来怪物，以便与神灵相通，而秦始皇却未能在泰山顶上祭天。陛下如果一定要登泰山，就应该肃穆庄严，缓缓前进，如果没有风雨，就可以在泰山顶举行祭天大典。"于是，汉武帝便命儒生们采用《尚书》、《周官》、《王制》等书的记载，草拟封禅的礼仪。但用了几年的时间，也没有整理出来。汉武帝询问左内史儿宽的意见，儿宽说："在泰山祭天，在梁父山祭地，弘扬祖先的姓氏，寻求上天的祥瑞之气，是帝王的盛典，但献礼的仪式，经书中却没有记载。我认为，封禅典礼的完成，意味着同天地神灵的联系，只有圣明的君主才能制定适当的礼仪，却不是臣下所能拟就的。封禅大典已经拖了几年时间，群臣人人各自尽了全力，却始终未能拟出。只有天子才能掌握中正平和的最高原则，综合整理各种头绪，以顺利促成这一天下最大的庆典，作为万世遵奉的法则。"于是汉武帝自定礼仪，其中多采用儒家学说加以修饰。又制作封禅用的祭器，拿给儒生们观看，有的儒生说："同古代的不一样。"于是汉武帝就将儒生一律罢斥不用。汉武帝元封元年（公元前110年），汉武帝按着古代的作法，首先振奋军威，用酒食款待大臣、军士，然后举行封禅大典。

　　随从封禅的铁骑就有十八万，旌旗绵延千里，以此威震匈奴。炫耀兵威后，武帝方率军回京，在上郡的桥山祭祀了黄帝陵。武帝向群臣问道："黄帝成仙升天并没有死，但却有他的坟，这是怎么回事？"公孙卿对答说："黄帝已仙化升天，群臣及百姓们都思念他，便将其衣冠埋葬，那黄帝坟不过是个衣冠冢。"武帝听后感叹，希望将来自己变成仙人升天后，群臣也如此效仿。回到甘泉宫，武帝祭祀了太一神。

　　之后，武帝巡行缑氏，祭祀了太室山。随从礼官报告说，在山下听见了有如阵阵的"万岁"之声。武帝非常高兴，传令禁止人们砍伐这山上的草木，山下三百户人家专门祭奉太室山。武帝又沿海东巡，礼祭了八神。武帝还增发船只，令那些说海中有神山的人入海去寻蓬莱诸仙。武帝东巡时，专门候神的公孙卿持节先行，到东莱，公孙卿声言在晚上看到了一个巨人，身高有好几丈，待临近巨人，他就不见了，留下很大的足迹。武帝赶去观看巨人足迹，起初还不十分相信，这时听群臣议论说曾见一牵狗的老者又忽然不见了，因而确信巨人就是仙人。武帝留宿在海边，不断派方士和使者去寻求仙人，共有一千多人，但都无果而终。

第五章　盛极而衰

夏四月，汉武帝回到泰山附近的奉高，正式开始举行封禅大典。封禅分为"封"和"禅"两个步骤。"封"是帝王到泰山顶筑土为坛以祭天，向上天诸神报告取得的胜利。因为当时人们认为泰山是天下最高的山，离天最近了。"禅"是到泰山脚下梁父或其他小山去祭地，向地报告功绩。两项典礼合称"封禅"。汉武帝首先在梁父祭祀土地神，令担任侍中的儒家学者戴鹿皮帽，将板用丝带系在腰间，参与射牛仪式。在泰山东坡之下祭祀天神，其礼仪像祭祀太一神一样。祭坛宽一丈二尺，高九尺，坛下埋藏着汉武帝给神仙的玉牒书，内容很隐秘。祭祀仪式结束后，汉武帝独自与侍中、奉车都尉霍子侯一起登上泰山，再次进行祭天之礼，一切过程都不让人知道。第二天，君臣从北道下山。汉武帝在泰山脚下东北边的肃然山祭祀地神，如同祭祀后土神之礼，汉武帝身穿黄色衣服，在音乐的伴奏下亲自向各位神仙一一行叩拜礼。用江淮地区出产的三棱茅草作为供神祭品的衬垫，用五种颜色的土做祭坛。汉武帝祭完地神之后，回到奉高，坐在明堂中，众大臣轮流上前歌功颂德，祝他长寿无疆。汉武帝下诏说："朕以渺小的身躯，继承至尊高位，兢兢业业，惟恐才德不足，因不懂得礼乐，所以供奉八神，祈求庇护。蒙天地神灵恩赐祥瑞，目有所见，耳有所闻，震惊于其事的怪异，于是登泰山祭祀天神，到梁父，然后在肃然山升坛祭祀地神，反省自新。此次巡行所到之博县、奉高、蛇丘、历城、梁父等地，全部免除百姓的田租和所欠赋税，免收今年的算赋。并赐天下有爵百姓擢升一级。"又规定：天子每五年巡游一次，到泰山祭祀，各诸侯封国都要在泰山脚下修建官邸。

泰山封禅后，依然是天晴日丽，这似乎是上天预示的好兆头，武帝乘兴东巡到海边，希望能借着封禅的吉庆遇上方士们所说的蓬莱诸位神仙，甚至打算亲自乘船入海去寻找。

群臣进行劝谏，但没人能够阻止。东方朔说道："与神仙相遇，要顺其自然，不必急躁强求。若是有道术，就不愁遇不到；如果没道术，即使到了蓬莱山，见到神仙，也没有好处。我希望陛下只管回到宫中，耐心等候，神仙自会降临。"汉武帝这才打消了出海的念头。正巧奉车都尉霍子侯突然重病，一日之间便死去。霍子侯是霍去病的儿子，汉武帝十分难过，于是起驾离开，沿海岸北上到碣石，从辽西巡视北部边疆到九原，五月回到甘泉。这次出巡，行程共一万八千里。

3. 平定南夷

汉武帝元鼎四年（公元前113年），南越王赵胡派他的儿子婴齐亲自入京师做侍卫，婴齐在长安娶邯郸氏女为妻，生了一个儿子叫兴。赵胡死后，婴齐为南越王，在国内去掉帝号，上书汉朝请求立氏为王后，兴为王太子。汉朝几次派使臣劝谕婴齐入朝觐见天子，婴齐自知在国内生杀随意，害怕入朝后按汉家之法，像内地的诸侯王一样，受到朝廷的节制，所以声称患病而不肯入朝觐见。等到婴齐死后，太子兴即位，婴齐夫人氏则成了太后。

太后氏在成为婴齐之妻前，曾经和灞陵人安国少季私通。汉武帝派安国少季为使者前往南越，劝谕南越王、王太后入朝，还令能言善辩之士谏大夫终军协助他做说客，勇士魏臣等人帮助他决策，另外还派遣卫尉路博率领军队，屯扎在桂阳以迎使者归来。南越王兴年少，王太后又是中原人，安国少季出使到南越后与太后再次私通，南越国中不少人知晓此事，心中愤恨不已，和太后离心离德。太后担心引起祸乱，也想依靠汉朝的国威加强自己的地位，多次规劝南越王和群臣内迁，并多次通过使者向汉朝皇帝上书，请求朝廷按内地诸侯王的地位对待，三年一次进京朝见皇帝，拆除边关。汉武帝下诏许可，赐给南越丞相吕嘉银印和其他内史、中尉、太傅以官印，以示朝廷任命，其余官吏皆由王国自行设置，废除过去的刺字、削鼻等肉刑，采纳汉朝的刑法，与内地诸侯王地位相等，使者们留驻镇抚南越。

第五章　盛极而衰

（1）吕嘉谋反

元鼎五年（公元前112年）十一月，南越王赵兴、王太后氏置办行装和重礼，准备入京朝见。南越国丞相吕嘉年事已高，历任三代国王的丞相，他的家族在南越就有七十多人担任着重要的官职，男子都娶了国王的女儿，女子都嫁给国王的子弟或王族成员，与苍梧秦王也有姻亲关系。吕嘉在南越国的地位十分重要，比南越王更得民心。南越王上书汉朝请求归附，吕嘉曾多次劝阻，但南越王不听，吕嘉便生出离叛之心，几次推说有病，不肯同汉使相见。汉使对吕嘉很注意，只因吕嘉势力在南越强大，不可能轻易除去他。王太后也害怕吕嘉先行发难，想利用汉使的权力杀死吕嘉等人，于是与南越王一同设酒摆宴，款待汉使，大臣都来陪坐饮酒。吕嘉的弟弟为南越国大将，率兵在宫外警戒。敬酒时，王太后对吕嘉说："南越国内附汉朝，对我们国家有利，而丞相你嫌这样做不便，为什么呢？"想借此激怒汉使，然后借汉使之手，将其除去。汉使犹豫不决，相互观望，谁也没敢贸然乱动。吕嘉见气氛不对，马上起身退席。王太后大怒，想用矛刺死吕嘉，被南越王阻止。吕嘉于是离开王宫，在其弟和士兵簇拥下回到相府，从此推说有病，不愿见南越王和汉使，并暗中与大臣密谋造反。南越王一向无意杀吕嘉，吕嘉知道这一点，就借故拖延，未马上发动叛乱。

汉武帝听说吕嘉不肯听命于汉朝，而南越王、王太后又没有多大势力，不能控制整个南越，偏偏派去的使臣又个个怯懦。他认为既然南越王、王太后已肯归附，只有吕嘉从中捣乱，用不着兴师动兵，想派庄参率兵二千前往南越国。庄参奏道："要是以友好的目的前往，几个人就够了；如果是以武力去胁迫，二千人是远远不够的。"庄参认为难办便推托，不愿前往南越，汉武帝于是免去了他的职务。郏县壮士、曾任济北国丞相的韩千秋自告奋勇地说："一个小小的南越国，有其国王和王太后作响应，又只有丞相吕嘉一个人从中作梗，给我三百勇士，就能斩杀吕嘉回报。"于是汉武帝派韩千秋和南越王太后的弟弟樛乐率二千士兵前往。汉

军进入南越国境，吕嘉等人便发动了叛乱，号令全国说："国王年轻，王太后本是汉朝人，又与汉使淫乱，一心想归附汉朝，把先王的宝器全都献给汉天子来讨好，还想带一大批随从过去，到长安后将他们变卖成奴隶。他们只顾自己眼前利益，却不顾赵氏的江山社稷，没有为子孙万代着想。"吕嘉及他的弟弟一同率兵攻杀了南越王赵兴、王太后氏及那些汉朝的使臣，派人告知苍梧秦王及各郡县，立南越明王赵婴齐的大儿子术阳侯赵建德为王。韩千秋率兵进入南越国后，攻破了几座小城。后来南越人开辟了一条直道，在离其都城番禺大约四十里的地方将韩千秋所部汉军歼灭，然后派人把汉使的符节用函封好，放到边塞上，以动听的诳骗言辞谢罪，同时派兵加强边界要隘的防守。

（2）平定两越

春，三月四日，汉武帝闻知南越反叛，认为韩千秋虽然无功，但也是有勇之人，于是就封其子韩延年为成安侯，乐姊为南越王太后，封其子广德为龙亢侯。

秋，汉武帝派伏波将军路博德出兵桂阳，顺湟水而下；楼船将军杨仆出兵豫章，赶赴浈水；归义越侯严为戈船将军，出兵零陵，向漓水进军；甲为下濑将军，逼近苍梧，所统军队都是罪徒，乘楼船而进，共十万人。越驰义侯遗另外统摄着巴、蜀等地的有罪之人，并且征发夜郎的兵士，沿柯江而下，几路大军计划在番禺（今广东广州）会师。

元鼎六年（公元前111年）冬，楼船将军杨仆进入南越地，攻陷寻、石门，挫败越军前锋部队。之后，留下数万人待伏波将军路博德赶到后一同进发，其余军队由楼船将军率领，先行进抵番禺。南越王建德、丞相吕嘉据城固守。楼船将军屯兵城东南，伏波将军屯兵城西北。傍晚，楼船将军大败南越军，纵火烧城。伏波将军则设置营垒以招容投降者，之后将那些投降的人放回，为的是再去招降别人。楼船将军奋力攻烧，大批敌人被赶入伏波将军营垒中投降。第二天清晨，城中其余守军也全部投降。南越王建德、丞相吕嘉趁深夜逃到海上，伏波将军派兵紧紧追赶，越王建德被

第五章　盛极而衰

校尉司马苏弘抓获，吕嘉则被越郎都稽抓获。当时戈船将军、下濑将军的军队和驰义侯所征发的夜郎兵尚未到达，而南越已被平定。汉朝在其地设置儋耳（今海南儋州）、珠崖（今广东琼山）、南海（今广东广州）、苍梧（今广西梧州）、郁林（今广西桂平）、合浦（今广东合浦），以及交趾、九真、日南（此三郡在今越南北部与中部地区）九郡，由中央政府直接统治。汉军班师回朝，汉武帝加封伏波将军食邑，又封楼船将军杨仆为将梁侯，苏弘为海常侯，都稽为临蔡侯。南越自从赵佗称王开始到灭亡，经历了五代，一共九十三年。

当初，东越王余善上书，请求率兵八千跟从楼船将军杨仆进击吕嘉。军队行至揭阳，东越王以风大浪急为由，将军队停留不前，并且暗中派人出使南越。等到汉军攻克番禺，仍不引兵前来。杨仆上书请求顺便率兵进攻东越，汉武帝因士兵疲倦而没有准许，令各校尉屯兵在豫章、梅岭待命。东越王余善听说楼船将军杨仆已经上书汉帝讨伐东越，汉军又在边地屯兵，于是发兵反叛，阻截汉军，封东越将军驺力等人为吞汉将军，进兵白沙、武林、梅岭，杀汉朝三校尉。当时，汉派大农张成、原山州侯刘齿统率驻屯军队，但他们见东越兵来势汹汹，不敢出击，临阵退避。后二人都因畏懦被处死。东越王余善自称"武帝"。

汉武帝想再派杨仆率兵征伐东越，但看到杨仆因为有功而表现出骄傲，便下诏书责备他说："你的功劳只是先攻破石门、寻陕而已，实际上并没有斩将夺旗之功，有什么值得骄傲的呢？先前攻破番禺城，你捕捉归降的人当俘虏，把死人挖出来冒充是战场斩杀，是一错。令赵建德、吕嘉得到东越的外援，是二错。将士们连年暴露于蛮荒之地，你不但不顾念他们的争战辛劳，反而请求乘坐驿车巡行边塞，乘机回家，怀揣金、银印信，垂下三条绶带，向乡里炫耀，是三错。你眷恋妻妾，误了回营日期，却以道路不好走为借口，是四错。问你蜀郡的刀价，你假装不知道，以欺瞒手段冒犯君主，是五错。你接受了去兰池宫的诏书而不去，第二天也不对此事加以解释。如果是你的部下，问他话不回答，命令他也不服从，该当何罪？在外面怀有这种心肠，天下还有谁会相信你呢？如今东越军队已深入我国边境，你是否能率领部队补救你的过失呢？"杨仆惶恐地表示："我愿拼死效力来赎罪！"武帝于是命楼船将军杨仆出兵武林，横海将军韩说出兵句章，中尉王温舒出兵梅岭，归义越侯二人为戈船、下濑将军，

出兵若邪、白沙，几路大军联合攻打东越。

汉武帝元封元年（公元前110年）冬十月，汉军进入东越境内，东越平素已有兵驻守要塞地区，此时又派徇北将军驻守武林。杨仆军中战士钱塘人辕终古在阵前斩杀东越徇北将军。原东越衍侯吴阳率本地士兵七百人倒戈于汉阳，反攻东越军。东越建成侯敖与越繇王居股联合杀掉东越王余善，他的部下也全部归降汉朝，东越被平定。武帝封辕终古为御儿侯，吴阳为卯石侯，居股为东成侯，敖为开陵侯；又封横海将军韩说为按道侯，横海校尉刘福为缭侯，东越降将多军为无锡侯。武帝因闽地形势险阻，当地越人反复无常，恐为后世留下祸患，下诏命令各将军将当地的越人都迁到江淮地区与汉人杂居在一起，从此闽侯之地便成了一片废墟。

（3）复通西南夷

元鼎六年（公元前111年），南越已破，而汉八校尉兵尚未出发。汉武帝命中部将郭昌、卫广在还军途中，引兵攻打且兰、邛。夜郎、冉駹恐，都表示臣服。夜郎入朝，武帝封为夜郎王，冉也请求朝廷在其管辖地设置官吏。于是，汉武帝在西南地区相继设郡置县，行使直接统治。在且兰设置牂柯郡（治故且兰，今贵阳附近），以邛都为越郡（治邛都，今四川西昌），都为沈黎郡（治都，今四川汉源），冉为汶山郡（治汶山，今四川茂汶），白马为武都郡（治武都，今甘肃和县）。

乘着击破南越和南夷的兵威，汉武帝命令王然于劝滇王入朝。滇东北的劳深、靡莫相互依倚为援，阻拦滇王入朝，多次侵犯汉朝使者吏卒。元封二年（公元前109年）秋，汉武帝仍然命令郭昌、卫广征集巴蜀士兵攻灭劳深、靡莫，滇举国投降，并请求由汉置吏并朝见汉天子。汉武帝赐滇王印，令其统率部众数万人，以其地置益州郡（治滇池，今云南晋宁）。至此，西南夷正式并入汉帝国版图。

汉朝打通西南夷后，设置五郡，想借此道联通大夏国，每年派遣十余批使者从西南夷出发，欲通使大夏，然而，都为昆明阻拦，财物被

抢，使者被杀。汉武帝大怒，下诏赦免关在京师监狱里的亡命之徒，组成军队。元封六年（公元前105年），遣将军郭昌率领这支军队出击昆明，消灭夷军数十万，平定昆明。以后武帝又数次遣使，欲通大夏，然而终莫得通。

当时，汉武帝已经灭了两越，又平定西南夷，新设十七个郡。新设立的郡均按原来的风俗治理，不加以过多的改变，同时还不收赋税，新设郡县的各级官吏的俸禄、用具，都由郡县供给。这样，南阳、汉中一带因为要提供广大新设郡县的吏卒俸食和车马用具、其他用具，负担很重。而新设郡则往往反叛朝廷，攻杀汉所置官吏，朝廷屡屡征发南方郡吏卒出击，每年要一万人，费用巨大，全靠大司农支持。大司农因为实施均输法、盐铁官营等政策获得很多利益，才能够补充如此巨大的消耗。

汉通西南夷，尽管给广大汉族人民带来了沉重的负担，对于西南夷地区也带有某种程度的侵略，但同时，也给西南地区各族人民带去了汉族人民先进的政治、经济、技术、文化，促进了西南地区的开发和发展。

4. 武帝击朝鲜

汉武帝元封二年（公元前109年），汉武帝招募天下罪囚为兵，开始大规模征讨朝鲜。

汉朝时期的东北边地（今辽东、吉林西南至朝鲜北部），生活着高句丽、朝鲜、秽貊等古朝鲜的部落。这一带早在殷周时期就与中原地区有了密切的往来。传说周朝时期，箕子带领很多人去了朝鲜，定居下来。箕子还把中原的礼仪制度和先进的农田耕织技术传授给当地人，并且设立了简单的律法。战国时期，北方的齐国和燕国都与朝鲜地区有密切的联系和贸易往来，燕国国势全盛时，曾把真番和朝鲜等部占领，燕在其地设置官吏，修筑要塞。秦始皇灭燕以后，朝鲜地区属秦辽东郡统辖，秦长城一直

修到氵水（今清川江）。秦末大乱，朝鲜地区流入不少齐、燕、赵等地人民定居。

汉朝建立，因朝鲜地区路途遥远难于防守，又重修辽东边塞，以氵水为界，朝鲜为汉朝燕国的属地。汉高帝、吕后铲除异姓王，燕王卢绾反叛，逃入匈奴，燕国混乱，千余民众在燕人卫满纠集下亡命逃奔朝鲜。他们头盘椎髻，改穿朝鲜服饰，渡过氵水，移居于朝鲜。以后卫满又借着移民的力量，将自己的实力壮大，攻灭了原来的朝鲜王准，自己做了朝鲜国王，建都于王险城（今平壤）。当时正值汉惠帝和吕太后之时，天下初定，朝廷为了休养生息，力求边地安宁，令汉辽东太守与卫满相约：汉朝承认朝鲜为藩外属国，朝鲜则应确保汉朝边地的安全，汉的边境不得遭受塞外小国和部落的骚扰，而且他们如果愿意入朝朝见汉天子，朝鲜也不能加以阻拦。后来卫氏朝鲜利用汉朝藩外属国的政治优势，凭借着兵威和财力，将周边许多小部落吞并，统一了朝鲜半岛的北部，国力开始强盛。真番、临屯等较大的部落也都臣服于卫满，卫氏拥有了方圆达数千里的朝鲜国土。

卫满的孙子卫右渠在位时，常常招诱很多汉族人到朝鲜去，而且右渠即位后从未向汉天子遣使朝见。汉武帝元朔初年（公元前128年），秽貊君主南闾率部众二十八万归附汉朝，汉在其地设苍海郡，不久又因为受卫氏朝鲜的干扰而撤消了。后来朝鲜半岛南部的辰韩国上书汉朝想入朝见天子，也被右渠拦阻不放。汉武帝元封二年（公元前109年），涉何奉武帝之命出使朝鲜，劝谕朝鲜王右渠遵守旧约，不得招诱汉人，不得阻碍半岛上其他小国朝汉。但右渠拒不奉诏，双方关系因此开始恶化。涉何返回，至氵水，命人刺杀了护送他返汉的朝鲜裨王长，随后渡河，驰入边塞，向汉武帝报功说："杀朝鲜将。"武帝因涉何有杀将的好名声，也就不再深究此事，并任命他为辽东东部都尉，着手进行对朝鲜用兵的准备。朝鲜因怨恨涉何，首先进攻辽东将涉何杀死，遂使双方兵戎相见，边地战事频起。

（1）水陆出击

这年秋天，汉武帝为了大规模征讨朝鲜，释放了一批囚徒并招募一些

亡命之徒组成军队，命楼船将军杨仆率军从齐地渡渤海出击，又命左将军荀彘率军五万出辽东，从水陆两路合击朝鲜。

元封三年（公元前108年），汉军进入朝鲜境内，朝鲜王卫右渠派兵占据险要地段，抗击汉军。开始时朝鲜军多次挫败了汉军的进攻，左将军部下的卒正多率辽东兵贸然出击，遭到惨败，卒正多只身逃回，被以军法处斩。楼船将军杨仆率齐地士兵七千人从海上乘船在朝鲜登陆，首先赶到王险城下。最初卫右渠坚守城池不出，但很快便探知到杨仆军的人数不多，又远道而来，疲惫不堪，随即纵兵出城猛攻，杨仆军大败，纷纷逃入山中躲藏。十几天以后，杨仆才渐渐收拢集结逃亡各处的散兵游勇，伺机而动。左将军荀彘率大军进攻水以西的朝鲜守军，也未能取胜，受阻于水一带。

因为二将接连出师不利，汉武帝派卫山倚仗兵威出使朝鲜，恩威并施，劝谕右渠投降。卫右渠自度难以与汉军长久相敌，便决定拜见汉使求降。卫右渠向汉使叩头赔罪后表示："原本朝鲜是愿意归降的，却担心杨、荀二位将军杀害自己，所以未降，今见天子信节，请求再降。"降约达成，朝鲜王卫右渠派太子随使者入朝向天子请罪，并将一批军粮和五千匹战马献给汉军。朝鲜王太子启程前往长安，随行的有一万多人，而且是全副武装。将要渡水时，汉使及左将军担心朝鲜太子这么多的人马可能会发生突变，于汉军不利，便对朝鲜太子说："你们既然已经归顺了朝廷，这样携刀带剑又何必呢？"朝鲜太子也怀疑使者和左将军的举动不是出于诚心，害怕他们在半道上要诈杀自己，因此率自己的部众返回，不再渡河，双方和议破裂。卫山将情况上报汉武帝，武帝恼其办事不力，诛杀了卫山。

（2）朝鲜败降

招降失败，荀彘率部将水的朝鲜守军击败，进军至王险城下，兵围城西北。杨仆也率军前往会合，屯兵于城南，二军合击右渠。左将军荀彘身为侍中，深得武帝宠信，其所率燕、代地士兵又强劲凶悍，因此士气骄

横，目中无人。楼船将军杨仆所率齐地兵卒有过失败的羞辱，因此恐惧和惭愧之心常常出现，总希望能不战而屈敌人之兵。荀彘军队的攻城非常猛烈，在这种情况下，朝鲜内部发生动摇，一些贵族大臣们背着国王秘密派人出城与杨仆军队商量投降事宜，双方使者你来我往还是谈不拢，最后的决断因此很难做出。荀彘几次与杨仆约期同时攻城，但杨仆却在等待着朝鲜方面如约投降，所以并不急于攻战。后来荀彘也秘密派人与朝鲜商量招降之事，但朝鲜大臣们不相信荀彘，不愿谈此事，他们只希望能够向杨仆的军队投降。荀彘认为杨仆前有兵败之罪，今又与朝鲜私下求和，却又看不到结果，怀疑杨仆有反叛的图谋，只不过是未敢发动而已。由于左将军与楼船将军之间在攻城和招降问题上不能协调一致，双方又互相猜疑和不信任，所以王险城久攻不下。

因二将不和，兵事拖延不决，汉武帝又派济南太守公孙遂前往整饬，并将相机处置的权力交给他。公孙遂到达朝鲜，荀彘对他说："朝鲜本该早就能攻下，如今久拖不下，都是楼船将军几次会战不至造成的。"荀彘又谈了自己对杨仆的怀疑，认为现在不解决杨仆，恐怕会造成大害，如果杨仆反叛，再与朝鲜军队兵合一处，其后果不堪设想。公孙遂同意他的看法，于是公孙遂以节杖召杨仆来左将军营，假借商议军机之名将杨仆逮捕，收编了楼船将军的军队，并将此举上报汉武帝。武帝因公孙遂阵前随意逮捕大将，又派人诛杀了他。

两支部队被左将军荀彘合并后，随即加紧对朝鲜发动进攻。朝鲜国相路人、国相韩阴、尼相参、将军王等相互商议道："当初打算向楼船将军投降，今楼船将军已被逮捕，汉军仅由左将军一人指挥，进攻越来越猛烈，恐怕我方无法抵挡，而国王偏又不肯向左将军投降。"于是韩阴、王、路人都逃亡投向汉军大营，路人死于半路上。夏季，尼相参派人杀死朝鲜王卫右渠，投降汉军。汉军尚未开进王险城时，原卫右渠的大臣成己又反叛，再次进攻汉朝官吏。荀彘命卫右渠的儿子卫长、降相路人的儿子路最劝告朝鲜民众归顺汉朝，并杀了成己。汉朝因此而平定朝鲜。

武帝平定朝鲜后，封朝鲜降将尼相参为清侯，阴为且侯，王为平州侯，卫长为几侯，最为涅阳侯，以示安抚。而此次征战的汉军将领不仅无一因功封侯，甚至多人获罪：使者卫山、济南太守公孙遂前已被杀；左将军荀彘被征回京后，以妒嫉争功、军机处置不当之罪在闹市被处死；楼

船将军杨仆也因先进攻王险城，不待左将军协同作战导致军队伤亡逃散过多，论罪当处死。杨仆以钱财赎罪，被免为庶人。

汉朝灭朝鲜卫氏后，汉武帝分其地为四郡：乐浪郡（今平壤）、临屯郡（今江陵）、真番郡（今信川）和玄菟郡（今咸兴），直接统治朝鲜北部。这在客观上也促进了中原地区与朝鲜间的经济、文化交流，有利于朝鲜的社会进步和经济发展。西汉末年扬雄记录全国各地方言，朝鲜和燕便属于同一方言区，许多口语都近乎一致。

东汉史学家班固谈道：玄菟、乐浪，本是箕子的封国。当初箕子居住在朝鲜，以礼义教导他的百姓，掌握种田、养蚕、纺织的方法，并为他们制定八条法令。凡杀人的，必须抵命；伤人的，用谷物赔偿对方的损失；盗窃的，给被盗者作奴婢；想要自赎其罪的，一人要交赎金五十万钱，虽被免为平民，但按风俗仍被人看不起，都成不了亲。因此，当地的老百姓始终不偷不盗，不必为防偷盗而关门闭户；女子都坚守贞节，没有淫乱行为。在乡间，人们都用竹器和木器盛放食物；在都城中，人们仿效官吏的作法，往往将食物放在杯盘器皿中。有些前来经商的商人看到这里的老百姓不闭门户，便在夜间进行偷盗，渐渐破坏了当地淳朴的风俗，以致如今犯禁者日益增多，法令也增加到六十多条。由此可见，仁义圣贤的教化是多么的可贵啊！然而，东夷民族天性柔顺，不同于南、西、北三方各民族。所以孔子哀叹他的道理不能得到推行时，便打算乘筏出海，到九夷地区去居住，这种想法是有依据的。

5. 李广利伐大宛

汉武帝太初元年（公元前104年），汉武帝任命李广利为贰师将军，征伐大宛。

张骞出使西域的时候，从匈奴人手中逃出来，越过葱岭，大宛成了

他到达的第一个国家。大宛，位于中亚费尔干纳盆地一带，都城在贵山城（今列宁巴纳德或卡散赛）。大宛人是土著人，从事农业、牧业，种植稻、麦，多产葡萄酒，尤以产良马著名，马出汗似血，故名汗血马，有天马后代之说。大宛有居民数十万，军队善于操戈骑射，有大小城池七十余座。

汉武帝即位以后，喜欢访仙求神，四处寻找长生不死之药和长生不老之方，喜占卜算卦。汉武帝还喜爱宝马，他曾看到卜筮之书上说："神马当从西北来。"张骞通西域后，西域使者随汉使来到中原，多献西域特产良马，汉武帝以为应验了占卜，很高兴，特别喜爱西域产的良马。乌孙献良马后，汉武帝曾将乌孙马命名为"天马"。后来，得到大宛产的汗血马，觉得此马更加雄健，便将乌孙马改称"西极马"，将大宛马命名为"天马"。

汉武帝很喜爱大宛产的汗血马，而方士又鼓噪说，骑着汗血马登上昆仑山能够上天成仙，可以会见西王母。因而，使者便奉汉武帝之命出使大宛索要汗血马。大宛远在葱岭以西，距汉遥远，虽知道汉朝是东方富庶的大国，也经常看见汉朝往来中亚的使节，但他们处于匈奴人的支配之下，更害怕匈奴。因而，汉朝的使节远远得不到像对待匈奴使节那样的尊敬，汉朝的使节不花财物就得不到食物，不拿钱买马就得不到坐骑。大宛甚至还同匈奴约定共同追杀汉朝使者，抢劫其财物。

汉朝派到西域去的使臣奏道："大宛有好马，藏在贰师城中，不肯献给汉使。"于是，汉武帝派壮士车令前往大宛用黄金千斤以及金马，请求交换。大宛国王同其群臣商议道："汉朝离我国很远，道路艰难，屡屡致人死亡；北路又有匈奴骚扰，从南路来，没有水草，又缺少城郭、食粮。汉朝派几百人作为使团前来，还常因缺乏粮食而死亡过半，这怎能派大军前来呢？所以汉朝对我们不能怎么样。贰师城的马，是我们大宛国的宝马，不能给汉朝。"大宛国不肯交换，汉使恼怒，破口大骂，将金马用锤击碎而去。大宛众贵族生气地说："汉使太轻视我们！"然后大宛国王命驻守东部边境的郁成王率兵拦截，杀死汉使，夺取了他携带的财物。

第五章　盛极而衰

（1）初征大宛

大宛不但不准求购汗血马，而且还杀死汉使，汉武帝大怒。曾出使过大宛的姚定汗说，大宛兵弱，如果发三千强弓劲弩之士，就可以打下大宛。汉武帝因曾派浞野侯赵破奴率七百骑兵击杀楼兰王，大破楼兰，觉得打大宛应该更容易，就听信了姚定汗的话。

协律都尉李延年曾为汉武帝表演歌舞，边舞边唱："北方有佳人，绝世而独立，一顾倾人城，再顾倾人国。宁不知倾城与倾国，佳人难再得！"武帝听了极为色馋，叹息说："好啊！这样的佳人真有吗？"武帝姐姐平阳公主告诉武帝，延年有妹即是。武帝召见，其女果然妙丽善舞，于是纳为夫人，即李夫人。李夫人深得武帝宠爱。由此，武帝便想给李夫人的弟弟李广利创造一个以军功封侯的机会，于是拜李广利为贰师将军，让他用武力夺取汗血马。

司马光对这件事如此评说："汉武帝想封自己宠爱的姬妾李夫人的娘家人为侯，李广利才被他派去征讨大宛。没有为国立功就不能封侯，这是高祖皇帝的约定。但军务大事关系到国家的安危、民众的生死，如果不辨贤愚就授予军事大权，与其以侥幸的微小功劳为借口封自己喜欢的人为侯，还不如无功就封侯好些。汉武帝在处理封国事务上很有见地，却在任命将领方面失当。所以，说他能够遵守先帝的约定，我认为是过分了"。

太初元年（公元前104年），李广利奉汉武帝之命，征发属国六千骑兵和郡国青壮兵丁数万人前去攻打大宛，以夺取贰师城的汗血马。过了大盐泽后，因为汉使往来频繁，接待困难，路边的小国很讨厌汉使，他们见大军前来，纷纷坚守城池，不肯供给汉朝军队食物。这些城池，一时又难以攻打下来，能攻打下的，就补充点吃的，攻不下来的就数日撤离。等攻到郁成，只剩下饥饿疲惫的一千多人。攻打郁成，伤亡的人又很多，贰师将军同左右亲信商议说："连郁成都不能攻克，更何况大宛国的都城呢？"于是决定引兵而还。

这一次西征大宛，往返两年，等回到敦煌，只剩下不到十分之一二的兵士了。贰师将军派人上书说："因为路远粮缺，并不是士卒怕打仗，而是忍受不了饥饿。现在，军士人数少，攻不下大宛，请求暂且罢兵，等到增加军队再去攻打大宛。"

得知贰师将军兵败的消息和看过所上的请罢兵书，汉武帝大怒，派专人将贰师将军的部队拦截在玉门关，传达命令说："谁敢入关就杀谁。"贰师将军李广利很害怕，就将部队留驻在敦煌。

太初元年（公元前104年），匈奴乌维单于去世，其子乌师庐即位，年纪幼小，号称儿单于。

匈奴儿单于性好杀戮，这使国中百姓不安，又有很多牲畜死于天灾，匈奴左大都尉便派人偷偷对汉朝说："我打算杀掉单于，归降汉朝，但汉朝路远，希望得到汉兵接应，我马上就可以发动。"于是汉武帝派公孙敖在塞外修建受降城，驻兵接应。

汉武帝认为匈奴离受降城仍然太远，又派赵破奴率二万多骑兵从朔方郡出塞，向西北方推进二千多里，准备到达浚稽山接应匈奴左大都尉后返回。当赵破奴前来会合之时，匈奴单于却察觉了匈奴左大都尉的阴谋。单于杀死左大都尉，派左翼军袭击赵破奴。赵破奴一路捕杀敌军，俘虏了几千人，然后班师，行至离受降城四百里之外，被匈奴八万骑兵包围。赵破奴夜间亲自出营寻找水源，与匈奴侦察部队遭遇，赵破奴被俘。匈奴军乘势猛攻汉军，汉军军吏害怕失去主将后回去被杀，所以没人突围逃回，全军覆没。匈奴儿单于大喜，又派出骑兵攻打受降城，未能攻下，便侵入边界，掳掠后离去。

赵破奴率两万军队北伐匈奴，结果全军覆灭，引起朝野震动。朝廷中很多高级官员都主张停止出兵攻打大宛，以便对匈奴集中兵力。武帝则认为，既然汉朝已经出兵攻打大宛，如果打不下大宛这样的小国，那葱岭以西的大夏、安息一类的国家必定会看不起汉朝，大宛的良马再也弄不到手，甚至乌孙、轮台那样的小国家也会为难汉朝的使者，那样就太让外国轻视汉朝了。于是，武帝惩罚了主张停战的大臣邓光等人。

武帝决定增兵再攻大宛，将狱中囚徒释放从军，充当侦探或尖兵以袭击敌军，又征发郡国恶少年和边境骑兵。经过一年多的部署，从敦煌起兵时，领兵的校尉有五十多人。不算私人带着粮食行李跟随部队出征的人，

仅部队就有六万人。送粮草的牛有十万头，马三万匹，驴骆万数。兵器、弓箭颇为齐备。天下骚动不安，汉天子要讨伐大宛的消息被人们争相传告。大宛国都城内没有水井，用水要从城外引进，汉朝就随军带上会治水的工匠，准备改掉大宛城下的水道，并从原水道穿地穴攻城。又增派十万人到酒泉、张掖以北，并设置居延（今内蒙古额济纳旗）、休屠（今甘肃民勤）两县卫护酒泉，以保护后方，防备匈奴乘机侵扰并作为战争后备队。为充实兵力，汉武帝下令：全国犯罪的官吏、逃亡者、入赘妇家的男子、商人、原属商人户籍者、其父母或祖父母属商人户籍者，这七种人一律谪罚为兵。络绎不绝的车辆和役夫为贰师运送粮食。汉武帝还任命两名熟悉马匹情况的人充当执马校尉和驱马校尉，准备在攻破大宛后挑选良马。

（2）二征大宛

太初三年（公元前102年），经过充分的准备之后，贰师将军李广利带着庞大的队伍第二次出征大宛。由于汉军兵多，所到之处，西域各小国争相迎接，为汉军供应粮食。前进到轮台，轮台国不降，汉军攻城数日，城破后在城中进行了一场大屠杀。从此汉军一路向西顺利推进，直抵大宛城下。

攻到大宛王都时，汉军部队还有三万人。大宛军队出来迎击汉朝军队，被汉朝军队击败。大宛军队退入城内守卫城堡。贰师将军本想先攻占郁成，但又担心大宛人因军队滞留而产生诈变，决定先打下大宛。汉军派水工决开水源，改变水的流向，断绝城内用水，并穿地道攻城，以困扰大宛。四十多天围城攻打，大宛人很害怕。大宛官员商量说："因为国王毋寡隐藏了好马，杀死汉朝使者，才招致汉军远征大宛。献宝马杀国王可让汉军解围。如果汉军还不解围，就奋战而死，也不为晚。"这时，大宛都城的外城已被汉军攻破，并俘获了勇将煎靡，大宛人更加不安。于是，大宛人杀了国王，提着国王毋寡的头去见贰师将军李广利，表示愿意献出宝马，只要汉军解围，就愿意供给汉军粮食。不然的话，就把宝马杀死，坚守到底，而康居的救兵也快到了，到时内外夹攻

汉军，请贰师将军李广利考虑选择。

贰师将军听说大宛城内已找到汉人穿井汲水，城内的粮食也不少，而且已经杀掉了作为罪魁祸首的大宛王毋寡，此时再不撤围，等汉军疲乏时，康居必然前来相救，那时汉军必打败仗，就接受了大宛提出了条件。大宛人放出宝马，任凭汉军选取；拿出粮食，供养汉军。汉军挑选了好马数十，中等以下的马二千匹，立大宛贵人中对汉人比较友好的昧蔡为大宛国王，与他们订立盟约后班师回朝。

贰师将军由敦煌西面出兵的时候，因为队伍庞大，就将队伍分成南北两路前进。校尉王申生和原大鸿胪壶充国统领一支一千多人的队伍经过郁成，得不到郁成人的粮食供给。王申生的部队同贰师将军的大部队相距不到二百里远，依仗大军兵威很轻视郁成，就发兵猛攻。郁成人探明王申生的队伍人数不多，发动三千精兵在一个早晨猛攻王申生部队，将其攻杀，只有几个人幸免逃了出来。贰师将军李广利命搜粟都尉上官桀攻破郁成城，郁成人投降，国王逃到康居。上官桀率军一直追到康居。此时，康居人已经听说汉朝军队占了大宛，他们就把郁成王交给了汉军。上官桀派四个骑士把郁成王押解到贰师将军李广利那儿去，在路上，他们怕发生意外，骑士赵弟就挥剑斩杀了郁成王。

贰师将军率军班师回朝，所经过的小国听说大宛已被汉军攻占，便纷纷派自己的子弟向汉朝纳贡，进见汉天子。后来，这些人都被汉朝扣留作了人质。班师队伍回到玉门关时还有一万多人、一千多匹马。此次征伐大宛，损失惨重，并不是军粮不够，因战而死的人不多，而是因为将吏贪财物，不知道爱惜士卒，克扣侵吞军饷，因此才导致军中大量人马的非战争死亡。汉武帝念其远涉万里征伐获胜，太不容易，也就不再追问领兵将领的过失，并颁下诏书加以嘉奖。诏书说："匈奴虽迁到大沙漠以北，但仍和附近几个小国策划断绝大月氏派来的使者，拦截残害汉朝使者。汉朝使者和身毒国派往汉朝的使者，被危须国以西的那些国家和大宛相约杀害，阻隔东西交通要道。贰师将军李广利，率师问罪，讨伐大宛胜利，取得郁成王、大宛王的首级。因此封李广利为海西侯，封地千户。"又封斩杀郁成王的上人赵弟为新畤侯。官拜为九卿的三人，诸侯相、郡守二千石俸禄官的一百多人，一千石俸禄以下的官一千多人。因为犯罪受惩罚而去从军的，一律赦免其罪过。兵士赏赐四万钱。

第五章　盛极而衰

贰师将军李广利征伐大宛，前后两次，历时四年而告结束。汉朝征服大宛以后，为了保证通往西域的商路畅通，汉政府又把长城的西端再一次延长，从敦煌以西一直通到大盐泽，同时又在轮台、渠黎设置护西域使者校尉，率领田卒数百人驻扎屯田，以给往来的各国使者提供供给和保护。

贰师伐大宛，取得了大宛的汗血马，李广利封了侯，汉朝军威播扬于西域，基本达到汉武帝的目的。得到大宛的汗血马后，汉武帝很高兴，他还做了几首《天马歌》加以纪念。

匈奴听说李广利率兵征讨大宛，曾经企图拦截，但因为汉军声势浩大，所以不敢与汉军交战，匈奴便派骑兵前往楼兰国，等候袭击在大军后面的汉朝使臣，目的是断其通道。当时汉军军正任文正率兵驻守玉门关，抓到匈奴俘虏，将这一消息报告朝廷。汉武帝下诏命任文率兵捕捉楼兰王，押到长安问罪。楼兰王争辩说："楼兰作为一个小国，夹在汉朝与匈奴两个大国之间，如不两边听命，就无法自保，我愿率本国百姓迁入汉朝境内。"汉武帝认为他说得有理，便放他回国，并让他协助探听匈奴动静。从此楼兰得不到匈奴的信任。

大宛战败，震惊了西域各国，派往西域的汉使因此得以顺利地完成使命。于是，从敦煌向西直到盐泽，处处筑起亭燧，而轮台、渠等地都有汉朝的屯田兵卒几百人，由使者、校尉加以统领，用以供给出使国外的使团所需。

一年多以后，大宛贵族认为昧蔡过于讨好汉朝，使本国遭受屠戮，于是发动兵变，杀死昧蔡，拥立毋寡的弟弟蝉封为大宛王，派蝉封的儿子到汉朝充当人质。汉朝因而派出使者赏赐蝉封，对他进行镇抚。蝉封同汉朝约定，每年向汉朝进献天马两匹。

贰师伐大宛，是汉武帝发动的一次带有侵略性的战争，大宛蒙受了惨重的损失，沿途诸国受到骚扰，汉朝也损失极大。李广利远师征伐大宛，出关时有士卒六万多人，回来时仅剩下一万多人，其他损失还不算在内。但是伐大宛对于震慑西域各国，笼络西域人心，缩小匈奴的影响，加强汉朝对西域的统治具有重要意义。

6. 苏武不辱使命

天汉元年（公元前100年），汉武帝派中郎将苏武出使匈奴，以示汉匈和好的意愿。

苏武，字子卿，西汉杜陵（今陕西安）人。将门家庭出身，其父苏建，元朔二年（公元前127年）以校尉身份随大将军卫青从云中（今内蒙古托克托）出击匈奴，凭着赫赫军功被封为平陵侯。苏建曾多次随从卫青出征，并做过卫尉和代郡（今河北蔚县）太守。

苏武少时任为郎，后来做了替武帝掌管马厩的官。

马邑之谋以后，汉匈断绝和亲，双方都不断扣留对方派出的使节。卫青、霍去病连续三次大规模出击匈奴，匈奴主力被击垮，但是，汉朝的损失也极大，无力进一步出击，双方均精疲力尽，呈胶着状态。

（1）匈奴扣苏武

匈奴响湖单于去世后，其弟左大都尉且侯被立为单于。汉武帝打算借征伐大宛的军威让匈奴臣服，便颁发诏书说："高皇帝给朕留下平城的忧患，高后时，匈奴单于给我朝的书信又悖逆。当年齐襄公报九世先祖之仇，他的行为符合《春秋》的道义。"且侯单于刚刚即位，害怕汉军袭击，便向汉朝表示："我是小孩子，哪有和大汉天子相比的条件呢，汉朝天子是我的长辈。"于是将不愿投降而被扣留在匈奴的汉使路充国等人全部放回，又派使臣前来进贡。

天汉元年（公元前100年），汉武帝嘉许匈奴单于的义举，中郎将苏

第五章 盛极而衰

武奉命把留在汉朝的匈奴使臣送回匈奴，并携带厚礼，答谢匈奴单于的好意。苏武与副使中郎将张胜及暂时充任使团官吏的常惠等一同前往，到达匈奴后，送给单于礼品。单于却因此变得骄横，不像汉朝原来所希望的那样。

正在这时，曾经归降过汉朝的匈奴缑王和长水人虞常，以及卫律所率领的投降匈奴的原汉朝人暗中商议，企图将匈奴单于的母亲劫持回汉朝。卫律的父亲原是长水地区的匈奴人，卫律本人则因与汉朝的协律都尉李延年关系好，经李延年推荐，被汉朝派遣出使匈奴。卫律出使归来，听说李延年一家被收捕，便逃往匈奴投降。单于很喜欢他，封他为丁灵王，共商国家大事。虞常在汉朝时一直与副使张胜关系密切，曾私下拜访张胜说："听说大汉天子非常怨恨卫律，我可以为汉朝埋伏弓弩手将他射死。我的母亲和弟弟都在汉朝，希望他们能得到赏赐。"张胜应允了虞常的要求，并送给他很多财物。一个多月以后，单于外出打猎，王庭里只有他母亲和部分弟子。虞常等七十多人正准备发动政变，不料其中一人在夜间逃走，告发了虞常等人的政变计划。于是单于调兵与虞常等人交战，杀了缑王等人，虞常也被活捉。

匈奴单于派卫律审理此事。张胜听到消息后，害怕查出先前与虞常约定的事，便向苏武报告。苏武说："发生了这样的事，我肯定会遭到牵连，如果受到侵犯再死，那就更加辜负国家了。"于是准备自杀，被张胜、常惠二人阻止。后来张胜果然被虞常供出，单于大怒，召集贵族商议，打算杀掉汉使。匈奴左伊秩訾说："谋杀卫律就要处死，如果谋害单于，又该怎么加重处罚呢？应让他们全部归降。"单于派卫律传话给苏武。苏武对常惠等人说："如果卑躬屈膝，我们的使命会受到污辱，就算活着，又有何面目再回到我们大汉呢！"说完拔出佩刀刺入自己的身体。卫律大吃一惊，抱住苏武叫医生为他急救，好久才苏醒过来。常惠等痛哭着将苏武抬回驻地。单于很钦佩苏武的气节，早晚都派人去问候，并将张胜逮捕。

几天以后，苏武伤势痊愈，匈奴单于派人劝说苏武投降。审判虞常时，又把苏武叫去，试图威胁苏武投降匈奴。虞常被判斩首以后，审问张胜。卫律说："汉朝使节张胜谋杀单于亲信大臣，应判死罪，如果愿意投降单于就可保全性命。"张胜投降了匈奴。

卫律对苏武说:"汉朝通使犯了谋杀罪,你也应当受连坐治罪。"苏武争辩说:"他们的阴谋我从来都没参与,又跟张胜没有亲属关系,不应该牵涉到我。"

卫律举起宝剑,比比划划,欲刺苏武,苏武昂首挺胸,从容不迫。卫律只好用富贵引诱苏武投降,他说:"我也是由汉朝投降匈奴的,单于很看重我,封我为丁灵王,拥有数万下属,牛羊满山,享尽荣华富贵。如果你今日投降匈奴,明日也就有了同样的荣华富贵。要不然,你白白死在草原,有谁知道呢?"

苏武无所表示。卫律继续说:"你如果听从我,投降匈奴,咱俩就结拜为兄弟;否则,你以后再想见我,恐怕也不能了。"

苏武骂道:"你身为汉朝臣子,却不顾恩义,叛主背亲,投降蛮夷,我见你干什么!单于信任你,让你决定别人的生死,你不秉公办事,反而想挑起两国君主相互争斗,在一旁坐观成败。南越国杀死汉使,被汉灭掉后成为九郡;大宛王杀死汉使,长安宫廷北门就悬挂着他的人头;朝鲜杀死汉使,立即招来灭国之祸。这种事只有匈奴还没干过。你明知我不会投降,却想趁此挑起两国之间的战争,只怕匈奴的灾难,将会从我开始了。"卫律明白终究胁迫不了苏武,只得禀报单于。单于见苏武如此忠心,越发想争取他归降,便将苏武囚禁在一个大地窖中,不供应苏武的饮食,企图逼其就范。当时正下大雪,苏武躺在地上,靠吞食雪片和衣服上的毡毛,几天后竟然未死。匈奴人以为有神灵庇护他,便让苏武去北海牧羊,并对苏武说:"等到公羊能产出羊羔,你就可以回国了。"常惠等使团中不肯投降匈奴的成员,也被流放。

(2)苏武牧羊

苏武一个人到北海放牧,粮食不够吃时,就用老鼠洞里的草籽填肚子。白天,拿着使节,晚上睡觉也抱着使节,使节上的旄毛几乎脱落净尽。

过了五六年,单于的弟弟於王带着人马到北海打猎。苏武帮助他们修理弓箭,编结猎网。於王很喜欢苏武,就把一些衣服、食物送给苏武。

第五章　盛极而衰

　　过了三年多，於王病死。死前，把一些马匹牲畜、衣服帐篷等留给苏武。到冬天，单于令人又把苏武的马匹牛羊全部偷走。

　　这时候，苏武以前的好友李陵来到了北海。

　　苏武出使匈奴的第二年，即天汉二年（公元前99年）九月，李陵奉汉武帝之命带兵侦察匈奴虚实。李陵率五千步兵，从居延（今内蒙古额济纳旗）出发，被匈奴三万骑兵团团包围。经过激烈战斗，李陵箭尽援绝，兵败被俘，后投降了匈奴。后来，匈奴单于知道李陵同苏武是好朋友，便派李陵到北海来劝说苏武投降匈奴。

　　李陵为苏武安排了酒宴，边饮边谈："单于听说我同你关系不错，特意让我来劝劝你，愿你回心转意，留在匈奴。你已经不可能再回汉朝了，独自在这空旷无人的草原上受苦，你的气节谁会知道？"

　　李陵又把苏武一家的遭遇告诉了他。苏武的哥哥苏嘉随武帝外出，将车辕碰坏，怕武帝治罪，自刎而死。苏武的弟弟苏贤奉命追捕犯人，没有追到，也吓得服毒而死。苏武的母亲已经离开人世，年轻的妻子也早已改嫁。十几年又过去了，也不清楚他们是死是活。

　　然后，李陵又劝苏武说："人生如早晨的露水一样短促，这样受苦又是何必呢？我刚投降匈奴时，自己感到对不起汉朝，母亲又被关在监狱里，我又何尝想投降。可是，现在武帝年事已高，经常糊里糊涂地变更法令。大臣无罪被杀的有好几十家，弄得人人自危，朝不保夕，你现在还为谁考虑呢？还是听我的劝告，投降匈奴吧。"

　　苏武沉思一会儿，对李陵说："我们父子没什么功劳，却受到皇帝封赏，又封将军又拜侯，都是皇帝身边的近臣。为报答汉朝，就是肝脑涂地，也是应该。现在若能杀身效国，或受斧而诛，也是心甘情愿的。做臣子的就应该像儿子对待父亲一样对待国君，做儿子的为父亲而死，没什么遗憾的。你不要再往下说了。"

　　过了几天，李陵和苏武在一起饮酒，又对苏武说："子卿，我的劝告你一定要听啊！"苏武正言厉色地回答说："我苏武早就准备死了。大王你如果一定要劝我投降，那咱们今天的欢乐就此结束吧，让我死在你的面前！"

　　苏武不称李陵名字，却叫他"大王"，李陵知道苏武决心已定，无法再劝告，内心感到惭愧，感慨地说："唉，你真是不可侮辱的义士啊！我和卫律背汉投降，才是天大的罪人。"

李陵离开北海后，不好意思出面再见苏武，就把几十头牛羊托妻子送给苏武。

后元二年（公元前87年），李陵又一次来到北海，这次是为了告诉苏武武帝去世的消息。苏武很悲痛，冲着南方号啕大哭，连血都哭出来了。

汉武帝死了以后，汉昭帝即位，当时，壶衍单于统治匈奴。

（3）重见天日

连年不断的战争，使汉朝、匈奴都消耗了大量的人力、物力，极大破坏了社会经济，和平、安宁成为汉匈人民的共同愿望。同时，匈奴贵族争权夺利，内部分裂，很不团结，根本无力同汉朝打仗，也希望和好。汉昭帝时期，霍光当政，决定同匈奴和好，以缓和各种社会矛盾，恢复社会经济。

昭帝始元六年（公元前81年），汉匈双方议和，恢复了和亲和正常往来。汉朝多次要求匈奴将苏武等人放回，匈奴不想让苏武回来，就谎称苏武已死。后来，汉朝派使节到匈奴去。常惠就向看守人提出，要求见汉朝使者。夜里，常惠同看守人一起来到汉朝使者驻地，向使者诉说了苏武在匈奴的遭遇和下落，还教给了使者营救苏武的办法。

汉朝使者对匈奴单于说："汉朝天子在上林苑打猎，射到一只从北方飞来的大雁。一封绸子写的信系在雁腿上，信上说苏武没有死，正在北海牧羊。为了汉匈和好，希望将苏武放回。"

匈奴单于听了，大惊失色，看看左右目瞪口呆的大臣，不知道汉朝使者为什么这么清楚苏武的情况。单于见无法隐瞒，只好如实对汉朝使者说："苏武等人确实还活着。"

苏武就要回汉朝了，李陵为他置酒送行，说："现在你还归汉朝，在匈奴扬名，为汉朝立功，你比古书上记载的英雄人物强啊！李陵虽然是笨拙胆怯之人，但是，汉天子如果能宽大一点，不杀我老母，给我个立功赎罪的机会，汉朝的大恩大德我会永远不忘。想不到汉朝竟杀我全家，我还

有什么脸面再回汉朝呢？我说这些，无非是让你知道我的心情罢了。"李陵边歌边舞，泣不成声。

匈奴单于召会苏武及随同苏武回来的旧日部属九人。

昭帝始元六年（公元前81年），已年过花甲须发尽白的苏武，手持使节，回到长安。苏武出使匈奴，去时属员一百多人，历时十九年，其间，死的死，降的降，只有常惠等九人回到长安。

苏武出使匈奴不辱使命，回来后，汉朝廷封他为典属国，赐钱二百万，公田二顷，住宅一所。汉宣帝时，封苏武为关内侯，食邑三百户，苏武在匈奴生的儿子苏道国也被接回汉朝；后来，还把苏武的像画在未央宫麒麟阁，把苏武称为"中兴名臣"。

7. 李陵败降匈奴

天汉二年（公元前99年），汉武帝令大将李陵率兵随贰师将军李广利出击匈奴。

李陵，字少卿，西汉陇西成纪（今甘肃秦安）人，是"飞将军"李广的孙子。

李陵精于骑射，他礼贤下士，充满仁爱之心，因此名声极好。武帝认为李陵有李广之风，曾让他率八百骑兵，深入匈奴领地，过居延（今内蒙古额济纳旗）视察地形，但是没有见到匈奴人而退回。李陵回来后，武帝因其有将帅之才而任命他为骑都尉，交给他五千勇敢之士，在酒泉、张掖教练骑射，以便日后用来抗击匈奴。

太初二年（公元前103年），汉武帝派贰师将军李广利率军西征大宛，又派李陵率军押后。刚刚出关，贰师将军就大败而归。李陵奉汉武帝之命从敦煌率领五百精骑出发，过盐水泽，把贰师将军接应回来，随后李陵屯留张掖。

（1）大战单于军

天汉二年（公元前99年），汉武帝派贰师将军李广利率领三万骑兵从酒泉出发征伐匈奴右贤王。汉武帝召见李陵，想把贰师将军李广利运输粮草的任务交给他。

在武帝召见李陵时，李陵向汉武帝提出请求，说："臣所率领的屯边将士，都是荆楚勇士、奇材、剑客，射必中的，力可缚虎，臣希望能领一支兵马，独挡一面到兰干山南边分散单于兵力，请不要让我们只做贰师将军的运输队。"

汉武帝说："我此次发兵，分兵较多，不能拨给你骑兵。"李陵答应，可以不要骑兵，愿意以少胜多，领步兵五千人直捣匈奴单于王庭。

汉武帝为李陵的壮烈之气所感动，就批准了李陵的请求，同时派强弩都尉路博德领兵在半道接应。路博德以前曾被任命为伏波将军，他也不愿意作为接应李陵的后队。路博德上奏武帝，说现在是秋天，正是匈奴马肥人壮的时候，不宜开战，请求与李陵留到春天，到时再加上酒泉、张掖的骑兵五千人合击匈奴，必能成功。

看到路博德的上书，汉武帝以为李陵先前说得理直气壮现在又反悔，所以才让路博德上奏缓击匈奴，武帝十分气愤。汉武帝下诏给路博德，说匈奴人已经侵入西河（今内蒙古东胜）地区，让他马上带兵前往西河保护钩营道路；又命令李陵九月出发，到达东浚稽山（约在图拉河与鄂尔浑河之间）西边的龙勒水上，探听匈奴的情况，如果遇不到匈奴人，就沿着浞野侯赵破奴走过的路线到受降城（今内蒙古巴彦淖尔盟狼山）休整人马。

于是，李陵率步兵五千人从居延出发，向北行军一个月，到达浚稽山安营扎寨，同时，将所过山川地形绘成图，派陈步乐骑马送回。陈步乐见到汉武帝，说李陵是个宽厚仁爱之人，兵士都愿意为他拼死效力，汉武帝听了很高兴。

后来，匈奴单于的三万精锐部队将李陵的五千步卒包围。李陵将部队驻扎在两山之间，用战车围成营垒，然后，率领将士驰出营外布成战阵，

前边的士卒持盾、戟，持弓弩的士卒在后射杀敌人。

李陵下令说："听到鼓声，一齐出击；听到锣声，马上停止。"

匈奴骑兵看到汉朝军队人数较少，直奔营寨而来。汉军将士万弩齐发，匈奴骑兵损失惨重，狼狈逃窜。李陵率士卒马上追击，击杀匈奴数千人。

匈奴单于战败之后，大惊失色，又从周围调来八万骑兵同李陵作战。李陵边战边退，南行数日，退到山谷中。

战斗中，李陵下令杀死随军家属，以示血战到底的决心。汉军士卒，受伤三次的躺在车上，受伤两次的驾车，受伤一次的坚持奋战，又杀敌三千多人。

李陵率部队沿着龙城（今蒙古人民共和国和硕柴达木湖附近）旧道边战边退，走了有四五日，到达一片沼泽地。

匈奴人利用芦苇丛生的沼泽地，从上风头放火攻击李陵部队。为了隔断火势，李陵也命令士卒放火烧苇，挫败了匈奴人的这一火攻计谋。出了沼泽地以后，向南行，到达一座山下。匈奴单于率骑兵占领山头，然后命令骑兵跟随自己的儿子突袭李陵。李陵将匈奴骑兵引到树林中，又击杀匈奴数千人，之后又用连弩机发箭击射匈奴单于，匈奴单于下山逃走。

匈奴单于认为对手都是汉朝的精兵，而且这样被汉军牵着鼻子向南走，恐怕南方有汉军埋伏好的大部队，因此准备随时撤军；但他的手下却主张继续猛攻，如不能取胜，再撤走。

于是匈奴骑兵又向李陵步兵发动了数轮猛烈地进攻，李陵所率步卒情况更加危急，甚至一天打好几十次仗。战斗中李陵的部队又射杀了匈奴的两千多骑兵。

（2）寡不敌众

匈奴军不能取胜，准备撤走。恰逢李陵军中有一个叫管敢的军侯，因被校尉凌辱而投降了匈奴。对单于说："李陵的军队没有援兵来救，并且箭已快用完了，只有李陵将军麾下和成安侯手下各八百人排在阵前，派精兵射杀旗手即可破阵了。"他说的成安侯，是韩延年，他的父亲韩千

秋曾担任过济南相，进攻南越时战死，武帝便封他为侯，在李陵军中做校尉。单于非常高兴得到这个消息，命骑兵合力攻打汉军，边打边喊："李陵、韩延年快降！"接着切断了汉军的退路，猛烈攻打李陵。李陵处在山谷底，敌人在山坡上从四面射箭，箭如雨下。汉军坚持南行，未等冲到汗山，一天之中五十万支箭已全部用光，于是舍弃战车而行。当时，汉军还剩兵士三千多，赤手空拳的就斩断车轮辐条当武器，军吏们也只有短刀。最后又因被一座大山阻住去路而折入峡谷。单于切断了他们的退路，在险要处滚下垒石，很多士卒被砸死，不能前进。黄昏后，李陵换上平常的衣服，独自一个人走出营帐，拦住左右说："让我一个人去干掉单于！"李陵过了很久才回来，叹息说："兵败如此，唯求一死！"军吏说："将军威震匈奴，皇上不会让您死，以后可想别的办法回去，对浞野侯那样的人，被匈奴俘获后逃了回去，皇帝尚且以礼相待，何况将军您呢！"李陵说："您别说了，壮士死而后已！"于是他叫部下砍断旌旗，掩埋珍宝。又扼腕道："再有几十支箭，我们足以逃跑了，可现在手无寸铁，没有能力再与匈奴作战，天一亮就只有束手待擒了。不如作鸟兽散，还可能有人逃回去奏报皇上。"他令将士们每人拿上一大块冰，二升干粮，约定在边塞遮虏鄣会合，准备夜半时分击鼓突围。但到夜半时，鼓却没有击响。李陵与韩延年一同上马，十多名壮士和他一道冲出。匈奴发现后率领几千名骑兵追击他们。韩延年战死，李陵长叹："我无脸面去见陛下呀！"于是下马投降了。他的部下都趁机四散逃命去了，逃回塞内的仅四百余人。

李陵兵败的地方离汉边塞只有一百多里地，消息很快被人知晓，边塞把情况报告给朝廷。武帝以为李陵战死，就把他母亲和妻子召来，要相面的人来看，相面的人说他们脸上并没有死丧的气色。后来得知李陵已降匈奴，武帝大怒，责问陈步乐，陈步乐因害怕被治罪而自杀。

很久以后，武帝才悔悟到李陵之所以投降是因为没有援兵，说："李陵出塞之时，本来诏令强弩都尉接应，只因受了这奸诈老将奏书的影响又改变了诏令，才使得李陵全军覆没。"于是派使者慰问赏赐了李陵的那些死里逃生的部下。

李陵在匈奴一年后，武帝派因将军公孙敖带兵深入匈奴境内接李陵。公孙敖没有完成武帝交给的任务，带兵而回，对武帝说："听俘虏讲，李

陵在帮单于练兵以对付汉军，所以我们接不到他。"武帝听到后，盛怒之下将李陵的全族都处以死刑，陇西一带士人都以李陵不能死节而连累家室为耻。此后，有汉使到匈奴，李陵对使者说："我为汉朝领步卒五千横扫匈奴，因无救援而败，有哪一条对不起汉朝，而皇帝却杀了我全家？"使者说："皇上听说李少卿在为匈奴练兵。"李陵说："那是李绪，不是我。"李绪本来是汉朝的塞外都尉，驻守奚侯城，因匈奴攻城而投降。单于对他礼遇有加，给他的官职比给李陵的还大。李陵痛恨因他为匈奴练兵而使自己全家被诛，便派人刺杀了李绪。为此，大阏氏便想杀掉李陵，单于把他藏到北方去了，大阏氏死后才把他接回来。

单于很器重李陵，把女儿嫁给他，立他为右校王，立卫律为丁灵王，他们都成了匈奴军中掌权的贵族。卫律的父亲本是长水胡人，但他却在汉朝出生长大。他同协律都尉李延年交情甚笃，李延年推举他出使匈奴。出使回来，正遇上李延年因罪而被斩，卫律害怕受株连，就出逃投降了匈奴。他很受单于宠爱，经常侍奉在单于的身边。李陵则住外边，遇到大事才召入计议。

8.司马迁著《史记》

天汉二年（公元前99年），太史令司马迁为李陵败降匈奴一事辩护，惹怒了汉武帝，被处以宫刑。司马迁只因为《史记》一书尚未完成，忍辱偷生，发愤著书。

汉景帝中元五年（公元前145年），司马迁出生于龙门（今陕西韩城）。其父为司马谈。

司马迁的家族世代在朝中担任太史之职，司马迁的祖先并不十分显要，世代为史官，但司马迁父子却都以此为荣，把修史看作一种崇高的职业，并都将终生的精力投入到修史之中。

（1）身遭腐刑

司马谈学识渊博，唐、杨、黄三人都是当时有名的学者。他曾跟唐都学习天文，随杨何学习《易经》，师从黄子学习道家理论。司马谈推崇黄老思想，而对其他的学说都持批评的态度，因担心学人不通晓先秦诸子百家的意旨而师法邪说，曾著《论六家要旨》，详细的论述了阴阳、儒、墨、法、名、道六家学说的要点和优劣。

"阴阳家，认为一年的四季、八方位、十二星次和二十四节气是各有月令的，顺之者则昌盛，逆之者则败亡，而事实上却不一定如此。所以说阴阳家让人束手束脚而多有畏惧。至于春种夏长，秋收冬藏，是天道的常法，不遵守就不会有纲常法纪了，他们所讲的春夏秋冬四时的基本顺序，是不可以丢弃不顾的。

第五章　盛极而衰

"儒家，以《诗》、《书》、《礼》、《乐》、《易》、《春秋》六艺作为法则，六艺的经和传的字数以千万计，即使是几代人也不能完全通晓，一个人终其一生也不能尽数知晓其礼仪，所以说儒家是重视广博而缺乏扼要，辛劳多而功效少。但他们提出的君臣父子之礼，规定的夫妇长幼的尊卑区别被公认是正确的。

"墨家，也讲崇尚尧舜，主要称赞尧舜的俭朴无华的生活和品德。如果天下所有人都像墨家要求的那样做，那尊卑贵贱的差别也就不存在了。时代在变化，业绩也不必雷同，所以说墨家讲节俭却又难以遵行。但强调农本，节省费用，就会使家富而人足，这是不得不承认的事实。

"法家，不重视血缘关系的亲疏，不强调社会地位的差别，是非准则一律依法来决断。因此法家的方法只可作为一时的措施，而不可长期使用，所以说其学说过于严厉而缺乏恩德。

"名家，过度注重琐碎的细节，使人不能返回到事物固有的真理，专以名称来判断，所以说名家让人拘于名数而易失掉真实。

"道家，讲无为，即无所不为，他所讲的简单易行，只不过言辞晦涩。道家的学说将虚无作为本体，以顺乎自然作为功用。没有一成不变的态度，也没有固定的形状，所以能够依情理改变，推究万物的真情；不争万物的先后，所以能成为万物的主宰。有法则又无法则，因时宜而成就业绩；有尺度又无尺度，据事物而决定兴废，所以道家说圣人不投机取巧，只是顺应时事的变化而已。"

司马迁年幼时曾在黄河边、龙门山南耕种放牧，在父亲的督促教育下，他十岁时开始诵读先秦时流行的"古文"书籍，二十岁时开始游历各地。他南下江淮地区，登上会稽山，探游大禹进过的洞穴；去过九嶷山，瞻仰大舜的墓地，乘船游览了沅水和湘水的湖光山色；向北渡过汶水和泗水，在曲阜讲习过儒家的学业，考察了孔夫子的遗风旧事，到邹县的峄山亲自演练了乡射仪礼；经蕃县、薛县和彭城，一路上多次遇到极大的困难，最后经过梁楚顺利地返回到长安。司马迁做郎中官后，奉命出使巴蜀以南地区，又巡视了邛、笮、昆明等地，走遍了大西南，了解了很多少数民族的风土人情。司马迁通过漫游开阔了眼界，不仅搜罗了大量的书籍以外的轶闻旧事，也考察了山川形势、风土民俗等自然和社会风情，为他以后著述《史记》奠定了坚实的基础。

汉武帝元封四年（公元前107年），司马迁承袭他父亲司马谈的官职做太史令，开始从皇家藏书馆中整理选录历史典籍。

太初元年（公元前104年），大中大夫公孙卿、壶遂，太史令司马迁等上疏认为旧的历法坏废，应该重新制定颁布新的历法。夏五月，武帝命司马迁等人在夏历的基础上，编修了汉家的历法《太初历》，改后的历法以正月为一年之首，这就是一直流传后世的阴历。十一月一日，冬至，汉朝的历法改用太初历。

这一年，司马迁正式开始《史记》的编写，时隔数年后，正当司马迁专心致志编写《史记》时，却遇到了飞来横祸，使其一生命运发生了巨大的改变。

天汉二年（公元前99年）夏，武帝派贰师将军李广利率兵攻打匈奴，另派李广的孙子别将李陵随从贰师将军押运辎重。李广利是武帝宠妃李夫人的哥哥，李陵瞧不起这位裙带将军，为做他的后援而感到羞耻，于是请求汉武帝让他独自率领一队人马出击匈奴，以少击众，以分散匈奴单于的兵力。武帝赞赏他的英勇，便准许了。李陵率步卒五千人出居延，孤军深入到浚稽山，碰上了匈奴单于带领的军队并与之交战，杀匈奴兵数千人。单于军队退而复围，李陵军虽经浴血奋战，但终因寡不敌众而兵败，李陵最后也投降了匈奴。武帝知道李陵军失败、李陵投降的消息后，非常愤怒，各位朝中官员众口一词，纷纷诋毁李陵。武帝问太史令司马迁有什么看法，司马迁一方面为安慰武帝的焦躁心情，另一方面也痛恨那些见风使舵的大臣，因此极力为李陵辩白。司马迁说："李陵孝顺父母，善待士兵，常常奋不顾身以赴国难。如今出兵偶遇不幸，那些只知道保全自己和妻小的大臣一味地落井下石，太令人伤心了！李陵自己虽是失败了，而他所杀伤匈奴之多，也足以显赫于天下了。他之所以不死节，应该是要寻找适当的机会再报答于汉室。"不料司马迁的直言触怒了汉武帝，他认为司马迁所说的是诬陷欺骗，想诋毁贰师将军，为李陵开脱罪责，于是把司马迁押入牢狱，后又处以残酷耻辱的宫刑。这次横祸不论是在肉体上还是在精神上，对司马迁都是一次沉重的打击，但因《史记》尚未编完，于是他忍辱负重，坚强地活了下来，一心发奋著书。

（2）矢志不渝

司马迁出狱后，担任中书令，他的故交益州刺史任安给他写信，在信中，他以古代贤臣的道义准则来要求司马迁。司马迁在给任安复信中，表明了他当时的心情和志向：

"事情很难用几句话向世俗的人们讲清楚，我的先人没有过能得赐铁券丹书的功绩，掌管文献历史与天象历法，其地位和占卜算卦的相近，本来就不为历代君王尊重。假令我伏法受死，和捏死一只蝼蚁没什么两样，而世人也决不会将我同那些为节操而死的人相提并论，只会认为是智穷罪大，最终落得一死罢了。这是什么原因呢？平时自己所树立的形象就让人这么去想。人总有一死，只是死的方式和目标各不相同而已，有的人死比泰山还重，有的人死比鸿毛还轻。最要紧的是不让祖先受辱，其次自身不受辱，其次脸面不受辱，其次语言辞令上不受辱，其次屈节受辱，其次剃去毛发铁圈束颈受辱，其次毁坏体肤折断肢体受辱，最下一等是腐刑受辱。《礼记》上说：'刑不上大夫'，正是说士人的节操不可不尽力守全，所以就是在地上画个圈作为牢狱，士人也决不进入，砍削木头当作狱吏，也决不和他面对面提问回答，就是因为他抱定了宁死不屈的气节。如今手脚相交，袒露体肤，披枷锁，挨笞杖，囚禁在高墙之内，当此之时，见到狱吏就磕头触地，面对刑徒便惊恐地心跳不已。这是什么原因呢？也是长期威逼束缚造成的。落得这样的下场，还口说不受辱，不过是死要撑脸面罢了，哪还有尊贵可言！况且西伯周文王，为一方诸侯之长，还曾被拘禁；李斯为秦国丞相，还受过五种刑罚；淮阴侯韩信曾是楚王，在陈地却被锁上了枷锁；彭越、张敖都是面南称孤道寡的王，都曾被捕入狱；绛侯周勃诛灭作乱的吕氏外戚，权势超过春秋时的五霸，却被囚禁在请室；项羽手下的大将季布卖身做过朱家奴隶。这些人都身至王侯将相，名声闻于邻国，等到落入法网，都不能下决心自杀。人处在牢狱之中，古今一样，哪能不受屈辱！可见，勇敢和胆怯，是由权势决定的；强壮和懦弱，是由地位造成的。明

白了这个道理，那还有什么值得奇怪的呢？况且人不能在面对刑罚之前自尽，到了刑杖相加的时候，才想到自杀，那不是太晚了吗？古人所以不轻易对大夫动刑的原因，可能就在于此。贪生恶死是人之常情，顾及双亲，眷恋妻小，至于那些激于理义的人却不这样，因为他另有不得已的原因。如今我十分不幸，早年失去父母，没有兄弟之亲，孤苦伶仃，少卿您看我对妻室儿女的态度怎么样？并且，勇士不一定为节操而死，虽为懦夫却因倾慕勇义而奋发努力，这样的人何处不见？我虽怯懦软弱欲苟且偷生，也还懂得选择生死的标准，何至于自己陷身牢狱之中受到屈辱呢？那些奴仆婢女还能守节自杀，何况我是到了不得已的地步！我之所以苟且偷生，是因为我的心愿还没有完全实现，并且以自己辞世后著作不能流传后世为耻。

"古时富贵而名声早已磨灭的人，多得数不清，只有卓绝异常的人，才能为后人所传颂。周文王遭拘禁而推演《周易》；孔子无法施展抱负而撰写《春秋》；屈原被流放，才写了《离骚》；左丘明双目失明，写成《国语》；孙膑被挖膝盖骨，才完成《兵法》；吕不韦被贬居蜀地，《吕览》流传于世；韩非囚禁在秦国，《说难》、《孤愤》才得以写成并扬名；《诗经》三百，大多是古代圣贤抒发愤懑之情而写的。这都表明，他们思想上忧郁，又不能实现自己的主张，所以追述往事，希望后人了解自己的志向。我私下不自量力，近些年来用拙笨的文辞，收罗天下许多早已散失的轶闻旧事，对这些事实加以考证，用来探求成败兴衰的道理，共编成一百三十篇，也想以此来研究上天与人世的关系，通晓古今的变化规律，自成一家的观点。文稿草创尚未完成，就遭到了这场灾祸，痛惜此书未成，故虽身受极刑而没有自杀。倘若著成此书，要将它藏在名山，传给志同道合的人，散布于通都大邑。如此才能抵偿我先前所受屈辱，即令万死，也无可悔恨！"

第五章 盛极而衰

（3）《史记》问世

司马迁编纂的史书，搜集天下散失的轶闻旧事，陈述帝王之业兴起的轨迹，求源本而明结局，探求考察兴盛与衰落之间的变化，编排考订史实，略古而详今，简略追述夏商周三代，详细记载秦汉当时历史，上从轩辕黄帝记起，下到他所生活的汉武帝年间，总共有三四千年的历史。书中的十二本纪，是以帝王为中心，提纲挈领地编排出关于大事的记载；十表，是同时代但家世不同或年代不明的王侯将相的年代表；八书，记载各种社会制度的发展，包括了礼乐的增损、律历的改变、兵法权谋、鬼神祭祀、山川形势、天人关系、经济的发展；三十世家，与帝王大事记相配合，叙述了诸侯国与重要历史人物的历史和传记；七十列传，详载各种社会人物和少数民族的历史活动，总计一百三十篇，五十二万六千五百字，称为《太史公书》，后世称为《史记》。书中有十篇在后来散失了，只存目录而无原文。司马迁死后，他的书才逐渐流传开来。

《史记》是我国第一部纪传体通史，是历史学上一部不朽的著作，开创了史学研究上全新的体例。《史记》也是一部规模宏大的社会变迁史，它以个人的传记为形式，以社会为中心记载历史事件。在八书中，分别概述了从黄帝到汉武帝时期各种社会制度的发展变化，凡天文、地理、兵律、经济无所不述。在纪、传中，它几乎注意到历史上社会的每一阶层、每一个角落、每一个方面的人们的社会活动：本纪不只是为皇帝作传，也为失败的英雄项羽和掌握实权的女主吕后作传；世家也不只是记载贵族，也记载没有爵位的孔子和农民起义领袖陈涉，且把陈涉起义与商汤灭夏、武王革命相提并论；不只是替官僚写列传，也替哲学家、文学家、地主、商人以及游侠等社会各色人等立传，将当时社会的风貌全景展现在后人眼前。《史记》是一部史学巨著，也是一部伟大的文学著作，它在传记文学和散文方面有着突出的成就，鲁迅先生赞赏它为"史家之绝唱，无韵之离骚"。

9. 巫蛊之祸

汉武帝征和元年（公元前92年）秋冬之交，长安发生了一件事情，一携剑男子欲闯皇宫。当时汉武帝在建章宫远远望见这一男子正往中龙华门里走，他觉得那人行迹很可疑，便命卫兵逮捕此人。这人见势不好，丢下剑逃走了，卫兵们没有追上。汉武帝大怒，杀掉了负责宫门警卫的门候，调动三辅的骑兵入上林苑围捕，又关闭城门搜索，但没有找到，十一天后长安才恢复正常秩序。这件事发生后，巫蛊之祸便开始了。

所谓巫蛊，是指男女巫师在下神时诅咒并将木偶人埋于地下，当时人们认为这样可以加害于他人。巫蛊之祸起自朱安世，成于江充，公孙贺、公主、皇后、太子还有其他很多人都因它而败亡。

（1）公孙贺族诛

公孙贺，字子叔，北地义渠人。他的祖父昆邪在汉景帝时担任陇西太守之职，因率军平定吴、楚叛乱有功，被封为平曲侯，著书十多篇。

公孙贺年轻时为骑兵，多次出征立功。从武帝当太子时起，公孙贺就是舍人，武帝即位，公孙贺升任太仆。公孙贺的夫人君孺，是卫皇后的姐姐，公孙贺因此受宠爱。元光年间，公孙贺被任命为轻骑将军，带兵驻扎在马邑。四年后，出云中。五年后，以车骑将军的身份跟随大将军卫青出征，因战争中立功，被封为南奅侯。随后，再次以左将军的身份率兵出襄陵，没有战绩。后来因为宗庙祭祀时献银两助祭的事而获罪，失去侯位。又以浮沮将军身份出五原之外二千多里，又没有立下战功。

第五章　盛极而衰

八年后，接替石庆担任丞相，封为葛绎侯。起初公孙贺被拜为丞相，不接受丞相官印和绶带，磕头哭泣说："臣本是边远地方的人，靠骑马射箭当上官，实在没有作丞相的才能。"皇上与身边人看见公孙贺很悲哀，被感动地流下了眼泪。皇上说："扶起丞相。"公孙贺不肯起来，皇上因此起身离去，公孙贺不得已才拜受。待他出了朝，身边人问他原因，公孙贺说："主上贤明，我不够称职，恐怕要受到严厉的责罚，从此就危险了。"

公孙贺的儿子公孙敬声，接替父亲担任太仆，父子同居公卿职位。敬声自以为是皇后姐姐的儿子，因此骄横奢侈，不守法度。征和年间，擅自挪用北军军费一千九百万被揭发，获罪入狱。这时皇上下令追捕阳陵朱安世，抓不到，公孙贺得知皇上的急迫心情，自动请求追捕朱安世，期望能抓到朱安世而为公孙敬声赎罪。皇上同意了。后来公孙贺真的抓到了朱安世。朱安世是京师大侠，听说公孙贺想用自己来为儿子赎罪，笑着说："丞相要祸及祖宗了。南山上的竹子不够用来书写我揭发你罪过的文辞，斜谷中的树木不够用来做束缚我的桎梏。"朱安世于是从狱中上书，告敬声与阳石公主私通，以及让巫师祭祀诅咒皇上，并且在上甘泉宫正对朱大路的地方埋下木偶人，上面刻有祭词，其内容中有恶毒的话。案子交给有关部门审讯，一一追究罪过，于是公孙贺父子都死在狱中，全家被诛灭。

闰四月，卫皇后之女诸邑公主、阳石公主及皇后的弟弟卫青之子长平侯卫伉，都因受到了巫蛊的牵连而被处死。武帝与卫皇后及太子的关系蒙上了一层阴影。

征和二年（公元前91年）春天，皇上诏令御史说："前丞相公孙贺倚仗国戚关系，利用自己的权势干坏事，占取好田，为子弟宾客谋利，不顾百姓、戍边官兵缺粮，不考虑解决实际问题而收受贿赂，我忍耐他已经很久了，终不自动悔改，竟然以边防为借口，让内地各郡压缩其他费用，制作车辆。又借口供给军队用粮，令农民自己送粮到边境，困扰农民，使牲畜疲乏，耗损怀孕的牛马，影响国家的边防。还让下级官吏妄自增收赋税，使百姓流亡。并假称受诏，用奸邪手段逮捕朱安世。案子已经公开了结。现在拜涿郡太守刘屈左丞相，分丞相、长史一府为两府，等有适当的贤人后再拜右丞相"。

239

（2）江充握重权

　　江充字次倩，是赵国邯郸人，原名江齐。他的妹妹很擅长歌舞鼓瑟，嫁给了赵国王太子刘丹为妻。江齐为此得到了敬肃王的宠信，成为赵王的座上客。

　　许久之后，王太子怀疑江齐向敬肃王泄露了自己的隐私，于是与江齐反目成仇，让人抓捕江齐不成，就抓了他的父兄，关押审讯后处以斩首弃市。江齐于是隐匿形迹，西逃入关，改名江充。到了京城，他便向皇帝控告刘丹与同胞姊妹甚至父王的后宫之人淫乱，还勾结郡国的豪猾奸人，打劫作恶，地方官吏无法管制。江充所上之书被呈给皇帝看，皇帝大怒，派人诏命郡守发兵包围赵王王宫，收捕王太子刘丹，然后转押在魏郡的诏狱里，令廷尉与郡守联审，执法非常严酷。

　　赵王彭祖是皇帝的异母哥哥，上书替王太子开罪，说："江充是个受缉捕而逃亡的小臣，现在胡乱玩弄奸诈的手段，让圣上气恼，想借您的威严以报私怨，后果终难逃烹醢之刑，还不知悔悟。我愿意精选赵国的勇猛之士，到边防从军，抗击匈奴，为朝廷效力，以此赎刘丹的罪。"皇帝不答应，最后还是废了赵国王太子刘丹。

　　当初，皇上召见江充于犬台宫，江充请求以平常的穿戴叩见，皇上同意了。江充身穿织丝禅衣，衣服和装饰都带有一些女人味，丝帽上鸟羽作缨，走动时摇冠飞缨，加上他身材魁梧伟岸，气宇轩昂，使皇帝望见就感到他与众不同，对左右人说："燕赵真是奇士很多呵。"等江充上前拜见，与他谈论一番之后，皇帝大为高兴。

　　江充请求出使匈奴。皇上问他有何打算，他回答："出使应以敌为师，随机应变，事情不好预先打算。"于是皇上任命他为谒者，出使匈奴。出使匈奴归来后，就拜为直指绣衣使者，督捕三辅境内的盗贼，监察豪贵们的越礼过分行为。当时皇亲国戚及近臣中很多人蛮横、奢侈、不守本分。江充一一举报弹劾，还奏请没收这些人的车马，让他们到北军营待命抗击匈奴。皇帝准奏后，江充马上便送信给光禄勋中黄门，将那些该去

北军营待命的近臣侍中的名字告诉门卫，禁止那些没有经准许的人出入宫廷。于是贵戚子弟惶恐起来，都到皇帝那里叩头哀求，表示情愿出钱赎罪。皇帝答应了他们的请求，令他们各自按俸禄地位到北军交钱，这次朝廷共得几千万钱。皇帝认为江充奉法不阿，忠诚正直。

江充外出，碰上馆陶长公主等人在驰道上坐车行走，就喝问她们为什么那么放肆，公主说："是太后的诏命。"江充说："只有公主可以，随从车骑都不行。"于是就把长公主的随从全部处以处罚，并没收她们的车马。

江充陪伴皇帝前往甘泉宫，又遇上皇太子的家臣坐着车马在驰道上行走，江充把他们抓起来交给官府处置。太子得知，派人向江充求情希望宽恕。江充不给情面，仍把这件事上奏给皇帝，皇帝说："作为人臣应当如此！"对他更加信任，江充因此威震京师。

江充地位显赫，本人又精于权术，手段狠辣，因此在朝廷中得罪了不少人。后来，为保住性命，借口巫蛊作祟，离间皇太子和汉武帝的关系，终酿成巫蛊之祸。

（3）太子被逼反

汉武帝二十九岁时才有了太子，因此对他非常宠爱。太子刘据长大后，性格仁慈宽厚、温和谨慎，汉武帝嫌他缺乏才能，不像自己那样精明强干。汉武帝平日宠爱的王夫人给他生了一个儿子，名叫刘闳，李姬生二子刘旦、刘胥，李夫人生一子刘髆。皇后、太子因皇上对他们的宠爱逐渐减少，常常感到不安。汉武帝察觉后，对大将军卫青说："我朝有很多事还都处于草创阶段，再加上周围的民族对我国不断侵扰，我若不变更朝中制度，后代就将失去依据准则；若不出师征伐，天下就不能安定，因此不能不使老百姓们受些劳苦。但若我的后代也像这样做的话，就等于重蹈了秦朝灭亡的覆辙。太子性格稳重好静，一定能安定天下，不会让我担忧。要找一个能够以文治国的君主，有谁还能比太子更强呢？听说皇后和太子有不安的感觉，难道真的如此吗？你可以把朕的意思转告他们。"卫青叩头谢恩。皇后听说后，特意摘掉首饰向汉武帝谢罪。

太子常劝谏武帝，不要劳师动众征伐周边的少数民族，武帝笑着对他说："我把劳苦担当起来，把安逸留给你，这不挺好吗？"武帝每次出巡，总是把大事交给太子处理，宫内的事则交给皇后掌管。武帝回来后，他们将所处理决断的事情，挑一些要紧的向他汇报，武帝也没有什么不同的意见，有时连问也不问。武帝用法严酷，任用的多是酷吏，太子为政宽厚，经常命令重审一些案件以便能从轻处理，虽然深得人心，但执法的大臣们都很不高兴。皇后担心时间长了会惹恼武帝，常劝诫太子将案卷留下，听从武帝自己发落，不应该自作主张地加以从宽处理。武帝听说后，赞赏太子的作法，而对皇后却不以为然。群臣中的宽厚长者都归心于太子，而用法严酷的人总诋毁他。当时奸臣结成党羽，所以对太子的赞誉少而诋毁多。

卫青死后，不少大臣因太子不再有外戚做靠山，加上又私下以为武帝更喜欢小儿子刘弗陵，所以争相陷害太子。

汉武帝很少和儿子们在一起，与皇后也难得见面。一次，太子进宫拜见皇后，过了很长时间才从宫中出来。黄门苏文向汉武帝报告说："太子调戏宫女。"于是汉武帝将太子宫中的宫女增加到二百人。后来太子知道了这件事，便非常恨苏文。苏文与小黄门常融、王弼等经常暗中寻找太子的过失，然后再添枝加叶地向汉武帝报告。对此，皇后切齿痛恨，让太子禀明皇上杀了苏文等人。太子说："只要我不做错事，又何必怕苏文他们！皇上圣明，不会相信邪恶谗言，用不着担心。"有一次，汉武帝感到身体有点不舒服，便叫常融去召太子进宫来见，常融回来后对汉武帝说道："太子面带喜色。"汉武帝默然无语。等太子来到，汉武帝察看他的神色，见他脸上泪迹未干，却强装有说有笑，汉武帝感到很奇怪，再暗中查问，才得知事情真相，于是便将常融处死。皇后自己也小心防备，远避嫌疑，因此尽管有很长时间不再受武帝宠幸，却仍能使汉武帝以礼相待。

当时，方士和各类神巫多聚集在京师长安，经常用旁门左道的奇幻邪术来迷惑众人。一些女巫在宫中往来，教宫中美人躲避灾难的办法，在每间屋里都埋上木头人，进行祭祀。当宫女们因互相妒忌争吵时，就轮番告发对方诅咒皇上，大逆不道。汉武帝大怒，每每处死被告发的人，后宫妃嫔、宫女以及受牵连的大臣共杀了几百人。汉武帝产生疑心以后，有

第五章 盛极而衰

一次，在白天小睡，梦见有好几千木头人手持棍棒想要袭击他，猛然惊醒，从这以后便经常感到自己身体不舒服，精神恍惚，记忆力大减。江充自以为与太子及皇后有过节，见汉武帝年纪已大，害怕皇上去世后被太子诛杀，便向皇帝进谗言，称皇上的病是因为有巫蛊作祟造成的。于是汉武帝便派江充为使者，负责查处巫蛊案。江充率领胡人巫师到各处掘地寻找木头人，并逮捕了那些用巫术害人，夜间祷祝及自称能见到鬼魂的人；又派人事先在一些地方洒上血污，然后对被捕之人进行审讯，指出他们用邪术在那些染上血污的地方害人，并施以铁钳烧灼之刑，强迫他们认罪。于是百姓们互相诬指对方用巫蛊害人；官吏则常常参劾别人大逆不道，欺君犯上。从京师长安、三辅地区，到各郡、国，因受牵连而死的先后共有几万人。

此时，汉武帝年事已高，疑心加重，总以为周围的人都在用巫蛊诅咒他。而那些被捕治罪的人，无论有没有巫蛊行为，谁也不敢诉说自己有冤。江充看出汉武帝心中有疑惧，便指使胡人巫师檀何言称："宫中有蛊气，不把这蛊气除去，皇上的病就一直不会好。"于是武帝便派江充入宫内，直到宫禁深处，毁坏皇帝的宝座，挖地找蛊；又派按道侯韩说、御史章赣、黄门苏文等协助江充。江充先从武帝平日很少宠幸的妃嫔着手，然后依次搜索，一直搜到皇后宫和太子宫中，宫内各处地面都被翻挖起，以致太子和皇后连放床的地方都没有了。江充扬言："在太子宫中找出的木头人最多，还有写在丝帛上的文字，内容大逆不道，应当奏闻皇上。"太子非常害怕，问少傅石德应该怎样应付这件事。石德害怕因为自己是太子的老师而受牵连被杀，便对太子说："先前公孙贺父子、两位公主以及卫伉等都因犯用巫蛊害人之罪而遭杀身之祸，如今巫师与皇上的使者又从宫中找到证据，不知是巫师放置的呢，还是确实有，反正你是解释不清楚的。不如假传圣旨，把江充等人逮捕下狱，彻底追究其奸谋。况且皇上有病住在甘泉宫，皇后和您派去请安的人都没能见到皇上，皇上是否在世，还不知道呢。而奸臣竟敢如此，难道您忘了秦朝太子扶苏之事了吗！"太子说道："我这做儿子的怎敢擅自诛杀大臣！不如前往甘泉宫请罪，或许还能被免无罪。"太子打算亲自前往甘泉宫，但江充却抓住太子之事紧追不放，太子想不出别的办法，于是按着石德的计策行事。秋季，七月壬午，太子派门客假冒皇帝的使者，逮捕了江充等人。

按道侯韩说怀疑使者是假的，不肯接受诏书，太子的门客便将他杀死。太子亲自监杀江充，骂道："你这个赵国的奴才，先前离间你们国王父子，还嫌不够吗！如今又来离间我们父子！"又把江充手下的胡人巫师放火烧死在上林苑中。

（4）血染长安

太子连夜派舍人无且带着符节进入未央宫长秋门，通过长御女官倚华将一切禀报给皇后，然后调发皇家马厩的马车运载射手，打开武器库拿出武器，又调发长乐宫的卫卒。长安城中一片混乱，纷纷说太子将要起兵谋反。苏文得以逃出长安，来到甘泉宫，向汉武帝报告说太子很不像话。汉武帝说道："太子一定是害怕了，又愤恨江充等人，所以发生这样的变故。"因此派使臣召太子前来。使臣怕入长安后被杀而不敢去传旨，回去报告说："太子已经造反，要杀我，所以我逃了回来。"汉武帝听了大为恼怒。丞相刘屈听到事变消息后，一边派长史乘驿站快马入宫向汉武帝奏报，一边抽身就逃，连丞相的官印、绶带都丢了。汉武帝问长史："丞相是怎么做的？"长史回答说："丞相封锁消息，没敢发兵。"汉武帝生气地说："事情已经闹到这种地步，已无秘密可言！丞相没有周公的遗风，难道周公不能把管叔和蔡叔杀死吗？"于是给丞相颁赐印有玺印的诏书，命令他："捕杀叛逆者，朕一定赏罚分明，应以牛车作为掩护，不要和叛逆者短兵相接，以免杀伤过多兵卒。坚守城门，决不能让叛军从长安城逃出！"太子发表告示，向文武百官发出号令说："皇上因病困居甘泉宫，我怀疑可能有变故，奸臣们想乘机叛乱。"汉武帝于是从甘泉宫返回，来到长安城西建章宫，颁布征调三辅附近各县的军队的旨意，部署中二千石以下官员，由丞相兼职统管。太子也派使者假传圣旨，赦免关押在长安中都官狱中的囚徒，命少傅石德及门客张光等分别统管；又派长安囚徒如侯持符节把长水和宣曲两地胡人骑兵征调过来，一律全副武装前来会合。侍郎马通受汉武帝派遣来到长安，听说之后马上追赶上去，将如侯逮捕，并告诉胡人："如侯带来

第五章 盛极而衰

的符节是假的,不能轻信他的话!"于是将如侯处死,带领胡人骑兵开进长安;又征调船兵楫棹士,由大鸿胪商丘成指挥。当初,汉朝的符节是纯红色,因太子用红色符节,所以在武帝所发的符节上为示区别加上黄缨。

太子来到北军军营南门外,站在车上,召出护北军使者任安,颁与符节,令任安发兵。但任安拜受符节后,却返回营中,闭门不出。太子带人离去,将长安四市的几万市民强行武装起来,到长乐宫西门外,正遇到丞相刘屈率领的军队,双方会战五天,死亡几万人,鲜血像水一样流入街边的水沟。民间都说"太子谋反",所以人们不支持太子,而丞相一边的兵力却不断加强。

最后,太子兵败,南逃到长安城覆盎门。司直田仁率兵守护城门,因觉得太子和皇上是父子,不愿逼迫太急,所以使太子得以逃出城外。丞相刘屈要把田仁杀掉,御史大夫暴胜之对丞相说:"司直为朝廷二千石大员,理应先行奏请,是不能随便斩杀的!"于是丞相将田仁释放。汉武帝听说后大发雷霆,将暴胜之逮捕治罪,责问他道:"司直放走谋反的人,丞相要杀他,是执行国家的法令,你凭什么要擅加阻止?"惶恐不安的暴胜之遂自杀。汉武帝下诏派宗正刘长、执金吾刘敢携带皇帝下达的谕旨,把皇后的印玺和绶带收回,皇后因而自杀。汉武帝认为,任安是老臣,看到有战乱之事却坐壁上观,看谁取胜就归附谁,对朝廷怀有二心,因而将任安与田仁一同腰斩。因马通擒获如侯,汉武帝封他为重合侯;长安男子景建跟随马通,擒获石德,封他为德侯;商丘成奋力战斗,擒获张光,封侯。因曾经出入宫门,所以太子的众门客一律处死;凡是跟随太子起兵谋反的,全部按谋反罪灭其家族;各级官吏和兵卒凡不是出于本心,而被太子挟迫的,一律被放逐到敦煌郡。因太子逃亡在外,所以开始在长安各城门设置军队把守。

汉武帝愤怒异常,众臣子十分恐惧,不知如何办才好。壶关三老令狐茂上书汉武帝说:"我听说,父亲好比是天,母亲好比是地,天地间的万物就好比是儿子,所以只有上天平静,大地安然,万物才能茂盛;只有父慈,母爱,儿子才能孝顺。如今皇太子本是合法继承汉朝的人,即将承万世大业,执行祖宗的重托,论血缘又是皇上的嫡长子。江充本为一介平民,仅仅是市井无赖之徒罢了,陛下对他却加以重用,让他挟

至尊之命来谋害皇太子，纠集一批奸邪小人，对皇太子进行欺诈栽赃、逼迫陷害，使陛下与太子的父子间亲情不能相通。太子进则不能面见皇上，退则被乱臣的陷害困扰，独自蒙冤，无处申诉，忍不住忿恨，起而杀死江充，却又害怕皇上降罪，被迫逃亡。作为陛下的儿子，太子私自用父亲的军队，不过是为了救难，使自己免遭别人的陷害罢了，臣认为他绝无险恶之心。《诗经》上有言：'绿蝇往来落篱笆，谦谦君子不信谗。否则谗言无休止，天下必然大乱出。'从前，江充曾以谗言害死赵太子，天下人无不知晓。而今陛下不加细查，就过分地责备太子，发雷霆之怒，为追捕太子而征调大军，还命丞相亲自指挥，致使有智慧的人不敢进言，善辩之士也不能说话，我心中实在感到痛惜。希望陛下舒畅心怀，平心静气，不要苛求自己的亲人，不要对太子的过错耿耿于怀，立即结束对太子的征讨，不要让太子长期流亡在外！我对陛下一片忠心，随时准备献出我短暂的生命，待罪于建章宫外。"奏章递上去，汉武帝见到后感动万分，但没有公开赦免太子。

（5）武帝悔悟

太子向东逃到湖县，隐藏在泉鸠里。主人家境贫寒，只能靠织卖草鞋来奉养太子。有一位太子以前相识的人在湖县居住，据说很富有，太子便派人去叫他，因此而走露了风声。八月辛亥，地方官追捕太子。太子自己估计难以逃脱，便回到屋中，紧闭房门，自缢而死。前来搜捕的兵卒中，山阳男子张富昌用脚踹开房门，新安县令史李寿跑上前去，将太子抱住解下。主人与搜捕太子的人拼斗而死，一同遇害的还有两位皇孙。对于太子之死，汉武帝非常伤心。

官吏和百姓以巫蛊害人罪相互告发，但经过调查发现多不属实。此时汉武帝也已知道太子刘据是因被江充逼迫，惶恐不安，才起兵诛杀江充，并无叛国的意图。正好守卫汉高祖祭庙的郎官田千秋又上紧急奏章，为太子鸣冤说："作儿子的擅自动用父亲的军队，其罪应受鞭打。天子的儿子误杀了人，又有什么罪呢？我梦见一位白发老翁，让我上此奏章。"汉武帝于是幡然醒悟，召见田千秋，对他说："我们父子之间的事，一般认为外人难以插手，只有你知道中间的不实之处。这是高祖皇帝的神灵派您来指教我，您应当担任辅佐大臣。"立即就任命田千秋为大鸿胪，田千秋虽没有其他的学识、功绩和阅历，只是因为一席话让天子醒悟，几个月的时间就取代宰相封为富平侯，这是史无前例的。后来汉朝的使者出使匈奴，单于问使者："听说汉朝新拜丞相，为什么用他呢？"使者说："因为他上书谈论非常事变，所以被拜为丞相。"单于说："如果像这样，丞相的设置不是任用贤士，随便一个男子上书就能得到啊。"使者返回，把单于的话转述给皇上。武帝认为使者有辱使命，便交给官吏审讯，过了很久，才把他释放。

田千秋为人忠厚有智谋，比前几位丞相都称职。汉武帝下令将江充满门抄斩，将苏文烧死在横桥之上。汉武帝顾惜无辜遭害的太子，便特修了一座思子宫，又在湖县建了一座归来望思之台，天下人听说后，都很悲伤。

巫蛊之祸并未因太子刘据的自杀告终，征和三年（公元前90年），内者令郭穰又上告丞相刘屈的夫人也从事巫蛊活动诅咒皇帝，并且刘屈还与贰师将军李广利一起祈祷祭神，打算立昌邑王刘髆为帝。经过调查验证后，定为大逆不道罪。六月，将刘屈游街示众，以腰斩之刑处死，其妻小在华阳街枭首示众，并将李广利妻小也逮捕入狱。李广利当时正率军与匈奴作战，闻讯后，便投降了匈奴，武帝知道后又把李广利的宗族灭掉，巫蛊之祸的影响甚至远及汉朝边地。

巫蛊之祸，不仅仅是一场涉及汉武帝家族的家庭惨祸，也是封建国家的一场内乱。短时间内，上至皇后、太子、公主及公卿百官，下至兵吏百姓，有数十万人被无辜杀害，当时统治之腐败、政治之黑暗前所未有。作为一代雄主的汉武帝，其迷信愚昧、猜疑残忍的一面，给家庭和社会都带来了一场灾难。

10. 轮台罪己诏

征和四年（公元前89年）三月，因为社会危机日益严重，皇族纷争不止，武帝反思自己的所作所为，颁布了发人深思的"轮台罪己诏"。

（1）国库耗尽

汉武帝在位期间南征北战，汉帝国的疆土得到空前拓展。但由于长年的用兵，军费开支之大和人民负担之重也是前所未有的，武帝即位不久，派严助、朱买臣等招徕东瓯，打击两越，江淮地区百姓劳役因此更繁重；后又派唐蒙、司马相如通西南夷，通道凿山千余里，巴蜀之民疲惫不堪。彭吴奉命开通秽貊、朝鲜道，设置沧海郡，燕齐之间人们怨声载道。及马邑之谋后，汉朝征战匈奴，战争不断，各地都要为此负担前所未有的庞大的兵徭费用。如元朔年间，卫青率兵出击匈奴，夺取河南之地，武帝为了修朔方城征发了十万民众，所需漕粮转运遥远，连山东地区都受其劳，费用达数十万至百万巨，国库都因此空虚。以后四年，卫青率十万之众连年打击匈奴，光赏赐有功将士就用掉二十多万斤黄金，另外汉军士兵马匹死亡十余万，兵甲漕粮转运也需巨额费用。霍去病后来攻击匈奴获胜，汉军赏赐有功将士，当年费用又为百余万。武帝前后四十多年，大小战役不计其数，军费开支耗费巨大。

除了战争费用数额巨大外，武帝还喜欢巡游，大兴土木，寻求神仙和不死之药，迷信鬼神，多次封禅泰山，宫廷的开支也异常庞大。元封元年（公元前110年），武帝至朔方阅兵，巡行一万八千里，沿途所用赏赐用

第五章　盛极而衰

帛就多达百万匹。为使方士栾大入海求得仙方，武帝将公主嫁与栾大，仅陪嫁就送了十万斤黄金。所有这些不仅加重了人民的负担，而且把文景以来所积财富耗费殆净。

武帝时期不断出现天灾人祸。大批农民因水旱蝗等灾而致死或流亡。如元光年间，黄河两次决口，水患遍及数十郡。元鼎年间，山东连年歉收，又有水雹灾荒，饿死数千人，逃亡的越来越多。元封年中，仅关东地区受灾流民就达二百万。

流民的存在，使得社会动荡不安，加上地方官吏横行暴虐，农民起义此起彼伏。到天汉二年（公元前99年），武装起义遍及东方各郡，大群的有数千人，他们攻下城池，夺取武库兵器，放出监狱死囚，羞辱、斩杀地方官吏；小股的数以百计，拦截道路，攻掠乡里。武帝曾派御史中丞、丞相长史等中央官员到郡县督察镇压，农民起义依然不断发展。武帝又改派光禄大夫范昆、原任九卿的张德，以及暴胜之、王贺、江充等为直指绣衣使者，他们手握生杀大权，对起义者更是大肆屠戮，有时一郡就有一万多人被杀，连给起义者提供过饮食的农民也不放过，受牵连被杀的又有数千人。官吏们以多杀为能事，杀人少的还要受到处分。屠杀政策并不能消弥农民的反抗，起义者又化整为零，在山林川泽中分散活动。

为了督促官吏对起义者的镇压，武帝颁布了严厉的"沉命法"，规定凡不能及时发现起义农民和发现后捕杀不能达到规定指标者，地方各级主管官吏都得处死。这样一来，地方小吏害怕被杀，发现农民起义也不敢上报，郡守、国相担心自己受牵连也不愿他们上报。汉王朝社会危机四伏，农民起义越来越多。

武帝晚年，严重的社会危机和不断的个人挫折，促使他开始认真反省，终于有所觉醒。征和四年（公元前89年）三月，武帝对大臣们说："朕自即位以来，办了许多昏悖之事，使天下民众忧愁穷苦。自今凡有伤害百姓、浪费天下财物的事情，一律撤除！"不久，武帝便接受田千秋的建议，遣散了候神求仙的方士，表示再不受方士们的蛊惑。

后来，搜粟都尉桑弘羊与丞相、御史奏道："轮台东部有能灌溉的农田五千顷以上，可派屯田士兵前去屯田，设置校尉三人分别掌管，多种五谷；由张掖、酒泉派骑兵下级小吏担任警戒；招募民间强壮有力、敢于远

赴边塞的人前往该地，开辟荒地，灌溉良田，逐渐修筑亭燧，城池向西相连，用以威慑西域各国，辅助乌孙。"

（2）休兵养息

武帝为此奏颁布了著名的"轮台罪己诏"，对过去的征伐深表悔恨。他说："先前有关部门上奏要求把人头税增加三十钱，这是加重老弱孤苦的负担；现在又请求派士卒屯田轮台。先前开陵侯率兵攻打车师时，虽然胜利了，但由于路途遥远缺乏粮食，就有几千士兵饿死道上，何况轮台更在车师以西！早先朕不明智，因匈奴侮辱汉人，又长期扣留汉使者不放，所以就派贰师将军出兵，想以此加强汉使自身的地位和威信。

"古时候，同卿、大夫商讨国家大事，总要求神问卜。如果不吉利，就不能行动。先前，朕曾把军侯弘关于'匈奴人捆缚其马'的奏书交给丞相、御史、二千石大臣、郎官、各位大夫、研究经典的官员等传阅，又向各郡、属国都尉等下达，他们都认为'匈奴人捆缚自己的战马，是最大的不祥'，或认为'匈奴是为向我国显示强大，而凡是力量不足的人，总爱向别人显示自己的强大'。史官、方士、星象家和负责求神问卜的官员也都认为'是吉兆，匈奴必败，时机不可多得'，又说：'遣将北伐，至山必胜。卦辞显示，诸将中以派贰师将军前去最吉。'因此，朕亲自让李广利率兵出征，并诏令他务必不要深入。如今计谋、卦兆全都与事实相反。重合侯马通曾擒获匈奴探马，奏称'匈奴人捆缚战马，是为了对汉军进行诅咒'。匈奴人经常说：'汉朝极为广大，但汉人却不耐饥渴，放走一只狼，就要损失上千只羊。'李广利从前兵败，将士们有的战死，有的被俘，有的四散逃亡，朕每念及此，甚为感伤。如今又奏请要派人远赴轮台屯垦，修筑亭燧，这是使天下人困扰劳苦的举动，而不是优待百姓，这样的建议，朕不忍听！大鸿胪等又提议招募囚犯护送匈奴使者返回，作为奖赏，封他们为侯，让他们刺杀匈奴单于，以发泄我们的怨忿，这事是春秋时五霸不肯做的。况且匈奴得到汉朝归降的人，常常浑身上下严加搜查，又怎能实行此计呢？当务之急，在于严禁官吏对百姓苛刻暴虐，废止擅自

增加赋税的法令，全力务农，恢复为国家养马者免除徭役赋税的法令，用以补充战马损失的缺额，不削弱国家军备罢了。各郡、国二千石官员要分别把本地畜养马匹补充边备的计划进呈上来，与呈送户籍、财政簿册的人员一同赴京奏报。"

武帝于是停止出兵，不再征战，封丞相田千秋为富民侯，表明将施政方针转移到休养生息使民众富足方面来；又任命赵过为搜粟都尉，推广称为"代田"的精耕细作方法，许多方便灵巧、既省工力又能增产粮食的新农具也得到广泛应用，受到农民们普遍欢迎。

（3）推广代田法

代田法是赵过在关中地区农民精耕细作经验的基础上，总结出的一种连年稳产高产的技术。所谓"代田"，就是"一亩三圳"的耕作方法：把田地翻耕整平后，把圳和垄分别开挖，即分出田间的沟和埂，一亩地中分成六等分，以三分为圳，三分为垄，圳垄相间，故称为"三圳"。垄地宽大，圳宽一尺，深也为一尺。播种时，将种子撒在圳中，这样，幼苗长在沟里，既能减少沟中土壤的水分损失，又能减少对叶面的风吹日照，促进了农作物的苗壮生长。以后再结合中耕除草，逐步将垄土锄下培壅苗根，等到盛夏之际作物长成，垄土全部培于苗根，作物根深秆壮，就能经受风旱的侵袭，获得高产。这种耕作土地的方法比不开圳垄的"漫田"每亩可增产一斛左右，经营好的可以达到二斛。第二年再播种时，则在原来垄处开圳，圳处留垄，相互调换一下位置，照样种植。这样圳垄每年交替更换，轮番使用地力，可以不必休闲而起到休耕的作用，这就是所谓"代田"。这种方法使庄稼获得稳产高产，又能保证地力的恢复，把土地充分利用起来。

为了配合新的耕作方法，赵过还改进了许多农具，并由大农拨派能工巧匠专门制作。为了提高耕牛的犁田效率，赵过还推广了新的牛耕方法——二牛三人的耦耕方法。二牛各挽一犁，二人在后扶犁，一人在前导牛，两犁并耕而进。当时二牛三人之力，可耕种五顷土地，平均每人可耕一百六十亩以

上，大大超过了以前一家耕种百亩的水平。另外，赵过还发明了三犁共一牛的耧播新技术，这种方法，只需一牛挽犁，一人执犁，三犁并进，百亩地由一牛一人就能耕种。这种三犁共一牛的犁具也叫耧车、挽耧。

代田法是在大田面积上改进农具和耕作技术以求得增产，而在后来出现的"区田法"则是在小面积上要求精耕细作少种多收，走上了园艺化的道路。二者全面反映了西汉农业生产技术的发展水平。

区田法是汉成帝时农学家氾胜之总结关中农民丰产经验后提出的耕作方法。它把耕地分为上农区、中农区和下农区三部分，上农区掘土方深各六寸为一区，每区相间九寸，一亩地可掘三千七百个区。耕种时，先把土地深翻，调和土壤，施足底肥，增强其蓄水保肥能力，使作物根系得以充分发育；其次选择良种实行浸种点播密植，不同的作物安排不同的密植程度，盖土薄厚，下种深浅也不相同，以确保通风透光和顺利出芽；最后是加强中耕灌溉，随时松土锄草，保持适当的湿度，合理进行浇灌。这种园田化的耕作技术可以不择地段，不拘作物，通过深耕、足肥、勤灌和精心管理，就可以在较小面积上获得高产。据说有男女两个劳动力的一户小农家庭，只需耕种十亩土地，便足够全家多年的消费了。但这种耕作方法也有它的不足，就是花费工力太大，不能大力推广，无法多种地。所以，在西汉时期，区田法不如代田法影响力大。

司马光说：天下人才辈出。汉武帝先是喜欢征服四周蛮夷建功立业，朝廷中就有许多勇士，为其开疆拓土，无不如愿。到后来休养生息，重视农业生产，又有赵过等人教导百姓如何耕作，使百姓们获得很大的收益。同一位君王，前后的兴趣爱好迥然不同，而总有人才相应。假如汉武帝兼有夏禹、商汤、周文王的气度，以复兴商、周时期的太平盛世，难道会没有像夏、商、周三代的辅佐之臣吗！

武帝的罪己诏和各种改正错误的措施，使得残破的农业经济逐渐恢复起来，严重的社会和政治危机开始得到缓和。两年后武帝死去，他所托付的辅佐昭帝的霍光等人，继续实行武帝晚年的与民休息方针，逐渐度过严重的社会危机，从而开始了"昭宣中兴"的局面。作为一代雄主的汉武帝，功业卓著，独断专行多年，能在垂暮之年主动检讨自己，痛改前非，返回到汉初的休养生息政策上去，实在难能可贵。司马光认为：汉武帝极度奢华，滥刑重敛，在内广建宫殿，对外征伐四夷，迷信

神怪,巡游无度,使百姓穷困不堪,群起造反,在很多方面,他的所作所为与秦始皇都相差无几,然而秦朝亡了国,汉朝仍然存在,其原因之一就是"晚而改过,顾托得人"。所以汉武帝虽然与秦始皇一样行暴政,却不像秦二世落得亡国的下场。

11. 苦心立嗣

后元二年(公元前87年)二月,汉武帝病重去世,年仅8岁的皇太子刘弗陵继位。在古代,皇位继承人问题,不只是皇帝的家庭事务,也是关系封建王朝"国本"的重大的问题。

(1) 太子初立

当初,武帝的姑姑馆陶公主刘嫖下嫁给堂邑侯陈午,武帝能被立为太子,继承皇位,馆陶公主在其中起了很大作用。公主把她的女儿阿娇嫁给太子做正妃;等到武帝继位之后,正妃就做了皇后。窦太主自恃援立武帝有功,无休止地请求赏赐、干预国政,武帝对她很不满。陈皇后骄横嫉妒,独占君宠,却没有生育孩子。陈皇后花巨资想求得儿子,但是终究没有生育,陈皇后因此也失去了武帝的宠爱。皇太后提醒武帝说:"你刚刚做上皇帝,大臣还没有归附,你就先兴建明堂,太皇太后已经很生气了;现在又得罪窦太主,必定会受到重责。妇人性情是容易取悦的,你应该慎之又慎!"武帝于是重又对窦太主、陈皇后母女俩以礼相待。

武帝到霸上举行祓除仪式,返宫途中,去看望他的姐姐平阳公主,看上了平阳公主府中的歌女卫子夫。卫子夫的母亲卫媪,是平阳公主家的奴婢。平阳公主就把卫子夫送入宫中，卫子夫日益受到武帝的宠幸。陈皇后得知后，恼怒万分。武帝对陈皇后则更为恼怒。

陈皇后因为妒嫉，想加害卫子夫，让人以巫蛊诅咒卫子夫。武帝元光五年（公元前130年），陈皇后的巫蛊活动被武帝得知，被判"大逆天道"之罪，皇后之位被废掉，然后被处死。武帝元朔元年（公元前128年），卫子夫生子刘据，遂被立为皇后。七年后，刘据被立为太子。武帝晚年对卫子夫也渐渐疏远，先后获宠的有李夫人、李姬、王夫人和赵婕妤。

武帝太始元年（公元前96年），相传武帝渡过黄河北巡，见有青紫气在天空萦绕。武帝便询问随行的方术士是怎么回事。方术士回答说："这里必有一奇女子。"武帝便派人查访，果然在河间发现一个赵家少女。虽然此女貌若天仙，但自生下之日起，便生有怪病：手蜷曲紧握不开。查访的官吏当即把这一情况报告了武帝。武帝亲往观看，并命人把赵女的拳头扒开，发现她的手中握着一个玉钩。武帝感到十分惊异，便将她带回宫中。从此赵女得宠，武帝专门为她建了一宫，名曰"钩弋宫"，赵女也就被称为钩弋夫人。一年以后，钩弋夫人有孕，怀孕十四月生下一子，这就是刘弗陵。武帝听说远古时期尧的母亲生尧时也是怀孕十四个月，因此称钩弋宫门为"尧母门"，并且把钩弋夫人升为婕妤。

刘弗陵的降生与众不同，同时又是武帝老年所得，再加上刘弗陵身材魁梧、面貌俊秀、天资聪颖，和武帝非常相像，所以颇受武帝偏爱。

武帝诛灭江充的宗族、党羽，马何罗兄弟惧怕受到牵连，因此预谋行刺武帝。当时侍中驸马都尉金日磾观察到他们的行动有些反常，于是暗中监视他们，以防有变故。马何罗兄弟也发现了金日磾在注意自己，很长时间未敢动手。武帝后元元年（公元前88年）夏六月，武帝到林光宫避暑。这一天，金日磾身体不适，留在宫中歇息。马何罗、马通和小弟马安成假称奉旨深夜出宫，调动军队，并把皇帝所有使者全都杀了。次日清早，武帝在宫中尚未起床，金日磾正要上厕所，见马何罗从宫外急匆匆进来，感到情况不妙，马上来到武帝休息的大殿内，藏在内门里面。一会儿，马何罗袖藏匕首从东厢房走来，见金日磾在此，脸色骤变，快步奔向武帝的卧室，打算冲进去。谁知慌乱之中，马何罗一头撞在殿内的宝瑟上，金日磾趁势上前把他抱住，高呼："马何罗谋反！"武帝从床上惊起，侍卫们冲上去将马何罗擒获，随后将他和他的党羽都

处死。

巫蛊之祸后，选立皇位继承人成了问题。太子死时，其三子一女也同时遇害，只有一个尚在襁褓之中的孙子刘病已，武帝对这个皇曾孙却并不怎么关心。除了太子刘据以外，武帝还有五个儿子，但作为皇位继承人来说，武帝都不大满意。王夫人所生齐怀王刘闳，在太子之前死亡，身后又无子嗣，也就无从考虑。李夫人所生昌邑哀王刘髆，其舅舅贰师将军李广利与丞相刘屈氂曾谋划推立刘髆为帝，被人告发，并且还指控他们从事巫蛊诅咒皇帝，受到武帝的严厉惩罚，刘髆不久也病死了。

燕刺王刘旦和广陵厉王刘胥为李姬所生。燕王刘旦博览群书，能言善辩，喜欢天文占星术，又好声色犬马等事，招揽各地游士。太子犯事被捕杀之后，刘旦自认为论排行该为太子，因而上书请求入京宿卫，惹恼武帝，将其使者斩于北门。后刘旦又因藏匿逃犯，武帝因此对他更为厌恶。刘旦的弟弟广陵王刘胥，力能举鼎，敢空手与猛兽搏击，但和他哥哥一样，过失很多，不守法律，所以武帝不愿立他们俩为太子。

当时，钩弋夫人赵婕妤所生的儿子刘弗陵年纪尚小，但却身高体壮，聪明伶俐，武帝常说："这孩子像我。"又觉得他的降生也与众不同，打算立他为太子，可担心他年龄太小，他年轻的母亲会以太后的身份专政乱国，所以很长时间武帝对立太子之事犹豫不决，直到死前不久，才决定让大臣来辅佐少子弗陵为嗣，并除掉其母钩弋夫人。

武帝对群臣进行考察后认为，只有奉车都尉、光禄大夫霍光忠诚可信，能担当此任，于是让人画了一张周公抱着周成王受诸侯朝拜的图送给霍光。没过几天，武帝找了个理由，将钩弋夫人赐死。不久，武帝闲坐时问左右侍从，外面对钩弋夫人之死有何议论，左右回答："人们说：既然要立她的儿子为嗣，为何还要把他的母亲杀掉？"武帝说："对啊，这样的事你们这样愚笨的人是不懂的。古往今来，国家所以出现乱子，都是由于君主年龄小而其母还在壮年，女主纵恣淫乱，专权骄横，无人能约束她。你们没听说过吕后的事情吗？所以我必须先除掉其母。"

（2）四重臣辅政

后元二年（公元前87年）二月，武帝在五柞宫病重，霍光哭着问道："皇上如有不测，帝位可由谁继承？"武帝说："你还不明白前些天送给你的那幅画的含义吗？由少子继承帝位，由你效法周公来辅政！"霍光叩头谦让说："我不如金日䃅！"金日䃅则说："我是匈奴人，不如霍光，假如这样匈奴就会轻视汉朝。"二月十二日，武帝正式下诏立年仅八岁的刘弗陵为皇太子。次日，任命霍光为大司马、大将军，金日䃅为车骑将军，太仆上官桀为左将军，搜粟都尉桑弘羊为御史大夫，四人受遗诏辅佐小皇帝。

霍光，字子孟，是骠骑将军霍去病的弟弟。霍去病是父亲霍中孺到平阳侯家服役时，跟侍女卫少儿的私生子；霍光是霍中孺服役完毕后回家娶妻生的孩子。后来，卫少儿的妹妹卫子夫得到武帝恩宠，立为皇后，霍去病因此而受到皇帝恩宠。长大以后，霍去病才知道自己的父亲是霍中孺。还来不及寻找问候，正好他以骠骑将军身份带兵攻打匈奴，经过河东，河东太守到郊界迎接至平阳客舍，并派小吏迎接霍中孺。霍去病父子相认，返回时，就带着弟弟霍光一起回到长安。当时霍光十多岁，就被任命为郎官，渐渐升到诸曹侍中。霍去病死后，霍光担任奉车都尉兼光禄大夫，皇帝出外时就在车旁侍奉，入朝就侍奉左右，出入宫禁二十多年，谨小慎微，没有过失，皇上十分信任他。

霍光身高七尺三寸，眉清目秀，皮肤白皙。他为人稳重少言，从容谨慎，秉性极其端正，每次进出宫廷和下殿出门时，停步和行进都有固定的地方，不差分毫。刚刚辅佐幼主之时，政令都由他发布，天下人都盼望他一展风采。宫殿中曾有怪异，一夜之间群臣惊慌失措，霍光叫来尚符玺郎，打算收取玺印，郎官不肯。霍光想把玺印夺过来，郎官按剑说："我的头你可以拿去，可是玺印你拿不到！"霍光认为他做得很对。第二天，让皇上下命令把这个郎官提升二级。老百姓对霍光赞不绝口。

金日䃅，字翁叔，本是匈奴休屠王的太子。武帝元狩年间，骠骑将军霍去病率兵攻打匈奴右地，杀敌无数，还缴获到休屠王祭天的金人。

第五章 盛极而衰

同年夏际，骠骑将军又向西进发，攻占祈连山，大获全胜。匈奴单于对昆邪、休屠十分怨恨，因为他们所在的西方多被汉军攻破，召二王打算诛杀他们。昆邪、休屠只好打算归降汉朝。休屠王后来反悔，昆邪王杀了他，把休屠王的部下一起带过来向汉朝投降。皇上封昆邪王为列侯。金日磾当时十四岁，因为父亲不降被杀，与母亲阏氏、弟弟金伦一起被送入宫中养马。

过了很久，武帝在游玩饮宴时要看马，嫔妃宫女全站在旁边，金日磾等几十人牵马经过殿下，没有不偷看的，只有金日磾目不斜视。金日磾身长八尺二寸，相貌很威严，马又骠肥体壮，皇上感到奇怪，就问他是谁，他全照实回答。皇上认为此人很与众不同，当天赐给他衣冠，把他拜为马监，升为侍中驸马都尉光禄大夫。金日磾能亲近皇上以后，从未有过失，因此十分受武帝宠爱，一些贵戚在私下怨恨，说："陛下胡乱得到一个匈奴小儿，反倒看重他。"皇上听到后，反而更加厚待于他。

金日磾的两个儿子也都深受皇上宠爱，大儿子叫弄儿，皇上老跟他逗乐子，常陪侍在皇上身边。有一次，弄儿从后面围住皇上脖子，金日磾见后十分生气，便拿眼瞪着他。弄儿一边跑一边哭着说："爹爹生气了。"皇上对金日磾说："别生我弄儿的气！"后来弄儿长大，行为不检点，与宫女在殿下戏闹，正好被金日磾撞到，厌恶他的淫乱行为，于是杀了弄儿。皇上得知后大怒，金日磾叩头告罪，把杀弄儿的原因一一说出。皇上颇为悲伤，以后对金日磾更为尊敬。江充被灭族后，其好友马何罗兄弟害怕被株连，密谋刺杀武帝。不料在马何罗擅自闯入皇上卧室准备行刺时，被金日磾发现。金日磾奋力抱住马何罗，把他摔到殿下，侍卫马上捉住他，最后马何罗伏法受诛。金日磾因此以忠孝著称。

金日磾自从在皇上身边起，几十年从不敢直视皇上。皇帝赏赐给他的宫女也不敢亲近。皇上要把他的女儿纳入后宫，金日磾不肯。他这样笃厚忠诚，皇上认为不可多得。皇上病重时，嘱托霍光辅佐少主，霍光要让给金日磾。金日磾认为不妥，于是就成为霍光的助手。

上官桀开始受到武帝的信任是因他英勇有力。武帝有一次出巡，遇上大风，御车难行，便命令将车上的盖伞卸下交给了上官桀。风虽然特别大，可上官桀总能跟在身后；后来又下起了大雨，上官桀又赶上前举着盖伞为武帝遮雨，武帝对他的勇力十分欣赏。上官桀后来任未央宫的马厩令。武帝曾卧病在床，好了后，去马厩看马，见很多马都瘦了，恼怒万分，对上官桀说："你以为我再也不能见到马了吗？"打算将他交给吏卒治罪。上官桀叩头道："我得知皇帝龙体欠安，日夜忧虑，心思实在是不在马上。"话还没说完，眼泪就流下来了。武帝认为这是上官桀敬爱自己的表现，因此更加亲近他，任命他为侍中，后又升为太仆。这三个人都是武帝平时所信任的大臣，所以把后事托付给他们。二月十四日，武帝死于五柞宫，享年七十岁。第二天，太子刘弗陵即皇帝位，即后来的汉昭帝。

第六章

昭宣中兴

武帝死后，霍光辅佐八岁的昭帝继续实行武帝晚年"与民休息"的政策。短短几年内，政府财政状况有所改善，社会相对稳定下来。

昭帝死后，霍光从民间找回废太子之孙立为宣帝。三年之后，霍光去世，宣帝将霍氏家族的权臣一一除去，亲自主政。宣帝选官治官有方，减免田赋，降低盐价，使社会矛盾缓和，农业生产发展，国库充盈。

对外，宣帝乘匈奴内乱之机，继续武帝时期断匈奴右臂的策略，在西域设置西域都护进行管理，招匈奴日逐到汉，同时，再招匈奴呼韩邪单于归附，结束了汉匈之间长达百余年的战争状态。

这一段时期，政治清明，经济发展，社会安定，史称"昭宣中兴"。

1. 盐铁会议

昭帝始元六年（公元前81年）二月，汉昭帝下诏召集贤良、文学六十余人讨论武帝时期的经济政策，主要是盐铁政策。历史上把这次会议称为"盐铁会议"。

因为武帝的奢侈和征伐，到了汉昭帝时期，工商业凋敝、物资困乏，而且短时间内很难改变这种状况。谏大夫杜延年为此特向辅政的大将军霍光进言："近来失业流民未尽回归故土，连年歉收，应该重修孝文皇帝时之清明政治，上顺天意，下和民心，以勤俭、宽和为本，这样才会使年景有所改变。"霍光采纳了他的意见，表示要将与民休息的既定政策继续推行下去。

（1）双方大辩论

昭帝始元六年（公元前81年）二月，汉昭帝下诏，命有关官员向各郡、国举荐的贤良、文学询问，了解民间疾苦以及如何对老百姓进行教化，许多人都提出了这样的建议："希望能取消盐、铁、酒类的专卖，罢黜均输官，不要与天下人争利，鼓励百姓勤俭节约，然后才可以振兴、教化。"但桑弘羊并不赞成这样做，他认为："盐、铁、酒类专卖和均输措施等，都是国家赖以巩固中央统治、保卫边疆，令财用充足的支柱，不能废除。"就这样，一场关于盐铁专卖等问题的辩论开始了。

以各郡国来的贤良、文学为一方，以御史大夫桑弘羊等人为另一方，在这次盐铁会议上，围绕着武帝时期盐铁官营、酒类专卖和平准均输等经济政策的利弊、农业与工商业的关系以及如何对待匈奴的边疆侵扰等问

第六章 昭宣中兴

题，展开了激烈的辩论。几十年后，汝南人桓宽根据会议的记录和当时尚健在的一位亲身与会儒生的介绍，整理成《盐铁论》一书，详细介绍了当时会议双方争论的情况。

在会议刚刚开始的时候，贤良文学们便以"为民请命"为己任，建议取消盐铁官营的政策，他们说："治理人民的方法应该在于消除放纵享乐的根源，发扬人们内在的道德品性，抑制工商业，不要引导人们唯利是图，只有这样，才能振兴教化，移风易俗。而如今各地都在施行盐铁官营、酒类专卖和均输法等政策，与民争利，养成了贪得无厌的弊俗，败坏了淳厚朴实的风气，使得更多的老百姓热衷于工商业而不愿从事农业生产。外表华丽的东西，本质非常容易衰败；工商业的兴盛必然会带来农业的衰落。农业发展了，百姓就诚实俭朴；工商业发展了，百姓则贪图财利。百姓诚朴，则生活富足；百姓奢侈，就会饥寒交迫。恳请朝廷采取妥当的措施限制工商业，鼓励刺激农业生产，废除盐铁官营、酒类专卖和均输法等经济政策。"

对此持坚决反对态度的桑弘羊认为："匈奴不肯归顺朝廷，屡次侵犯边地。如果防备他们骚扰，内地的士兵就会因此而疲于奔命；如果不加防备，就会遭到他们的进犯。先皇武帝之所以在边地大量修城建堡，整饬烽火台，驻军屯田以加强防御，是因为忧虑边地百姓长年遭受战争之苦，遭受匈奴奸淫掳掠。而实行盐铁官营、酒类专卖和均输法等政策，是因为边防费用不足，以此来增加国家的财政收入，弥补边防费用的亏空。如今你们要把这些政策废掉，对内会使国库空虚，对外会使边防费用严重不足，让守卫在边地的军队忍受饥寒的煎熬。故废除这些措施是极其不明智的，等于是自取灭亡。"

文学们说："孔夫子说过：'诸侯与士大夫之类的人，不患贫而患不安，不患寡而患不均。'因此天子不该谈论其财富的多少，诸侯不应谈论利害关系，大夫不应患得患失，而是要以仁义教化百姓，以德治去安抚黎民。使近处的人们乐意亲近，边远的人们也诚心归服。所以善于克敌制胜的人无须采取战争的手段，善于打仗的人不必动用军队，善于指挥军队的人不必以兵阵迎敌。以仁心实行仁政，就可无敌于天下，何必耗用如此高额的军费呢？"

桑弘羊说："匈奴剽悍勇猛，扰我边塞，直犯中原，杀害朔方等郡县

官吏百姓，早就该出兵讨伐他们了。如今陛下广施恩惠，既哀怜黎民生活贫困，又怜惜将士长期在荒野征战。诸位从不披挂上阵，又要把盐铁官营和均输等政策废除，破坏边防费用的来源，丝毫没有忧虑边防之心，这在道义上也是说不过去的。"

文学们说："古人崇尚德政而对武力不屑一顾。孔子说过：'远方之人尚未归服，就用仁义礼乐感化他们；已经来了，就让他们安定地从事生产。'现在却抛弃仁义之道，一味崇信武力，征战不休，长年陈兵边塞，使得边疆将士饥寒交迫，中原百姓劳苦不堪，所以应该废除祸国殃民的盐铁官营政策。"

桑弘羊说："古代建立国家的圣贤，沟通物资的有无，开辟发展农工商业的途径，通过市场满足各方面的需求，聚集各种货物，招徕四方士民。商人、工匠各行各业可以通过交换互补余缺，补充不足。《易经》上说：'货物流通交换，百姓就不会懈怠。'所以说，商业不流通，货物的供应就没有；工匠不生产，农具就会缺乏；宝货不能供应，财政就不足；农具缺乏，粮食就不会增产。而实施盐铁官营，推行均输，正是为了流通货物，调节供需，搞活国家的经济。"

文学们说："百姓在道德的引导下，民风会变得敦厚；在财利的引导下，民俗就会变得轻浮，人们就会因贪图财利而背弃仁义。《老子》说：'贫穷的国家只是表面上看像是财富有余，事实并非如此。民众的欲望多，就会急于求利而躁动不已。'因此，圣明的统治者重视农业，限制工商业，充实粮食财货。市场上商人不买卖无用的东西，手工工匠不生产无用的器具。治理国家的根本大业并非商业和手工业，手工业只是生产工具器械，而商业也不过是用来流通积滞的货物。"

桑弘羊说："《管子》讲过：'农具器械不充备，即使国有沃土而百姓还是吃不饱；工商业不发达，造成有丰富的山海物产而民众缺乏钱财。'陇、蜀二郡的木漆、丹砂、鸟羽、牦尾，荆、扬二州的皮革、象牙、兽骨，燕、齐二地的盐、鱼、毛毡、皮袄，兖、豫出产的丝绸、漆器、麻布、葛布，江南的楠木、梓木、箭竹都是人们养生送死的必备之物，而这些物产都需要靠工匠加工制成，靠商业来沟通。所以古代圣人发明船桨，用来进行水上运输，使用牛马以通达陆路交通，直至深入偏僻的地方到达边远的地区，流通万物，便利百姓。正是由于这个原因，先皇武

帝建立均输官以使人民的资财富足,设置铁官以增加农具的供应。不能废弃盐铁、均输政策,万民对它非常拥护,依靠它来得到他们所需要的物品。民意不可违也。"

文学们说:"工商业兴盛而农业荒废,造成了国有沃土而百姓忍饥挨饿;过多地制造那些奇巧奢侈品而不致力于百姓必需品的生产,使得拥有丰富的山海物产而民众缺乏钱财。舜将黄金埋藏在深山,商王盘庚迁移国都,我朝高皇帝不准商人为官,为的是培养诚朴的风气,遏止贪鄙的习俗。排斥困辱商人,堵塞求利门路,尚且有人为非作歹,就更不要说朝廷带头牟利了。《公羊传》上说:'如果诸侯好利,势必造成大夫品质鄙劣;大夫品质鄙劣,就会造成士贪财;士贪财,百姓就要为盗了。'盐铁官营给百姓设下了犯罪的阶梯。"

桑弘羊说:"以前运往京城的当地特产,由于来往繁杂,多数质量低劣,有的物品本身价值比运费还低。在各郡国设置均输官以调配运输,叫做'均输'。通过在京城设立物资贮存仓库,收集各地货物,物价低时买进,高时卖出这种方式来平抑物价。这样官府掌握实物,商人也没有机会牟取暴利,因而叫做'平准'。有了均输,百姓之间的劳逸程度就会比较均等;有了平准,则百姓不失其职。均输、平准并不是要开启牟利的门路,诱导民众走上犯罪的阶梯,其目的不过是为了平抑物价、方便百姓。"

文学们说:"古时向百姓征收赋税,只征收他们所擅长生产的东西。农夫交纳其收获的农产品,妇女交纳其纺织品。现在,索取他们难以生产的物品,而舍弃他们生产的东西,百姓被迫贱卖自己的东西,买进官府所要物品用以上交。近来有的地方官吏强迫百姓生产布絮,强行收购,恣意刁难。官吏征收的物品不仅是齐、阿的丝绸,蜀、汉的麻布,而且还要求普通百姓也生产制造这些东西。官吏低价收购,农夫负担加倍,女工重复交税,均输一点儿也不'均'!官府政令乱出,垄断市场,致使物价飞涨。商人从飞涨的物价中牟取暴利。官吏从商,勾结奸商,囤积居奇,以待市场急需时高价出售。恶吏奸商贱买贵卖,平准也不'平'!均输在古代并不是为了牟取财利而收购万物,而是用来调节劳役和方便贡品的转运。"

桑弘羊说:"国家管理山海之产,人们就不会争夺;用平价制度来管

理货物，人们就不会怀疑价格。国家规定平准法，即使三尺儿童到市场买东西，也不会受人欺骗。现在你们主张把盐铁官营和平准政策废除，必然会使豪强富商控制山海的物产，垄断市场的经营。他们安居闾巷，遥控市场，物价的高低一点儿标准也没有，全靠他们口头上决定，端坐家中收取暴利而成为豪强，这助长了豪强势力，压制了无助的平民百姓。如果压制弱的而扶持强的，百姓间的平等就不会存在了。"

文学们说："铁器是农民耕作最重要的工具，山海是财物的宝贵源泉。农民使用农具清除杂草使田地得到开发，田地开发了就能使粮食充足。山海被开发利用，使百姓的吃用充足，百姓充足，国家就会富强，国家富了，再用礼仪教化百姓。人们做工经商时不会相互欺诈，在路上相遇后便相互谦让，人人相处诚朴而不会因为利益而发生争执。秦、齐、楚、燕各地，土质不相同，人们气力不一样，农具的大小弯曲就要因地制宜。不同地区风俗各异，习惯有别。现在朝廷强迫执行一个标准，就不能使铁器因地而宜，农民耕作很不方便，农具不便就会使百姓疲于劳作而杂草不除；不除杂草，庄稼就无法生长，人们生活必然贫困。炼制盐铁的地方，大都靠近铁矿、炭场，地方偏僻，工作艰苦，很多人对此无法忍受，借债雇人代役。郡县中的铁官按人口压价收铁，平民百姓因为要按地区远近出钱雇人运送盐铁，麻烦而且费钱，使得他们的生活困苦不堪，怨声载道。"

桑弘羊说："以前肩水都尉彭祖奔丧回京时，提到朝廷制定的盐铁政策，内容严明、条理清楚。冶铁的役卒与囚徒的衣食用品，俱由官府提供，打造铁器，资用虽多，但对百姓的利益却没有影响。或许某些官吏不好，不执行朝廷的禁令，因而祸害百姓。朝廷实行盐铁官营，不仅是为了得到些收入，同时也是为了发展农本之业，抑制私人工商业，削弱割据势力，禁止奢侈腐化，杜绝兼并之路。古时名山大泽不分封是为了防止诸侯得利。山海、湖泽的物产，都应该由朝廷少府掌管，但皇上并不把这些据为己有，归大司农管理，以在必要时赈济百姓。反对这种现象的议论很多，是因为那些谋财的奸诈之徒希望能够霸占山海资源，以求暴富，以微利役使百姓。私人不宜经营关系国计民生的铁器和兵器。"

文学们反驳道："肩水都尉所言并非圣明君主治理国家的长久大计，只可使用一时，不可久行其事甚至延续后世。《诗经》上说：'可悲呀！

第六章　昭宣中兴

不行康庄大道，不师古代圣贤，只听浅薄的言论。'这是诗人对那些不懂王道而善于弄权谋利之人的讽刺。武帝平定百越，攻打九夷，屡次兴兵，粮革匮乏，所以只好采取设置农官，国家统一铸钱这样一条措施，并且允许大商人用粮食买官爵，来解决军队的供给。现在正是安抚民众的时候——陛下承受着大规模战争后带来的愁苦，养育着疲惫的百姓。你们这些公卿大臣应该考虑如何为国兴利除弊，造福百姓，以仁义辅佐明君。皇上即位至今已有六载，公卿大臣们没有请求罢黜奸诈谋利之徒，裁减冗余政府官员，民众就会因这些人把持大权太久，而深深怨恨朝廷。如今陛下以仁心推行仁政，召集各郡国贤良、文学到都城探讨三王五帝治国之道和六艺教化之法，讨论安危利害的关系，皇上用意不言而喻。而今公卿大臣的议论却未切入正题，可以说是见了小利而忘了大利，守了小节而丢了大体，实是有负皇恩。"

桑弘羊说："一谈到治国之道，文学们的本事比唐尧、虞舜还高；提起仁义，则高远于秋天的天空，却没有具体的效用，只是徒有华丽的言辞。从前，鲁穆公在位时，子思、子庚为卿，公仪休为相，然而鲁国北边领土遭受齐国侵夺，南面畏惧楚国，西面臣服秦国。孟轲在魏国，魏军被齐军大败，又西败于秦国，丢掉了黄河东西两岸大片疆土。孔子的七十二门徒，离父母，抛妻小，追随其师，不耕而学，唯恐天下不乱。因此，满箱装着玉石的碎末，不算有珍宝，《诗》、《书》装满箱，不见得懂治国之道。重要的不在于只说一大堆好听的空话，而是要有安定国家、有利民众的具体措施。"

文学们说："虞国不用百里奚而亡，秦国用之而成就霸业。不任用贤人，国家就要灭亡。孟子到魏国，梁惠王问他如何看待'利'的问题，孟子以'仁义'回答，因政治主张不一致，孟子没有受到重用就离开了，他的才能就没有施展出来。所以有粮不吃，就会挨饿；见贤人不重用，国家必然会衰败。商纣王有微子、箕子、胶鬲、棘子等贤臣，为何商朝不能存在下去呢？原因在于贤人的意见不被采纳，虽有贤人，却对国家的治理一点儿帮助也没有。"

桑弘羊说："才优德高的文学，你们的智谋不仅能阐明先王的治国方法，还应用其才能实行先王治国之道。所以居家应为人之师表，在朝应做世之典范。但你们谈治国只会称颂尧舜，论具体措施只是以孔子、墨子那

一套为准则，又干不好政事。贤良文学们沉迷过去的治理之道，却又不能将它付诸实践，做起来并不像说得那么好，讲得很有道理，实际情况却完全相反。你们衣冠比老百姓好得多，行为和平常人却一样。你们这些所谓合乎标准而成为朝廷命官的人，只是偶然得到了机会，受到推举而得以滥竽充数罢了，想来那种真正选拔出来的优秀人才并非如此，与你们谈论治国的问题真是浪费时间，太不应该了。"

文学们说："为了光照世人而有了上天的日月星辰，为了治理国家而有了天下的公卿群臣。所以说公卿是世人的表率，对上有辅佐圣明君主的职责，对下有推行仁义教化的义务。和谐阴阳，调节四季，培育后生，安抚百姓，使诸侯和睦相亲，无怨无恨，使四夷臣服，国家没有叛逆带来的忧虑。就如同有伊尹、周公、召公那样的三公之才，像太颠、闳夭那样的九卿之人。如果说我们文学不符合圣主选拔优秀人才的标准，那么你们这些执政的公卿们的道德也未必好！"听了文学们的话桑弘羊很不高兴，脸色阴沉，默不作声。

（2）与民休息

丞相史和御史在会议中也经常参与讨论。丞相史说："谈论国家大事，评论执政的好坏，应该以理服人！桑弘羊大夫不同意废除盐铁官营，是考虑到国家的财政和边境上军费的开支，而不是存有私心。贤良、文学们严辞力争，主张取消盐铁官办，也不是为了私利，是想回到古代，按仁义办事。但是时代变化了，不能坚持古代的方法而反对今天的措施。儒生们是古非今，必定有改进的办法，假使你们有安定国家的能力，使四夷归顺臣服，让边地没有忧患，可以给你们免除全部赋税，更不用说取消盐铁官营和均输政策了。儒生贵在忍让和谦虚，以道义服人。现在你们气势汹汹，丝毫没有子贡、公西赤的言辞，只见到浅薄无理的样子，简直从未听说过。你们应向大夫请罪！"

贤良、文学们都离开席位，激动地说："我们很少有机会到官场大庭上来，固然学识浅陋，你们说我们言论狂妄和不符身份，与执政的公卿作

对，但'良药苦口，忠言逆耳'。国家有直言强辩的人是国家的福气，有花言巧语阿谀之人是国家的祸害。富贵人家常听到的是奉承之言，山林中常听到的是大风的声音，管理着万里江山的朝廷，每日听到的都是歌功颂德的话，我们的直言争辩正是公卿们治病的良药针石呀！"

桑弘羊说："盲人无法用眼睛去辨别，却能用嘴说黑白；儒生没有治国的真本事，只好用嘴谈论国家的治乱。坐而论道不如亲自去实践，逢须之类的小人也会说自己拥有尧舜的美德，牧童也会说自己有乌获那样大的力气。孔子说过：'话不能轻易出口，是因为怕说了，自身做不到而自寻其辱。'因此，君子认为品质卑劣，只能说大话，能说不能做的人是可耻的。"

贤良们说："能做不能说的人对国家有益处，能说不能做的人是国家的宝贝，既能说又能做的人则是真正的君子，既然已经说了，就要亲身去做，不可以像那些食君俸禄，却不为君分忧的行尸走肉一样默不作声。如果这样，那官吏们就谈不上有什么耻辱和忧患可言了。如今贪图小利而不崇尚仁义之人，只考虑一些无关紧要的事来消磨众人的意志。公卿们如果真想使国家强盛且能克制自己，就应听从我们的肺腑之言，撤消牟利之官，利益归于百姓，如此一来，天下就会达到大治，到处都有颂扬之声，我们这些儒生就不必再为治乱而担忧了。"

丞相田千秋在辩论中很少表态，多采取中立立场，这次发言道："据说郑长者曾讲过：'君子的脸色要严肃，要注意说话的修辞和语气。'所以，官府希望你们说话有根有据，行为更要有准则，如果像剑客一样争辩，盛气凌人以图口舌之快，自以为是不相谦让，官府如何采纳你们的意见呢？我真诚希望你们不要如此。公孙龙说过：'争论是为了阐明事理，所以不能过于顽固。为了很好地辩论问题，应在坚持自己的意见时充分考虑对方的看法。'如今我们官员缺乏仁德，枉拿国君的俸禄，却做不出相应的贡献。朝廷抬举你们这些贤良、文学进京议事，但到了你们得做高官治国安民的时候，却没有看到你们之中有谁提出了好办法来解决百姓的疾苦。"

双方争论得紧张而激烈，但到了最后，会场气氛反而静得可怕。公卿大臣们面带愠色，于是宣告会议结束，并上奏汉昭帝说："不懂得朝廷大事的贤良文学们，说到底就是认为盐铁官营不好。现请求废除各地的酒类

专卖以及长安附近的铁官。"昭帝认可了奏章。会议后,汉昭帝又召见了来京的贤良文学,赐给他们列大夫的职位。关于匈奴的政策和法治等问题的争论,在盐铁会议结束后又继续了很长一段时间。

盐铁会议争论的核心是汉武帝时期一系列财政经济措施,尤其是盐铁官营政策的利弊。贤良文学们坚决反对盐铁官营、酒类专卖以及均输、平准等政策,揭露了许多弊端,要求节约政府开支,推行休养生息的政策。因为事关官府的大宗财政收入,掌握实权的大将军霍光只是将酒类的专卖取消,并裁减了部分地区的铁官,而将盐铁官营的主要政策保留。贤良文学们节约开支、与民休息的意见受到了朝廷的重视,这对昭宣时期经济的恢复产生了积极的作用。同时,盐铁会议的争论也很好地促进了当时政治的开明、读书士人的参政议政。双方都有很多对社会、政治、经济等问题精辟的分析和论述。

2. 昭帝巩固皇权

汉武帝病逝后,太子刘弗陵即位,是为昭帝。

即位之初,皇权尚不巩固。汉昭帝元凤元年(公元前80年),燕王刘旦、盖长公主、上官桀、桑弘羊谋反。秘密被泄露,燕王与盖长公主自杀,上官桀、桑弘羊等人被满门抄斩。自此,无人再能撼动昭帝的最高统治地位。

(1) 刘旦觊觎皇位

燕王刘旦为汉武帝妃妾李姬所生,太子刘据及其三子一女在巫蛊之祸

第六章 昭宣中兴

后被杀，齐怀王刘闳又早死，太子之位空虚。刘旦认为论排行顺序自己应该被立为太子，于是上书请求入宫担任宿卫，惹得武帝大怒，把他的使者在北门杀死。后又因其藏匿逃犯，被削夺三县。后来，武帝最小的儿子刘弗陵被立为太子。

武帝在病情加重后，于后元二年（公元前87年）二月下诏，将刘弗陵立为皇太子，并任命霍光等人辅佐少主。十四日，武帝在五柞宫驾崩。转日，当时只有八岁的刘弗陵当上了皇帝，由盖长公主在宫中负责供养，而实权则由大司马、大将军霍光掌握。

昭帝在武帝驾崩后不久，便将加玺的报丧书信赐给诸侯王们。燕王刘旦收到丧信后不肯哀哭，说："怕是京师出了什么变故，否则书信的封泥不会小于诏书的规格。"便将亲信孙纵子、寿西长、王孺等派到长安，以询问守丧礼仪为名暗中打探朝中事情。见到执金吾郭广意后，王孺便向他询问武帝的死因，哪位妃子的儿子被立为新皇帝，今年几岁。郭广意告诉他，当大家等待来自五柞宫诏书的时候，宫中喧嚷皇帝驾崩，各位将军一起把八岁的太子立为皇帝。后来埋葬武帝时，小皇帝没有临丧。

燕王听了宠臣详尽的汇报后，说："非常奇怪的是，皇上去世时没有遗嘱。盖长公主又无法见到皇上。"于是又派遣中大夫到京师上书说："在私下里，我目睹孝武皇帝亲自实行圣人之道，疼爱亲人，孝顺祖宗，安宁万民，德行等同于天地，睿智与日月同辉，威武之至。四方蛮夷携带宝物来朝进贡，新增了几十个郡，又开拓了比这多一倍的疆土。禅梁父，封泰山，祭拜天地，巡狩天下，在太庙里陈列着所有远方进贡来的珍奇宝物，既有如此盛德，因此非常希望能为武帝在郡国立庙。"奏章上报，执掌朝政的大将军霍光很快便赐给他三千万钱，并将他的封地增加了一万三千户，对燕王予以表扬。刘旦恼怒地说："有什么可赏赐的？我应该做皇帝！"于是他与刘氏宗族齐孝王的孙子刘策、中山哀王的儿子刘长等合谋，谎称武帝在世时下诏，给他们掌管官府事务、训练军队的权力。

于是，刘长便代替刘旦对燕国群臣发布命令说："托先帝美德，我亲自接受诏命做汉室的北部藩篱，掌管武器装备和官府事务，整顿训练军队，责任重大，日夜勤勤恳恳，各位大夫打算如何辅佐我？虽然说燕国很小，但自周朝时就建国了，上自邵公，下至燕昭王、燕襄王，至今历时已

逾千年，不能说没有贤人。我勤谨治国三十多年，却什么名声也没有，难道真是其他人都比我强？还是有各位大夫尚未想到的原因呢？到底在哪里出错了呢？我现在想除恶扬善，扶正去邪，传播名声，安抚黎民，移风易俗，要寻找出路。希望各位大夫能够尽心回答，我会仔细审察。"

大臣们都将帽子摘下以示谢罪。郎中成轸对刘旦说："大王无法继承汉室，不可坐等，而要挺身求取。如果大王起事，即使是国中的女子都会支持大王。"刘旦说："以前高后时，欺瞒天下，立弘为帝，诸侯侍奉了他八年之久。吕太后死后，大臣诛杀诸吕，迎立文帝，弘并非孝惠帝儿子的真相才公诸天下。作为武帝亲生长子的我，却不能立为帝，上书请求立庙，又遭反对。并非刘姓后代的人却被立做皇帝。"于是，刘旦与刘泽便谋划写了一封欺诈的书信，内称："小皇帝是大臣们共同拥立的，而并非武帝的儿子，天下之人应同起而伐之。"派人送往各郡国用来蛊惑民心。刘泽计划回临淄后，与燕王同时起兵，将青州刺史隽不疑杀掉。刘旦则将各地强人招徕，并且征敛铜铁用以制造兵器，征发百姓进行大规模的狩猎活动，还反复检阅他的兵马，来演练军队，等到时机成熟时起兵。

在谋反的过程中，刘旦并没有听取郎中官韩义等人的规劝，反而将韩义等十五人处死。瓶侯刘成碰巧得知了刘泽的阴谋，便将此事告诉青州刺史隽不疑。昭帝始元元年（公元前86年）八月，隽不疑将刘泽逮捕，并上奏朝廷。朝廷派大鸿胪丞查办此案，燕王刘旦被供出。昭帝下诏，由于皇帝和燕王是至亲，所以不再加以追究，而刘泽等人则全部被处以死刑。

（2）内外勾结

霍光和上官桀起初关系很密切。每次霍光出宫休假，都是上官桀入宫代替霍光处理朝中各项事务。霍光的大女儿嫁与上官桀的儿子上官安为妻，上官安有个年满五岁的女儿，和昭帝的年龄正好相当，上官安想通过霍光把女儿嫁给昭帝，霍光以孩子太小为理由拒绝了。上官安便想转求昭

第六章 昭宣中兴

帝的大姐盖长公主促成此事。他先找到了盖长公主儿子的门客丁外人，丁外人与盖长公主私通，上官安鼓动丁外人说："我的女儿容貌端正，若能借盖长公主之力入宫为皇后，有皇后这层关系，加上我们父子又同在朝为官，没有办不成功的事情。这件事成功与否就在足下了。汉家的惯例，常以公主嫁给列侯，到时还怕足下不能封侯吗？"丁外人听后十分高兴，便向盖长公主说了此事。盖长公主也认为有道理，便以昭帝的名义召上官安的女儿入宫为婕妤，将上官安封为骑都尉。始元四年（公元前83年）三月，上官氏被立为皇后，上官安同年又被提升为车骑将军。始元五年（公元前82年）六月，昭帝赐封上官安为桑乐侯。春风得意的上官安也变得越来越骄横。一次昭帝在大殿中赏赐上官安，并设酒宴招待他，上官安回来后对宾客们说："我刚才和女婿喝酒，真痛快！"君臣之礼早被他抛置脑后。

权势日炽的上官桀父子对盖长公主非常感激，便请求为盖长公主的姘夫丁外人封侯，霍光没有批准；又为丁外人求光禄大夫的职位，想借机让昭帝召见丁外人，又被霍光拒绝。盖长公主因此怨恨霍光，上官父子也因数次为丁外人求官爵未果而感到惭愧。除此以外，上官桀的岳父所宠爱的太医监充国未经召见闯入大殿，被下狱处死，盖长公主为充国用二十匹马赎罪，死刑才被免除。于是上官桀、上官安父子对盖长公主非常感激，而对霍光的怨恨越积越深。早在武帝之时，上官桀已为九卿，地位高于霍光，后来父子二人同为将军；上官安的女儿又是皇后，霍光不过是皇上的外祖父，却独揽朝纲，因而上官桀父子与霍光争权。御史大夫桑弘羊因推行盐铁官营和酒类专卖，为国家获得了大量财富，要为自己的子弟谋求官职，因为未能如愿，所以也对霍光心存怨恨。自认为是昭帝兄长，而未被立为皇帝的燕王刘旦也常常心怀怨恨。于是众人合谋想要除掉霍光。上官桀以及御史大夫桑弘羊等私下里与燕王来往，多次把霍光的过失记下来告诉刘旦，让他上书告发霍光，然后由上官桀从宫中把奏章交给亲信的下属审理。刘旦听说后，非常高兴，上疏说："秦朝统治天下，靠威势迫使四方蛮夷臣服，宗室子弟的势力却很薄弱，使外族显赫强大，荒废治国之道，专用刑法，对宗室没有益处。后来陈涉在楚泽振臂一呼，近臣作乱，内外都发生变故，遂断绝了秦朝祭祀。高皇帝考察历史、总结教训，发现秦朝建国没有一个扎实的基础，所以改变秦朝做法，把子孙分封为王，划

分土地城池，因此枝叶形成一体，使异姓无插足之处。如今陛下继承先王之业，委任公卿，群臣营私舞弊，诽谤宗室，朝廷之内充斥近臣的逸言，法律被那些邪恶的官吏废弃，他们作威作福，民众无法感受到君主的恩德。我听说武帝派中郎将苏武出使匈奴，虽然被拘禁二十年却不投降，回国后只当典属国。现在大将军幕府的长史杨敞无任何功劳，却官至搜粟都尉。霍光又把郎官和羽林军集中起来进行操练，道上戒备森严，为皇上准备膳食的太官先到目的地为他做安排。为了提防奸臣的意外之变，我刘旦恳请归还符节玺印，回京入宫侍卫，以防不测。"

在霍光出宫休假的时间里，上官桀想利用自己在宫中临时决事的机会，向群臣公布此事。桑弘羊则负责与大臣们一同议定罢免霍光。上书奏报后，昭帝不肯下诏查办。次日霍光听说后，上朝时不敢入殿晋见而滞留在画室。昭帝询问："大将军为什么没来呢？"上官桀答说："因燕王揭发他的罪状，所以不敢上殿。"昭帝传旨召大将军上殿，霍光到后叩头谢罪，昭帝说："朕知道那个上书是假的，将军无罪，请将帽子戴好吧。"霍光问道："陛下怎样了解到那个上书是假的呢？"昭帝回答说："将军最近才去广明校阅军队，自选调校尉至今未满十日，燕王如何得知？若将军真要谋反的话，哪里用得着校尉呢？"周围的人都被昭帝的准确判断所震慑。上书的人果然已心虚逃走，朝廷急令搜捕。上官桀等人非常害怕，对昭帝说："这件小事不值一提，不必再追究了。"昭帝不以为然。以后上官桀的党羽再诋毁霍光，昭帝就怒斥说："大将军是先帝嘱托辅佐我的忠臣，如果再有谁敢进谗言诋毁他，我就治他的罪！"这件事后，上官桀等人便转为在暗中筹备，再不敢在昭帝面前说霍光的坏话了。他们密谋让盖长公主设酒宴邀请霍光，用伏兵将霍光杀掉后再废掉昭帝，将燕王刘旦立为新帝。燕王刘旦与上官桀等人书信往来频繁，刘旦允诺等事成之后将上官桀封王。他又联络各郡国的上千豪杰，准备举兵反叛。刘旦将此事告知了国相，国相对他说："以前刘泽与大王合谋，事未成功被发觉，主要是由于刘泽平时喜欢欺凌别人和自我夸耀。我听说左将军上官桀一向轻率，其子上官安又年少骄纵，恐怕他们会和刘泽一样失败，即使成功又怕事成之后他们反过来谋害大王。"刘旦不以为然，他说："前一段时间，一个自称是原皇太子的男子到皇宫门前闹事，引得长安城中百姓都去观看，喧哗骚动持续了很长时间。大

将军霍光很恐慌，为防止意外出动军队严阵以待。天下人尽知先帝的长子是我，还怕有人反对不成？"不久，刘旦对群臣说："盖长公主已报信说，朝中所担心的只有右将军和大将军两人，如今右将军已经不在世了，丞相又有病在身，大事成功指日可待。"令群臣整饬行装，准备随时进长安坐龙床。

有人劝霍光说："难道将军没有从当初吕氏家族的覆亡中吸取教训吗？吕氏身处伊、周公的地位，把持朝纲，大权在握，却不和皇族成员共享朝权，反而疏远他们，故而失去了天下人的信任，最终走向灭亡。现在皇上年幼，将军你应当团结皇族成员，并多与大臣们共议国事，不要重蹈吕氏覆辙。这样一来，便能够免除祸患。"霍光认为有道理，便选拔皇室成员中可以担任官职的人才，将楚元王的孙子刘辟疆任命为光禄大夫兼长乐宫卫尉，皇室成员刘长乐则为光禄大夫。

上官安打算先将刘旦骗到长安杀掉，然后将昭帝废掉改立上官桀为皇帝。有人问："那上官皇后怎么办？"上官安说："你何时见过追逐麋鹿而同时又顾着小兔的猎狗呢？况且依靠皇后的关系得到的尊贵是不稳固的，一旦皇帝宠幸别的妃嫔，皇后的娘家亲属连想做平民百姓都没有机会了。现在的机会真是千载难逢呀！"

此时突降大雨，很快又井水枯竭。王府的大灶被从圈中成群冲出的猪毁坏。乌鸦与喜鹊厮打而死，老鼠在宫殿的正门中窜来窜去。雷火烧燃城门，宫殿的小门自动关闭，无法开启。宫殿和城楼被大风毁坏，树木也被折断或连根拔起。燕王的后姬们都因下坠的流星而惊恐万分。燕王也因过度受惊而病倒，派人到台水、葭水祭祠。燕王门客吕广等善观星象，对燕王说："城市会被军队包围，九月到十月的时候，汉朝会有大臣被诛杀。"

燕王愈来愈忧心重重，便对吕广等人说："事情无法谋划成功，又多次出现凶兆，朝廷大军将到，这该如何是好？"

（3）事泄被捕

　　盖长公主某舍人的父亲燕仓知晓了刘旦、上官桀等人的阴谋后，将此事告知了大司农杨敞。向来谨慎怕事的杨敞以有病为借口没有上朝，但将此事告诉了谏议大夫杜延年，杜延年急忙将这一情况上报。汉昭帝元凤元年（公元前80年）九月，霍光下令搜捕燕王部属孙纵之及上官桀、上官安、丁外人、桑弘羊等，然后将他们满门抄斩，以免后患。盖长公主闻讯后畏罪自杀。燕王刘旦知道了消息，惊恐异常，对国相说："事情败露了，应该立即起兵了吧？"国相说："左将军上官桀已被杀，百姓们都已知道了，此时起兵只有死路一条。"燕王刘旦忧愁烦闷，吃不下，睡不着，自己预料很难得到朝廷的赦免，最后在万载宫摆酒设宴，与群臣、宾客、妃嫔诀别。

　　席间，燕王起身唱起了自己所作的"归空城兮"，其声甚是悲凉。他刚唱完，燕王的华容夫人起身边歌边舞。凄凉哀婉的歌舞使在座的人都不禁唏嘘抽泣。朝廷的赦令不久到了，燕王看后，叹气道："唉！除我以外，燕国的官吏百姓都被赦免了。"接着，他将王后妃妾召到明光殿，说："我犯的是灭门之罪！"准备自杀。大家劝解道："也有可能只削去王国，有幸免死。"恰在这个关头，昭帝的使者也到了，带来了给燕王的加玺书信。信中说："以前高皇帝将天下统一之后，立子弟为藩国以求江山稳固，后吕氏阴谋大逆，刘氏天下险些落于他人之手，全靠绛侯周勃等人讨灭乱贼，尊立孝文皇帝，才将刘氏宗庙保全下来。郦商、樊哙、灌婴、曹参等人身冒枪林箭雨，追随高帝使四海归一。当时头发乱得如蓬草一般，极为辛苦，也不过是得到了封侯的奖赏。现在宗室子孙毫无风吹日晒的辛苦，却封地而称王；父亲去世了儿子继承，兄长不在了由弟弟接替。你我亲为骨肉，如同一体，你竟与外姓他族合谋危害社稷，疏远不该疏远的人，亲近不该亲近的人，有叛逆之心，无忠爱之义。若先人有知的话，王有何面目以对高帝之灵！"刘旦读后，将燕王符玺交给医工长，又和燕国国相、二千石官吏辞别："没有谨慎忠义地侍奉太子，理应去死。"随即用绶带自缢身亡，随刘旦自杀的王后姬妾有二十多人。昭帝下

旨赦免燕王太子刘建死罪，贬为平民；赐刘旦"剌王"的恶谥。刘旦被立为燕王三十八年后身败国除。

桑弘羊的儿子桑迁在燕王刘旦和盖长公主等人谋反时曾出逃，并投靠过从前是桑弘羊部下的侯史吴。后桑迁被捉拿处死。时逢大赦，侯史吴投案自首后被囚禁在监狱。谋反案件由廷尉王平、少府徐仁共同负责审理，他们都认为"桑迁受其父亲谋反的牵连，侯史吴窝藏他，是窝藏连坐者，并不是窝藏谋反者"，便将侯史吴的罪按大赦令赦免。后侍御史重新查办此事，认为"桑迁精通经典，明知其父背叛朝廷，却不加以阻拦制止，性质是和谋反者相同的。侯史吴原为朝廷钦命三百石官吏，主谋窝藏桑迁，与一般老百姓窝藏连坐者之罪不同，不能赦免侯史吴的罪。"奏请朝廷重新判定侯史吴的罪责，并弹劾廷尉、少府为谋反者开脱。少府徐仁是丞相田千秋的女婿，所以田千秋几次为侯史吴说情，他怕大将军霍光不听，便在公车门召集博士和中二千石官，商讨应按法令判侯史吴什么罪。对大将军的意向，参与的人都很清楚，因此一致认为侯史吴是大逆不道。次日，田千秋将众人的意见上奏朝廷。于是霍光将廷尉王平、少府徐仁逮捕下狱。朝廷上上下下最担心的事就是丞相是否会遭到牵连。太仆杜延年致书霍光说："官吏放纵罪人，应受到其应有的惩罚。从法令上说，诋毁侯史吴为大逆不道未免有些过分。再说，丞相平时并无太多成见，只是经常为下面的人说情。至于擅自召集中二千石官员，确实是很不对。但我觉得丞相毕竟在位已久，又是先帝爱臣，如果没有重大的过失，最好不要罢黜。这些日子以来，不少百姓们抱怨刑罚过重，官吏们执法十分苛刻。而今丞相商议的事又是有关刑罚方面的，假如因此案而牵连丞相，恐怕民心难服，势必造成小民私议，属下喧哗，流言四起。将军因此事而在天下人面前名声受损，是我最担心的事。"霍光以廷尉、少府玩弄法令之罪名，最后还是将他们按律查办，关入监狱。夏季，四月，徐仁在狱中自杀，王平、冯翊和贾胜胡都被腰斩。田千秋作为丞相，并未受到牵连，一直与霍光共事到底。

3. 霍光主政

汉昭帝元平元年（公元前74年），昭帝病逝，没有子嗣继承其皇位。于是大将军霍光就同群臣讨论立新皇帝的大事。

（1）立昌邑王为帝

霍光为人沉稳、持重，思考问题非常周密，做事小心谨慎。史书上记载了霍光的一件事，说霍光每次出入皇宫禁地，站立进退都按一定的规矩。一些郎官、仆射曾暗暗地记住他上朝时站立的位置，从未见分毫的移动。霍光在处理国务时从不徇私枉法，并且总是破格任用和奖励坚持按规章办事的官员。

霍光的不循私情也使他树立了很多的敌人。盖长公主、上官桀父子，联合燕王刘旦、桑弘羊等人，阴谋除掉霍光，进而夺取皇位，由于事情败露，他们都被诛或自杀，自此霍光便完全掌握了朝政大权。昭帝对霍光也非常信任，一直完全把朝政委托给霍光处理。汉昭帝元平元年（公元前74年）四月十七日，汉昭帝驾崩于未央宫，年仅二十四岁。昭帝下无子嗣。当时，武帝诸子之中只有广陵王刘胥尚健在，大将军霍光同群臣商议推立新帝问题，大多数人都认为应立广陵王为帝，但武帝在位时因为广陵王行为放纵不轨而没有将他立为太子，所以霍光因此而内心不安。这时一位郎官上书说："古时周太王不立长子太伯而立少子王季，只要适宜为一国之君，就是废长子立少子也没有什么不可以的。不能让广陵王承继帝位。"上书正合霍光心意，他便把这个上书转给丞

相杨敞等人观看。当日，霍光便以皇太后的名义委派代理大鸿胪少府乐成、光禄大夫丙吉、宗正刘德、中郎将利汉等前往迎接武帝之孙昌邑王刘贺进京，准备将其立为皇帝。霍光又将调右将军张安世为车骑将军一事报知皇后。

刘贺是昌邑哀王之子，他在封国内一向放纵狂妄，毫无节制。甚至在汉武帝丧期中，他还一直外出巡游狩猎。他有一次出游方与县，在不到半天的时间里就驰骋了二百里远。中尉琅琊人王吉上书劝道："大王不好好研读经书，却对游玩逸乐情有独钟，驾驭着马车随意驰骋，嘴因不停吆喝而疲倦，手因紧握缰绳挥鞭而疼痛，马车的颠簸使得身体劳苦，清晨冒着露水雾气，白天迎着风沙尘土，夏季被炎炎的烈日烤晒，冬天被刺骨寒风吹得抬不起头来，大王总是以自己尊贵的玉体，去迎接疲劳痛苦的煎熬，这不仅无益于保全宝贵的生命，连高尚的仁义道德也保持不了。在宽敞的殿堂之中，舒适的毛毡之上，在名师的教导下研读、背诵经书，讨论上至尧、舜，下至商、周之世的兴盛，学习仁义圣贤的风范，通晓治国安邦的道理，废寝忘食，使自己的内心修养每天都获得提高，这种快乐，驰骋游猎是享受不到的啊。休息的时候，做些俯仰屈伸的动作可以锻炼形体，下肢则通过散步、小跑等运动来锻炼；吸进新鲜空气，呼出腹中浊气以锻炼五脏；心意专一，养精蓄锐，以调和心神。用这样的方法修身养性，一定会长寿的。大王如果留心此道，心中自然能产生尧、舜的志向，身体也能像伯乔、赤松子一样健康，美好的名声就会远播四方，让朝廷闻知，大王就会福禄双全，并且使封国变得安稳。当今皇上仁孝圣明，现在还终日思念先帝，对于修建园林池塘、宫殿别馆或外出巡游狩猎等事一样也没做，大王为了迎合皇上的心意，应日夜想到这一点。在诸侯王中，大王同皇上有最近的血缘关系，论亲属关系，大王就如同是皇上的儿子；论地位，大王是皇上的臣僚，一人兼有两种身份和职责。所以说，大王在施行恩义时，假使有任何没做周全的地方让皇上知道了，都不会是国家之福。"刘贺阅读后，下令说："中尉非常忠诚，多次把我的过失纠正过来，而我的所作所为的确存在懈怠的地方。"于是让负责宾客事务的部属千秋前去嘉奖中尉王吉牛肉五百斤、干肉五捆、酒五石。但是刘贺还是我行我素，恣意放纵。

郎中令山阳人龚遂为人忠厚，性格刚毅，一向坚持原则，经常规劝刘

贺，并谴责封国丞相、太傅没有尽职尽责。他引经据典，陈述利害，动情处声泪俱下，经常冒犯刘贺。刘贺甚至捂着耳朵起身躲开，说道："郎中令最好揭人的短处！"刘贺与自己的厨师和车夫经常在一起吃喝玩乐，并对他们随意赏赐，毫无节制。龚遂进宫去见刘贺，哭着跪行到刘贺面前，连刘贺身边的侍从也全都感动得黯然泣下。刘贺问道："你哭什么呢？"龚遂说："社稷的危亡让我感到痛心！恳求您赐给我一个单独的机会，我想详尽地向您表达我的看法！"刘贺命侍从全部退出，龚遂说道："大王您是否知道胶西王刘瑞因大逆不道罪而灭亡的原因呢？"刘贺说："不知道。"龚遂说："我听说，胶西王的一个名叫侯得的臣子专会阿谀奉承，把胶西王如夏桀、商纣一样暴虐的行为说得像尧、舜一般的贤明。胶西王非常欣赏侯得的阿谀谄媚，经常同他住在一起。胶西王之所以落得如此下场，都是因为听信了侯得的奸邪之言。如今大王偏信奸佞小人，已经逐步沾染恶习，这是关系存亡的关键，一定要慎重加以对待！我请求挑选品行端正、通晓经书的郎官和大王共同生活，立则习练礼仪举止，坐则诵读《诗经》、《尚书》，这对于大王来讲一定是有益而无害的。"刘贺应允。于是龚遂挑选郎中张安等十人侍奉刘贺。可惜时间不长，张安等就全被刘贺打发走了。

曾经有一次，刘贺见到了一只脖颈以下长得与人相似，没有尾巴，头戴一顶"方山冠"的大白狗。刘贺向龚遂询问此事，龚遂说："这是上天的警示，提醒您左右的亲信都是戴着冠帽的狗，把他们赶走就能得以生存，否则就会灭亡！"后来，刘贺又听到一个人大声喊道："熊！"刘贺一看，果然看到一只大熊，但除他以外，左右侍从却没人看到。刘贺又向龚遂询问此事，龚遂说："熊是山野里的猛兽，竟然来到王宫里面，而且只被大王一人见到了，这是上天警告大王，恐怕王宫内部空虚，是危亡之兆啊！"刘贺喟然长叹，说道："为什么不祥的征兆接二连三地到来呢？"龚遂叩头说道："忠心使我不能隐瞒真相，因此几次提到的危亡的警告让大王感到不高兴。但国家的存亡，并不是我的话所能决定的啊！希望大王好自为之。王熟知《诗经》三百零五篇，其中说道，只有'人事'得当，'王道'才能周详齐备。大王的所作所为，与《诗经》的哪一篇相一致呢！大王身为诸侯王，做事如同平民百姓般污浊，要想生存困难，但灭亡却是容易的，大王要深思啊！"后来，刘贺又在王座上发现血污，刘

第六章 昭宣中兴

贺再问龚遂，龚遂大声号叫道："妖异之兆屡次出现，王宫即将空虚！血是阴暗中最凶险的灾异之象，大王应有所畏惧，谨慎小心深刻反省！"但刘贺并没有因此改变他的品行。

征召刘贺继承皇位的诏书来到时，正值初夜时分，刘贺在灯烛下观看诏书。第二天中午，刘贺即出发前往长安，黄昏时就到达了定陶，走了一百三十五里，路上不断有随从人员的马匹累死。王吉上书劝戒刘贺说："我听说商朝高宗武丁在服丧期间，三年未曾说话。现在有丧事征召大王，您万万不可发号施令，要日夜哭泣悲哀才好。大将军仁爱、智勇、忠信的品德天下尽人皆知。他侍奉孝武皇帝二十多年，从没有犯过大的错误。孝武皇帝抛弃群臣而辞别人世时，将社稷和幼弱孤儿托付给大将军。大将军辅佐尚在襁褓中的幼主，颁布政令，教化百姓，使国家得以平安稳定，即使是周公、伊尹也不过如此。现在皇上去世了，大将军深思熟虑，最终选中大王继承皇位，其忠厚仁义的胸怀是没有限量的啊！我恳请大王能依靠大将军，敬重大将军，国家大事全都听从他的安排，大王只需垂衣拱手地坐于宝座之上就可以了。希望大王常常想到我的话，铭记在心！"

刘贺到济阳后，派人去找长鸣鸡，而且在半途中购买用竹子合制成的积竹杖。路过弘农的时候，刘贺让一名叫善的大奴以有帘幕遮闭的车子装运随行的美女。来到湖县，朝廷派来接驾的使者以此事责备昌邑国相安乐。安乐转而告诉龚遂，龚遂进见刘贺询问这件事，刘贺说："绝无此事。"龚遂说："如果并无此事，大王又怎么能为了庇护一个奴仆而破坏礼义呢？为了洗刷大王的名声，请将善逮捕，交给有关官员惩处。"于是马上将善擒拿，交卫士长处以极刑。

刘贺到达霸上，朝廷派大鸿胪到郊外迎接，恭请刘贺更换皇帝乘坐的御车。刘贺命昌邑国太仆寿成驾驭御车，郎中令龚遂陪乘。在将到达广明、东都门之时，龚遂说道："马上就要到长安外郭的东门了。从礼仪上讲，奔丧的人看到国都应该痛哭才对。"刘贺说："我咽喉肿痛，不方便哭。"抵达城门前，龚遂再次提醒刘贺。刘贺说："城门和郭门没有什么不同。"将到未央宫东阙，龚遂说："阙外御用大道的北边是昌邑国吊丧的帐幕，帐前有一条南北通道。马匹走几步后，大王就要下去，面向西方，朝着门阙，伏地痛哭以表达您的哀痛之情。"刘贺答应道："就依先

生所言。"于是步行上前，遵循礼仪哭拜。六月，刘贺举行了大典，承袭印玺，继承帝位，上官皇后被尊为皇太后。

（2）刘贺被废

昌邑王刘贺当了皇帝后，荒淫无道，恣意妄为。原昌邑国官吏全都被征召到都城，许多人被破格录用，并任命昌邑国相安乐为长乐卫尉。龚遂见到安乐，哭诉道："大王即天子之位后，日益骄纵，劝诫他也不再依从。现在还是在居丧的时候，他却终日和亲信饮酒作乐，欣赏虎豹搏斗，还传召悬挂着天子旌旗的虎皮轿车，坐在上面四处游玩，他的作为不符礼仪。古代制度仁慈宽松，大臣可以辞退归隐，如今想走也不行，想装疯，又恐被人识破，死后还要留下骂名，我该怎么办呢？作为陛下原来的丞相，您应该极力对他进行规劝。"

刘贺在梦中见到殿堂西阶的东侧堆积着大约五六石覆盖着绿头苍蝇的粪便，上面盖着大片屋瓦。刘贺就此梦询问龚遂，龚遂说："陛下所熟知的《诗经》中，有这样两句话：'绿蝇往来落篱笆，谦谦君子不信谗。'陛下身边奸邪之人很多，就像苍蝇粪便一样。所以，应该挑选先帝大臣的子孙，作为服侍陛下的侍从亲信。假如总舍不得把昌邑国的旧部属抛开，重用并信任那些进谗言阿谀奉承之人，祸事迟早会发生。希望陛下能扭转局面，因祸得福，把这些人尽数驱逐出朝廷。我应当第一个离开。"但刘贺拒不接受龚遂的劝告。

太仆丞河东人张敞上书奏道："孝昭皇帝英年驾崩，膝下无子，朝中大臣忧心重重，惶恐不安，选择仁厚贤明的人继承皇位，到东方迎接圣驾之时，生怕跟随您的从车行进速度太慢。如今陛下正值盛年，初登大宝，天下人没有不擦亮眼睛，双耳倾听，期望看到和听到陛下能有所作为，实施仁政。可是，辅国的重臣还没受到褒奖，而昌邑国拉车的小吏却先获得升迁，这是个大过错。"刘贺听而不闻。

见到这种情景后，大将军霍光非常忧愁烦恼，便单独召见所亲信的旧部大司农田延年询问对策。田延年说："将军身为社稷的栋梁，既然认为

第六章　昭宣中兴

此人没有德行，为何不禀明太后，改选仁厚贤明的人呢？"霍光说："我现在正有这个想法，但却不知道古代是否有过这样的先例？"田延年说："当年伊尹为商朝相，为了社稷长久将太甲废黜，正因如此，伊尹被后人称颂为忠心为国。如今将军能这样做，真可谓汉朝的伊尹了。"霍光便任命田延年兼任给事中，与车骑将军张安世一起密谋废黜刘贺。

光禄大夫鲁国人夏侯胜在刘贺外出巡游时挡在其车驾前面劝阻说："天气久阴不雨，预示臣下将对皇上不利。陛下外出，要到何处？"刘贺听后觉得夏侯胜散布妖言，非常恼怒，便叫人将他捆绑起来，交给官吏治罪。负责审理此事的官员报告霍光，霍光未处以刑罚，却以为是张安世走漏了风声，便责问他。实际上张安世并没泄漏，于是召夏侯胜前来询问此事，夏侯胜回答说："《鸿范传》里讲：'君王有过失的时候，就会招致上天的惩罚，天气就会变得阴沉，此时就会有臣下谋害君上。'我不敢直言，只好说是'臣下将对皇上不利'。"霍光、张安世听后大为震惊，由此更加重视精通经书的儒士。

张安世和霍光把事情商议好之后，就派田延年去告知丞相杨敞。杨敞闻言惊慌不已，不知所措，只是唯唯诺诺。杨敞的夫人趁田延年起身去厕所的时候，匆忙地从东厢房里面出来，告诉杨敞："这是关系社稷存亡的大事，如今大将军谋划已定，让大司农来通知你，你应该赶快答应，以示支持大将军，再犹豫不决，就要先被诛杀了！"等田延年回来后，杨敞夫人也和他们一起谈话，表示一切听从大将军的吩咐，同意霍光的计划。几天后，丞相、御史、将军、列侯、中二千石、大夫、博士都被霍光召集至未央宫议事。霍光说："昌邑王荒淫无道，恐怕会危害社稷，该如何是好？"群臣听了这话全都大惊失色，唯唯诺诺，谁也不敢说话。田延年离开座席，走到群臣前面，手握剑柄说道："正因先帝相信将军忠义贤明，能够把刘氏江山保全，才把幼弱孤儿托付于将军，而且把国家大事交给将军做主。如今朝廷被一群奸佞阿谀之徒搞得昏天黑地，致使国家危亡；况且我汉朝历代君王的谥号都有一个'孝'字，为的就是江山永固，使宗庙长久得以延续。若是汉家的祭祀断绝了，就算将军死去，也没有脸面见先帝于地下啊！今天的会议，必须马上作出决断，群臣中不加响应的，我请求用剑将他诛杀！"霍光谢罪道："大司农对我的责备非常正确！我应该对国家危亡祸乱负责。"于是与会的人都叩头说道："大将军手中掌握着万民的命运，一切都听从大将军的命令！"

于是群臣和霍光一起去进见太后，陈述了昌邑王刘贺不能再继承皇位的缘由。于是皇太后乘车驾来到未央宫承明殿，下诏禁止昌邑国群臣进入皇宫。在这之后不久，刘贺准备乘车返回温室殿。刘贺一进门，抓住门扇的禁宫宦者便将门关闭，将昌邑国群臣挡在了外面。刘贺问道："这是为何？"大将军霍光跪地回答道："皇太后有旨，禁止昌邑国群臣进宫。"刘贺说："可以慢慢地吩咐，不用如此吓人吧？"霍光命人驱赶昌邑国群臣到金马门外面。被赶出来的昌邑国群臣二百多人全部被车骑将军张安世率领的羽林军逮捕，押送到廷尉所属的诏狱。霍光派曾在汉昭帝时担任过侍中的宦官看护刘贺，并责令手下人说："一定要严加看守！防止他突然死去或自杀，否则，就会让我无脸面对天下，背上弑主的千古罪名。"这时刘贺还不知道事情的真相，问身边的人说："为什么大将军将我以前的群臣全部关押起来了呢？他们犯了什么罪呢？"

没过多久，刘贺即被皇太后召见。刘贺感到恐慌，说道："我犯了什么错以至于太后要召见我？"太后身披用珠缀串而成的短衣，坐在武帐之中，几百名侍卫全副武装，与持戟的期门武士排列于殿下。文武群臣按照职位高低的顺序上殿，然后召昌邑王上前跪拜，听候宣读诏书。霍光与群臣联名弹劾昌邑王，由尚书令诵读奏章："臣杨敞等冒死上奏皇太后陛下：朝廷派使者召昌邑王前来主持孝昭皇帝的丧葬之礼。而昌邑王虽身穿丧服，但内心并无一丝悲哀。荒废礼义，在路上不肯吃素，还派手下侍从掳掠女子，用有帘幕遮蔽的车运载，让她们在沿途驿站陪宿。刚到长安，进见过皇太后，被策封为皇太子，仍经常派人私下购买猪肉、鸡食用。在孝昭皇帝灵柩前承接皇帝的印玺，回到住处，打开印玺后就不再加以封存。让侍从官共同手持皇帝符节前去征召昌邑国的车马官、侍从官、官奴仆等二百余人，与他们共同居住在宫禁之内，恣意寻欢作乐。还曾经写信说：'皇帝向侍中君卿表示问候，特派中御府令高昌携带黄金千斤，赐君卿十个妻子。'孝昭皇帝的灵柩还停在前殿，他竟召来乐府乐器，令昌邑国能歌善舞的艺人进宫击鼓，吹拉弹奏，演戏取乐；还把泰一祭坛和宗庙的歌舞艺人调来，让他们遍奏各种乐曲。驾着天子车驾，在桂宫、北宫等处东奔西跑，并斗虎、玩猪。更有甚者擅自调用皇太后乘坐的小马车，命侍从骑乘，在后宫游戏。与孝昭皇帝的宫女蒙等人胡作非为，色乱后宫，

第六章　昭宣中兴

还下诏给掖庭令：'有敢泄漏此事者腰斩！'……"听到此处，太后说："停下！做臣子的，竟然如此大逆不道！"刘贺从座位上离开，伏在地上请罪。

尚书令接着读道："……把朝廷封赐诸侯王、列侯以及二千石官员的黑色、黄色绶带拿出来，赏给昌邑国郎官，甚至是被免除奴仆身份的人佩带。把皇家仓库中的金钱、刀剑、玉器、彩色丝织品等赏给同他一起游戏的人。与奴仆、侍从官彻夜狂欢，奢侈靡费。为了单独接见他的姐夫昌邑关内侯，在温室殿设下了隆重的九宾。在未举行祭祀宗庙的大礼之时，就颁发正式诏书，派使者持皇帝符节，以三牛、三猪、三羊的祭祀大礼来祭祀他父亲昌邑哀王的陵庙，称自己为'嗣子皇帝'。即位的二十七天内，共一千一百二十七次向四面八方派出使者持皇帝符节，用诏令向各官署征求调发。荒淫昏乱，完全没有帝王的威严，败坏了大汉的制度。在杨敞等反复规劝后，也始终没有改正，且愈演愈烈，这样下去必将危害社稷，造成天下大乱。我们同博士官讨论很久，最后达成共识：'当今陛下承袭孝昭皇帝的皇位，行为荒淫昏乱。《孝经》上说：'在五刑之罪中，最大的罪恶就是不孝。'昔日周襄王对自己的母亲不孝，故《春秋》上说他：'天王出居郑国，因为他不孝，所以出居郑国，不得不舍弃天下。宗庙要比君主更为重要，陛下既然做不到顺应天命，侍奉宗庙，怜爱百姓，就应当让出王位！'所以，臣请求太后命有关部门行祭大礼告于高祖皇帝的祭庙。"皇太后下诏说："就这样做吧。"于是霍光命刘贺起身，拜受皇太后诏书。刘贺说道："我听说：'只要有七位耿直敢言的大臣在身边，即使无道的天子也会拥有天下。'"霍光说："皇太后已经废黜了你的王位，怎能再以天子之位自居！"说着便抓住刘贺的手，解下他身上佩带的玉玺绶带，呈献给皇太后，然后把刘贺扶下殿，从金马门走出皇宫。刘贺出宫后，叩拜西方道："我过于愚蠢，不能匡服汉室河山！"起身上了御驾的副车，在大将军霍光的护送下到了长安昌邑官邸。霍光深表歉意说："大王的作为是自绝于上天，我宁愿愧对大王，也不敢辜负汉室社稷！我不能常在大王左右侍奉了，希望大王自爱。"

文武百官上奏太后说："古时候，被废黜的人，要流放边疆，使他不能再干预政事。请迁徙昌邑王刘贺到汉中房陵县。"太后下诏，命刘贺仍

283

回昌邑居住，赏给他二千户作为汤沐邑，他做昌邑王时的财产也全部发还给他；赐给他的四个姐妹每人一千户作为汤沐邑；将昌邑国撤销，改为山阳郡。

原来昌邑国的群臣都因在封国时不能举奏刘贺的罪过使朝廷难以了解真实情况，而且不加以引导、纠正，使刘贺陷于罪恶被指控，全部逮捕入狱，诛杀二百多人；中尉王吉、郎中令龚遂因尽忠直言，多次劝谏刘贺，免于被处死，剃去头发，罚以"城旦"，白昼守卫城池，夜晚做苦工。刘贺的老师王式也被逮捕入狱，按律当死，审案官员厉声责问王式道："你身为昌邑王的老师，为什么失职而不上书规劝？"王式回答道："我每日早晚都给昌邑王讲解传授《诗经》三百零五篇，每逢涉及忠孝的内容，都为他反复诵读，讲解；每逢无道之君使国家危亡的篇章，也都流泪为他详细陈说。我是以《诗经》三百零五篇来劝谏昌邑王，所以没有专门上书进谏。"王式的这番话被审案员奏报朝廷后，他也被免除死罪。

由于国家大事都由群臣上奏东宫，由太后审查并做出决策，于是霍光认为太后应通晓儒家经书，于是奏请太后，命夏侯胜为太后讲解《尚书》，并封夏侯胜为长信少府，赐给他关内侯爵位。

（3）霍光立宣帝

新君的选立在昌邑王被废后成了首要问题，武帝的后嗣中，广陵王刘胥前已未用，因谋反被诛的燕王刘旦之子也不在考虑之中，霍光与张安世等大臣一时难以决定选立何人。丙吉致书霍光说："将军辅佐武帝，受命匡扶少主，肩负天下重任。为昭帝发丧之时，又以大义立昌邑王为帝；由于所立的不是合适人选，将军便以大义将其废黜，天下人皆因此而敬佩不已。我私下听取众人的意见，考察他们所谈论的宗室、诸侯王，谁都没能得到百姓的称赞。武帝曾孙刘病已（即刘询），我在郡邸狱见到他时还是个小孩子，现在已长到十八九岁，通晓经术，性情温和，行动安稳。恳请将军详审大义，并参照卜兆看是否为上佳人选。可先令其入宫侍奉太后，

以此嘉奖，然后再决议拥立的大计。"对刘病已的情况，杜延年也很清楚，便力劝张安世、霍光把刘病已立为皇帝。

刘病已是武帝前太子刘据的孙子。皇曾孙生下不久，就发生了巫蛊之祸，卫太子的三子一女及妻妾全遭杀害，只有皇曾孙尚活着，当时只有几个月大，也被关入郡邸狱中。受命审理巫蛊案件的是鲁国人丙吉，他知道卫太子没有谋反事实，又甚可怜皇曾孙年幼无辜，故挑选忠厚谨慎的女囚胡组和郭徵卿，让她们做奶娘喂养皇曾孙，并把他们安排在宽敞干燥的地方。丙吉每天都去探望两次。

巫蛊之案一拖再拖，终难定案，皇曾孙受牵连险些被武帝杀掉。那时武帝身患疾病，望气者说天子之气现于长安监狱之中，武帝派使者逐个登记长安各监狱的犯人，全部杀掉。宦官谒者令郭穰黑夜来到郡邸狱，丙吉闭门不纳，说："皇曾孙关在此处。无辜处死其他人都不可以，皇上的亲曾孙就更不可以。"一直僵持到次日黎明，使者也未能进去。郭穰回宫以此事弹劾丙吉。这时武帝也心怀愧疚，说："这是天意所使。"于是大赦天下。因为丙吉的保护，被关在郡邸狱中的刘病已才得以存活下来。

丙吉在大赦后对郡守丞谁如说："不应该再让皇曾孙在狱中了。"让他将皇曾孙及乳母胡组一并送到京兆尹那里去，京兆尹却不愿收留，他们又被送了回来。当胡组因期已满该释放回家时，由于皇曾孙舍不得离开乳母，丙吉便自己出钱雇佣胡组将其留下，与郭徵卿一同侍养皇曾孙，胡组在几个月之后才离去。主管府藏的少内啬夫告诉丙吉："没有明文诏令供养皇曾孙。"丙吉只能用自己每月俸禄所得米肉供给皇曾孙。皇曾孙多次险些丧命，丙吉责令乳母小心护养，并为皇曾孙寻医问药，可谓仁至义尽。丙吉得知皇曾孙的祖母史良娣还有老母贞君及哥哥史恭，便将皇曾孙送至史恭家，贞君因可怜孤苦伶仃的皇曾孙，便亲自抚养他。后来有诏书召皇曾孙入宫归掖庭收养，并让宗正把皇曾孙的名字编入皇室籍册之中。掖庭令张贺原为卫太子刘据的家吏，他非常用心地供养皇曾孙，以报旧恩，并用自己的私财供他念书。皇曾孙长大后，张贺想把自己的孙女许配给他，当时汉昭帝刚行过冠礼，身强体壮，张贺的弟弟是右将军张安世，协助大将军霍光辅政，听说哥哥对皇曾孙大为称赞，还要将孙女许他为妻，生气地对张贺说："曾孙是卫太子之后，有幸以普通百姓身份得到天子般的衣食供养，已经不错了，不要再提你嫁孙女给他的事了！"张贺只

得把原来的念头打消。张贺听说暴室啬夫许广汉的女儿未嫁，便设酒宴请许广汉。酒过三巡，张贺从容而言："就算皇曾孙人才低劣，但他身为皇帝的近亲，也可被封为关内侯，你可以把女儿嫁给他为妻。"许广汉答应了。许广汉的妻子知道此事后，不愿将自己的女儿嫁给这个无钱无势的皇曾孙。后来经过重新说媒才勉强答应了这门婚事。张贺用自己的家财为皇曾孙购置聘礼。皇曾孙因有了祖母史氏家和许广汉兄弟作依靠，生活才安定下来。他天资聪颖又勤奋好学，由于在下层社会生活了很多年，他非常了解乡里的奸邪欺诈和吏治的优劣得失。

七月，霍光坐在庭中，召集丞相及有关大臣共同议定立新帝之事。然后，霍光再次联合丞相杨敞等上书皇太后说："孝武皇帝曾孙刘病已经成人，从师学习《诗经》、《论语》、《孝经》，品行节俭，仁慈爱人，是继承孝昭皇帝、奉侍宗庙、安抚百姓的最佳人选。我等冒死奏明太后！"皇太后下诏："可以。"霍光于是派宗正刘德到尚冠里刘病已家中，侍奉其沐浴，更换太后赏赐的御衣，由太仆轻车将刘病已迎接至宗正府实行斋戒。庚申，刘病已进入未央宫，拜见皇太后，被册封为阳武侯。不久，由群臣奉上皇帝绶带、玉玺，刘病已正式登基为帝，拜祭汉高祖祭庙，尊上官皇太后为太皇太后。

（4）尹翁归清正严明

尹翁归是平阳人，他少年时父母双亡，和叔叔一起生活。年轻的时候当过狱卒，很熟悉法律文书方面的事。他喜欢舞刀弄剑，武艺高强，没有人是他的对手。当时霍光执掌朝政，他对子弟管教不严，霍家子弟多住在平阳，家里的奴仆和门客拿着兵器在街上和人斗殴，官吏都不敢管。直到尹翁归担任管理街市的官员后，才没有人敢横行不法。尹翁归清正廉明，从来不接受贿赂，商人们都很敬畏他。

后来尹翁归辞掉了官职，回到家里。田延年为河东太守，他在巡视的时候到了平阳，把他过去手下的小吏们都召集了起来，共有五六十人，亲自接见。田延年命令他们当中习文的人站东边，习武的人站西边。大家都

第六章　昭宣中兴

按照他的命令站好了，只有尹翁归跪在地上没有动。尹翁归告诉田延年："我文武兼备，任凭您吩咐了。"田延年手下人认为这个人桀骜不驯，但田延年说："这有什么关系呀。"把他叫到跟前问话，对他的回话感到非常惊奇，于是补选他为自己的手下。尹翁归处理案件都能一查到底，把事情的原委弄个清清楚楚。田延年很器重他，认为自己的才能不如他，于是提升他为督邮。当时河东郡下辖28个县，分为两个部分，尹翁归负责汾河以南。他揭发和检举官员都是依法办事，被他检举的人都是罪有应得，所以他管辖的地区官员即使因为他而受到惩处，也没有人怨恨他。不久他就因为清廉而节节高升，很快就担任了弘农都尉。

朝廷征召他为东海太守，他就任前向廷尉于定国辞行。于定国是东海人，他想委托尹翁归照顾同乡的两个孩子，就让那两个孩子在后堂等待引见。于定国在家里和尹翁归谈了一天，被他的气势所折服，一直不敢把那两个人引见给他。尹翁归走后，于定国对他们说："尹翁归是个贤良的官员，你们又没有什么本事，我不能凭借私交求他照顾你们。"

尹翁归在东海郡担任太守期间，明察秋毫，东海一带的官吏百姓是好是坏，包括那些作奸犯科的人的名字他都知道得一清二楚。每个县的登记名册他都亲自处理，如果案子太急他会稍微缓一些。如果手下的官吏百姓稍微有所松懈，他就把他们的罪状披露出来。他每次出巡都会收捕些坏人，杀一儆百，官吏和百姓都服从他的管理，而且因为害怕他的威严而纷纷改过自新。东海有个大豪强地主名叫许仲孙，为人非常奸诈狡猾，公然违反法律，东海郡的人深受其害。每次来了新太守要逮捕他，他都倚仗势力，用狡猾的手段逃出法律的制裁，所以一直都没有受到惩罚。尹翁归到任后，派人将许仲孙抓了起来，在集市上将其斩首示众，整个东海郡的人都为之害怕折服，没有人敢违反他的禁令了，一时间东海郡被他治理得非常好。

尹翁归因为政绩优异而被调到右扶风（接近京城的地方）。他在任期间选拔清正廉明、疾恶如仇的人担任官吏，对他们以礼相待，和他们共同遵循同样的好恶。凡是背叛他的人，一定会受到严惩。尹翁归治理右扶风的办法和东海郡一样，那些作奸犯科者的名字，每个县都有详细记录。如果发现了盗贼，尹翁归就会召见当地的长官，告诉他主犯的名字，教给他们根据蛛丝马迹推理出盗贼所在地的方法，让他们找出盗贼的藏身之处，

结果事情往往和他事先料想的一样，从来没有失败过。尹翁归在追查贫苦老百姓的时候比较宽松，而对那些地方豪强则非常严厉。地方豪强如果被治罪的话，就被送到掌畜官那里，让犯人铡草来赎罪，而且规定要按时到达，不准找别人来代替，如果发现有不合要求的，都要受到鞭打的惩罚，有的人因为被鞭打得过于疼痛，以至于无法忍受，甚至有用铡刀自杀的情况出现。京城的人因为畏惧他的威严，所以很少有人敢犯法，右扶风因为他而治理得非常好，惩治盗贼的政绩在京城三辅中常常排名第一。

尹翁归虽然喜好用刑罚，但他一向清廉自守，办公的时候从来不涉及私事，而且为人温良谦虚，从不因为自己的能力而看不起别人，在朝廷中的名声非常好。他任官几年后，因病去世，死后家中没有剩余的财产，皇帝亲自下诏书表彰他，称赞他是个难得的清官，对他的去世表示非常痛心，并赐给他儿子一百斤黄金，以表彰清官。

当初和尹翁归一起为田延年效力并被田延年提拔推荐的还有闳儒，也是个难得的好官，所以世人都称赞田延年善于识别人才。

（5）盖宽饶不畏权贵

盖宽饶名字非常有趣，"宽饶"就是宽松仁厚的意思，但他这个人的性格和名字正好相反，从他的事迹中就可以清楚地看到这一点。

盖宽饶是魏郡人，他早期因为明经而被举为文学，又以孝廉而被举为郎。后来又举为方正，因为对策好而迁为谏大夫，专门负责检举不法之事。他弹劾过张安世的儿子张彭祖经过殿门而没有下车，并且连带弹劾张安世位居高位而对朝政没有补益之处。其实张彭祖当时已经下车了，盖宽饶于是就因为触犯了弹劾大臣而不符合事实的条令被降职为卫司马。

当时卫司马在部门里上班时，见了卫尉要行拜礼，而且常被差遣去买东西。盖宽饶就职以后，他只按照规定对卫尉和其属官行拜礼，但卫尉如果因为私事要他去帮忙办理的话，他就拿着有关法律条文找到官府要辞职。尚书因为这事而责问卫尉，卫官们从此以后再也不敢以私事而任意驱

第六章 昭宣中兴

使属官们了，以前那个不合理的规矩就这样被纠正了过来。

盖宽饶刚开始被任命为卫司马的时候，还没有走出殿门，就用刀把自己的衣服割断，让它短到离开地面，然后戴上高帽子，腰佩长剑，亲自到卫士的住所去巡察，视察他们的饮食住所。有病的卫士他亲自抚恤慰问，帮忙请医生来看病送药，对待他们非常关爱。到了年终交接的时候，皇帝亲自设宴款待慰劳卫士，数千名卫士在席上叩头请求再服役一年，以报答盖宽饶的恩德。汉宣帝表示嘉许，并任命盖宽饶为太中大夫，派他到各地巡视当地风俗，使命完成得让汉宣帝很满意。不久就升为司隶校尉，他在任期间，追查检举从来不回避，不管事情大小他都会举报。他所弹劾的案件很多，廷尉依法办理，有一半采用也有一半没有采用。王公贵族以及各个郡国的官吏和使者来到京师，都因为害怕盖宽饶而不敢违犯禁令，京师因为这个清静了不少。

平恩侯许伯搬新家，朝廷大小官员包括丞相等人都赶去祝贺，只有盖宽饶不去。许伯派人请他，他才前往，从西面的台阶上去，面朝东面而坐。许伯亲自为他倒酒，说："盖先生来晚了哦。"盖宽饶告诉许伯："不要给我倒多了，我是酒疯子。"丞相魏侯笑道："次公（盖宽饶字次公）清醒的时候就是个疯子，何必要等到喝了酒才发疯呢？"当时在座的人都看着盖宽饶，有点看不起他。宴会举行到高潮的时候，大家都喝得挺开心，音乐声响起，长信宫少府檀长卿站起来跳舞，学猕猴和狗打架的样子，在座的人都哈哈大笑。盖宽饶却很不高兴，他仰视着屋子叹气："这屋子真漂亮啊！但是富贵无常，一会就会换了主人，这房子就像旅馆一样，住过的人太多了。只有谦虚谨慎才能长久保存下来，侯爷您能不警戒吗？"说完站起身来走了。回去后马上弹劾檀长卿以列卿的身份而学猕猴跳舞，非常失礼，是对皇帝的不敬。汉宣帝想治檀长卿的罪，许伯替檀长卿向皇帝谢罪，苦苦哀求了很久，皇帝才没有追究下去。从这件事中可以看出盖宽饶不把权贵放在眼中，但从另一个方面来看，他确实也不通世故，为他以后的杀身之祸埋下了祸根。

盖宽饶为人刚直不阿，一门心思都在公家的事情上。他家里很穷，每个月的几千俸禄钱他都拿出一半来奖励给那些向他通风报信的人。他身为司隶校尉，儿子却连车都坐不起，经常要步行去北方边塞服役。但盖宽饶执法非常苛刻，朝中大臣们都很恨他。他上奏章的时候又喜欢在

里面带上讽刺的语气，所以经常触犯皇帝。汉宣帝看在他是儒家学者的份上对他非常宽容，但他也没希望升官。当初和他一起提拔的同事有的都已经升到九卿的位置了，盖宽饶自以为自己的品行才学都没话说，但却被不如自己的平庸之人超越，心里非常不满，于是更加频繁地向皇帝上书进谏。

汉宣帝崇尚刑罚，很信任担任中尚书的宦官，盖宽饶不以为然，他上奏章反对这种做法，并在奏章里引用了禅让天下的典故。汉宣帝认为盖宽饶是在怨谤，于是把奏章交给有关部门，让他们给盖宽饶定罪。当时的执金吾认为盖宽饶是想让汉宣帝禅位，属于大逆不道。谏大夫郑昌很同情盖宽饶因为直谏而被小人陷害，于是向皇帝上书赞扬盖宽饶敢于奉公守法，不畏权贵，并反对有关部门给盖宽饶戴上大逆不道的帽子。汉宣帝正在气头上，没有听郑昌的话，还是把盖宽饶打入天牢，让狱吏处置他。盖宽饶在殿下听到这个消息后，不甘受辱，拔出佩剑自刎了，在场的人没有一个不表示怜悯的。

4. 宣帝击匈奴

汉宣帝本始二年（公元前72年），汉与乌孙派出大军合击匈奴。经过紧张的战争准备后，本始三年（公元前71年），汉朝派遣五位大将从长安出发，攻击匈奴。在多年的汉匈战争中，匈奴损失惨重，势力日益衰微。

（1）汉与乌孙共击匈奴

当初，下嫁乌孙的汉朝公主死后，汉朝又把楚王刘戊的孙女刘解忧

第六章　昭宣中兴

封为公主，嫁给乌孙王。乌孙王临终前，他的胡人妻子所生的儿子泥靡年少无知，于是便将国家政务托付给了叔父大禄的儿子翁归靡，并嘱咐道："等泥靡长大成人后，你要把帝位还给他。"翁归靡继承乌孙王位之后，号称肥王，又迎娶汉公主刘解忧为妻，共生下三儿二女。长子名元贵靡，次子叫万年，三子叫大乐。汉昭帝时，公主曾上书说："乌孙遭到匈奴和车师国联合侵犯，盼望天子派兵救援！"于是汉朝厉兵秣马，打算讨伐匈奴。恰逢汉昭帝驾崩，汉宣帝派遣光禄大夫常惠出使乌孙。乌孙王和汉公主都派遣使臣，上书汉朝说："匈奴接连几次攻击乌孙，并派使臣威胁说：'快把汉朝公主交出来！'妄图使乌孙和汉朝的联系断绝。乌孙王愿意派出五万精锐骑兵，全力抗敌，请求天子速派兵来援助公主和乌孙王。"在此之前，匈奴曾几次南犯，汉朝也正打算出兵讨伐。秋季，汉朝任命御史大夫田广明为祁连将军，率四万余骑兵，由西河出塞；度辽将军范明友率领骑兵三万多人，由张掖出塞；云中太守田顺为虎牙将军，率骑兵三万多人，由五原出塞；前将军韩增率骑兵三万多人，由云中出塞；后将军赵充国为蒲类将军，率骑兵三万多人，由酒泉出塞；约定诸路大军各出塞二千余里。又派校尉常惠带着皇帝符节监督乌孙军队共同出发，向匈奴进攻。

　　匈奴听说汉朝要派大兵前来，就带着老弱妇人，赶着牲畜奔逃而去。所以，汉朝五位将领并没有太大的收获。五月，汉军撤兵南归。度辽将军范明友出塞一千二百多里，抵达蒲离候水，共诛杀和俘获匈奴七百余人。前将军韩增出塞一千二百多里，抵达乌员，共诛杀、俘获匈奴一百多人。蒲类将军赵充国出塞一千八百多里，向西一直到达候山，共斩杀、俘获匈奴单于使臣蒲阴王为首的三百余人。因为听说匈奴已经退走，所以这三位将军还没到达目的地，就全部退兵了。汉宣帝认为这并不是什么严重的过失，所以没有处罚他们。祁连将军田广明出塞一千六百里，到达鸡秩山，共俘获、斩杀匈奴十九人，正巧与从匈奴返回的汉朝使臣冉弘等碰面。冉弘等说他们看见匈奴军队在鸡秩山西边出没，可是田广明却再三告诫冉弘，让他们不要对别人说，看到过匈奴人的踪迹，打算退兵。御史属官孙益寿认为不能退兵，于是劝阻田广明留守。但田广明不听劝阻，率兵回朝。虎牙将军田顺出塞八百多里，直抵丹余吾水边，不再前进，共斩杀、俘获匈奴一千九百多人，班师回朝。汉宣帝认为田顺未到预定目标就退兵而回，还谎报战果；田广明明知前方有敌人，却不去杀敌，反而率兵回朝，下令将两人治罪。二人于是自杀谢罪。汉宣帝册封孙益寿为侍御史。

乌孙王亲自率领五万骑兵，和校尉常惠一起从西方挺进匈奴地区，直到匈奴右谷蠡王王庭，将单于父辈贵族和单于的嫂子、名王、公主、犁都尉、骑将、千长及以下共四万人俘虏回营，缴获牛、马、驴、羊、骆驼七十余万头。乌孙国将他们俘获的人、畜等全部留下自用。因为派出去的五位将军没有什么收获，只有常惠出使乌孙，收获甚大，所以汉宣帝封常惠为长罗侯。匈奴遭乌孙重创，民众死伤逃亡和在长途迁移中死亡的牲畜不计其数，从此国力日衰，所以跟乌孙结怨很深。

汉宣帝又派常惠携黄金财物出使乌孙，封赏有功的乌孙贵族。常惠上奏说龟兹国曾经将校尉赖丹杀害，还没进行讨伐，请求顺路征讨龟兹。汉宣帝没有批准。大将军霍光却私下表示常惠可以见机行事。常惠率五百部属一起到达乌孙，返回汉朝时，从龟兹以西以东各国分别征调了二万军队，又从乌孙国征调七千人，从三个方向向龟兹进攻。在三路大军对龟兹国包围合拢之前，常惠先派使者前往龟兹，指责龟兹不应杀死汉使。龟兹王谢罪道："这件事跟我没有关系，是我国先王在世时，听信贵族姑翼的谗言而做的错事。"常惠说："如果真是这样，将姑翼捆缚送来，我就退兵。"于是，龟兹王把姑翼逮住后，送去给常惠治罪，常惠将姑翼斩首，然后返回汉朝。

（2）匈奴兵败衰落

同年冬季，匈奴单于亲自率领数万骑兵进攻乌孙，有不少乌孙国的老弱百姓被俘虏了。正当匈奴准备撤兵时，突降暴雪，一天之中，积雪厚达丈余。有很多的匈奴部众和牲畜都被冻死了，只有不到十分之一的人活着回去。于是，丁零趁此良机攻其北部，乌孙攻其西部，乌桓则攻其东部，三国共斩杀匈奴军民几万人、几万匹马和大量的牛羊，再加上饿死的，使匈奴人口骤然下降十分之三，牲畜损失了五成以上。从此，匈奴越发虚弱，原本臣服于它的西域各国皆相继背叛了，不断对它进行攻击和骚扰，

第六章 昭宣中兴

而匈奴却毫无办法。后来，汉朝派出三千多骑兵，分三路同时攻入匈奴，俘虏几千人，匈奴反而越发迫切地希望和汉朝结为秦晋之好，如此一来，汉朝边塞趋于稳定。

匈奴壶衍单于死后，其弟左贤王即位，号称虚闾权渠单于，封右大将之女为大阏氏，将原来单于宠爱的颛渠阏氏废黜，这使颛渠阏氏的父亲左大且渠十分恼怒。此时，汉朝考虑到匈奴已无力侵扰北部地区，便将塞外各城的屯守将士取消，百姓因此得以休养生息。匈奴单于获知这一消息后，十分高兴，召集贵族商议，想同汉朝和亲。左大且渠不想此事成功，便从中作梗，对单于说："以前汉朝使者前面来，大兵紧随其后。如今我们也效法汉朝的做法，先将使臣派到汉朝之后再用兵袭击。"于是，单于派其与呼卢訾王各率一万骑兵南下，沿汉朝北疆一带打猎，相互会师后就一齐攻击汉朝。可是，还没有等匈奴的两路大军到达汉朝的边界，却先有三名骑兵南逃到汉朝归降，告发了匈奴的入侵阴谋。于是汉宣帝下诏征调边疆骑兵驻扎屯守各军事要地，派大将军军监治众等四人率领骑兵五千，分三路，各出塞数百里迎击，分别擒获匈奴数十人而回。当时匈奴见己方三名骑兵叛逃，便不敢侵犯汉边，只好领兵而退。在这一年，匈奴发生灾荒，人畜死亡十之六七。

这一年秋季，在匈奴东部地区居住的西族部落在首领他厉的率领下，驱赶着自己的牲畜长途迁徙，遭遇匈奴边防军，相互交战，死伤无数，于是南进归降汉朝。

汉昭帝时，匈奴曾以行围打猎之名派四千骑军前往车师国。汉朝调五将军攻击匈奴，在车师打猎的匈奴骑兵惊慌失措，撤兵逃窜，车师国恢复了同汉朝的友好关系。匈奴知道之后恼羞成怒，召车师国太子军宿前往匈奴，想扣为人质。军宿是焉耆王的外孙，不甘心到匈奴充当人质，便逃奔焉耆，于是车师王另立其子乌贵为太子。乌贵当上车师国王之后，与匈奴结成婚盟，并希望匈奴截断汉朝与乌孙的联系通道。

同年，校尉司马熹和侍郎会稽人郑吉，率领被免于处罚的罪犯屯田于渠犁，蓄积谷物，并征调西域各国军队一万余人，会合二人控制的屯田军士一千五百人共同攻打车师国，结果大败车师国，车师王乌贵请求臣服。匈奴得知这一消息后，派兵进攻车师，司马熹、郑吉率兵北进抗击，匈奴军不敢往前逼近。司马熹、郑吉只留下一名军官率领二十名士兵负责监视

车师王，自己则领兵回到了渠犁。车师王深恐匈奴再派军队前来诛杀他，便轻骑投靠乌孙。郑吉于是把车师王的妻儿送往长安。匈奴拥立车师王乌贵的弟弟兜莫为王，聚集车师国剩余百姓往东迁徙，不敢再在原来的地方留居了。郑吉便派官吏士卒三百人屯田车师，以切实控制此地。

5. 霍氏谋反族诛

霍光当政期间，权倾朝野，家族势力庞大，甚至连宣帝都感到如芒刺在背，等到霍光死后，霍氏家族地位动摇，为了保全利益与权力，准备发动政变，结果遭到了失败。

（1）霍夫人毒杀许皇后

本始三年（公元前71年），许皇后被霍光夫人毒死。当时，霍光的夫人一心想让她的小女儿霍成君当皇后，却一直没有机会。恰逢许皇后怀有身孕，身体不适，女医生淳于衍平时和霍家关系密切，曾入宫为皇后诊治疾病。淳于衍的丈夫官任掖庭户卫，对淳于衍说道："你入宫前先去拜访霍夫人，向她辞行，趁机为我谋求安池监一职。"淳于衍依从丈夫的话去请求霍夫人。霍夫人听后心生一计，便让左右退下，称呼淳于衍的表字说："少夫有事托我，我也有事想请少夫帮忙，行吗？"淳于衍说："夫人尽管吩咐，我一定尽力而为！"霍夫人说："霍将军一向最疼爱小女儿成君，希望她地位最尊贵，我想请您成全此事。"淳于衍说："请夫人明示。"霍夫人说："女人生孩子是一件大事，危险很大。今皇后临盆在即，可以乘机将她毒死，成君就可以成为皇后了。假如能得到少夫大力

相助，事成之后，当与少夫共享富贵。"淳于衍说："皇后吃的药，是由所有医生一起决定的，还要命人事先尝试，怎么行呢？"霍夫人说："这就要看少夫是不是想做了，霍将军如今大权在握，不必忧虑。即使有什么变故，也有霍将军担待，只怕少夫不愿帮忙罢了。"淳于衍沉思了很久，说："甘愿效犬马之劳！"于是淳于衍捣碎毒药掺入附子，带进长定宫。皇后生产后，淳于衍取出附子，掺到御医专门制作的丸药之中，让皇后服下。没过多久，皇后说："我感到头晕胸闷，难道药里有毒？"淳于衍说："没有。"皇后越来越烦闷难受，最后死去。淳于衍出宫后拜见霍夫人，互相道贺，但霍夫人也不敢立即重谢淳于衍。后有人禀明朝廷，认为各御医对皇后没有尽心诊治、侍奉，汉宣帝下诏把所有为皇后治病的御医以大逆不道罪逮捕，囚禁到诏狱。霍夫人内心十分恐惧，便将此事的真相全都告诉了霍光，并说："事已至此，只能让审案官员不要逼迫淳于衍！"霍光大为震惊，想自己揭露此事，但又于心不忍，于是不知所措。正好主管部门向朝廷询问有关皇后病逝一案的处理意见，霍光于是在奏章上批阅指示，这件事与淳于衍无关，应该无罪赦免。霍光夫人乘机劝霍光把女儿送入皇宫。

本始四年（公元前70年），春季，宣帝立霍光之女霍成君为皇后，大赦天下。许皇后出身低微，被立为皇后时间不长，她的服饰、侍从、车马等都非常普通。而霍成君被立为皇后，车驾、侍从等规模宏大，对官员的赏赐数以千万计，同许皇后时有天壤之别。然而荣耀的背后却隐藏着重重杀机。

（2）霍氏欲谋反

汉宣帝地节二年（公元前68年），霍光病情严重，汉宣帝亲自去探望。看着病中的霍光，汉宣帝泪流满面。霍光上书谢恩，表示愿意从自己的封地中拿出三千户，封其兄霍去病的孙子奉车都尉霍山为列侯，以便祀奉霍去病的香火。当日，汉宣帝任命霍光之子霍禹为右将军。三月，霍光离开人世。汉宣帝和皇太后亲自前往霍光灵堂表示哀悼，命中二千石官员负责修建霍光之墓，赏赐棺木、葬具等，都按照御用规格；赐霍光谥号为

"宣成侯"；调动三河地区的兵卒挖掘墓穴，棺木入殓后，在上面筑起坟茔；拨三百家民户侍奉墓园，设置长、丞负责看守墓地与祭祀事务。汉宣帝还下诏让霍光的后代子孙永远继承霍光的封爵、食邑，并免除他们全部的赋税和徭役。

霍光死后，霍氏一家恃宠骄横，遭众大臣忌恨。太夫人霍显大兴土木，营造府第，辇车全身装饰着黄金，并绘上精美的图画，还配有锦绣的褥垫，使用的规格也和御用相同。车轮外用熟皮和绵絮包裹，以使车身减少颠簸；由侍女用五彩丝绸拉着霍显在府中娱乐游玩；她还同管家冯子都淫乱。与此同时，霍禹与霍山也大兴土木，常常在平乐馆中骑马驰骋狂奔。霍云几次在朝会时派奴仆前去报到，自己却带着众多宾客去黄山苑中行围打猎；对此朝中却无人敢言。霍显和她的数个女儿，昼夜任意出入上官太后居住的长信宫，毫无节制。

御史大夫魏相向汉宣帝上了一道秘密奏章，里面说道："为了避免引起朝臣的夺权斗争，镇抚各诸侯国，应该尊崇那些有功的大臣，以补大将军的空缺。我恳请皇上任命车骑将军张安世为大将军，没有必要再让他兼领光禄勋事务；任命张安世之子张延寿为光禄勋。"汉宣帝也正有此意，便任命张安世为大司马、车骑将军，负责尚书事务。

为了报答霍光大将军拥立自己为皇帝的恩德，汉宣帝便策封霍光之兄霍去病的孙子霍山为乐平侯，任命他以奉车都尉的身份主管尚书事务。魏相又通过平恩侯许广汉秘密向汉宣帝上了一道奏章，说道："贵族世代为卿的制度很容易使国家陷于危亡混乱之中。这在《春秋》当中已讲得很清楚。我朝自孝武皇帝后元以来，国家大事都由位高权重的大臣决定。皇帝无力控制各级官员的俸禄，现在霍光虽然已经死了，但他的亲属仍在朝中任职，霍氏家族依然地位显赫，权倾朝野，甚至半夜也能随意进出皇宫。霍氏一门专横放纵，恐怕会日益不受王命控制，为了保全皇家的万世基业，以除后患，应该削弱霍氏家族的权势。"依照旧例，凡是上书朝廷的奏折，都是一式两份，注明其中一份为副本，由主管尚书事务的人先打开副本加以审阅，如所奏的事不妥当，就不予上奏。后来魏相又向汉宣帝建议，消除副本制，以明君耳目，防止奸佞蒙蔽圣听。汉宣帝非常赞许，下诏命魏相任给事中一职，全部采纳了魏相的建议。

早在民间时，汉宣帝就听说霍氏一家因长期地位显赫，不能加以自

第六章 昭宣中兴

我节制。亲掌朝政以后，他命御史大夫魏相担任给事中，对此，霍显对霍云、霍禹、霍山说："你们不设法承继大将军的遗业，如今御史大夫却官至给事中，一旦有人在他面前陈述你们的过错，你们还能救自己吗！"后霍、魏两家的奴仆因争夺道路发生争执，霍家奴仆硬闯御史府，要踢魏家大门，直到御史亲自叩头道歉，他们才离开。有人将这件事告知霍家，霍显等真正开始担忧起来。

汉宣帝经常在闲暇时召见丞相魏相，听他报告国家大事，平恩侯许广汉和侍中金安上也可以自由出入宫廷。那时，霍山主管尚书事务，汉宣帝却下令，准许官吏百姓不必经过尚书，可以直接把秘密奏章呈送给皇帝，大臣们自不在话下。这些都令霍氏一家人十分恼恨。汉宣帝听说很多有关霍显毒死许皇后的传闻，只是还没有得到证实，于是把霍光的女婿度辽将军、未央卫尉、平陵侯范明友调任光禄勋，把霍光的二女婿中郎将、羽林监任胜调出都城，出任安定太守。霍光的姐夫给事中、光禄大夫张朔又于几个月后被调离京师，任蜀郡太守。把霍光的一个孙女婿中郎将王汉调任武威太守。没过多久，霍光的大女婿长乐卫尉邓广汉又被调任少府。八月戊戌，诏命张安世任卫将军，由他统领未央、长乐两宫卫尉、长安十二门的警卫部队及北军。虽任命霍禹为大司马，却不让他按照惯例戴大官帽，而只戴小官帽，且不颁给他绶带、印信；撤消他以前控制的屯戍部队以及官属，只保留他大司马的官名。又将范明友的度辽将军印信和绶带收归朝廷，仅让他担任光禄勋的职务。霍光的另一个女婿赵平的骑都尉印信和绶带也被收回，只保留了散骑、光禄大夫两个官职。所有统率越人和胡人骑兵、羽林军，以及长乐、未央两宫卫所属警卫部队的将领，都改由汉宣帝所亲信的史、许两家子弟担任。

眼看着自家的权势被日益削夺，霍家人经常聚在一起抱头痛哭，互相埋怨。霍山说："现在丞相很得天子信任，他又大权在握，将大将军在世时的法令全部废除，还特意宣扬大将军的失误之处。而且，那些儒生大多是从偏远的地方来到这里，他们出身贫贱，衣食无着，却喜好狂言，肆无忌惮，大将军一直痛恨他们，可是现在皇上却喜欢与这些腐儒谈话。他们将矛头对准霍家，几乎每个人都上书参奏我们。曾经有人上书指责我们兄弟骄横霸道，措词慷慨激昂，被我压下没能呈奏。后来上书者愈来愈狡猾，都改成秘密奏章，皇上根本不信任我，总是派中书令把奏章取走。我

就如同一个摆设一样。又听民间纷纷传说'霍氏毒死许皇后',怎么会有这种事呢?"霍显吓坏了,便将真相告诉霍山、霍禹、霍云。三人大为震惊,说道:"原来真有此事,为什么现在才对我们说呢?为了这个原因,霍家女婿都遭到了贬斥放逐。这是大事,一旦走漏风声,必遭灭门之祸,怎么办?"于是开始策划反叛朝廷的计划。

霍云的舅父李竟有一位好朋友张赦,看到霍云一家人惶惶不可终日,于是对李竟说:"现在宫中的当权派是丞相魏相以及平恩侯许广汉,可以让霍太夫人向上官太后进言,先将这两个人诛杀。罢黜当今皇上,改立新君,一切由皇太后决定。"后来长安一个叫张章的人告发了他,汉宣帝将此事交给执金吾和廷尉查办,于是捉拿了张赦等人。后来,汉宣帝下诏,责令不要抓人。霍山等愈发惶恐,相互商议说:"皇上已经有所察觉,只是出于对太后的尊重,所以没有深究,时间长了还会出事,一旦爆发,便是灭门之灾,不如早定大计。"便命霍家女儿各自回家通知自己的丈夫,霍家各位女婿都说:"我们是拴在一条绳子上的蚂蚱,一旦出事谁也跑不了!"

正巧李竟因结交诸侯王而受指控被朝廷问罪,审讯中有涉及霍氏家族的供词,因此汉宣帝颁布诏书:"霍山、霍云已没有必要再在宫中任职,免职回家。"山阳太守张敞秘密向汉宣帝上了一道奏章,说道:"我听说,春秋时期,公子季友对鲁国有功,赵衰对晋国有功,田完对齐国有功,他们都受到本国的敬重,并泽被子孙后代。但到最后,田氏篡夺了齐国王位,赵氏瓜分了晋国,季氏则专权于鲁国。孔子为了追踪考察各国的兴衰存亡,而写出了《春秋》,严厉抨击卿大夫世袭制度。当年,大将军霍光决策果断,使得国家安定昌盛,功劳也不算小。周公辅政只有七年,就还政于周成王,而大将军掌握大权二十余年。在他大权在握的鼎盛时期,权势侵凌日月,震撼天地。应由朝臣当众提出:'陛下已经给了大将军足够的褒奖与赏赐了。但近来辅政大臣专横无礼,外戚地位过重,君臣之间没有明显的等级之别,请陛下将霍氏之侯的官职解除,让他们以侯的身份返回家乡;至于卫将军张安世,也应赏给几案与手杖,让他引咎辞职,以列侯的身分充当天子的老师,由陛下常常召见慰问。'陛下应把对他们的赏赐公开化,然后征求群臣的意见,做出最后的决定。如此一来,世人就会认为陛下不忘旧勋的功德而群臣又尽晓礼仪,霍氏一家也无反心,而当前陛下听不到谏言,只能自己下诏,并非上策。现在霍氏两侯已

被逐出宫廷，故以我的心来猜度，大司马霍禹及其亲戚僚属等必然会内心忧惧，使天子的近臣惶惶不可终日，总归不是万全之策。我愿意抛砖引玉，公开在朝中提出我的意见。只是情非得已，身在遥远的山阳郡，无法实现。希望陛下给予考虑。"汉宣帝甚为赞同张敞的建议，然而却没有召他入京。

（3）霍氏伏法

霍禹、霍山和他们的家人十分忧虑恐慌，因为家中连续发生了好几次出现妖怪的事情。霍山说："丞相随意减少宗庙祭祀用的兔子、羊羔和青蛙，可以以此为理由问他们的罪。"于是，暗中策划让上官太后设酒宴宴请博平君王媪，让丞相魏相、平恩侯许广汉及其属下陪同，让范明友、邓广汉借太后之命杀掉他们，并将汉宣帝废掉，立霍禹为帝。密谋已定，未及发动，汉宣帝任命霍云为玄菟太守，太中大夫任宣为代郡太守。就在这时，霍氏的政变阴谋被泄漏。地节四年（公元前66年）七月，霍山、霍云、范明友自杀。霍显、霍禹、邓广汉等被捉拿归案，霍禹被腰斩，霍显及霍氏兄弟姐妹全都被处以极刑，还有好几十家都因与霍氏有牵连而被诛杀。太仆杜延年由于是霍家旧友，也被撤除官职。八月，霍皇后被废，囚禁于昭台宫。汉宣帝颁布诏书，将揭发霍氏政变阴谋的张章、期门董忠、侍中金安上、左曹杨恽、史高封为列侯。

当初，霍氏一家专横霸道，茂陵人徐福就曾预言："霍家日后必将会灭亡。只要是极度奢侈的人，就会傲慢无礼，他们必然会对主上不敬，终至大逆不道。地位显赫，必然会遭受众人的厌恶。霍氏一家长期利用手中大权，作恶多端，遭到很多人的憎恶，灭亡是迟早的事情！"于是，上书朝廷说："霍氏一家权位过重，陛下如果真厚爱他们，就应该约束他们的权力，以防他们最终走向灭亡！"多次上书，天子都没有采纳。后霍氏一家被抄斩，以前告发过霍氏的人都得到封赏，有人上书汉宣帝，为徐福打抱不平说："我曾听说过这样一件事，有一位客人去拜访一家人，看到主人家炉灶的烟囱是直的，柴薪就堆在旁边，便向主人建议道'您的烟囱不

应是直的,并将柴薪搬到远处去,否则,恐怕会发生火灾!'主人不以为然,没过多长时间,主人家果然发生了火灾。幸好邻居们及时赶来,扑灭了大火。于是,主人家杀牛摆酒,以表示对邻居们的感谢,在救火中被烧伤的坐在上席,其余则各按出力大小的顺序就座,而当初那位建议他改造烟囱的人却被忽略掉了。有人对这家主人说:'如果当初采纳了那位客人的建议,就不会发生火灾,也用不着杀牛摆酒大大破费了。而如今因救火而受伤的人被奉为座上客,建议改造烟囱、移走柴薪的人难道不该被请为座上客?'主人恍然大悟,于是就把那位客人请来。茂陵人徐福曾多次上书要防范霍氏,削弱他们的权力,以防有叛逆行为。如果陛下接受徐福的建议,那么国家就不必划出土地分封列侯,也就不会发生臣下谋反被杀的祸乱了。现在事情已经尘埃落定,其他人都有封赏,唯独没有提及徐福的功劳,恳请陛下明察,封赏他'改造烟囱、移走柴薪'的远见,使他功劳高于'焦头烂额'者!"汉宣帝这才赏给徐福绸缎十匹,后来又让他做了个郎官。

汉宣帝刚即皇位时,在大将军霍光的陪同下去汉高祖庙祭拜,心中很是害怕,如芒刺在背,非常不舒服。后来由车骑将军张安世代替霍光大将军陪乘,汉宣帝这才觉得轻松自在,十分安全。等到霍光去世后,霍氏家族最终被诛灭九族,所以民间传说,早在霍光陪同汉宣帝乘车时就已为霍家种下了灭亡的种子。十二年后,霍皇后又被迁到云林馆囚居,于是自杀。

班固赞道:霍光身负重任,安定社稷,治理国家,维护汉昭帝,拥立汉宣帝,怎么可能有人功高于他!然而,霍光不学无术,以国家大事为儿戏,隐瞒妻子的大逆不道,立自己的女儿为皇后,过多地被欲望迷惑,加快了灭亡的速度。刚过世三年,就遭到满门灭绝的下场,实在是令人感到悲哀。

司马光说:霍光对于汉朝,可以说是忠心耿耿,他的宗族却落得如此下场,是什么原因呢?至高无上的权力,只有君主才能享有,如果臣下长期把握大权,不归还于君主,则少有不灭亡的命运。以汉昭帝的贤明,十四岁就能洞察上官桀的阴谋,本来就可以亲理朝政了。而十九岁即皇位的汉宣帝,聪敏异常,早已知道何为民间疾苦,霍光却依然长期独揽大权,不知让权,在朝中广结私党,致使君主蓄积怨愤于上,官、民蓄积不满于下,都在拭目以待,寻找发难的机会。霍光自己能逃脱灾祸,已经是

万分幸运了，何况子孙更加专横霸道呢！尽管如此，假如当初汉宣帝能够意识到这些，收回主持朝政的大权和兵权，只给他们一些封赏，使其不能独揽朝政，就不会使霍家人生出反叛朝廷的阴谋，这难道仅仅是霍氏一家自己招致的灾祸吗？汉宣帝也是难辞其咎的。春秋时，斗椒在楚国作乱，楚庄王抄斩了他的宗族，却特赦了担任箴尹的斗克黄，认为把对国家有功的人的后代留下，对人们行善立功大有好处。以霍显、霍云、霍禹、霍山犯下的罪行，当然应满门抄斩，但霍光毕竟曾经立过大功，汉宣帝竟将其全族老小悉数处死，一个不留，也未免薄情寡恩了！

6. 赵充国平羌

汉宣帝神爵元年（公元前61年），汉宣帝派赵充国平定羌人叛乱。赵充国，字翁孙，汉朝名将。陇西郡上邽（今甘肃天水市西南）人，后来举家迁至金城郡令居县（今甘肃永登西北），为良家子弟，精于骑射，熟读兵书，最早为皇帝警卫部队羽林军士兵。汉武帝天汉二年（公元前99年），赵充国跟随贰师将军李广利袭击匈奴，因军功被提升为中郎。汉昭帝时他从大将军护军都尉升到后将军，同时任水衡都尉。在昭帝死了以后，赵充国参与大将军霍光等废立皇帝之事，被封为营平侯。宣帝本始年间，赵充国担任蒲类将军。匈奴屡屡进犯汉域，赵充国率兵屯驻边防，匈奴王闻风而退。

（1）羌人叛汉

羌，一个古老民族。汉朝时居住于湟水一带（今甘肃、青海、四川交

界地带），部落众多。羌人逐水草而居，主要从事游牧业，自秦汉始就为中原边患。

西汉初年，湟水附近的羌人依附于匈奴。汉武帝在河西设立了武威、张掖、敦煌、酒泉四个郡以后，隔绝了羌与匈奴的往来，强迫羌人迁出四郡，不允许他们居住湟水一带。汉宣帝即位后，专门派光禄大夫义渠安国充当使者出使诸羌。西羌较大的部落之一先零的酋长，派人来拜见义渠安国，请求允许羌人在特定时节可渡过湟水到汉民不耕种的土地上放牧。安国报知朝廷，汉宣帝没有答应羌人的请求。此后羌人一意孤行，强渡湟水，边塞郡县亦无可奈何。

汉宣帝元康三年（公元前63年）时，先零酋长纠集大大小小羌族酋长二百多人，他们彼此之间消除了昔日的怨恨，交换了人质，结为盟友，一起抗击汉朝。赵充国上奏宣帝说："羌人之所以容易制服，是因为诸羌各有酋长，经常内部之间相互争斗，搞得分崩离析。三十多年前，西羌曾谋反，就是先消除彼此间的矛盾，互相结盟，共同与汉朝对抗，总共花了五六年的时间才将其平定。征和三年（公元前90年），先零部落酋长封煎等出使匈奴，匈奴也遣使臣传告诸羌，说：'你们羌人深受汉人奴役。张掖、酒泉本来是你们的居所，我们联合兵力把这些地方夺过来。'可以说，匈奴企图与羌族联合抗击汉朝，不是一朝一夕的事情了。前不久，匈奴被困西方，很可能再将使者派到羌人中去，与其联合。臣担心羌族要纠集其他部族一起反叛，我们应该防患于未然。"过了一个多月，羌侯狼何果然派使者到匈奴去借兵，打算进击鄯善、敦煌，以切断汉与西域各国的联系。赵充国认为："狼何不会单独制定此计划，匈奴的使臣极有可能已经到了羌中，先零、、等羌族已经相互结盟，联合对抗汉朝了，等到秋高马肥时，必定起兵谋反。应该派遣使臣去检阅边防部队，预先做准备。还要分割诸羌，不让他们消除彼此旧日仇恨，防止他们联合起来，揭露他们的阴谋。"

丞相和御史两府讨论了赵充国的奏书后，把它报告给了皇上，请再派义渠安国巡视诸羌，传达旨意，掌握情况。

神爵元年（公元前61年）三月，义渠安国又一次去了羌中，召集了先零诸酋长三十多人。安国觉得这些人特别桀骜狡黠，把他们全部斩杀了，紧接着让军队袭击这些部落，又杀了千余人。于是，过去已经臣服的诸羌

和归义羌侯杨玉等恼羞成怒，就背叛汉朝南下入侵，攻打城邑，杀死官吏。安国以骑都尉身份，领着三千多骑兵在边境驻扎，抵抗羌人。当他到达浩时，被敌人袭击，车辆、武器、辎重都损失惨重。安国撤退至令居，将此状况上报朝廷。

（2）老将出征

当时的赵充国已年过七旬。宣帝觉得他太老了，派御史大夫丙吉去问他谁适宜统帅平羌。赵充国回答："没有谁能超过老臣我的了。"召见时，皇上问："将军如何看待羌敌的形势？"充国说："百闻不如一见。臣愿疾奔金城，将绘有地图的作战方案呈交圣上。羌戎逆天而行背叛汉朝，自取灭亡。愿皇上将此事交给老臣。"皇上笑着说："好吧，就依你说的办！"四月，赵充国奉命统帅大军，准备攻取西羌。六月，赵充国到达金城，计划渡过湟水，又恐遭受敌人的堵截，于是马上连夜派遣三支小分队，先行衔枚暗渡，过河后马上抢修阵地工事，大部队随即全部安全地渡过河。

汉军安营时间不长，羌敌数千骑兵前来，在军营的附近出没。赵充国说："我们部队人困马乏，不宜疲劳作战。羌敌骑兵骁勇，剽悍异常，而且我们还要防备他们搞诱引之计。歼敌应以全歼为目的，不可图小失大。"他命令部队不准随便出击，同时派人察看四望峡，发现那里没有敌军。赵充国连夜率领部队夺取落都山。他召集诸校司马说："羌族真是不善用兵，如果他们让几千人屯驻四望峡，我们的军队又如何能进去呢？"

赵充国颇有谋略。他总是远远地派出探子，行军时必定做好与敌人遭遇的准备，宿营时必定要修筑坚固工事，特别是行为处事特别谨慎，足智多谋，关心士兵。部队西行至西部都尉府后，每日慰劳军士，军士们都急于报答。敌人连番搦战，充国坚守不出。一日，抓获一个俘虏，说羌人酋长相互埋怨："告诉你不要造反！现在天子派遣来的赵将军虽年纪已八九十岁了，可善于用兵，眼下即使打算与之决一死战，可是又如何能办得到呀！"

起初，罕开的酋长靡当儿让他的弟弟雕库来向汉都尉告密说："先零打算造反。"果然先零在几天之后就造反了，雕库部落很多人也在其中。都尉扣留雕库作人质，赵充国认为雕库无罪，并遣送他回去，让他通告诸羌酋长："汉朝大军只诛杀乱臣贼子，大家要与罪人分离，不要助纣为虐，自取灭亡。天子诏告羌人说：犯罪的人如能擒拿别的罪人，可免除他本人的罪，并按功劳大小赏赐钱财，同时把他所捕杀罪人的妻子和财产悉数赐于他。"赵充国想以此招降、及其他被胁迫造反的羌人，分化瓦解敌人。

（3）充国论战

此时，宣帝已经从内地向边郡调出了六万部队增援。酒泉太守辛武贤上奏朝廷说："边郡的部队都驻扎在南山，致使北面空虚，这种形势不能长久。现在边塞地方日夜遭受敌人侵扰，造成巨大的损失，汉朝的马匹又难耐严寒，不如七月上旬准备充足粮草，攻击鲜水一带的羌族，就是难以全歼，也可夺取他们的畜产，将他们的妻子儿女俘获之后才退兵。等到冬天大军再度出征，敌人肯定会吓得屁滚尿流。"天子让充国发表意见。充国认为："一匹马驮一个月的粮草，还要驮兵器、衣装，这么重的负担是极难去追击的。此外，敌人发现大规模进攻，会退入山林。我军要深入追击，敌人会扼守险要，断了我军的运送粮食道路，必定给我军造成危险。辛武贤主张夺取敌人的妻子儿女、牲口，这非破敌之良策。先零首先造反，其他部落被迫胁从。按照臣的看法，既不计较也不去公开、愚昧的过失。先对先零进行征讨，再赦免他们的罪过；然后选派了解羌人风俗习惯的正直官吏到那里去进行慰问，争取和睦共处，这才是能够确保胜利而又不妨碍胜利的策略。"

宣帝召集大臣们讨论赵充国的意见，大臣们一致主张："先零的势力强大，又依仗着罕开的协助，假若不能将罕开打败就无法对先零造成大的打击。"宣帝采纳了这种意见，就任命侍中许延寿为强弩将军，又封酒泉太守辛武贤为破羌将军，并采纳和嘉奖他的建议；与此同时，宣帝又下诏

第六章 昭宣中兴

责备赵充国道："现在各地都在忙着运输军备，将军手握重兵，不趁着水草丰茂的便利，等到冬天才去夺敌人的畜产与粮食，敌人都藏入深山，将军的士兵，反而会手脚皲裂生冻疮，到时候去打仗如何取胜呢？将军不念国家此番征战花费有多少，只想取得持久战的胜利，除了将军又有谁赞成这样做呢！现在，我命令破羌将军辛武贤率大军，在七月出击羌，将军你要率领部队协同作战。"

接到诏书之后，赵充国进一步阐明了自己的看法，他上书说："陛下上次赐我书信，希望能够派人劝谕部羌人，大军将至，但汉朝并不是要杀戮他们，而是以此来瓦解羌人联合谋反的计划。因此我派首领雕库去宣示天子盛德，两部的羌人都听到了天子的诏告。如今先零羌首领杨玉依仗山中的树木岩石为屏障，并寻机出山侵扰，而羌并没有侵犯行为。如果把负罪在身的先零放过，先打无辜的羌，一个部族谋反作乱，却给两个部族带来灾难，实在违背陛下原来的打算！我听说兵法上说：'兵力不足以进攻，但用来防守却是绰绰有余的了。'又说：'善于打仗的人，能主动诱敌出击，却不被敌人引诱。'现在羌企图进犯酒泉、敦煌，本应整顿兵马，训练士卒，等待敌人前来，以静制动，诱敌深入，用引诱敌人以逸击劳，方可获胜。现在唯恐二郡兵力微弱，不足以防守，却主动进攻，放弃引诱敌人的战术，而被敌人所引诱，我认为不利。先零打算背叛汉廷，所以才与罕开尽弃前嫌，结为同盟，但他们内心深处不能不担心汉军一到而、背叛他们。因此先零时常希望先与汉军打一仗来巩固联盟。先攻羌，先零肯定会派兵援助。现在，羌人兵强马壮，粮食充足，攻击他们，恐怕不能造成什么打击，却正好让先零施德给羌，巩固联盟，团结党羽。先零巩固了其联盟之后，便会调集精兵，胁迫其他弱小部族，归附者日益增多，例如莫须部羌人之类的弱小部族，就更不容易逃离他们的控制了。果真这样，则羌人兵力逐渐增多，要收服他们，就需增加数倍兵力，恐怕国家的烦忧困扰愈加长久，短期内更难以有所作为。按我的打算，先诛杀了先零，则罕开之流不必再用军队征杀，就可顺服。如先零被诛杀后，而罕开等仍不肯屈服，到第二年的正月再一次攻打则合理又适时。现在进兵，实在看不到有什么可取之处！"七月，汉宣帝发布命令，采纳了赵充国的建议。

于是赵充国率兵直入先零地区。羌人屯兵已久，防守松弛，忽见汉军

大军来到，慌忙丢掉车马辎重，企图渡过湟水，但道路狭窄。赵充国率军慢慢推进，驱赶羌军。有人对赵充国说："要取得战果，推进速度应大大加快。"赵充国说："敌军走投无路，不要逼迫得太急。慢慢追击，他们只逃不战，若逼得太急了就会迫使敌军破釜沉舟，拼死一战。"各位军校都说："有理。"羌人被水淹死几百人，汉军缴获牛、马、羊十万多头，车四千多辆。汉军到了羌人居住地，赵充国命令不得骚扰羌人村落，不得毁坏羌人耕地。羌听说后，高兴地说："汉军果然不打我们！"首领派人来对赵充国说："恳求朝廷能让我们回到原先的居住地。"赵充国上奏朝廷，没得到答复。靡忘亲自前来请降，赵充国赏给他饮食，派他回去告诉自己部的羌人。护军及其以下将领都说："靡忘是叛军首领，不能擅自放走！"赵充国说："你们都只是为了立功，为一己之利，并不是忠心为社稷着想！"话未讲完，圣旨来到，命靡忘戴罪立功。后羌终于没用兵就平定了。

　　汉宣帝下诏，命令破羌将军辛武贤、强弩将军许延寿率兵前往赵充国驻兵的地方，在十二月和赵充国会师，进攻先零。当时，羌人降汉兵士已有万余，赵充国认为羌人败局已定，计划撤除骑兵，用步兵在当地屯垦戍卫，等待羌人因自身疲惫而不攻自破。奏章写好，没来得及上奏，恰在这时接到汉宣帝命他领兵征讨的诏书。赵充国之子中郎将赵卬十分担忧，便让幕僚去劝赵充国说："假如出兵会损兵折将，于国家不利，将军坚持己见，防守不出倒还可以。若仅仅因为利弊的区分，又有什么可争的呢？一旦违背了圣旨，御史前来问罪，将军不但不能自保，连国家的安全也不能保证！"赵充国叹息道："话不能这么说，如果原来就听从我的意见，形势能发展到这一步吗？当初是我推荐辛武贤先去西羌巡行；但丞相、御史又奏请皇上，让义渠安国前去，结果耽误了国家大计。湟中、金城地区谷价每斛八钱，我曾经对司农中丞耿寿昌说：'只要我们购买三百万斛谷物，准备充足，羌人就不敢轻举妄动。'可是耿寿昌却请求只买一百万斛，实际上只有四十万斛，义渠安国第二次出行，又耗费一半。这两项计划都没能执行，才使羌人敢于叛逆。真可谓失之毫厘，谬以千里！如今战事久未平息，假若四方蛮夷忽然造反，即使再有能耐的人也无法收拾，岂只是羌人值得忧虑！我誓死也要坚持我的主张，君王贤明，可以向他奏明我的忠言。"

第六章 昭宣中兴

（4）上书屯田

赵充国于是上书要求屯田，说："我率领的将士、牛马所需粮草需大范围地从各处征集，羌乱若长久不能平息，那徭役就不会停止，恐怕因此会发生其他的变故，为陛下增加烦恼，确实不是朝廷迅速结束战事的上策。况且，对羌人的反叛，适合以谋略取胜，用武力镇压则较难，因此我觉得进攻绝不可取！据估计，由临羌向东到浩，羌人原有的私田和公田以及民众没有开垦的荒地，大约有二千顷以上，其间驿站多数遭到破坏。我以前曾经派军队进山砍伐林木六万余株，存于湟水之滨。我请求：撤除骑兵，保留步兵一万二百八十一人，分别在要害地区屯驻，待到河水冰消融化，使木材顺水而下，正好可以拿来修缮乡亭，疏浚沟渠，在湟以西修架七十座桥梁，使到鲜水一带的道路畅通无阻。明年春耕时，每名屯田兵卒分别负责三十亩土地；到了四月草木初生之际，征郡属骑军与属国的胡人骑兵各一千人，到草地为屯田者进行保护。屯田收获的粮食，运到金城郡，贮藏起来，可节省大量物资消耗。另外，现在大司农送来的粮食，足够一万人食用一年时间。谨呈上屯田规划和需用器具清册。"

汉宣帝下诏询问赵充国说："假如按照将军的主张，什么时候可以平息羌人叛乱呢？制定出最佳方案，然后上奏！"

赵充国上奏说："我听说，重视谋略，减少战争，皇上的军队就可以不受损失而取得胜利。所以《孙子兵法》上说：'百战百胜，算不上高手中的上策，而是要先使自己立于不败之地，再等待时机战胜敌人。'蛮夷外族的习俗尽管与我们礼仪之邦有些不同，但希望能趋利避害，爱护部下，惧怕死亡，则和我们没有不同。现在，羌人丧失土地和牧场，逃到了荒山野岭，为自己的栖身之地而发愁，妻离子散，人人都产生了厌战的情绪。而此时陛下若停战休整，留下万人屯田，顺应天时，利用地利，以求战胜羌人，虽然羌人没被马上消灭，但有望在一个月之内结束战争。羌人已在分崩离析之中，前后共有一万七百多人归降，接受我方安抚，回去说服自己的同伴不再与朝廷作对的共有七十批，这些人正好是分化羌人的工

具。我归纳了不出兵而留兵屯田的十二点有利之处：九位步兵指挥官带领万名官兵留此屯田，休整备战，耕田积粮，恩威并重，此其一。因屯田而排斥羌人，不让他们回自己的土地上去，使其部众贫病交加，以促使羌人内部不和，此其二。居民得以同时耕作，不破坏农业，此其三。骑兵，包括战马一个月的消耗，足够用来维持屯田士兵一年的生活。撤除骑兵可节省大量军费，此其四。春天来临，征调士卒，借黄河和湟水将粮食运到临羌，向羌人显示威力是后世抵御敌人的基础，此其五。农闲时，运来从前砍伐的木材，整修驿站，将物资运输到金城，此其六。假若现在冒险出兵则毫无胜算，不如暂不出兵，使叛逆羌人亡命于风寒之地，遭受瘟疫、霜露、冻伤的灾患，我们则坐等必胜机会，此其七。可以避免危险、孤军深入和将士无谓伤亡，此其八。对内不使朝廷的威严受到损害，对外不让羌人有机可乘，此其九。又不至惊动黄河南岸大部落而发生新的变故，使陛下平添烦恼，此其十。修建隍中的桥梁，使到鲜水河道通畅，以控制西域，威震千里之外，使军队从此行动方便、迅捷，此其十一。大费用既然已经节省下来了，就无需征发徭役，以防止出现难以预料的变故，此其十二。留兵屯田可得此十二项便利，出兵攻击则抛弃了此十二项便利，请陛下英明决策！"

皇上又下诏说："所谓'一个月内可望解决'是指今冬吗？还是指其他的时间？为什么将军不考虑到当我们的军队大批大批撤离了以后，敌人会把青壮年重新组织起来，袭击骚扰我兵民，烧杀抢掠，这要采取什么措施阻止呢？请将军考虑完备再奏。"

赵充国再次上书说："臣听说军事是应该以谋略为基础的。谋略完备的战胜缺乏计谋的。先零羌之精兵，现在所剩仅仅七八千了，丧失土地，流亡在外，分崩离析，饥寒交迫，反叛者不绝。愚臣认为羌敌的分崩溃败，指日可待，再迟也不会超过明年的春季，因此说在一个月之内就很有希望得以解决。臣考虑到，北方由西到东一万一千五百多里的防线，各要塞有将士几千人驻防，敌人多次进犯都不能成功。如今骑兵虽撤回，但敌人不敢忽视屯田精兵上万人。从现在算起，只要三个月的时间，敌人的马匹变得羸弱，肯定不敢丢弃家人，跋山涉水，远道进犯，更不敢带妻子儿女这些累赘，返回原来居住的地方。按照我的看法，敌人会自行瓦解，我军可不战而屈人之兵。至于敌人小股骚扰，祸害百姓，这原本是不可能完

第六章 昭宣中兴

全杜绝的事。战斗没有百分之百获胜的把握，就不可轻易地交战；进攻没有绝对占领的把握，就不可轻易地兴师动众。倘若出兵虽不能将先零消灭掉，但可以禁绝敌人一切小型侵扰的话那么出兵还是可行的。现在，同样情况下，要放弃坐取胜利的办法，却采取冒险的行动，发兵交战，徒然使自己的人马劳顿，最终也得不到好处。不可给敌人以可乘之机。再加上，已经出发的部队不可返回，湟中又不能空虚，这就要再征发差役，愚臣认为这样不妥。臣独自想过，如果率领大军远征，即使没有寸尺战功，却可避免被猜忌，且事后不会被责难。然而，这是不忠心的行为，更不是圣上社稷之福。"

赵充国每次上报，宣帝总要召集群臣商议。最初，同意充国计划的人只有十分之三，后来变成十分之五，到了最后却达到十分之八之多。皇上质问那些起初持反对意见的人，他们都叩头谢罪。丞相魏相说："臣很愚蠢，不懂行军打仗之法，后将军的军事计策很有道理，相信他的计策一定会卓有成效。"于是，皇上给充国回信，表示采纳他的计策并嘉奖了他。与此同时，由于强弩、破羌将军多次上书力主进攻，导致了两种计策同时施行，皇上命令中郎将赵和两将军领兵出击。结果，强弩将军收降敌人四千余人，中郎将赵收降和斩首共两千多人，破羌将军斩首两千级，而赵充国一边收降也有五千余人。宣帝下诏赵充国的部队留下屯田，其他各路兵马班师回朝。

次年五月，赵充国上奏，说："羌军原本有五万之众，在战争中被斩首七千六百人，降三万一千二百人，溺死湟水中以及饥饿而死者五六千人，估计逃亡的，只有四千人。羌族靡忘等人保证自己对内部残余敌对势力进行肃清，请准许撤退屯兵。"皇上准奏。赵充国整顿军队凯旋而归。好友浩星赐对赵充国说："很多人都认为，破羌、强弩将军领兵杀敌，致使羌敌全面溃败。然而远谋之士认为，敌人情势穷困，即使不出兵，他们也肯定会自动地投降。将军去拜见皇上，只将功劳归于二将军出兵，如此，将军才不致有所闪失。"充国回答说："我已年迈，爵位已极，怎能为了避嫌而隐瞒当时的实际情况，对圣上进行隐瞒呢？军事行动要为后世所效法。老臣不趁残年，向皇上说明军事利害，一旦死去，又有谁来说这些话呢？"终于他按照自己的主张行事，皇上认为他的想法很有道理，让辛武贤仍回酒泉任太守，赵充国仍担当后将军。

这一年秋天，羌族若零、且种、离留和儿库，一同斩杀了先零大酋长犹非、杨玉，联合阳雕、弟泽、靡忘、良儿等酋长，带领自己手下四千余人即煎巩、黄羝两部落，向汉朝称臣，汉廷封弟泽、若零两人为帅众王，余者皆为侯、为君，开始将金城当做归降的羌人居住的"属国"。

汉宣帝颁布诏令命保举能够胜任护羌校尉的官员。这时赵充国有病在身，丞相、御史、前将军、车骑将军共同推荐辛武贤的小弟弟辛汤。赵充国听说后，急忙从病床上爬起来，上奏说："辛汤酗酒成性，不能派他统管蛮夷事务。不如派辛汤之兄辛临众担任此职。"此时辛汤已拜受了皇帝符节和护羌校尉的印信，汉宣帝下诏，改命辛临众。后辛临众因病免职，五府再度保举辛汤。果然不出赵充国所料，辛汤上任后，屡屡在酒醉之后虐待羌人，逼使羌人再度反叛，而辛武贤则对赵充国怀恨在心，上书朝廷，举报赵充国的儿子中郎将赵卬泄露中枢机密。赵卬被逮捕交付狱吏审讯，自杀而亡。

7. 匈奴大衰

汉宣帝在位期间，汉匈关系进一步朝有利于汉朝的方向转变。汉朝国力日盛，而匈奴因内部倾轧争权，国力大衰，已经无力再挑战汉朝权威。

（1）始置都护

汉宣帝神爵二年（公元前60年），匈奴虚闾权渠单于统率十几万骑兵沿汉朝北部边塞进行围猎，企图侵入汉境抢劫掳掠。大军到达之前，有一个名叫题除渠堂的匈奴人逃奔汉朝，把这件事告知了汉朝，汉宣帝遂册封

第六章　昭宣中兴

他为"言兵鹿奚鹿卢侯"，然后派后将军赵充国率骑兵四万多人驻扎在沿边九郡以抵御匈奴。过了一个多月，单于身患吐血之症，因而不敢入侵汉境，于是退兵，随即返回。此后，匈奴又派题王都犁胡次等出使汉朝，请求和亲，未得到答复。不久单于便辞别人世。虚闾权渠单于刚刚即位时，废掉了颛渠阏氏，颛渠阏氏于是和右贤王屠耆堂私通。右贤王等到龙城大会后离去，此时颛渠阏氏暗地里告诉他单于将不久于人世，让他暂时不要远离。没过几天，单于去世，大权在握的贵族郝宿王刑未央让人召诸王前来，众人尚未到达，颛渠阏氏连同其弟左大将且渠都隆奇密谋，拥立右贤王为握衍朐单于。握衍朐单于就是乌维单于的曾孙。

握衍朐单于性情残暴，即位不久，杀死刑未央等人，重用且渠都隆奇，又把虚闾权渠单于的亲信全都罢免，由自己的子弟取而代之。虚闾权渠单于之子稽侯没能当上单于，便投靠了岳父乌禅幕处。乌禅幕本为乌孙、康居之间一个小国的国王，因屡次受到侵略，便率其众几千人投奔匈奴，狐鹿姑单于将自己侄儿日逐王的姐姐许配给乌禅幕为妻，命其统领旧部，居住在西部地区。日逐王先贤掸的父亲左贤王原来应为单于，但是让位给狐鹿姑单于，狐鹿姑单于曾答应将来再把王位传给左贤王，因而多数匈奴人都说日逐王先贤掸应当做单于。日逐王平时就与握衍朐单于不和，便计划率其众归降汉朝。他派人出使渠犁，与骑都尉郑吉获得联系。郑吉调集龟兹、渠犁等国五万人前去迎接日逐王统帅的一万二千人、小王将十二人，跟随郑吉到达河曲。途中有许多人逃走，郑吉派人擒杀了他们，于是带领日逐王等来到都城长安。汉宣帝册封日逐王为归德侯。

郑吉既攻陷了车师国，又收降了日逐王，西域无不敬畏，于是受命连同管理车师以西的西域北路，所以被称为"都护"。汉朝设置都护一职，即始于郑吉。汉宣帝册封郑吉为安远侯，郑吉于是在西域中部营建幕府，建造乌垒城，在阳关以西二千七百多里。匈奴势力日衰，不敢同汉朝争夺西域，从此便撤消了统治西域的僮仆都尉。汉西域都护负责监视康居、乌孙等三十六国的形势，如果发生变故，就奏报朝廷，能招抚就招抚，不能安抚就进行讨伐，从而使汉朝切实控制了西域。

（2）匈奴诸王争立

匈奴握衍朐单于残暴成性，视人命如草芥，全国上下敢怒不敢言。太子、左贤王又数次陷害东部地区的贵族，这些人全都怀恨在心。正在此时，乌桓派兵攻打居住在匈奴东部边疆的姑夕王，俘获大量人口，单于十分恼怒。汉宣帝神爵四年（公元前58年），姑夕王恐怕单于降罪，便联同乌禅幕和东部地区贵族共同拥立稽侯为呼韩邪单于，并调集东部地区四五万军队，西征握衍朐单于，直达姑且水北岸。还未交战，握衍朐单于的军队不战自败，派人告知其弟右贤王说："匈奴人一起攻打我，你愿意出兵援助我吗？"右贤王说："你不关爱别人，滥杀兄弟及贵族，你就死在自己那里吧，别再玷污我！"握衍朐单于感到十分羞愧，自杀身亡。左大且渠都隆奇投奔右贤王住地，属下部众全部臣服呼韩邪单于。呼韩邪单于移驾王庭。数月之后，命令军队遣散，各回本地，找到流亡民间的兄长呼屠吾斯，立为左谷蠡王，并派人蛊惑右贤王属下贵族，妄图叫他们杀死右贤王。同年冬天，都隆奇和右贤王联合拥立日逐王薄胥堂为屠耆单于，统领军队几万向东讨伐呼韩邪单于，呼韩邪单于大败溃逃。屠耆单于返回本地，册封他的长子都涂吾西为左谷蠡王，幼子姑瞀楼头为右谷蠡王，命二人守护单于王庭。

五凤元年（公元前57年），七月，匈奴屠耆单于派遣先贤掸的哥哥右奥王与乌藉都尉分别带领二万骑兵屯驻在东部地区，以防呼韩邪单于偷袭。这时，匈奴西部呼揭王前来与唯犁当户秘密谋划，一同陷害右贤王，说他想谋反叛逆。屠耆单于杀死右贤王父子，后来弄明白右贤王冤枉，于是又把唯犁当户诛杀，于是呼揭王心中恐惧，叛逃而去，自立为呼揭单于。右奥王闻知此事后，于是自立为车犁单于。乌藉都尉自立为乌藉单于。于是匈奴一时间五位单于共存。屠耆单于亲自率兵向东讨伐车犁单于，派都隆奇率兵讨伐乌藉单于。车犁、乌藉两单于被打败，向西北方向奔逃，同呼揭单于相互联合，共四万人，呼揭、乌藉都自废单于称号，共同全力协助车犁单于。屠耆单于知道后，派左大将、都尉统率骑兵四万分

别驻扎在东部,以抵御呼韩邪单于,自己亲自率领骑兵四万向西讨伐车犁单于。车犁单于被打败,向西北方向退去。屠耆单于于是就率兵转向西南,留居敦地区。

汉朝群臣商讨匈奴的形势,大都认为:"匈奴侵扰边境多年,现在内乱不已,可乘此机会把它灭掉。"汉宣帝下诏询问御史大夫萧望之,萧望之回答说:"据《春秋》记载,晋国士率兵讨伐齐国,听说齐侯已故的消息,便罢兵返回。君子所敬重的是,不乘敌国丧乱的时候前去讨伐,认为恩足以感化孝子,义足以感动诸侯。匈奴前任单于久慕汉朝的仁义教化,一心向善,自称是汉朝的兄弟,向汉朝请求和亲,使世人感到欣慰,四方夷狄外族无不知晓。然而非常可惜,还没最后缔约,他已为奸臣所害。如今若去攻打匈奴,是乘人之危,他们肯定要向远方逃匿。我们兴此不义之师,恐怕会难以取胜。应派使者前去慰问,并扶助他们,为他们解救灾患,四方外夷得知后,必定尊敬中原的仁义。倘若能使匈奴人因汉的恩德而复位,必定会对我朝真心归顺,这才称得上是天子的盛德。"汉宣帝非常赞许萧望之的建议。

匈奴呼韩邪单于令其弟弟右谷蠡王等向西征伐屠耆单于的军队,诛杀、俘获一万多人。屠耆单于得知后,马上亲自率领骑兵六万攻打呼韩邪单于。结果屠耆单于被打败自杀。都隆奇便与屠耆单于的小儿子右谷蠡王姑瞀楼头投靠归降汉朝。车犁单于向东臣服呼韩邪单于。冬季,十一月,呼韩邪单于部属左大将乌厉屈同其父呼累乌厉温敦看到匈奴内部战乱不休,率领部众几万人归降汉朝。汉宣帝策封乌厉屈为新城侯,乌厉温敦为义阳侯。此时,李陵的儿子又拥戴乌藉都尉为单于,被呼韩邪单于擒拿诛杀。故而,呼韩邪单于再次定都单于王庭,但所属部众只有几万人。屠耆单于的堂弟休旬王在匈奴西部边疆自称闰振单于;呼韩邪单于之兄左贤王呼屠吾斯也在东部边疆自称郅支骨都侯单于。

（3）呼韩邪单于称臣

匈奴闰振单于统率军队向东攻打郅支单于。郅支单于与之作战，击杀闰振单于，并收编了闰振单于的军队，进而进攻呼韩邪单于。呼韩邪单于大败而退，郅支单于定都单于王庭。

匈奴呼韩邪单于被郅支单于击退后，左伊秩訾王为呼韩邪单于全力谋划，劝他向汉朝称臣归服，请求汉朝援助，这样的话，定能平定匈奴内乱。呼韩邪单于询问各位大臣的意见，都说："不可。我们匈奴的风俗，历来崇尚武力，耻于归降他人，戎马征战建立国家，所以威名远扬蛮夷各国。战死沙场，视死如归。如今我们内部兄弟争权夺位，不是哥哥得到，就是弟弟得到，纵然战死，威名仍在，子孙世代统治蛮夷各国。汉朝固然强大，仍不能奈何匈奴，我们为何败坏先祖的基业，降服汉朝，使历代先王蒙受耻辱，被各国嘲笑！即使能因此而得到安定，又如何能够统辖蛮夷各国！"左伊秩訾王说道："不对，强弱的形势，因时而异。如今汉朝国力强盛，乌孙等西域各国都已向汉朝称臣。我国从且侯单于以来，势力日益衰微，不能恢复，尽管坚持至今，却未曾有安宁之日。而现在，对汉称臣，则可以安全生存；如果不肯屈服，必使国家危亡。还有比这更好的计策吗？"群臣不断对左伊秩訾王提出诘难。最终，呼韩邪单于接受了左伊秩訾王的主张，率众南下，向汉朝边境靠近，派其子右贤王娄渠堂到长安做人质。郅支单于也让他儿子右大将驹于利受到汉朝做人质。

匈奴呼韩邪单于到达五原边塞，表示甘愿献出本国珍宝，在甘露三年（公元前51年）正月到长安朝见汉宣帝。汉宣帝下诏命有关官员讨论关于朝见的仪式。丞相、御史大夫上奏说："按古代圣王的典章制度，先京师而后诸侯，先诸侯而后夷狄。匈奴单于来京师朝见皇帝，所采用的礼仪应和诸侯王相同，位次排在诸侯王的后面。"太子太傅萧望之建议："单于不尊奉汉朝正朔，原来并不是汉朝臣属，所以称之为敌国，不应用臣属的礼仪迎接他，应以高于诸侯之位的礼仪招待他。外夷向我

第六章 昭宣中兴

国臣服,自甘居于藩属地位;我国谦让,不以臣属之礼对待他,为的是使其忠心臣服,以显示我国的天朝风度。《尚书》有言:'戎狄外族桀骜难以驯服',说明外夷的降服反复无常。如果将来匈奴后代突然像飞鸟远窜、老鼠潜逃一样不再前来朝见进贡,也不算背叛汉朝,这才是万世长远策略。"汉宣帝接受了萧望之的建议,下诏说:"匈奴单于以我国北方藩属自居,将在明年正月初一前来朝拜。朕仁德尚浅,不能受此隆重大礼。应用国宾之礼相待,使单于的位次高于诸侯王,拜见时只称臣,但不具名。"

荀悦说:依照《春秋》大义,君王不分内外,表明天下一统。戎狄外族因为分隔遥远,隔绝人事,所以中原的"正朔"难以波及,中原的礼义教化影响不到他们。这并不是尊重他们,而是形势逼迫,不得不那样。《诗经》上说:"羌族、氐族以及其他各族,谁敢不来朝贺天子。"所以距离非常远的外族君主,也一定要向天子朝贡。如不前来参拜,就向他们发出责难,不应与之同起同坐。萧望之打算不以君臣之礼相待,使其位高于王公,是僭越制度,扰乱天理纲常,不合礼仪!但如果是权宜之计,又另当别论了。

汉宣帝下诏令车骑都尉韩昌前往迎接单于。

甘露三年(公元前51年)匈奴呼韩邪单于前来朝贡,参见汉宣帝时,自称藩臣,不称名字。汉宣帝封赏给他冠带、官修饰服,黄金印玺和绿色绶带,以及玉石修饰的佩刀、宝剑、弓、箭四十八支、十支有戟套的长戟、安车一辆、马鞍马鞯一套,马十五匹、黄金二十斤、钱二十万、衣衫被褥七十一套,绸缎、锦绣、各种细绢八千匹、丝绵六千斤。朝贡大典结束后,汉宣帝派使臣服侍单于先到长平阪休息,自己也从甘泉返回池阳宫。汉宣帝登上长平阪,诏令单于无需参拜,准许单于左右的大臣在一旁观看瞻仰,蛮夷各国的国君,众诸侯王、列侯等几万人,全都来到渭桥下列队迎驾。汉宣帝信步上渭桥,众人高呼万岁。过后单于到长安居住。汉宣帝在建章宫宴请单于,请他共赏珍宝。二月,送单于返回匈奴。单于自己请求道:"恳求留居在大沙漠之南的光禄塞下,遇有不测,退入汉受降城自保。"汉宣帝令长乐卫尉高昌侯董忠、车骑都尉韩昌统率一万六千骑兵,又调拨边疆各郡数以千计的马匹、士兵,把单于送出朔方郡鸡鹿塞。又诏令董忠等留下护守单于,帮助单于

讨伐镇压不服其统治的匈奴人；又转拨边疆的谷米粮食，总计三万四千斛，供给匈奴人食用。在此之前，自乌孙以西至安息，与匈奴相邻的西域各国，全都害怕匈奴，轻视汉朝；但自从呼韩邪单于到汉朝朝见后，则全部服从汉朝号令了。

汉宣帝黄龙元年（公元前49年）二月，呼韩邪单于回国。起初，郅支单于认为呼韩邪单于兵力微弱，归降汉朝，难以再自己返回故地，于是便率领部众西进，计划夺取匈奴西部地区。另外，屠耆单于的弟弟原来是呼韩邪单于旧部，也逃到匈奴西部，聚集屠耆单于和闰振单于两位兄长的残余力量，总共几千人，自立为伊利目单于。路上遭遇郅支单于，双方交战，郅支单于将伊利目单于杀死，吞并了他的部下，总计五万多人。郅支单于听说汉朝出兵出粮援助呼韩邪单于，于是留在西部地区。他知道靠自己的力量难以控制整个匈奴，于是继续西进，接近乌孙，想和乌孙联合起来，因而派使臣拜见乌孙昆弥乌就屠。乌就屠杀掉使臣，派骑兵八千伪装迎接郅支单于。郅支单于看穿了乌就屠的阴谋，率兵迎战，击退了乌孙军队，然后就向北部的乌揭、丁令、坚昆发动进攻，一举兼并了这三个国家。郅支单于派兵进攻乌孙，经常取得胜利。坚昆国东界距离单于王庭七千里，南界距离车师五千里，郅支单于居住下来，定都于此。

8. 休养生息

汉宣帝在位期间，强调以农桑为本，要求地方官吏以劝民耕田种植为首要任务，地方官的升迁、赏罚以劝农政绩为标准。汉宣帝鼓励农耕的政策和汉昭帝时期实行的与民休息的政策一脉相承。

昭帝即位之后，他所统治的汉王朝已经颓败不堪，民不聊生。所以他以休养生息、减轻赋税、发展农业为方针，把迅速恢复和发展社会生产作为根本任务。昭帝为此对农耕进行了特别管理，推行"减轻赋税徭役"的政策，史书上说昭帝在即位之初就亲自主持了"籍田"仪式。虽然，当时昭帝还是一个少不更事的孩童，但此次"籍田"仪式的举行，说明了汉政府已经把发展社会生产放到了非常重要的地位，要全国上下都来注重、从事农业生产。为了刺激农业生产，昭帝又于始元二年（公元前85年）下诏免征全国的田租，这是从文帝前元十三年（公元前167年）免除全国田租以来，再次免除全国田租，这两件事间隔有七十二年之久。昭帝始元六年（公元前81年）又宣布凡法律规定以外的苛捐杂税一律免除。昭帝一朝始终将农业生产放在首位。直到昭帝驾崩前的昭帝元平元年（公元前74年），还颁布诏令"天下以农桑为本"。

除免除田租外，对其他各种杂税徭役，昭帝也实行了适当的减免。在汉代，百姓从七岁到五十六岁都要交纳口赋，也就是人头税。口赋不考虑土地和财产的多少，所以是百姓尤其是少地和无地百姓的沉重负担。昭帝元凤四年（公元前77年），下诏将当年和下一年的口赋免除。此后，昭帝又诏令口赋免去十分之七，对各种徭役和杂税也是如此。

为了更进一步发展农业生产，也为了让老百姓不再流离失所，昭帝采取了一些措施赈济穷乏，招引流民回归乡里。为赈济穷乏，昭帝命令使者

到各地赈济贫民，并减轻或免除这些人的赋税和所欠国家的钱财。为了帮助那些流民回自己故乡，昭帝下令把公田借给回归乡里的农民耕种，免除赋税和徭役，并贷给口粮及种子。通过这些措施，使乡民回归，田地得到开垦，社会的经济得到一定程度的恢复。

为安抚流民，宣帝一方面继续推行赈济穷乏，引导流民回归乡里的措施，另一方面通过"假民公田"，把流民固定于土地之上。还对安抚流民政绩显著的地方官，给予一定的奖励。

宣帝减少了对外征战，因而减少了兵戍徭役，减轻了农民负担。并通过修建常平仓，改革漕运制度等政策减轻农民的负担，还多次下诏免除、减轻农民所缴纳的赋税。

相对于昭帝时期，宣帝时期更加注重整顿吏治。

汉宣帝出生于民间，对民生疾苦深有体会。霍光死后，汉宣帝开始亲政，励精图治，每隔五天就要集合群臣，听取他们对国家大事的意见。自丞相以下，群臣各自奏报自己所管辖的事务，再将他们陈述的建议分别责令有关部门执行，并考察、检验其效果。凡任尚书、侍中的官员、有功即予升迁，或有独特功劳，就重重奖赏，甚至泽被子孙，长久不变。中枢机构严密，法令、制度完善齐备，上下和平相处，所有的人都十分认真地做事。至于任命郡太守、州刺史、封国丞相等地方高级官员，汉宣帝常常亲自召见询问，了解他的抱负和谋略，再考察他的所作所为，看他是不是说到做到。凡查出有言行不一致的，必要追问其缘故。汉宣帝常说："老百姓之所以能安居乐业，过着太平幸福的日子，主要就在于为政清正廉明，处理诉讼之事合情合理。能同我一起这样做的，不正是那些杰出的郡太守和封国丞相等二千石官员吗！"汉宣帝主张，要治理好官吏和百姓，郡太守是最重要的，如频繁变换就容易使治下百姓不安。百姓们得知他们的郡太守将连任，不可欺罔，才会听从郡太守的指令。所以，凡地方上二千石官员政绩突出的，汉宣帝总是正式颁布诏书给予嘉奖，提升他们的官阶俸禄，赏赐钱财，甚至赐爵为关内侯；如有公卿职位的缺漏，则按照他们平时得到荣誉的次序、多少，依次选择封赐。

因此史书上记载："汉世名臣，所以强盛。"如韩延寿、赵广汉、张敞、严延年、朱邑、黄霸、龚遂、郑弘，都是宣帝一朝负有盛名的良

吏，他们都严于法纪、恩威并施、为政仁和。例如，宣帝地节四年（公元前66年），渤海郡由于灾荒不断，农民饥寒交迫，落草为寇，地方官竭尽全力去剿除也无可奈何。有人向宣帝举荐了龚遂。上任前，龚遂受宣帝召见时说："百姓是由于饥寒交迫而官吏又不加以赈济才起来造反的。抚恤乱民好比清理乱绳，不可性急，只能一步一步来。臣请陛下不要对我限制太多，由臣见机行事。"龚遂来到渤海，刚入郡境，就见到前来迎接保护的兵士。龚遂令兵士撤回，向全郡发布告示说："凡携带农具的都是良民，官吏不得为难；持兵器的，才是盗贼。"造反的农民看到告示后，立即解散，纷纷抛弃武器，拿起农具返回家园。这样，靠官军屡屡征剿都无济于事反而愈演愈烈的农民造反，让龚遂的一纸告示化解了。为解决农民的温饱问题，龚遂开仓赈济灾民，又引导农民种田植桑，很快使"郡中皆有蓄积，吏民皆殷实"。正因为这样，这些勤政爱民的好官，"在职的时候使人民富裕，离去时被人民思念。生的时候受人们的爱戴，死后受人供奉祭祀。"

经过宣帝的努力，汉王朝的确是出现了一种新气象。东汉历史学家班固称赞道："孝宣之治，赏罚分明、决策果断、综核名实，政事文学法理之士都能胜任，至于技巧工匠器械，自从元、成间很少有能比得上的，亦足以推断官员尽职尽责，百姓安居乐业……光宗耀祖，泽被子孙，可以说是中兴，侔德殷宗，简直就是周朝了！"班固是把宣帝比作殷商时的武丁和周宣王。

昭宣时期这些政治、经济政策的推行，实现了日渐衰微的西汉王朝的复兴，对于这差不多四十年的历史，各个朝代的史学家们都给予了非常高的评价，政治清明，法律得以执行，边境稳定安宁，周边蛮族归服，其中虽难免有夸大之处，但也不能不承认"昭宣中兴"是一个封建统治稳定、社会生产力发展较快的历史阶段。

宣帝时，尽管社会生产得到快速发展、社会矛盾得到很大缓和，但他并没能清除掉造成西汉政权风雨飘摇的根本弊病——土地兼并问题。另外，宣帝宠爱谄媚顺从之人，排斥骨鲠直言之士。比如御史大夫陈万年就是靠溜须拍马起家的，连他儿子都说："父亲教我的，就是要学会如何说奉承话。"而杨恽、盖宽饶等人却由于上书直言而被杀。宣帝尤其宠信宦官，后世谋反的宦官石显、弘恭就是在宣帝时大权在握的。

宣帝晚年的生活也日益糜烂，其对宫室、服饰的要求都大大地超过了昭帝。故而，宣帝时"中兴"的西汉王朝，已经埋下了祸患，汉王室的衰落已成必然。

第七章

西汉濒危

汉朝至宣帝之子元帝时，逐渐走下坡路。农民失去土地，或经商，或为奴，或被逼为盗贼，尽管政局还算稳定，但诸多不稳定因素已经逐渐显露出来。

成帝时，西汉朝政败坏，成帝大兴徭役，加重赋税，百姓生活日趋困苦。成帝好色荒淫，误国误政，朝廷相继为王姓外戚控制，帝舅王凤、王商、王音、王根兄弟四人和王凤侄王莽相继担任大司马的要职，朝廷中重要官吏和刺史郡守，多出于王门。

哀帝时，西汉王朝的危机更加严重，尽管哀帝想有所作为，重振汉室，但社会弊端和朝廷内外的牵制积重难返，哀帝自暴自弃，沦落为更加荒淫无耻的帝王。

哀帝纵欲过度而死，年仅九岁的平帝即位，大权掌握在大司马王莽手中，汉王朝的统治岌岌可危。

1. 石显弄权

黄龙元年（公元前49年）三月，汉宣帝病危，同年十二月，驾崩于未央宫。太子即位称汉元帝，大司马史高、前将军萧望之、光禄大夫周堪奉诏辅佐幼主。

（1）萧望之蒙冤

乐陵侯史高因为外戚的缘故主管尚书事务，前将军萧望之、光禄大夫周堪全力协助。萧望之精于儒学，在当时颇有名气，他和周堪都曾当过元帝的老师，元帝对此二人非常信任，多次设宴款待二人，谈论历代的兴衰成败，探讨治国方略。萧望之推荐出身皇族、通晓儒家经典、品行端正的刘向出任给事中一职，与侍中金敞同在元帝身侧，纠正元帝的过失。四人齐心协力，共同引导规劝元帝推行轻徭薄赋，全力纠正政治上的失误。元帝对此很是赞赏，所以接受了。史高只是徒具高位，跟萧望之不和。

仆射石显、中书令弘恭，从宣帝时，就长期握有中枢机要，对法律制度十分熟悉。元帝即位后多病，考虑到石显长期担任要职，又是宦官，没有什么嫡亲势力，在朝中没有结党营私，精明果敢，足以信任，于是委以重任。朝廷事无大小，全通过石显转奏，皇帝只是进行最后的裁定。石显的地位超越文武百官，群臣都对他很恭敬。石显为人圆滑，通晓事理，十分明白皇帝的心思。他狡诈凶残，常以莫须有的罪名诬陷他人，任何一点小小的矛盾，都会被他滥用法令进行报复。他跟车骑将军史高狼狈为奸，常常以旧制度作为治理国家的准则，不采纳萧望之等人的建议。

第七章　西汉濒危

萧望之等人对许氏家族和史氏家族的放纵深恶痛绝，又痛恨石显、弘恭的专权，于是向元帝上书："中书是颁布诏令的地方，位居朝廷中枢，统管机要，那里的工作得靠光明正大的人去做。元帝由于常在后宫寻欢作乐，所以才启用宦官，这并非古代的制度。应解除宦官的中书职务，这样才不违背古代君主远离受过刑罚之人的制度。"这项建议加深了萧望之同史高、石显、弘恭的矛盾。而元帝亲政不久，谨慎谦让，不想轻易改变祖先的制度。所以这件事一拖再拖，最后还是把刘向从朝中调出，担任外朝宗正官。

萧望之、周堪屡次向元帝推荐著名儒士和杰出人才，使之担任谏官。会稽郡人郑朋私下想投靠萧望之，于是上书元帝，告发车骑将军史高派门客营私舞弊，以及许、史两大家族子弟的种种恶行。元帝让周堪看了这份奏章，周堪上书说："诏令郑朋在金马门等待召见。"郑朋于是上一份签呈递交萧望之，说："现在将军为国家出谋划策，是像管仲、晏婴便止步不前？还是忙得废寝忘食，要创下像周公、召公那样的功绩才罢休呢？如果像管仲、晏婴而止步不前，那么我将返回故里延陵看守祖先的陵墓，直到老死。假如将军兴复周公、召公留下的事业，博采众言，那么我甘愿贡献自己的绵薄之力。"萧望之于是接见郑朋，真诚相待。后来发觉他是投机取巧的奸邪之徒，便不再与他交往。郑朋是楚地士人，于是恼羞成怒，就改投史、许家族。对他过去所做的事辩解说："我是受周堪、刘向指使才那么做的，我远在函谷关以东，如何得知朝廷里的事？"侍中许章上书请元帝亲自召见郑朋。郑朋在见过元帝，走出皇宫时，宣称："我向圣上指证萧望之犯有一项大罪，五项小过。"侍诏华龙，品行十分恶劣，也想参加周堪等人组成的派系，周堪等不肯容纳他。于是华龙也与郑朋等同流合污。

汉元帝初元二年（公元前48年），石显、弘恭命令郑朋和华龙两人诬陷萧望之等暗中谋划罢黜车骑将军史高，离间圣上与许、史两大家族的关系。等到萧望之在家休息那天，命郑朋、华龙上奏皇帝。元帝责令弘恭查办。当审查萧望之时，萧望之回答说："外戚地位显赫，大多没什么才能，只知玩耍享乐，我希望圣上疏远他们，这是为了匡扶社稷，并没有什么非分之想。"石显、弘恭上奏说："萧望之、周堪、刘向结党营私，互相包庇，对国家重臣多次诽谤，离间陛下的亲戚，图谋蒙蔽圣听，独揽朝

纲。为臣不忠，诬陷陛下无道。请派谒者把这一案件移送廷尉。"元帝由于亲政不久，不知道移送廷尉即关押入狱，于是就批准了奏请。后来，元帝要召见周堪、刘向，左右回答说："他们早已被逮捕入狱。"元帝吃惊地说："不是仅仅由廷尉问话吗？"于是将弘恭、石显二人训斥了一顿，二人都叩头谢罪。元帝说："快将他们释放出来办公！"石显、弘恭便唆使史高上书说："陛下刚刚即位，天下人还不知圣上的德仁英明，却先用法律考查师傅。既然已把九卿、大夫级官员关押入狱，应就此将他们撤职不用。"元帝于是颁发诏书给丞相、御史："前将军萧望之，在我年幼时，细心指导了我八年，没有犯下过其他罪过。如今时间久远，记忆遗忘，难于明了，赦免他的罪过，免去他的前将军、光禄勋职务；而周堪、刘向均降为平民。"

元帝向来敬重萧望之，想起用他为丞相，但石显、弘恭和许史两家族的子弟，以及诸曹、侍中，都仇恨萧望之等人。刘向于是让他的亲戚就地震灾害上书称："地震发生，大概是上苍对弘恭等人的不满，而不是由于萧望之、周堪、刘向三个凡夫俗子。臣才疏学浅，但臣认为，应该废除弘恭、石显职务，以示天意，宏扬正义。应该重用萧望之等人，以便使贤者有用武之地。如果是这样，则政亲人和的大门洞开，灾异的源泉也就消除了。"奏章呈上之后，石显、弘恭猜测是刘向所为，于是请求元帝下诏追查真相。上书人最终供出是受刘向指使。于是逮捕刘向，关押入狱，罢除官职，削为布衣。

恰巧萧望之的儿子中郎、散骑萧伋也上书为其父的前案鸣不平。奏章交给有关部门。有关部门详细审查后上奏说："萧望之的罪名是确凿无疑的，并不是诬告陷害。他指使儿子欺骗皇上，引用《诗经》上涉及无罪的诗篇，有失大臣颜面，实属不敬，请将他绳之于法。"石显、弘恭等了解萧望之向来气节高尚，决不会忍受下狱的奇耻大辱，因此建议说："萧望之侥幸没有受前案牵连，而又受赐爵位封邑，他不但没有改过之心，反而不停地埋怨，唆使儿子上书，推诿过失，责怪皇上。自以为是陛下的师傅，为所欲为，肆无忌惮。如果不用监狱的痛苦惩罚萧望之，让他改过自新，那么陛下就再也不能施厚恩于臣子了！"元帝说："萧太傅向来性情刚烈，怎么甘愿坐牢？"石显等人说："生命对一个人来说是最重要的，而萧望之被指控的，只是言论上的轻罪，没有什么可担忧的。"元帝于是

采纳了该建议。十二月，石显等封好诏书，交给谒者，让萧望之自己打开阅读。同时命令太常即刻调拨执金吾所属兵马，赶来包围萧望之住宅。谒者进入萧宅，召萧望之。萧望之便向他的弟子鲁国人朱云询问该如何行事，朱云是重视节操之士，规劝萧望之自杀。当时，萧望之悲叹道："我曾经受封于将相之列，到如今已年过六旬。这么高的年纪被关进监狱，如果苟且求生，岂不让天下人耻笑？"于是喝下毒酒，顷刻身亡。元帝接到禀奏，后悔不迭，拍手说："我本来就担心他不会去坐牢，果然铸成大错。"这时，正是午餐时间，元帝不肯食用，不停痛哭，旁边的人很受感动。于是召石显等责问，石显等承认判断有误，都自去官帽，叩头请罪，过了很长时间，事情才得以了结。元帝哀悼追思萧望之，对他一直念念不忘，每年都派使节前去祭祀。

司马光说：元帝这位君王令人费解，上当容易，醒悟却难。石显、弘恭陷害萧望之，狡诈阴险的诡计，确实有时很难分辨。至于他最初怀疑萧望之不肯入狱，石显、弘恭却说肯定不会出现意外，不久萧望之还是自杀了，而石显、弘恭的欺诈，已经暴露无疑。即使是智力一般的君主，也必将情绪激动，勃然大怒，惩罚奸邪的臣子！而元帝则不这样，他尽管以痛哭流涕、不肯进食来表示后悔自责，但始终没将弘恭、石显治罪，仅仅使他们自卸官帽谢罪而已。像这样，又怎么惩治奸臣呢？这正是石显、弘恭胡作非为而肆无忌惮的原因所在。

同年，弘恭病死，石显接任中书令。

（2）刘向上书

永光元年（公元前43年），中书令石显忌惮光禄大夫张猛、光禄勋周堪，多次在元帝面前诋毁他们俩。刘向担心会终遭不测，于是上书说："我听说舜策封九官，大家济济一堂，共同协作，非常和谐。群臣在朝廷中和睦相处，庄稼也都长得生机盎然，所以箫管演奏名叫《韶》的乐章，到第九遍，凤凰就会飞来朝拜。到了周厉王、周幽王的时候，朝廷混乱不堪，充满着排挤、仇恨，导致日食、月食相继发生，水泉翻涌沸腾，高山

深谷活动异常，降霜不合节令。由是观之，和谐能使国家繁荣，逆之则只会引来灾祸，吉祥征兆多则国家稳定，灾异多则国家危险重重，这是天地运行的规则，古今皆然。如今，陛下开创三代盛世的宏业，重用贤能的儒家文士，对他们以礼相待，使大家共同为国家效力。但是，今天贤能的人跟一些坏人鱼龙混杂，黑白难断，正邪不分，致使政界忠奸混杂；臣民上书，由公车接待，因上书不妥被捕入狱，都被囚禁于北军监狱；朝廷臣僚意见不相一致，相互拆台，以致积怨成仇，勾心斗角。以不实之词蒙蔽圣听，误导主上的心意，这类事情非常多，无法一一道来。他们狼狈为奸，往往行动一致，对正直的大臣进行恶意攻击。正直大臣得到重用，是国家治的根源；正直大臣遭受诬陷，是国家乱的根源。面对或治或乱的选择，找不到合适的当官人选，不能任用贤人，而天灾变异接连不断，我所以痛心不已的原因就在于此。陛下即位已有六年，遍观《春秋》的记载中，在六年的时间里，天灾变异从没有像如今这么频繁。什么原因导致如此呢？就是因为朝廷内出现了奸佞小人，奸佞邪恶之徒之所以同时进入朝廷，是因为陛下心中过于疑虑。任用贤能方可推行人民拥戴的政令措施，但如果他们都被驱逐，遭到残害，好的政令措施也就不可能得以执行。由于陛下疑心太重，所以才会招使奸臣得道忠良被害；由于陛下犹豫不决，才给群邪打开大门。说别人坏话的人和邪恶的人受到重用，那么有德行和有才能的人就会遭到排斥，邪恶压制了正义。

"所以《易经》上有否泰二卦，小人一旦得势，君子的主张就无法得以实现，那么政治就会日益腐败；君子的建议如果得到采纳，小人那一套就无法得逞，国家就会越来越昌盛。从前鲧、兜、共工，以及舜、禹同在尧的朝廷中任职，周公和管叔、蔡叔共居周朝的高位。当时，他们之间相互拆台，进行恶意攻击、排挤、诽谤无数。帝尧、成王能够肯定舜、禹、周公的德行才能，且疏远共工、管叔、蔡叔，所以国家得到很好的治理，留下了不朽的功业启示后人。孔子与季孙斯、孟孙何忌同时辅佐鲁国，李斯和叔孙通都在秦朝为官，鲁定公、秦始皇以季孙斯、孟孙何忌、李斯为贤能，而疏远叔孙通、孔子，因此，国家大乱，耻辱的名声一直流传至今。因此说，君主信任什么人决定了国家的治乱荣辱；既然信任贤能，就要持之以恒，而不能随意动摇。《诗经》上说：'我的心并非磐石，却不可逆转。'这表明坚持善行的决心。'出令如出汗'出自《易经》，意思

是说君王颁布诏令，犹如出汗；汗如果流出，就不能再返回体内。但现在的情形却相反，有关善政的命令，颁布之后时间不长，即被取消，这是一种'返汗'现象。贤能的人，任用不到三十天便被黜退，就是转动了《诗经》上讲的大石。《论语》说：'遇到邪恶，赶快躲开，好像怕将手伸到滚烫的水里。'早就不应该将被二府所弹劾的谄佞之辈留在朝廷里，可是数年已过，他们并没有被驱逐。所以颁布诏令，如同返汗；任贤使能，却跟转动石头一样难。至于驱逐邪恶，简直像撼动一座大山。在这种情形下要求阴阳调和是非常困难的。因此，一群奸佞之徒到处寻找漏洞，大搞文字游戏，丑化、陷害他人，制造谣言，写匿名信，在民间到处煽动。所以《诗经》上说：'我心急如火焚，因小人而愤慨'，小人成群，极其令人愤慨。从前，孔子跟他的学生颜渊、子贡相互褒扬，但并没有结党营私。后稷、禹、皋陶相互提携，也没有互相勾结。原因是他们忠心为国，没有邪念。现在，奸佞的小人与贤德的君子共同手拿剑戟，同时在宫内担任禁卫官。奸佞的小人相互勾结共设阴谋，走向邪恶，违背善良，不断地制造出险恶的谗言，却不干自己的本职工作，想使人主心神动摇，转而信任他们，这正是天地借变异先行告诫，而灾难不断发生的缘故。

"要把国家治理好，进行诛杀是不可少的，以前的圣明君主概莫能外。所以舜对于'四凶'进行流放的惩罚，并且孔子也曾在两观门下，诛杀少正卯。然后仁义教化，才得以推行。现在，陛下贤明智慧，经常观览《易经》中的否、泰二卦之意，深思天地之心，考察唐尧和周成王何以兴盛，以之为榜样，而以秦王朝和鲁国衰亡的缘由，作为借鉴。愿陛下重视祥瑞带给国家的幸福，与灾异带给国家的祸患，用以控制目前局势的变化，驱逐奸佞邪恶的小人，摧毁专门从事阴险构陷的派系，关闭群邪出入之门，广开言路，坚决果断，不再疑心重重，使得是非明显可知，灾异自行消灭，众多祥瑞都会来临，这是太平的前提，万代的利益。"石显看到这份奏章，同史、许两姓皇亲勾结得更加密切，对刘向恨之入骨。

（3）周堪、张猛落难

永光元年（公元前43年）夏季，天气寒冷，太阳呈青色，黯淡无光。石显和史、许两大家族，都说这是张猛、周堪当权引起的天变。元帝面对众口一辞的攻击，即使心中尊重周堪，但也无法堵住群臣的口。当时，长安令杨兴因为有才能受到重用，而且经常宣扬称赞周堪。元帝打算得到他的协助，于是召见杨兴，问他："为什么有些朝臣会忿恨、反对光禄勋周堪呢？"杨兴是投机取巧的人，看见皇帝对周堪有猜疑，于是顺势指责道："周堪不但不能胜任光禄勋，即使一个乡下里长或邻长他也干不了。我从前听说周堪跟刘向等人密谋策划离间陛下的骨肉亲情，认为应当诛杀；我上书表示反对，只是为国家树立威信。"元帝问："要用什么样的罪名杀他好呢？现在应怎么办呢？"杨兴答道："我认为，赐封周堪关内侯的爵位，给他三百户食邑，不让他掌权管事。这是上等的策略，因为圣上可以维持他身为师傅的旧恩。"元帝便开始怀疑张猛、周堪。

司隶校尉琅琊人诸葛丰，最初以刚强正直、不同流合污而名震朝野，因为他多次冒犯皇亲国戚而遭到权贵们的诽谤；后来被指控在春季和夏季擒拿法办犯人，有违天意，被降职为城门校尉。他于是上书指控周堪、张猛有罪。元帝认为诸葛丰过于奸邪，于是下诏御史："城门校尉诸葛丰，原来同光禄勋周堪、光禄大夫张猛同殿称臣时，屡次称赞周堪、张猛的德行。司隶校尉诸葛丰违背四时天意，连法律制度也不遵守，专用严酷的手段来骗得虚假的威严。朕不忍将之法办，改任他为城门校尉，想不到他不思悔改，反而怨恨周堪、张猛等人并图谋报复。控告之言毫无根据，揭发的都是无根无据的罪，随心所欲地毁谤或赞扬，不顾从前的言论，无信无义到了极点。我不忍心对年老的诸葛丰施刑，把他免职降为平民。"又下诏说："诸葛丰指控周堪、张猛对上不忠，对下无信，朕心怀怜悯，不想追究，而又遗憾两人的才干无法报效国家。所以周堪贬为河东郡太守，张猛贬为槐里县令。"

司马光说：诸葛丰对于周堪、张猛，先是赞扬，后加以毁谤，其目的

第七章　西汉濒危

不是为国家进贤除奸，只不过是为了飞黄腾达而投靠皇亲集团而已。他和郑朋、杨兴是一类人，哪有什么正直可言？作为君主，应该区分善恶，明辨是非，用奖赏鼓励善行，惩恶扬善，这才是治理国家的原则。如果诸葛丰的话属实，则他不应被训斥免职；如果他是以虚构之辞诬陷人，那么周堪、张猛又何罪之有呢？而现在双方都受罚，善与恶、是与非还有什么分别呢？

贾捐之与杨兴交往甚厚。贾捐之多次弹劾石显，因此难以做官，很少有机会再睹龙颜。而杨兴因才华过人受到皇上的赏识。贾捐之说："如果我能见到圣上，我会推荐你当京兆尹，而且成功把握很大。"杨兴说："你的笔下，是天下最有才华的语言；假如你能担当尚书令，可比五鹿充宗更加称职。"贾捐之说："京师是郡和封国的核心，而尚书掌握全国官员的仕途，如果我能替代五鹿充宗，你当京兆尹，天下一定政治稳定，经济繁荣，皇上与士人就不会再有隔阂。"接着又对石显进行抨击。杨兴说："石显正处显赫之时，圣上宠幸他。我们如果想大展鸿图，必须听从我的计划，暂时顺他的意，就可以成功。"两人于是联名上书，建议封石显关内侯，而让他的兄弟入宫担当中书或尚书的助手。接着，两人又呈上共同拟定，而由贾捐之独自署名的奏章，保荐杨兴代理京兆尹一职。石显得知两人的谋划，报告给元帝，于是把贾捐之、杨兴捉拿归案。元帝命石显查办，审讯后，石显上奏说："杨兴、贾捐之大逆不道，他们互相标榜，企图谋求高官，欺骗陛下。"最后贾捐之竟然被押赴刑场斩首，杨兴被剃发，披枷戴锁，罚做苦工。

永光四年（公元前40年），又发生了日食和地震。先前那些把天变归咎于周堪、张猛的大臣，受到元帝指责。元帝下诏封周堪为光禄大夫，领尚书事，张猛为太中大夫，兼任给事中。但是，石显仍统管尚书，而且尚书五人，都是同党。周堪势单力孤，难以与之抗衡。石显从中作梗，不让周堪见皇上，事事都由他自己决定。周堪积郁成疾，不久便离开人世。接着，张猛被石显诬陷，又被逮捕。张猛不甘受辱，在公车前自杀。

（4）京房上奏考功课吏法

汉元帝建昭二年（公元前37年），东郡人京房拜师梁人焦延寿学习《易经》。焦延寿常说："京房得到了我的学问，但也会因此失掉性命。他的学说擅长于占卜天灾人祸，总计六十卦，交替地指定日期，以气候作为验证，都十分准确。京房运用这种学说，十分得心应手，他在被地方官推为孝廉之后，入朝为官，并多次上书元帝，谈论天象变异一事，很是灵验。元帝器重他，数次召见，向他问策。"京房回答说："古时帝王按功劳使用贤能，所有的事都能成功，祥兆显现。衰亡之世，任用官员则以受人诋毁或受到称赞为依据，所以政治黑暗，因而招致天灾变异。应当考察文武百官的办事效率及其政绩，天灾变异才可消除。"元帝命京房负责这件事，京房于是编排了考功课吏法，上奏元帝。元帝让公卿朝臣与京房在温室殿举行讨论会。大家都认为京房的策略过于繁琐，使上级和下级相互牵制，不便施行。但元帝却支持京房。正赶上各部刺史集中到京师长安向朝廷奏报事宜。元帝召见他们，命京房向他们宣布考核方案，刺史们也认为难以施行。只有光禄大夫周堪、御史大夫郑弘开始时反对，后来转为支持。

这时，中书令石显权倾朝野。石显的至交五鹿充宗任尚书令，二人共同执政。有一次，京房问元帝："周幽王、周厉王时国家为什么出现危机？他们依赖的是些什么人？"元帝说："君主无道，任用的都是些善于伪装的奸佞小人。"京房又进一步问元帝："君主是不是明知奸佞而仍任用他们？还是觉得贤能才任用他们？"元帝回答说："是认为他们贤能。"京房说："但是，今天我们如何知道他们不是贤能的呢？"元帝说："从当时的混乱局势可知大臣不够贤能。"京房说："既然如此，任用贤能时国家必然秩序井然，任用奸邪时国家必定混乱不堪，这是事物发展的必然规律。为什么幽王、厉王不任用贤能却要任用奸佞导致后来身处困境？"元帝说："乱世之君，各自认为他所信赖的官员都是贤能的。如果都能觉悟到自己的错误，天下便没有危亡的君王了。"

第七章　西汉濒危

京房说:"齐桓公、秦二世也曾认识到周幽王、周厉王的错误,并讽刺过他们。可是,竖刁仍被齐桓公任用,而赵高仍被秦二世任用,以致政治日益腐败,盗贼充斥山野。为什么他们不能用周幽王、周厉王的例子对照自己的行为,而觉悟到自己用人有误呢?"元帝说:"能够依据过去预测将来的是治国有术的君王。"京房于是自卸官帽,叩头说:"《春秋》一书,记录二百四十二年间的天灾变异,用来警示后世君王。而今陛下即位以来,出现日食月食,星辰逆行;山崩泉涌,大地震动,天落陨石;冬季响雷,夏季降霜,春季百花零落,秋季树叶繁茂,降霜后草木并不枯萎;百姓饥饿,瘟疫流行,水灾、旱灾、虫灾经常发生;盗贼镇压不住,受刑的人到处都是。《春秋》所记载的灾异,都已经俱备。陛下认为现在是治世呢,还是乱世?"元帝说:"不用说也知道是乱到了极点。"京房说:"现在陛下信赖的是些什么人?"元帝说:"今天的天灾人祸和为政之道,都胜过前代,责任不在这些人身上。"京房说:"前世的那些帝王,也是持陛下这种观点。恐怕后世之人看今天,就像当世之人看古代。"沉思良久之后元帝才说:"现在祸害国家的是谁?"京房回答道:"陛下您应该比谁都清楚。"元帝说:"我不知道,倘使知道,哪里还重用他?"京房说:"陛下最宠幸、与之在宫廷中共同商讨国家大事、掌握人事大权的人,就是他。"元帝也知道京房所指的人是石显,便对京房说:"我明白你是什么意思。"京房于是起身告退。最终,汉元帝还是没有罢黜石显。

元帝命京房举荐他的学生中懂得检验政绩和有能力评定官吏政绩的人,准备录用。京房上奏:"希望能用中郎任良、姚平为刺史,去各州试行考绩制度。请批准我留在朝廷,传送他们的奏章,防止下情不能上达。"可是石显、五鹿充宗都深恨京房,想使京房离开京师,于是向元帝建议,应该先任京房为郡守。元帝于是任命京房为魏郡太守,批准他以考功法去治理该郡。

京房奏请道:"年终的时候,请允许我向陛下当面报告。"元帝答应了。京房知道与石显已结怨,便不想远离元帝,于是秘密呈上奏章说:"我离开京师,恐怕为当权奸佞所害,身亡而事败,所以恳请在年终的时候回京奏事,幸而蒙陛下哀怜才得以乘驿车到京师奏事。然而,六月乌云密布,狂风四起,太阳暗淡无光,它显示出官员欺瞒天子,而天子心里怀疑，必将有隔绝陛下和我的关系的事情发生。"

京房还未来得及把密奏呈上，元帝便让阳平侯王凤奉诏命令京房，无需乘驿车回京师奏事。京房心中愈发惊恐。京房到达新丰时差人送上密封的奏章，称："我原先在六月间曾启奏陛下，所说《遁卦》虽未应验，但占候之法说：'有道术的人一旦离去，天气寒冷，大水泛滥成灾。'到了七月，果然有大水涌出。我的学生姚平告诉我：'你可以说通晓道术，却谈不上笃信道术。你所占卜到的天灾变异，全都应验。可现在，大水已经泛滥，有道术的人就要被放逐而身死异地，还有什么话可说！'我说：'陛下最仁爱，对我宽厚有加，即使因进言而死，我也在所不惜。'姚平又说：'你只能说是小忠，谈不上大忠。秦朝时，赵高执政，有一位叫正先的人，因挖苦赵高而被处死，赵高的淫威逐渐形成。所以秦朝的衰亡，是正先导致的。'如今我出任郡守，以考核功效为己任，只恐怕还未着手便被诛杀。请求陛下不要让大水上涌的预言应验，我不愿像正先那样死去，被姚平嘲笑。"

京房到陕县，再上秘密奏章说："我先前推荐任良负责官员考绩，让我留在京城。议论此事的人明白这样对于他们不利，而且不可能把我与陛下离间开来，所以说：'与其试用学生，不如试用老师。'可是，派我当刺史，又怕我面见陛下，于是又说：'太守与刺史可能会不同心，那样还不如让京房当太守好。'他们的目的在于分开我们君臣。陛下采纳了他们的主张，听从了他们的建议。阴云乱风不散，太阳失去光芒的原因也正在于此。我离京师长安越来越远，太阳越来越昏暗。恳求陛下不要草率地违背天意！虽然人不易察觉，但上天必定能感应到邪恶阴谋，所以人可以欺，而天不可欺，请陛下明鉴！"

京房出京任职一个多月，竟被征召回京，逮捕入狱。一开始，淮阳宪王刘钦的舅父张博是一个见风使舵、没有一点善行可言的人。他向刘钦索取了许多财物，到京师长安谋划征召刘钦入朝。张博曾追随京房学习《易经》，并许配女儿给京房。京房每次面圣，回家之后，都把同元帝之间讨论的话告诉张博。张博于是私下记下京房所说的机密之事，让京房替刘钦草拟请求入朝的奏章。为了证明他的行动，便把这些密语记录和奏章草稿拿给刘钦看。石显得知此事后，上书道："京房和张博通谋，诋毁治国措施，把责任推到皇帝身上，贻误连累诸侯王。"于是京房和张博都被捕入

第七章 西汉濒危

狱，在街市上斩首，妻子和女儿被流放到边塞。御史大夫郑弘，被控跟京房交往甚密，遭到免职，被贬作庶民。

御史中丞陈咸连续抨击石显。石显在过了一段时间后指控他和槐里令朱云是好友，泄露宫廷机密，这是石显私下侦察得知的。于是朱云、陈咸都被捕下狱，处以髡刑，罚做苦役。公卿及以下的官员都因为石显的淫威和权势日益增长而害怕他，人人自危不敢稍有得罪。石显和少府五鹿充宗、中书仆射牢梁结为死党，凡是投靠他们的人，都得到了朝廷重用。民间有歌谣说："你到底是牢家、石家，还是五鹿家的门客？官印为什么如此多，绶带为什么那么长？"

石显自知自己专权，权倾朝野，害怕元帝由于听取亲信的谏言而疏远自己，便时常向元帝表示诚心，以取得信任，观察元帝对自己的信任程度。石显曾经奉诏到诸官府征集人力和货物，他先向元帝请求道："恐怕有时回宫太晚，宫门已闭，我可不可以说奉陛下之命，令其开门！"元帝应允。一天，石显故意晚归，宣称元帝诏命，叩开宫门入内。后来，果然有人上书指责："石显假传圣旨，私自打开宫门。"元帝看后，笑着把奏章拿给石显看。石显抓住机会，泪流满面说："陛下过于宠爱我，委任我管理朝政，下面的人因为妒嫉都想陷害我，类似情形已不止一次，只有圣明的君主才知道我的忠心。我出身卑贱，一个人实在不能担负起全国所有的怨恨，而让万人称心如意。请允许我辞去中枢机要之职，只负责后宫的卫生打扫，死而无怨。希望陛下哀怜，再给我一次机会，以此保全我的性命。"元帝认为石显说得对而怜悯他，不断安慰，并重重赏赐。这样的赏赐加上百官赠送的资金多达上亿。当初，石显听说别人都指责议论他逼死前将军萧望之，恐怕招来全国儒生的非难。由于谏大夫贡禹精通儒家经典，节操高尚受人敬重，石显便托人向贡禹表示问候，用心结交，并向元帝推荐贡禹为九卿，对他以礼相待。于是舆论也有褒扬石显的，说他不可能忌恨陷害萧望之。石显处世奸猾，善于为自己洗脱嫌疑，以获取皇帝的信任。

（5）朱云折槛

西汉的时候出现了许多敢于进谏的直臣，其中最出名的就是朱云。

朱云身高八尺多，容貌雄壮，以勇敢有力大而出名。朱云年轻的时候喜欢结交游侠，经常让朋友们替自己报仇。但是他40岁的时候突然改掉了那些习惯，开始跟随博士白子友学习《易经》，后来又向前将军萧望之学习《论语》，完成学业后，成为一个很有学问的人，人们都很尊敬他。

当时，华阴县的县丞向皇帝推荐朱云，说他这个人忠心正直，而且有勇有谋，请皇帝试用他做御史大夫。皇帝召集大臣商议此事，太子太傅匡衡认为华阴县丞只是一个小官，居然敢推荐平民担任大臣，再说朱云以前经常触犯法律，虽然后来他改邪归正，但并没有什么突出的表现，而贡禹清正廉洁，很适合担任御史大夫，没有必要撤换他。华阴县丞胡乱称赞朱云，怀疑他不怀好意，所以匡衡建议追查一下华阴县丞。结果华阴县丞因此而获罪。

当时少府五鹿充宗很得汉元帝的宠爱，五鹿充宗是专门研究梁丘注的《易经》的，汉元帝也很喜欢这个版本。他想考察一下梁丘注和其他版本的异同，于是下令让五鹿充宗和《易经》的其他学派辩论。五鹿充宗深受皇帝的宠爱，又有口才，其他学派的学者都借口生病而不敢参加辩论。有人推荐朱云，于是就把他召了进来。结果朱云把五鹿充宗驳得哑口无言，赢得了大家的赞赏，朱云也因此获得了博士的官职。

不久，朱云担任了杜陵的县令，但因为故意放走人犯而差点被抓起来，幸好赶上了大赦才被赦免。他被推举为方正，担任了槐里县令。当时中书令石显掌握朝政，他和五鹿充宗是一伙的，所以人们都很怕他们，只有朱云的好朋友、御史中丞陈咸年轻而坚持正义，不和他们同流合污。朱云多次上书弹劾丞相韦玄成贪生怕死，只知道保住自己的位子。有关部门调查朱云，怀疑他指使属下杀人。元帝向韦玄成询问朱云治理地方政绩如何。韦玄成趁机泼他污水，说他残暴不仁。陈咸听到了这话，告诉

第七章　西汉濒危

了朱云。朱云向皇帝上书申诉，陈咸替朱云修改奏章，让他要求让御史中丞审理，也就是让自己来审理。结果这事被交给丞相审理了，丞相的手下调查说朱云确实指使属下杀人，朱云只好逃到长安和陈咸商议。韦玄成知道后，把这事上奏元帝。元帝把朱云和陈咸抓了起来，没有杀他们，罚他们担任修城墙的苦工。两人就这样被禁锢，一直到元帝死，都没有被起用。

汉成帝即位后，张禹以皇帝老师的资格当了丞相，非常受宠。朱云上书求见皇帝，当时大臣们也都在。朱云说：“现在的大臣上不能辅佐皇上，下不能安抚百姓，都是吃饱饭不干事的人。我请求陛下赐给我宝剑，我要杀一个奸臣来杀一儆百！”汉成帝问：“你到底要杀谁呀？”朱云说：“我要杀奸臣张禹！”汉成帝勃然大怒：“你一个芝麻大小的官居然敢诽谤上司，在朝廷上侮辱我的老师，罪该万死！”御史拉朱云下去，朱云抓住殿上的门槛，死也不下去。御史拼命地拖他，他死抓住不放，结果把门槛都拉断了。朱云大叫：“我能够在阴间跟从关龙逢和比干（都是因进谏而被杀的著名忠臣），就已经心满意足了，我只是担心我们大汉江山啊！”御史好不容易才把他拉下去。左将军辛庆忌站出来向皇帝叩头，说：“朱云是出了名的狂妄直率。如果他说的是对的，那就不能杀他；如果他是错的，也应该宽容对待，我愿意以死相争！”辛庆忌说完后一直叩头，把头都叩破了。汉成帝火气也消下去了，就饶了朱云。后来有人建议把门槛给修好，汉成帝说：“算了，别修了，就放在那儿，来纪念和勉励忠直的臣子吧。”

经过这场风波后，朱云离开了官场，他把家搬到了乡下，有的时候也乘着牛车和学生们出来游玩。不管到哪个地方，人们都很敬重他。后来薛宣担任了丞相，朱云去拜见他。薛宣很恭敬地接待了他，留他在家里住宿，并对朱云说：“您在乡下也没什么事做，干脆就留在我家里，可以经常看到天下的奇人异士。”朱云说：“你是想把我当成你的下属吗？”薛宣从此以后再也不敢提这事了。

朱云一直活到了70多岁，在家里去世。他病重之后就不再请医生诊治也不吃药，临终时嘱咐，直接穿身上的衣服入殓，棺材只要够他躺进去就行了，而墓穴够把棺材放进去就够了。他死后家里人按照他的嘱咐只造一个一丈五左右的小坟，把他埋在平陵的东郭之外。

2. 郅支单于败死

汉元帝建昭三年（公元前36年），汉元帝派使者出使康居，请求郅支单于归还汉使谷吉的尸首，但是郅支单于困辱使者，不肯奉诏。西域都护甘延寿、副校尉陈汤假借圣旨发兵攻杀郅支单于。

（1）郅支单于被攻杀

开始，郅支单于自认为匈奴汗国国力强盛，威名远扬，别国都十分尊重他，又因为打了胜仗而感到十分骄傲。因为得不到康居王朝见，一怒之下便残杀了康居王的女儿、康居贵族以及平民数百人，有的人被截断四肢后扔到都赖水中。他迫使康居人为他修建城垣，每天有五百名工匠施工，两年时间才完成。又派出使者到阖苏王国和大宛王国，责令他们每年都必须进贡。二国害怕郅支单于，不敢不进贡。汉朝陆续派出三批使节，出使康居郅支单于处，追寻谷吉等人的遗体下落。郅支不肯接受汉朝皇帝的诏书，还侮辱了汉朝使节，仅是通过西域都护奏明皇帝，说："居住的地方环境恶劣，愿意臣服强大的汉朝，还打算派儿子去当人质。"并且态度非常傲慢。

陈汤为人沉着勇敢，善于思考，足智多谋，渴望建立奇功，他向甘延寿建议说："边境各个民族都十分害怕匈奴，这只不过是他们的天性。西域各国，本来都归匈奴管辖，现在郅支单于的威名远扬，不断袭击乌孙王国和大宛王国，经常给康居王国出谋划策，企图使乌孙、大宛民心归顺。如果把这两个国家征服，过不了多长时间，西域诸国都会陷于危

第七章　西汉濒危

险的境地。郅支单于生性剽悍，凶残好战，并且不断成功。日子一长，必将成为西域的灾难。虽然他现在地处偏僻，幸好他们无坚固城堡、锋利弓弩，无法固守。我们如果征发屯田的军队，并征调乌孙王国的军队，一直攻打到他们的城堡之下，他想逃无路，想守则兵力难以自保，千载难逢的功业可以一蹴而就。"甘延寿认为有理，准备奏请朝廷批准。陈汤说："平庸的官僚是不能了解远大的谋略的。圣上如果召集公卿商议，他们肯定不会答应。"甘延寿迟疑，不肯采纳他的意见。恰巧甘延寿久病卧床，陈汤便假传圣旨，将车师戊己校尉的屯田部队和各城邦国家的军队都征调去了。甘延寿得知这件事，大吃一惊，想加以阻止，陈汤大怒，手按剑柄，喝叱甘延寿说："你小子打算阻止已经集合起来的大军吗？"甘延寿被迫同意了。他俩集结、部署汉朝及西域多国兵力，总计四万多人。甘延寿、陈汤上书请罪，陈述了假传圣旨的理由。上呈奏章的当天，大军出发，分成六路，其中三路兵马沿南路越过葱岭，横穿大宛王国。都护甘延寿亲自率领另外三路纵队从温宿国出发，从北路经乌孙王国首府赤谷城，穿过乌孙王国，进入康居王国边界，挺进到阗池西岸。而此时康居王国的副王抱阗，统率几千骑兵，在赤谷城东面攻打乌孙王国大昆弥地区，杀戮及俘虏千余人，抢走牛、马、羊等大量牲畜，然后从后面赶上汉军，获得汉军后部的大批辎重。陈汤带领西域兵奋起迎战，杀敌四百六十人，并夺回了乌孙百姓四百七十人，交给大昆弥。而夺取的马、羊、牛，则留下来作为军队食物。又擒拿抱阗手下的贵族伊奴毒。陈汤在进入康居王国东部国界后，严令部下不准烧杀抢掠。还暗召康居王国的贵族屠墨会面，向他展示汉朝的实力，设置酒筵，结为同盟，然后送他回去。大军继续进发，在离新筑的单于城约六十里处安营扎寨。此时，又俘虏康居王国另一贵族具色子男开牟，令其作向导。具色子男开牟是屠墨的舅父，也痛恨郅支单于的残酷。这样，汉朝军队对郅支单于内部的情况了如指掌。次日，大军继续开拔，离单于城三十里处扎营。

郅支单于派使者前来询问："汉朝兵马到这里来的目的是什么？"汉官答道："汉朝皇帝曾经收到你们单于的上书，信中说：'居住环境恶劣，愿意归降汉朝，亲身到长安朝见。'皇帝怜惜单于放弃广袤的土地，委屈身份居住在康居，所以派都护将军，率军前来迎接单于及您的家人。

只是担心单于的左右受惊,所以没敢兵临城下。"双方使节互派几次之后,甘延寿、陈汤亲自出面,怪罪郅支单于的使者说:"我们不远万里赶到这里来,都是为了单于呀,但是,一直到如今,他还没有派出一位显贵名王前来拜见都护将军,受命治事,单于为什么一点也不讲主人招待客人的礼节?我们从遥远的京师到这里,兵困马乏,而粮草殆尽,恐怕连返回都不够用,请单于召集大臣一起慎重考虑这个问题。"

次日,大军进驻都赖水畔,在距单于城三里外扎营,修建阵地,遥望单于城上,旌旗招展,数百匈奴兵身穿甲胄,戒备森严。又从城中奔出一百多名骑兵,奔驰往来于城下。一百余名匈奴步兵,在城门两旁结成"鱼鳞阵",正作战斗演习。城上匈奴兵甚至高声挑衅:"来打我们吧!"一百多名匈奴骑兵直奔汉营,汉营的强弩全部拉满,箭头向外。匈奴骑兵不敢攻击,于是撤退。城门外操练的匈奴骑兵、步兵被汉军强弩部队射击,全部退回到城中。甘延寿、陈汤下令进攻:"听到鼓声,都直奔城下,全面包围,各军记住所分配的位置,开凿洞穴,堵塞射击孔。盾牌在前,戟弩在后,仰射城楼上的守军。"攻击正式开始,城楼上的匈奴守军不能抵挡,败退逃走。土城之外,还有由两层木墙构筑的重木城。因为匈奴人从木城上射击,汉军伤亡惨重。于是汉军聚薪放火,焚烧木城。夜间,匈奴守军几百名骑兵突围,汉军予以迎头痛击,箭如雨下,将他们全部歼灭。

起初,郅支单于得知汉朝军队到达,打算离开这座城。可是,他又怀疑康居王会因怨恨他而勾结汉军,里应外合,斩杀自己;又听说乌孙王国等西域各国,都在调遣军队,认为无路可逃。因此,他虽然逃出单于城,却又返回,说:"汉朝军队劳师万里,远征西域,不可能持久下去,我们不如坚守吧。"郅支单于身披铠甲,在城楼上亲自督战。他的阏氏、夫人共几十名,也都用弓射杀汉军。郅支单于的鼻子被汉朝弩兵射中,他的夫人也多有死亡。后半夜,木城被攻破,木城内的匈奴军退进土城。这时,在郅支城附近,康居王国的一万多援军分散在十几处地方,环绕城的东西南北四面部署,跟城上的匈奴守军遥相呼应。康居援军乘着夜色,多次向汉朝军队的营地攻击,每次都不能得手。天将亮时,土城外四面火起,汉军官兵振奋,乘火势高喊,锣鼓之声动人心魄。康居军队再向后撤。从四面冲进土城中的汉朝军队都高举盾牌,奋力冲杀。郅支单于率一百多匈奴

男女逃进王宫，汉军纵火焚烧王宫，郅支单于身受重伤而亡。他的人头被军侯假丞杜勋砍了下来。在王宫中搜出汉朝使臣的使节两只以及谷吉等携带的用帛写成的书信。

在此次战斗中，斩杀阏氏、太子、名王以下共一千五百一十八人，投降的有一千多人，生擒的也有一百四十五人，汉军将降俘分配给领兵共同包围单于的西域十五个国王。凡是抢掠到的财物，全归抢掠者所有。

（2）陈、甘封侯

建昭四年（公元前35年）正月，郅支单于的人头被送回长安。甘延寿、陈汤上书说："我们曾听说，统一乃是统治天下的大道理。古代有唐尧、虞舜，现在有强盛的汉朝。匈奴呼韩邪单于已成为我们北方的附属国，只有郅支单于背叛汉朝，还没有伏罪。他逃到大夏王国以西，就认为强大的汉朝再也不能使他称臣归顺。郅支单于对百姓残忍狠毒，犯下滔天大罪。臣甘延寿、陈汤，率领仁义之师，替天行道，能攻破敌阵，打败敌人，全靠陛下的神异威灵。应该将郅支单于的头颅悬挂在长安槁街蛮夷馆舍之间，以昭示天下，威慑异邦，胆敢冒犯强大汉朝的，距离多远也必被诛杀！"丞相匡衡等人都认为现在不应悬挂人头，而应掩埋尸骨。元帝下令高悬郅支单于的头示众十日，然后掩埋。并祭告位于郊外的祖先祭庙，大赦天下。满朝文武向元帝上表称贺，于是举行酒宴庆祝。

最初，中书令石显一度打算把姐姐许配给甘延寿，被甘延寿拒绝。等到甘延寿打败郅支单于，返回长安后，因假传圣旨这件事受到丞相、御史的切齿痛恨，所以甘延寿没有得到奖赏。而陈汤又一向喜好财物，把在塞外抢劫的金银财宝携带进入塞内，违背了多项法令。司隶校尉用公文责令沿途郡县，命他们抓拿陈汤的部下，严加审问。陈汤上书元帝说："我和我的部下共同讨伐郅支单于，幸而将他擒获歼灭，从万里之外，凯旋回朝，应有朝廷派出的使者在路上迎接慰问。如今司隶校尉反而对我们逮捕审问，这不是在替郅支单于报仇吗？"元帝颁布诏令，马上释放所有被捕官兵，命沿途地方官府用酒和食品慰劳凯旋的军队。石显、匡衡认为：

"陈汤、甘延寿假传圣旨，擅自调动军队，不定其死罪，已经很宽宏大量了，倘若再赐他们爵号，赏他们土地，那么以后派出的使节，都会为了图侥幸成功而争先恐后地采取冒险行动，在蛮夷中间制造事端，给国家造成灾祸。"元帝暗地里嘉奖陈汤、甘延寿的功劳，但又难于驳斥石显、匡衡的意见，事情过了很久也不能够平息下来。

前任宗正刘向启奏说："郅支单于监禁和杀害的中原使节及其随从官员，数以百计。这种事在塞外影响很大，朝廷群臣都为中原的威望受到损害而痛苦难过。陛下大怒，要擒杀郅支单于，这一念头从没忘记。西域都护甘延寿，副校尉陈汤，秉承皇上旨意，借助神灵，集结各城邦军队，深入极远地域，击破康居，摧毁郅支单于的三层城防，拔除歙侯大旗，砍下郅支单于首级，悬挂战旗于万里之外，使国家扬威到昆仑山以西。洗刷耻辱，臣服四夷。呼韩邪单于得知郅支单于已经被诛杀，既高兴又恐慌，驱驰而来，入朝拜见，愿为汉朝守卫北方边疆，世代做中原的臣属。他们建立不朽功勋，为国家求得万世和平，所有的官员都没有如此大的贡献。古代，周王朝大夫吉甫、方叔，为周宣王诛杀猃狁部落酋长，此后四夷全部归附。故《诗经》赞扬说：'战车就像雷霆轰鸣般众多威武。如此正直忠厚的方叔，率领军队征讨猃狁，荆地的蛮人敬畏都来归附。'《易经》说：'应该赏赐的是：斩敌首、获敌虏。'说的是只要诛杀首恶，那么所有不愿顺从的人都会来归顺的。现在，甘延寿、陈汤的征战所产生的威慑，即便是《易经》的'斩敌首'，《诗经》的'雷霆'，也无法相比。评价功勋，应看到重大善行，而不应只计较小过失，不可抓住一点瑕疵纠缠不清。《司马法》说：'对于军事上的赏赐，期限不长于一个月。'目的在于使人迅速获得行善的好处。这样做是为了以武功为先，以用人为重。

"尹吉甫班师，周王朝对他重重赏赐，《诗经》上谈及此事时说：'尹吉甫既得宴乐的喜庆，又多受封赏。只因从千里之外的镐归来，路遥日久。'千里都认为路远，那万里便更辛苦了。但是，甘延寿、陈汤不仅没有受到嘉奖，得到封赏，反而被抹杀掉奋勇杀敌的功劳，在咬文嚼字的刀笔吏前被挑剔，这是劝勉战士、奖励有功的做法吗？齐桓公尊崇周王室，却也消灭了项国，儒家君子认为他功大于过，所以为他遮掩。贰师将军李广利，葬送五万将士的性命，耗费了数以万计的钱财，经过长达

第七章　西汉濒危

四年之久的征战,才俘获三十匹好马而已,尽管砍下大宛王国国王毋寡的人头,仍入不敷出,他自身的过失更多。但武帝认为,万里远征,不追究过失,还封赏大批将士。现在,康居王国,比大宛强大,郅支单于的地位,尊贵于大宛国王,残害中原使节的罪行,超过不向汉朝献出汗血马。甘延寿、陈汤并没用内地的部队和粮食,比起李广利来,他们的功德胜过百倍。而且常惠凭他个人的看法,从乌孙王国进攻龟兹;郑吉没有得到命令,擅自接受匈奴日逐王的臣服,他们都享受采邑,晋封侯爵。所以说,甘延寿、陈汤的功勋,大于方叔、尹吉甫;功大于过,比齐桓公、李广利强;近世功劳,更胜过郑吉、常惠。然而那些小过失不断传播,而大的功勋却没受到表扬,真令人痛惜。建议陛下,应马上解除对甘延寿、陈汤的责罚,还给他们自由之身。不再追究他们的过失,而应赐给他们爵位,来奖励功业。"

元帝于是下诏赦免甘延寿、陈汤,不准指控他们,并命公卿讨论如何赐封他们爵位。大家主张应该比照军法"捕杀单于"的标准赐封,石显、匡衡却认为"郅支本就是流亡灭国,众叛亲离,不是真单于"。夏季,四月,元帝任命甘延寿为长水校尉,领义成侯,任命陈汤为射声校尉,领关内侯,又封他们各三百户食邑,加赐千两黄金。

3. 呼韩邪单于朝汉

汉元帝竟宁元年（公元前33年）,匈奴呼韩邪单于来朝,愿意做汉朝的女婿,与汉和亲。汉元帝将后宫绝色美女王昭君赐给单于。这是呼韩邪单于第三次朝汉。前两次朝汉分别是在公元前52年和公元前49年,汉匈和睦关系得到进一步发展。

呼韩邪归汉是在匈奴国力衰退、内部争权夺位、分崩离析的背景下发生的。

（1）侯应言戍边

匈奴呼韩邪单于得知郅支单于已被诛杀，既高兴，又恐慌。于是，向汉朝皇帝上书，请求入朝朝拜。

汉元帝竟宁元年（公元前33年），匈奴呼韩邪单于前来朝贺，请求准许与汉联姻，使他有机会亲近汉朝。元帝把后宫佳丽王昭君许配给呼韩邪单于。呼韩邪单于十分兴奋，上书汉元帝："愿守卫东起上谷，西到敦煌的汉朝疆土，世代相传。请解除边境防务和守塞的将士，使百姓获得休息。"元帝将呼韩邪单于的奏章交给有关官员讨论，参加商讨的官员都同意接受。郎中侯应熟悉边塞事务，认为不能接受。元帝问他原因，侯应说："自从周朝和秦朝以来，匈奴好战成性，不断骚扰边境。汉王朝初建之时，尤其受到它的侵扰。据我所知，北方边塞，东起辽东，西到阴山，东西长度超过千里，草木繁茂，禽兽众多，以前冒顿单于凭借这里的险要地势，制箭造弩，抢劫掳掠，成为匈奴畜养禽兽的苑囿。直到孝武皇帝派兵征伐，才把这一地区抢夺过来，而将匈奴驱至大漠以北。在这一地区，修筑城堡，铺设道路，兴建外城，派军队前往驻扎戒备。于是，边境才比原来稍稍安宁。漠北地势平坦，草木稀少，沙漠连绵。匈奴南犯骚扰，缺少隐蔽之地。边塞以南，道路崎岖，山谷起伏，行军十分艰难。边塞上年纪的人说：'匈奴丧失阴山之后，每次经过那里都痛心不已。'假使撤除边防事务，对夷狄来说可谓放虎归山，这是不能答应的理由之一。现在，圣上福泽四海，像天一样笼罩着匈奴。匈奴人得到救助，才能活下去。他们感激皇上活命的恩情，叩头称臣。不过，夷狄的秉性，穷困时奴颜卑膝，强大时蛮横无礼。不久前，已撤除了外城，减少了燧、亭等军事建筑，现在的边防守军，只够互通烽火、担任望而已。汉朝居安思危，不能再撤除边防，这是理由之二。汉朝有仁义教化，有惩治罪恶的律例，愚昧的人还要犯禁，更不用说匈奴单于，他能绝对保证他的下属不以下犯上吗？这是理由之三。

"即使在中原境内，也要在战略要地设立关卡，以便控制封国王侯，

第七章 西汉濒危

以断绝臣子的非分之想。在边疆重地设置亭障，屯田防御，不只是为了抵御匈奴，还为了各属国归顺人民，他们本属匈奴，恐怕他们思念故土而逃亡。这是理由之四。这些年来，临近边塞的西羌部落，与汉人交往。汉朝的刁民恶吏贪图财利，偷盗抢夺他们的牲畜，甚至霸占他们的妻子，因为这些缘故，导致他们发生叛乱。现在倘若撤回边防军队，可能激发这种因欺侮而引起的矛盾。这是理由之五。以前，从军的战士，相当多的人没有回来，居住在匈奴，他们的子孙生活拮据，有可能大批逃奔匈奴投靠亲友。这是理由之六。边疆一带，奴仆婢子无忧无虑，很多想逃亡，都说：'据说匈奴那里无忧无虑，无法出逃是由于边塞的监视太紧！'即使这样仍时常有人逃出边塞。这是理由之七。强盗窃贼阴险残酷，结成帮派触犯法令，如果被官府通缉，就会北逃匈奴，就不能惩罚了。这是理由之八。自从边界设立关卡，已有一百多年，并不都是用土筑墙，有的借助山岩，有的使用石木，有的倚山傍谷，有的利用险要峡谷，稍加连通增补，就须征发士兵、罪犯修建，长年累月，耗费的人力、物力，难以计数。我担心撤除边塞的将官，没有深思熟虑事情的缘由，只想暂时减轻边疆防御负担。然而，十年之后，百年之后，如果夷族突然叛乱，而边塞已经空虚，烽火亭已年久失修，还得再征调士兵修建。然而，持续百年的工程，不可能马上恢复。这是理由之九。如果退回边防驻军，荒废边境上用于望敌情的土堡，匈奴单于必将自认为其保卫汉朝疆土，对汉朝有功，将会不断请求封赏，如果稍有不满，那么后果就难以设想。产生夷狄与汉族的矛盾，削弱中原的防卫。这是理由之十。

"根据以上十条理由，我认为：命令边防驻军退守，不是保持长时期和平安定、控制四蛮的上策！"奏书上呈皇上后，元帝下诏："停止商议撤除边塞。"又诏令车骑将军许嘉向单于口传圣谕说："单于上书，希望汉朝撤走北方边塞防御军队，愿意世代永保边陲。单于倾慕礼义，为百姓谋划周到，这确实是一个意义深远的计划，朕甚感欣慰。中原四方都有要塞、关卡，并非特地为抵御来自长城以北的侵扰，也是为了防备中原的叛逆之徒逃到塞外胡作非为，祸害百姓，所以设边塞以示法规，消除人们不忠的念头。朕心怀感激地理解单于的心思，决无他意。因恐怕单于误解中原不撤退边塞驻军的缘由，因此令许嘉向单于详细说明。"单于恍然大悟说："我愚昧无知，没有考虑这些重大的谋划。幸亏天子遣使者告诉我。天子真是仁爱宽厚！"

（2）昭君出塞

起先，左伊秩訾上书呼韩邪单于臣服汉朝，匈奴得以休养生息。后来，奸佞之徒进谗言，说左伊秩訾以安定匈奴的功劳自居，但没有得到相应封赐，心里常常怨恨。呼韩邪对他心存狐疑。左伊秩訾唯恐遭杀身之祸，于是率领他的属从一千多人投奔汉朝。朝廷封他为关内侯，掌管有三百户人家的封地，并佩戴王爵的印绶。等到呼韩邪单于到汉朝朝贺，和左伊秩訾面谈，呼韩邪单于心存歉意说："大王为我出谋划策，待我非常忠心。匈奴能有今天稳定安逸的局面，全仰仗大王的功劳，恩德岂敢忘记？我却使大王寒心，弃我而去，不再留恋匈奴，都是我的错误。如今我想向圣上请求，请大王返回王庭。"左伊秩訾说："单于秉承上天的旨意，降服汉朝，使匈奴得到稳定，这完全归功于单于神异威灵，汉朝天子的佑护，我怎么会有如此功劳？既然已经降服汉朝，若返回匈奴，便是有二心。请求留在汉朝充当单于的一个使臣，请原谅我难以听从您的命令。"呼韩邪单于再三请求，始终不能得到左伊秩訾的首肯，于是准备带着王昭君返回王庭。

竟宁元年（公元前33年）冬，昭君跟随呼韩邪单于返回漠北单于王庭。出发之前，在为呼韩邪举办的送别晚宴上，昭君的闭月羞花之貌，使汉宫为之生辉。汉元帝封赐王昭君杂帛、锦绣等各种织物一万八千匹、絮一万六千斤，以及图册、黄金、贵重礼品若干，并下诏，更改年号"建昭"为"竟宁"，以纪念郅支伏诛和呼韩邪与汉朝和亲，恭祝长久安宁。昭君进入匈奴后，被册封为"宁胡阏氏"，时间不长，生一儿子，名叫伊屠智牙师，即后来的匈奴右日逐王。汉成帝建始二年（公元前31年），即昭君入匈奴后三年，呼韩邪单于病逝，大阏氏的长子雕陶莫皋立为复株累若单于，依照匈奴的风俗要娶昭君为妻。昭君曾奏请归汉，汉成帝诏命她"从胡俗"。就这样，昭君又当了复株累若单于的阏氏。后来昭君养育二女。

呼韩邪单于臣服汉朝后的五六十年间，汉与匈奴之间产生了一个"边城晏闭，牛羊布野"的和平友好局面。

第七章 西汉濒危

4. 王氏专权

竟宁元年（公元前33年）五月，元帝驾崩于未央宫。六月，太子刘骜登基，即汉成帝。即位后不久，成帝就册封其舅父王凤为大司马、大将军，履行尚书的职务。建始元年（公元前32年）正月，成帝再次册封其舅父光禄大夫、关内侯王崇为安成侯，赐封舅父王商、王谭、王根、王立、王逢时为官内侯。

（1）王氏封侯

建始元年（公元前32年）四月，因黄雾弥漫，十分怪异，成帝召集公卿大夫议论此事，令群臣不要有所顾忌。博士驷胜、大夫杨兴等向成帝说："这是阴气过盛，阳气萎缩。高祖时期有制度，非功臣不可以封侯，而太后的几个弟弟都是没有功绩却被封侯，这在外戚中从无先例，故上天对此表示不满。"王凤对此甚是恐慌，上书自责，提出辞职，成帝没有批准。

建始四年（公元前29年）夏，成帝召集一些素来尽忠直言的公卿大夫，到白虎殿议事。

这时候，成帝把朝廷诸事都托付给王凤，正直之士在回答策问时，大都将前不久陨星下落的原因归于王凤。谷永知道王凤正受宠幸，大权在握，想私下投靠，于是禀奏说："而今四夷都已归降，均成为汉朝的附属。北方无匈奴冒顿、荤粥骚扰犯边，南方也没有赵佗、吕嘉的反抗，三边安然无事，没有边疆征战的警报。大的诸侯国食邑不过几个县，由朝廷委派的官吏控制那里的权柄，使诸侯王不能为所欲为，不会像当年楚、吴、梁、燕等诸侯国拥兵以下犯上。文武百官相互牵制，与皇帝有亲戚关系的官员和没有亲戚关系的官员同朝为官。皇亲国戚中有申伯一般的忠臣，他们谨慎小心，不会重蹈安阳侯上官桀、博陆侯霍福的覆辙。这三类人都没有任何的过失，我担心陛下不重视明显的错误，忽略天地的灾异变化，偏信谗言，归罪于忠心之士，把政事托付给不称职的人，那将违背天意，是不可取的。陛下如果能考虑我的建议，抗拒沉溺之心，不再将万般宠爱集于一身，将天子恩德平均施舍，使后宫各位嫔妃都有机会侍奉皇上，增添选纳能生男孩的妇人，不挑选美丑，不在意是否婚嫁，也不考虑年龄。照旧例推算来说，陛下真能使身份低微的人生下皇子，则为社稷之福。目的只是为了得到太子，何必顾虑其母的贵贱呢？后宫使令、女史中假如有皇上宠爱的，也可选纳，广泛地求嗣于出身卑贱的人，以求上天保佑，生下太子，皇太后的忧愁和烦恼，也就可以解除，上天的不满也会平息，后代得以繁衍，灾难自然化解。"杜钦也按照谷永的意思上书。成帝把两人的奏章都拿给后宫看，谷永被提拔为光禄大夫。

河平二年（公元前27年）六月，成帝赏赐他的舅父们。王商为成都侯，王谭为平阿侯，王根为曲阳侯，王立为红阳侯，王逢时为高平侯，因五人同时接受加封，所以当时被人们称为"五侯"。王氏专权由此开始。

河平三年（公元前26年），刘向看到王氏权倾朝野，就上奏成帝。他列举春秋至汉代以来的种种先例，加以分类，写成十一篇，被人们称作《洪范五行传论》。成帝明白刘向是尽忠直言之臣，之所以呈上奏折，无非是因为王凤兄弟的事。可是，成帝到底也没有削夺王氏的权力。

（2）王凤摄政

河平四年（公元前25）三月，琅琊太守杨肜统管的郡中发生灾荒，丞相王商依律查问。王商不准王凤为杨肜求情，并且要求撤职查办杨肜。王凤对王商怀恨在心，指使频阳人耿定上奏，诬告王商和其父亲的收房女婢私通；而且其妹放荡，奴仆杀死了她的情夫，怀疑这是王商唆使的。成帝认为私生活的过错不足以查办大臣，可王凤却不肯罢手。太中大夫蜀郡人

第七章 西汉濒危

张匡一向善于辩论,他也上书诬告王商,有司则奏请皇上下诏将王商逮捕入狱。成帝知道张匡所言失实,而且一向器重王商,便加以制止。王凤仍不死心。河平四年(公元前25年)四月,成帝颁布诏书收缴了王商的丞相印绶。

阳朔元年(公元前24年)冬,大将军王凤专权,成帝也无可奈何。光禄大夫刘向的小儿子刘歆异常聪颖。成帝召见他,他诵诗读赋,成帝非常喜爱,想封其为中常侍。等到让他着官服,正式任命之际,左右大臣都说,还没告诉大将军。成帝说:"这样的小事,无需告诉大将军。"但左右大臣都叩头力争,于是,成帝无可奈何,告知了王凤此事。

王氏子弟分别担任侍中、公卿、大夫、诸曹等,垄断朝廷中显赫的职位。杜钦见王凤太过专权,就告诫他说:"愿将军像周公般谦逊,不要像穰侯般威风,放弃过分的欲望,别使范雎等人有机可乘。"王凤不加理会,仍我行我素。

当时,成帝没有子嗣,经常得病。定陶王刘康来朝拜,太后与成帝都待他很优厚,给予十倍于其他诸侯的赏赐,对当初夺嫡之事,也没有任何埋怨。成帝把他留在都城,不让他返回,还对他说:"我没有子嗣,世事无常,不必顾忌,万一有事,将再也看不见你了。你就长期留在京师侍候我吧!"后来,成帝身体渐愈,刘康就居住在封国驻京府邸,日夜进宫侍奉成帝,成帝对他十分信任。大将军王凤对刘康留居京师十分反感,便借发生日食之事说:"日食是因为阴气过盛而引起的。定陶王虽亲,按律应当在其封国当藩王。如今留在都城服侍天子,是不合适的,上天因此用异象来加以警示。陛下应诏令定陶王返回封国!"成帝无法反对王凤,于是同意。成帝在刘康辞行之际,两人相对挥泪告别。

王章向来直言,他尽管由王凤推举,但不满王凤专权,不投靠依附王凤。他秘密奏书说:"王凤蒙蔽圣上,发生日食都应归咎于王凤的专权。"成帝召见王章,详细询问。王章回答说:"上天行事,准确英明,保佑善良,惩治罪恶,效验的征兆表现为祥瑞或灾异。如今陛下因为没有子嗣,而召见亲近定陶王,这是为了宗庙得以延续,以大局为重,上承天意,下顺民心,上天对这一正确的决定应报以平安,不会招致灾异。灾异的出现,是由于上天不满专权的缘故。而大将军把日食的发生归罪于定陶王,主张遣返他回封国,如果他想专擅朝政,以权谋私,那他就不是忠

臣。而且日食的出现，是阴气侵蚀阳气，应归因于臣下专权而渺视皇上。如今大小政事都由王凤作主，王凤把天子受蒙蔽归咎于好人，把定陶王送到远方，却不从内心反省自责。再说王凤陷害忠良之事，何止一件。前丞相、乐昌侯王商，本是先帝的亲戚，德行高尚，威望很高，出任将相，是国家中流砥柱。他不肯追随王凤，坚持正义。最后被王凤以闺房阴私之事而开罪罢免，抑郁而死，百姓都同情他。又如，王凤明知他小妾的妹妹张美人已经婚嫁，按礼不应该上配至尊的皇帝，却说张美人适生男孩而将她献入宫中，实为其谋取私利。可是，直至今日张美人也未曾怀孕。而且，即使是胡人、羌人，为使所生之子血统纯正，也要杀死头胎婴儿，以保证血统纯正。更不用说天子，怎能宠幸已结过婚的女子！以上所讲的三件都是紧要之事，陛下根据自己了解的情况，足以知道那些未看见的。我希望能选拔忠良贤能之人代替我，让臣适时退下！"

自从遭到王凤的弹劾，王商被免职，到后来遣返定陶王归国，成帝心里一直不满，王章的话使他有所醒悟，打算采纳他的主张。成帝对王章说："假如不是京兆尹直言，我难以了解国家大事。请你为朕找一位忠正贤能之士辅佐政务吧。"于是王章再度秘密上奏书，举荐信都王刘兴的舅父、琅琊太守冯野王，说他忠心耿耿，为人正直，又足智多谋。对于冯野王的名声，成帝早有耳闻，准备让他代替王凤。王章每次进见，成帝都摒退左右。但当时太后堂弟之子、侍中王音暗中偷听，完全得知王章谈话的内容，并报告了王凤。王凤听到这个消息感到十分恐惧。在杜钦建议下，王凤搬出大将军府，回到以前居住的侯府，他还上书自责请求辞职，用语十分悲伤。太后得知后，流下眼泪，茶饭不思。由于成帝从小倚靠王凤，将其革职于心不忍，只好让他继续任职。于是王凤仍担任原职。

不久，成帝令尚书弹劾王章，说："王章知道冯野王原为诸侯王的舅父，而外调补官，心存怨恨，违制举荐是为了让其攀附诸侯，在朝中任职。又知道张美人已入宫服侍君主，却无知地借用羌胡杀子清肠的风俗，这不是应说的话。"王章被交付给司法官吏处理，廷尉以大逆罪判处，认为："把皇帝等同羌胡蛮族，希望皇上绝嗣，蒙蔽圣听，暗中为定陶王打算。"王章最终死在狱中，妻子儿女流放合浦。公卿从此见到王凤的时候都不敢正视。

冯野王恐惧不安，抑郁成疾。病假够三个月后，成帝准许他带职养

病，他就同妻子返回故乡杜陵养病。御史中丞按照大将军王凤暗示弹劾他说："冯野王被皇上恩准带职养病，却擅自趁便持虎符回家，是奉诏不敬之罪。"杜钦上书王凤说："官职为二千石的官员有病，有前例可以对带职养病而就此回家的予以原谅。律例中并没有不许离郡的规定。经传上说：'不知是否该赏赐的，姑且给予赏赐。'广施恩德勉励有功之人便是其目的所在呀。还说：'不知是否该惩罚的，姑且赦免。'目的在于谨慎用刑，免生差错。现在，无视前例和法令，而以不敬的法条治罪，就将'不知是否该惩罚的，姑且赦免'这条古训违背了。纵然认为二千石的高级官员统辖千里之地，负有军事上的重任，不应私自离开辖郡，打算制定律条作为以后的法令，那么冯野王的罪过也早于新的条文制定之前。赏赐和刑罚，关系国家的信誉，不可随意而为！"王凤不听，最终革除了冯野王的职务。

当时百姓大都认为王章冤枉而嘲笑朝廷。杜钦为了掩盖王凤的过错，再次建议王凤说："京兆尹王章获罪的原因密不外传，连京师的人都不了解，何况远方的人呢？王章的罪名天下人可能都不知道，都以为他下狱是因为直谏。如此，就会堵塞进言的大门，有损英明宽厚的圣德。我认为，应该以王章这件事为契机，命令举荐直言进谏之士，为使朝廷广开言路，让现有的官员也充分发表意见，以向天下显示，使万民都明白主上贤明，不会因直言而惩罚臣下。果真能这样做，则流言不攻自破，疑惑之心也会消除。"杜钦的意见由王凤转告给了成帝，并被采纳了。

（3）刘向劝谏

阳朔二年（公元前23年）四月，侍中太仆王音由于在王章案件中对王凤有功，所以被提拔为御史大夫。当时王氏家族的权势日重，国相及州刺史、郡和封国的太守都出自王氏一族。五侯的弟弟从四面八方涌来竞争奢华，行贿珍宝。五侯皆通达人事，宠信士人，资助财物，互相攀比，以此为荣。宾客们都互相为王氏家族传播美誉。

刘向对陈汤说："如今灾异频出，而外戚独揽朝政，发展下去，必

然祸及刘氏江山。我几代蒙受汉朝的厚恩，并且身为刘姓皇族的后裔，作为宗室遗老，连续侍奉过三位天子。皇上因为我是先帝旧臣，每次朝见，总给予殊遇。我不说便没有人会说了！"于是秘密上奏，全力劝谏成帝说："我听说，做人君的都希望国家安定，但却经常出现危机；都希望国家长久，但却常常危亡。这是由于君王失去了驾驭臣下的能力。大臣手握重权，把持国政，没有不威胁君王的。所以《书经》说：给国家带来灾难的是那些作威作福、危害国家的臣子们。孔子说：'皇家无力管理俸禄，朝政都由大夫主持，'这是危亡的预示啊！如今王氏一族，乘坐华车的，就有二十三人之多。佩紫色、青色绶带，帽上有貂尾和绣蝉的，更是举不胜举，如同鱼鳞一样排列左右。大将军不按制度规定处理国事，把持权柄，五侯骄横奢侈，一齐作威作福，随意诬陷诛杀大臣。品行低劣，却声称为国分忧；心怀私欲，却身披为公外衣。他们树立自己的权威是依靠太后的尊位。尚书、州牧、九卿、郡守全都出自王氏的家族，主管控制国家中枢机要部门，营私舞弊。受他们喜好的，得以拜官高升；只要是他们痛恨的，都难逃灭顶之祸。依附者替他们造声势，掌权者为他们扫清道路。排斥宗室，孤立刘氏皇族，对皇族中有才干的人，诋毁更重，决不使他们得到重用，怕他们与自己争权，便让他们与皇上隔离，不让他们在朝中或宫中任职。屡屡提及昭帝时发生的盖主、燕王之乱，使天子对宗室不加信任，但却对霍光、吕氏等外戚祸国之事，不加谈论。外表虽持周公的言论，可内心都如管叔那样，企图反叛。王氏兄弟地位显赫，家族势力枝繁叶茂，从上古到秦汉，外戚受到的尊贵待遇没有像王氏这样的。

"物极必反，事物将要衰落时其征兆必然接连不断出现。孝昭帝时，泰山上突然有巨石矗立，上林苑枯萎的柳树复活，然后昭帝驾崩，宣帝即位。而今王氏在济南的先祖坟墓，木柱生出枝叶，比屋顶还高，根扎到地下。此种异象，纵然是枯柳复活，大石立起，也不比这更为可怕。势力强大的两派不能并存，王氏与刘氏如何能并立？皇上将会因王氏如泰山那样稳固而自己如累卵那样危险而担忧。陛下身为刘姓子孙，主持江山社稷，而让政权转移到外戚手中，陛下应该慎重考虑，不然难以面对列祖列宗！妇人本应全力为丈夫家考虑，而疏远娘家。今天的现实，并非皇太后的福气。孝宣皇帝不托付国事给舅父平昌侯，目的是为了使其不受祸害。因此

那些造福于幸福未成之时，消灾于灾祸未发生之前的人才是真正贤明之士。陛下应颁布诏书，作出有利祖宗天下的决策，任用宗室之人为左右辅臣，亲近信任他们，听从他们的意见。全部罢免外戚的官职，让他们返回府邸，依据先帝的作法，优待外戚，保护王氏宗族，这才是太后的本意、外戚的福份。王氏可永久保持爵位与俸禄，刘氏江山可以长久安定，不失国家社稷。这正是嘉奖造福内外亲属，使刘氏皇统世代绵延不绝的办法。如果不这样做，春秋时田氏篡齐的事件会重现于今世，晋国六卿专权之事必再演于我朝，给后世子孙带来灾难。事情已一目了然，请陛下明鉴。"

奏章上去后，成帝召见刘向，慨叹刘向的良苦用心。他对刘向说："我会考虑你的话，现在就不必多说了！"可是最终也没有采纳刘向的主张。

（4）王氏骄奢

阳朔三年（公元前22年），秋季，王凤有疾，成帝几次亲临慰问，并亲自握着王凤的手掩面而泣说："如果将军有意外，朕一定以王谭作为接替大将军的人选！"王凤叩头哭诉说："王谭等与我虽是至亲，可是他们行事铺张奢侈，不守本分，无法统率群臣，御史大夫王音行事走正道，做事也较小心谨慎。我敢用生命担保他定能胜任！"等到王凤将死时，上书叩拜皇恩，再次力荐王音接替自己，说王谭等五人不可重用，成帝答应了。早些时候，王谭傲慢无礼，对王凤不加奉迎，而王音则对王凤毕恭毕敬，卑恭如子，所以王凤举荐他。八月，王凤病死。九月，王音被任命为大司马车骑将军；王谭统领城门兵。由于王谭没有得到大将军的职位，安定太守谷永建议他退休，别接受主管城门的赏赐。王谭、王音之间自此结下怨恨，彼此心怀不满。

鸿嘉元年（公元前20年），王音以堂舅的身份，胜过其他亲舅受到宠幸，因而尽心尽力。由于王音没有宰相应有的爵位，而是从御史大夫直接提升为将军，成帝于是在同年六月，策封王音为安阳侯。

鸿嘉二年（公元前19年），王氏五侯极力攀比奢华。有一次成都侯

王商患病，想找个避暑之地，就朝见皇上借用明光宫。后来，他为了把沣水引入他家宅中大水池以便行船取乐而凿穿长安城墙，并在水中游船上树立华盖，四周张挂帷幔，还让划船的人唱越歌。成帝对王商穿城引水十分恼怒，但只含恨容忍，没有说话。后来，成帝微服私访，路经曲阳侯府第，看见园中建设土山、渐台，效仿白虎殿，成帝十分恼怒，以五侯僭越的罪行指责王音。王商、王根兄弟惊慌失措，就想以在自己脸上刺字割鼻的办法，向太后请罪。成帝得知后，更为恼火，就派尚书去责问京兆尹和司隶校尉：明知成都侯王商等奢靡腐化，做出各项不法行为，甚至窝藏罪犯，为什么还要奉迎纵容，而不揭发举奏，将他们绳之以法？司隶校尉和京兆尹两人在禁宫门外跪拜谢罪。成帝又给车骑将军王音颁布诏书说："外戚何以自己甘愿犯罪从而堕落呢？竟然不惜自己刺面割鼻，摆出一副受辱的样子使太后心生慈悲，从而危乱国家！外姓家族权势过重，容易惹祸上身，长此以往恐有可怕的后果。"同日，下诏让尚书禀奏文帝在位时诛杀将军薄昭的旧事。于是，车骑将军王音请罪，王商、王根兄弟也背着斧子向皇上请罪，很长时间才作罢。其实皇上只是想吓唬他们，并无意杀他们。

鸿嘉四年（公元前17年），平阿侯王谭病死。成帝懊悔没让王谭辅政，便让成都侯王商任领城门兵职。

太后的八个兄弟，只有其弟王曼早死，没有封侯。王曼之子王莽少年丧父，也没有封侯。永始元年（公元前16年），王莽在王凤、太后保举下被封为黄门郎、官拜射声校尉。五月，封王莽为新都侯、光禄大夫、骑都尉、侍中。

永始三年（公元前14年）十二月，南昌尉梅福禀奏成帝，倾诉肺腑之言，借古喻今，劝皇帝广开言路，不能让外戚专权，如果等到外戚无视君主时，就可能防范不及。成帝并不以为然。

永始四年（公元前13年）十一月，卫将军王商由于疾病离职。元延元年（公元前12年）正月，王商再次担任大司马、卫将军。

元延元年（公元前12年）七月，红阳侯王立推举陈咸做光禄大夫、给事中。丞相翟方上书皇上："陈咸原来身为九卿时，是由于贪婪而被废黜的，不应再奉诏命做朝臣。"并弹劾王立"选人不切实际而只重交情"。皇上颁诏不准弹劾王立，并免去陈咸之职。

腊月，成帝封王商为大将军。时间不长，王商死。他的弟弟红阳侯王立取代他辅政。王立收受太守李尚的贿赂，推荐他担任要职，被丞相司直孙宝发现。皇上废黜了王立，改任其弟曲阳侯王根为大司马、骠骑将军。

5. 赵氏姐妹乱政

成帝做太子时，就以好色闻名宫内外。当了皇帝之后，更是为所欲为，纵欲无度。当宫内女子不能满足其好色之癖时，就诏令天下挑选美女入宫陪侍。好色荒淫，必然导致朝纲败坏。自从赵氏姐妹入宫后，汉成帝就更加荒废朝政，汉朝江山由是积弊良多，积重难返。

（1）赵氏姐妹受宠

许皇后和班婕妤都一度很受皇上宠爱。鸿嘉三年（公元前18年），一次成帝在后宫取乐，想和班婕妤同乘车辇，班婕妤推辞说："我阅读古籍，贤明君主都有名臣辅佐，只有夏、商、周三代的亡国君主才有嬖妾陪侍两旁，皇上今天希望和我同乘车辇，这不与三代的亡国之君近似了吗？"成帝觉得此话颇有道理，于是作罢。太后得知了此事，高兴地说："古时有樊姬，我朝有班婕妤！"

班婕妤的贴身侍女李平非常受皇上的宠幸，封为婕妤，赐姓卫氏。一日，成帝外出游玩，路过阳阿公主家，十分喜欢歌舞妓赵飞燕。赵飞燕是因家中贫穷被送到阳阿公主家学习歌舞的。成帝令其进宫，虽未授名号，只为宫女，却备受宠爱。她有个妹妹，名叫赵合德，姿色更佳，赵飞燕就

将其介绍给成帝，于是，成帝又将赵合德召入皇宫。左右人见了她，都十分惊叹其美貌，唯有淖方成在成帝背后仰天长叹说："这是祸水呀，祸乱皆由此出。"

赵飞燕由于轻盈的体态而得名，她"体长纤细，举止翩然"，小小年纪被卖到阳阿公主家充当奴仆，并练习歌舞，其舞艺精湛绝妙，尤其是踽步而行，人手执花枝颤颤然的舞步，他人难以模仿，也深得后世赞誉。赵飞燕即是以其柔美的身材，绝妙的舞姿，而使成帝如痴如醉，入宫后，即被封为"昭仪"，入住昭阳殿。昭仪之号始于元帝，"昭显其仪，以示隆重，昭仪位视丞相"，地位在皇后与婕妤之间。

自赵飞燕入宫后，成帝就荒废朝政，整日和赵飞燕纠缠在一起。他把赵飞燕的居所称为"温柔乡"，并洋洋自得地说："我终老这温柔乡就满足了！"一次，成帝和赵飞燕共游太液池，赵飞燕身穿一条云雀紫裙，由鼓乐伴奏翩翩起舞。忽然，一阵狂风刮过把赵飞燕轻轻地吹了起来，幸亏宫女们手脚麻利，一齐拉住裙子，才保住了赵飞燕一命。但由于这一拉，裙子给拉出了许多皱纹。赵飞燕一看，经过拉皱的裙子，反而比平滑的裙子更漂亮了。从此，缀有细褶的裙子便流传开来，并被称为"留仙裙"。

赵合德入宫时间不长便被封为婕妤，赵氏姐妹的显贵程度，整个后宫无人能及，许皇后和班婕妤都被冷落。

鸿嘉三年（公元前18年），许皇后的姐姐许谒（平安刚侯的夫人）在家中摆设祭坛，想靠巫咒改变许皇后被冷落的不利形势。赵飞燕为了巩固自己的地位，用尽心思诬陷许皇后和班婕妤，她向成帝说："许谒对后宫进行诅咒，欺瞒皇上，都是许皇后和班婕妤怂恿的。"十一月，许皇后被废黜，打入了昭台冷宫，她的姐姐许谒被处死，其亲属被遣返故籍。成帝为此事审讯班婕妤，她说："臣妾听说生死富贵，各安天命。臣妾入宫后，谨慎小心，尚且不能蒙福，行巫祝之术又有何用。假如鬼神有知，何惧什么诅咒；如其无知，诅咒又有什么用途呢？所以臣妾不干那样的事。"成帝对其回答十分满意，就赦免了她，并赐黄金千两。赵氏姐妹骄横无礼，班婕妤恐怕再遭陷害，就恳请到长信宫服侍太后，成帝允诺。

第七章 西汉濒危

（2）赵飞燕封后

永始元年（公元前16年）正月，成帝想策封赵飞燕为皇后，但皇太后认为她出身卑微，暗中制止。太后外甥淳于长担任侍中，常常往来于东宫，为成帝传达意见。经过一年多，才得到太后的允许。四月，成帝先诏封赵飞燕的父亲赵临为成阳侯。谏大夫、河间人刘辅禀奏说："以前武王、周公承顺天地，故而有白鱼入王舟、火焰变乌鸦的吉祥征兆，但君臣仍然毕恭毕敬，心怀畏惧，脸为之变色，相互勉励。何况现在正处危亡之世，没有太子出生的吉祥征兆，却屡次遭受上天的惩罚！就算日夜反省，弥补过失，敬畏天命，为传继祖宗基业，挑选德高望重的家族，从中挑选贤淑女子，以承奉宗庙，顺从天意，满足天下人的愿望，然而要想有子孙满堂的福气，仍然恐怕太迟！可是陛下现在却恣意放纵，沉迷于女色，想让这样的女子母仪天下，仰不愧于天，俯不怍于人，陛下的荒谬，没有比现在更大的了！俗语说：'腐木难以做梁柱，婢女怎能成为主人'，上天和百姓都不赞同的事情，为之必然祸患无穷，这是尽人皆知的道理，朝廷却没有人敢尽忠直言，我为此痛心，不敢不冒死进言。"奏章上去后，成帝派侍御史捉拿了刘辅，囚禁在宫廷秘牢里。群臣都不知道他因何被捕入狱。

当时右将军廉褒、左将军辛庆忌、太中大夫谷永、光禄勋琅琊人师丹，都上奏说："刘辅原来以县令的身份拜见陛下，被陛下提拔为谏大夫，这说明他的话必有远见，使龙颜大悦，所以才能够破格晋升到这样的地位。不到一个月的时间，却突然被逮捕，秘密关押。我们认为，他刚刚才从下面的县邑来京任职，不知道朝廷规矩，触怒龙颜，不足以深究。倘若是小错，陛下还是应该宽容他；假如罪大当诛，就应公开罪行，让有关部门审讯，使大家都了解他的罪恶。现在圣心不悦，灾异屡降，水旱之灾迭至，正处在应该施恩宽容，广开言路，褒奖直言，使臣下敢于上书之时，却对直言之臣施以处罚，这会使群臣胆寒，丧失尽忠直言之心。倘若刘辅不是由于直言获罪，罪名又不公布于众，就不能使天下人人皆知。刘辅应该尽忠直言，因为他是同姓近臣，从培养忠良、管理亲族的角度上

说，确实不该把他关押在宫廷监狱。公卿及以下官员，见陛下很快地提拔任用刘辅，又立即加以处罚，人人都不敢为国尽忠直言，是因为大家都怀有恐惧之心。这就不能显示出陛下具有虞舜善于纳谏的仁德，也不能扩展美好的道德规范。为此，我们深感忧虑，恳请陛下详细考察！"刘辅遂被成帝转交共工狱，免于处死，判处做三年的"鬼薪"徒刑。

赵飞燕成为皇后以后，成帝对她的宠幸大不如前，却非常宠幸她的妹妹，并封她为昭仪，赐住昭阳舍。住所中庭全用朱红色，而殿上则全用黑色，门槛全用铜包，再涂以黄金，台阶用白玉铺设而成，屋内墙上处处嵌有黄金环，金环又用翡翠等来装饰，其豪华程度在后宫中史无前例。赵皇后居住在其他宫殿，跟侍郎和宫奴屡屡私通。赵昭仪曾对成帝说："如果有人陷害我性格刚烈的姐姐，那我赵氏便要绝种了。"痛哭流涕十分悲凄。成帝相信了她的话，有揭发皇后奸情的人，成帝就将其处死。从此，即使赵后公然放纵宣淫，也无人再敢报告了。

光禄大夫刘向认为，国家的礼仪制度，应该由里及外，先从皇帝身边的人开始。于是摘录《书经》、《诗经》所记载的贞妇、贤妃使家族兴达、国家振兴的事迹，以及君王因宠信嫔妃，祸乱天下、国破身亡的故事，按一定顺序，编成《列女传》，共八篇；著《新序》、《说苑》共五十篇。书成，奏请成帝批阅。他还多次上书，谈论国家成败得失，陈述应当借鉴或效法的史事。前后上书几十次，均以补救错误和疏漏，帮天子考察政务为目的。成帝对他的建议，虽然不能都听取，但内心赞许，常感叹不已。

（3）谷永劝谏

赵氏姐妹因没有皇子，所以就不择手段处置掉那些有孕的嫔妃。成帝十分迁就赵氏姐妹，尤其是赵昭仪。

成帝沉迷于与赵氏姐妹寻欢作乐，太后与其舅父们忧心重重，但作为至亲不便明言。永始二年（公元前15年），凉州刺史谷永被推举借天象对皇上进行劝谏。谷永说："我听说统治天下、掌管社稷的人，忧患在于君主有危亡的事情，却不能够听到那些挽救危亡的建议。如果这种建议能迅速上

第七章 西汉濒危

达，那么商、周就不会改朝换代，历法也不会作多次改变。夏、商行将灭亡时，连行路人都清楚的事，君主却还没有任何紧迫感，自以为就像天上永久的太阳一样，没有谁能动摇他。因此罪恶日增而自己还一无所知，直到王位倾覆，仍不知悔改。《易经》说：'在危机出现时，有使国家转危为安的办法；国家危亡之际，有使其得以保存的措施。'群臣们最大的愿望便是不因言论触怒陛下而遭诛杀，陛下若能宽容地采纳下面的建议，那么人人都敢与陛下直言了，这是国家之福，社稷之福！去年九月，出现黑龙，同月三十日，出现日食。有陨星在二月二十八日晚坠落，日食又发生在同月三十日。六个月时间里，发生了四次大的变异，而且一月两次。即使在夏商周三代之末，春秋乱世，也没有这样过。由于妇人和恶人沉湎于酒色会使国家灭亡，宗庙丧失；秦王朝之所以两世即亡，是因为奉养活着的皇帝太过奢费，埋葬死去的皇帝又太过浪费。陛下兼而有之。请陛下听我简要述说其后果：

"建始、河平年间，班氏、许氏显贵，独揽朝政，势焰威逼天下，对美女极其宠爱，无以复加。如今更是比以前过分地宠爱美女，荒废先帝的制度法令，偏信她们的逸言，不适当地罢贬或擢升官员，甚至纵容私放触犯王法应处死刑的人。她们的亲属借天子权威，横行于世，扰乱国政，负责巡视和举荐的官员，谁都不敢依法办事。她们在宫内秘密监狱中对犯人严刑拷打，甚至打死。国家的刑律，成了李、赵两家把持朝政的工具，罪证确凿的，竟被免除；受到弹劾惩办的，是正直的忠臣。许多无辜的人被关在狱内，拷打刑讯。李、赵二家竟然为人放债，从中牟利和接受财物。活着被关押死后才出牢者，举不胜举。为昭示赵李两家的罪过，才接连发生日食现象。

"君王必定首先违背上天，然后上天才会使其得到报应。而今陛下置拥有万乘兵车的天子至尊身份而不顾，厌恶崇高美好的尊号，却喜好平民们那些下贱之事，偏爱俗人的贱名。推重和聚集一些奸诈无信的小人，充做私人宾客。不顾危险，多次离开守卫严密的皇宫，和众小人们不分早晚地混在一起，和獐头鼠目的人聚在一起，跑到吏民家里吃喝作乐，穿着与身份不符的服装，上下混淆，沉湎于嬉笑，尽力取乐，追逐跑闹。陛下昼夜都在四处奔走，让负责宿卫、掌管门户的臣子全副武装而守卫空宫，公卿百官不知道皇帝人在何处。在数年内都存在着这种情况。

"君临天下的人以民为本，民以财产为立家之本。财源枯竭，则百

姓反叛；下面反叛，则君王就要灭亡。圣明的君王不敢无节制地盘剥是因为爱护培养根基，使用民力像举行祭祀大典那样小心周密。而今陛下毫无顾忌地夺取百姓的财产，不爱惜民力，偏信奸邪之臣的意见，改建在昌陵却舍去地势高而开阔的初陵，工役之繁重百倍于楚灵王，耗费与秦始皇骊山墓不相上下，使天下疲惫。五年修不成，而又返回修筑最初的初陵。上天被百姓的怨恨所感动，饥荒连年，人民流散，饿遍野。上与下都穷困，朝廷府库没有一年的储藏，百姓也没有一个月存粮，所以无法互相救济。《诗经》说：'殷商的教训不远，只看夏朝如何灭亡就可以明了。'愿陛下追溯夏、商、周、秦失天下的原因，它可以作为检查自己行为的一面镜子，如果有不对的，我甘愿接受妄言之罪的查办。

"汉朝兴起，承继九世，一百九十余年，在您之前承接王位的君主有七位，均承天命顺正道，遵奉先祖的法度，这是他们该做的，他们或使国家复兴，或使天下稳定繁荣。唯独陛下背道而驰，贪图享乐，纵欲无度，妄自菲薄，胡行妄为。正当盛壮之年，却有危亡的忧虑，而生下太子的福气一直没有来到。总而言之，陛下失去君王之道，违背天意的地方，难以计数。作为刘姓子孙，如此守护祖先功业，岂不是有负于祖先！如今，陛下手中掌握着国家的祸福安危，陛下如能清醒过来，迷途知返，纠正错误，让新的恩德昭示世人，则巨大的灾异也许可免除，挽回准备抛弃陛下的天命，那样也许能保全国家以及宗庙。请陛下仔细考虑，好好想一下我的建议。"谷永自恃宫内有太后等人支持，于是畅所欲言，毫无顾忌。他往常每次奏事，总是得到有礼的回复。到这次上奏，成帝却大为恼怒，令御史责问。卫将军王商暗中指使谷永赶快离开，御史没有赶上谷永，便返回了。成帝的怒气也渐渐平息下来，自己后来也感到懊悔。

（4）成帝亡于酒色

　　成帝同张放以及李、赵诸位侍中共同在宫中饮酒取乐，大家在一起谈笑风生并举杯同饮。在成帝车帐中，一边摆放了一幅带画屏风，上面画着殷纣王酒醉之后，依偎着妲己作长夜之乐。成帝回头指着画问久病刚刚痊

愈的光禄大夫班伯说:"纣王荒淫,如此严重吗?"班伯回答说:"《尚书》里说纣王'听信妇人之言',如何能在朝堂上这样放肆呢!正所谓万恶集于一人之身,事实上,并没有如此严重。"成帝说:"倘使不是这样的话,这幅画规劝君主什么呢?"班伯回答说:"微子请求离去的原因便是因为纣王'沉湎于酒'。纣王等人喝醉了'大喊大闹',《大雅》诗中为此慨然涕泣不止。《尚书》、《诗经》劝戒淫乱,认为酒是淫乱之源。"成帝于是仰天长叹说:"我很长时间不见班生了,今日再次听见了善言!"张放等人很不高兴,各自以上厕所为借口离开座位,出去了。

当时长信宫的庭林表女官刚好有事被太后遣来,闻知此事。不久,成帝到东宫拜见太后时,太后哭诉道:"皇上的脸色最近看起来怎么如此黑瘦呢?班侍中本来是大将军推举的,应该格外信任他。还要多多录用像他那样的人,以辅助朝政!应该遣送富平侯回属地去!"成帝说:"是。"丞相、御史听说后被派人调查张放的过失。于是丞相薛宣、御史大夫翟方禀奏说:"张放专横无礼,恣意放纵,奢侈宣淫没有节制。他不仅藏匿罪犯,对捕盗使者闭门拒绝,还让奴仆打伤无辜的人。随从和亲属都依仗他的权势,横行霸道。请废黜张放官职,遣回封国。"成帝不得已,把张放贬为北地都尉。此后连年发生灾变,因此张放长期不能回长安,但皇上安抚张放的诏书接连送往北地。后来,敬武公主得病了,下诏批准张放回家探望母亲的疾病。张放在公主病愈后,被派出京师担任河东都尉。成帝尽管宠信张放,但是上迫于太后的诏令,下碍于大臣的劝阻,因而经常是哭泣着与张放告别。元延元年(公元前12年)七月,天象突发异变。成帝召集谋士们商讨。北地太守谷永上书道:"为王者应顺从天意,行仁政,方能使百姓安居乐业,天下安定详和,否则灾变不止,这是天地之常理。"

中垒校尉呈上了一本绘有天象图的奏折,但成帝看了后始终没有采纳他的建议。

到绥和元年(公元前8年),成帝到了四十四岁,仍没有子嗣。于是成帝和太后商议立成帝的侄子定陶王为太子。册封太子的仪式在二月正式举行了。太子定立后,成帝愈发荒淫无度,饮酒取乐。

绥和二年(公元前7年)三月,一日清晨,成帝起床后发觉手脚麻痹,不能动弹,也不能言语,不久就驾崩于未央宫。时年四十五岁。

民间认为赵昭仪应承担所有责任。皇太后召来王莽等人询问成帝发病

前后出现的状况。因为成帝死前一直留宿赵昭仪宫中，赵昭仪感觉事情不妙，就自杀了。

绥和二年（公元前7年），四月，皇太子前定陶王刘欣嗣位，是为孝哀皇帝。汉成帝性情宽厚，并注重仪表，有天子之容，然而迷恋于酒色，以致赵氏姐妹扰乱朝纲，外戚擅权，最终因酒色过度死去。

6. 哀帝断袖

成帝死后，皇太子前定陶王刘欣嗣位，史称孝哀皇帝。哀帝宠幸董贤到了无以复加的地步，引起朝纲败坏，汉朝统治岌岌可危。

（1）断袖之癖

董贤本来是太子门客，刘欣继承帝位，他便晋升为郎。董贤并没有真才实学，但年轻英俊，仪态动人，脸上常带喜悦之色。汉哀帝建平四年（公元前3年）二月，董贤于大殿下传报时辰，为哀帝远远瞅见，不觉为其仪貌所倾倒，观望多时，询问左右，知是原来的舍人董贤，即诏命前来进见，当时封为黄门郎，又调发其父云中侯董恭为霸陵令，晋升为光禄大夫。从此，董贤被哀帝宠幸，关系无比暧昧，董贤的权势日重。哀帝为了让董贤能经常侍奉左右，又封其为驸马都尉，在宫内护卫。哀帝外出，董贤陪乘；哀帝回宫，董贤一旁侍奉，形影不离。哀帝在一月之内赏赐给董贤的财物累至数万，尊贵威慑朝廷。董贤常和哀帝同床共枕，一次二人昼眠，哀帝醒来，想起身，但衣袖被董贤压在身下，董贤尚未醒来，哀帝怕弄醒他，便剪断自己的衣袖，抽身而起，其对董贤的

第七章　西汉濒危

宠爱竟到了如此地步。

中国古代把同性恋好男色者称为"断袖之癖"，就是来源于这个故事。哀帝体弱多病，董贤又以侍奉哀帝医药为名长期居住宫中。因他长时间离家不归，哀帝特准许其妻自由出入宫禁，可住于董贤在宫中的休息处所。哀帝又将董贤的妹妹召入皇宫，封为昭仪，地位只低于皇后。董贤兄妹及夫妻日夜交替陪伴于哀帝左右，他妹妹和妻子得到的封赏也达到数万。时间不长，董贤的父亲董恭又晋升为少府，封赐爵位为关内侯，享有封邑，接着又由少府晋升为卫尉。其弟董宽信也官至执金吾，连他的丈人也升官至将作大匠。哀帝颁布诏书，令将作大匠为董贤在北城营造府第，宅院中有前后两重宫殿，中间洞门联接，其中的大柱长槛皆以绨锦为衣。从武库的兵器到上方的珍宝，哀帝赏给董贤的东西应有尽有，连董贤家的下人也都受到了皇帝的封赏。哀帝甚至命东园官署制造帝王丧葬御用的棺梓以及金缕珠衣，准备预先赐给董贤。他又下诏为董贤在自己建造的义陵旁修建墓园，以便死后也相依相伴。

哀帝打算封董贤侯爵，又没有什么理由。侍中傅嘉建议哀帝更改揭露东平王的奏章，删去宋弘的名字，假称是由于董贤报告，皇上才获知详情。哀帝想借这个功劳赐董贤侯爵，就将原来告发的有功人员全赐封为关内侯。一段时间后，哀帝想封董贤等人了，又恐怕王嘉弹劾，就先派孔乡侯傅晏将圣旨拿给丞相、御史看。于是王嘉与御史大夫贾延秘密上书说："我们看到董贤等三人原先被赐封关内侯时，众人议论纷纷，都说董贤是由于受宠而得赏赐，连带着其余两人也一起蒙受圣恩，至今流言难以停息。陛下对董贤等恩宠有加，就应该明示董贤等人的上书原文，询问公卿、博士、大夫、议郎，让其审查是否合乎礼仪，使此事能正大光明，然后再赏赐他们爵位采邑。不然的话，恐怕会民怨沸腾，天下人要伸长脖子议论是非。若公开商量此事，必有说应当加封的人，陛下不过是接受群臣的意见，如此，天下人即使反对，也有人分担责任，不只在皇上一人了。以前定陵侯淳于长初封爵之时，也一度有非议，大司农谷永建议淳于长应当加封，众人归罪于谷永，先帝因而没有遭受非议。臣王嘉、臣贾延，才疏学浅不称职，死不足惜，明知依从陛下的旨意，不获罪陛下，可以保全身家性命。之所以不敢这样做，是想履行臣子的职责。"哀帝无奈，暂且打消了这个念头。

元寿元年（公元前2年）秋季，八月，哀帝颁布诏书严厉训斥公卿说："从前，晋文公因楚国有子玉得臣而烦恼得寝食难安；近世有汲黯，破坏了淮南王的阴谋。现在东平王刘云等甚至有诛杀天子叛逆造反的阴谋，其原因就是身为国家栋梁的公卿们不尽职尽责，不致力于揭露阴谋，不能把祸患扼止在酝酿阶段。幸赖祖宗在天之灵的佑护，侍中、驸马都尉董贤等发觉以后禀奏了我，把那些奸人全部诛杀了。《书经》里说，'用恩德嘉奖善行。'现封董贤为高安侯，左曹、光禄大夫息夫躬为宜陵侯，南阳太守孙宠为方阳侯，赐右师谭关内侯的爵位。"又封傅太后的侄子傅业为阳信侯。

（2）群臣进谏

哀帝偏爱董贤，朝纲紊乱，引起一些正直大臣的反对。元寿元年（公元前2年）正月，丞相王嘉禀奏，批评说："陛下以前在藩国时，诵读《诗》、《书》，崇尚节俭。您到京城即位时，沿途百姓无不称赞，这是天下万民真诚拥戴之心所致。在即位之初除去锦绣，改易帷帐，乘骑也仅围以绨缯。本应为生父共皇建造寝庙，但由于哀怜天下百姓，担心耗费太大，是以大义割舍私恩，命暂停修建，直到最近才始动工。但是，兴建官寺以取悦驸马都尉董贤于上林，又为他修建规模宏大的府第，门对皇宫北阙，引王渠水入府内园池，派使者督促施工，工程甚至超过了皇家宗庙的修筑；董贤的母亲病了，长安官府的厨官被派去，途中提供饮食，路途所过行人皆可以饮用；为董贤打造用器，造好，再造皇家用品，并将打造精巧的先赏给董贤使用，各地贡献给宗庙和太后、天子、皇后三宫的用品，也都先给董家使用；董家宾朋婚庆喜事及其走亲访友，百官皆得出钱财资助；皇家赏赐，恩及董家奴仆，多达十万钱之巨；为赏赐董贤，派出皇家使者督察征购货物，市场商贩震动，路上行人哗然，群臣骚动不安。国家限田制度因赐给董贤两千多顷土地而败坏。奢侈放纵，阴阳变乱，灾异连续不断，谣言四起，百姓慌乱，天意如此，不能自行消止。陛下平素小心仁慈，如今怎么招来这么多的非议。我内心悲伤，有幸居于相位，不能不

第七章　西汉濒危

尽效愚忠，只要有益于国家，我不会怜惜自己的身体。希望陛下谨慎自己的嗜好，考察众人忧虑之事！以前，文帝的宠臣邓通、武帝的宠臣韩嫣，恃宠骄横，贪欲无度，终于获罪，乱国亡身，落得个悲惨下场。这便是所谓的物极必反！陛下应该引以为鉴，节制对董贤的过分宠爱，以保全他的性命。"哀帝览奏，对王嘉怀恨在心。

　　不久，谏大夫鲍宣上书说："陛下应以上天为父、大地为母、人民当儿女才行。即位以来，上天无光，大地震动，百姓流言四起，互相惊扰。而今，令人恐惧的是元旦'三始'便发生日食。百姓在平常元旦之日连毁坏器物都害怕，何况发生日食呢？陛下深刻地在内心责备自己，避开正殿，推荐直言之士，罢免辞退外戚以及身边无能的人，征召策封孔光为光禄大夫，发觉了息夫躬、孙宠的罪恶，把他们撤职遣回封国。百姓们都十分欢喜。天人同心，人民欢心鼓舞，则上天的愤怒自然解除。但是，到了二月，白气侵犯太阳，天气连阴不雨，这表明还没有化解纠结在一起的冤愁，百姓还有怨怒没有消除。侍中、驸马都尉董贤，本来与陛下没有任何关系，可是凭着他的媚色和谄媚奉承，博取了圣王的欢心，对他恩赐无度，府库的积藏消耗殆尽，将合并在一起的三座宅第赐给他，还认为太小，又拆除宫廷暴室来扩大面积。可以坐着支使天子的使者的是董贤和他的父亲，将作大匠为他修造宅第，连夜间为他巡逻的小卒都得到封赏。他家祭扫祖坟和举行宴会，都由太官供应。董贤家中有了本应奉养一位圣主的各地贡献，这难道是天意和民意吗？天意不可违逆，对董贤的厚待，若太过反而会因此害了他！如果真要怜惜董贤，应该罢免掉他的官职，以便解除天下人对他的敌视，遣回封国，收缴所赐的御用器具，交还皇上。否则，就不能保全他父子的生命。不然的话，他不可能获长久的宁静，因为他是全国所仇恨的人。息夫躬、孙宠不应该再拥有封国，应该全部撤职，以向天下表示彻底改过。重新征召师丹、何武、傅喜、彭宣，顺应天意，使百姓看到一个全新时局，复兴先帝基业。"哀帝感到非常惶恐，部分接受了鲍宣的意见，征召何武、彭宣，并任命鲍宣为司隶。

（3）王嘉遇害

哀帝假传傅太后的遗诏，请太皇太后下诏给丞相、御史，赐与汝昌侯、孔乡侯、阳新侯封国并增加董贤采邑二千户人家。王嘉把诏书封起来退还，并秘密上书劝谏说："我听说俸禄、爵位、土地，是上天定的。《书经》说：'皇天命有德之人都穿着色彩图案不一样的表示尊卑的五种服装。'君王代表上天统治人民，尤其应该注意。划地分封采邑，如果处理不当，则民心难安，陛下的身体会因民众的怨气触动阴阳而受损害。现在陛下龙体欠安，这是我内心所担忧的事情。高安侯董贤是弄权的奸佞小人，他之所以显贵，是因陛下赐给他爵位，而富有也是因陛下赐他财物。损害圣上的利益去偏信他，君王的权威已被损害，国库的积蓄殆尽，还嫌不足。财富全是百姓创造的，孝文帝因看重百金的修造费而克制露台的兴建。如今董贤却把国家的税收作为私人赏赐随意处理，甚至一人就可得到千金的赏赐。从古至今从来没有过这样的大臣。有关董贤的流言四处流传，人们全都痛恨他。俗谚说：'千夫所指，无病而亡。'我经常为他感到寒心。现在，太皇太后对丞相、御史的诏书是根据永信宫傅太后的遗诏，要增加董贤采邑人户，赐给三位侯爵封国，臣王嘉感到非常疑惑。在元旦"三始"之日同时发生了山崩、地震和日食，这都是上天由于阴盛阳衰而显示的警示啊。不久前，董贤已再次被封，傅商、傅晏也再次更换封国采邑，郑业则利用私人关系强求。他们对陛下所施的如此厚的恩惠还不知满足，仍恣意求索。这已完全违背了尊崇傅太后的原意，无法向天下人交代，主上的身体会因属下的骄横致阴阳不协调而受损害。陛下久病不愈，又未立子嗣，应该考虑使一切正常，顺从天意民心，以求上天的保佑，不能不念高祖创业的艰辛、而忽视自身健康便肆意纵欲呀！我谨把诏书封还，不敢随意让别人看见。我不是因爱惜生命才不敢以违抗诏旨招致杀身之祸，我不敢自杀的原因是害怕天下人知道呀。"

在此之前，廷尉梁相查办东平王刘云一案时，冬月只剩下二十日，而梁相心里疑惑刘云一案是冤案，上奏哀帝说明那些供辞不实的地方，请求把一干人犯带到长安，改由公卿重审。仆射宗伯凤、尚书令鞫谭认为可行。

第七章　西汉濒危

梁相等人被哀帝猜忌在皇上病情严重时，还内外顾望，定是存有二心，企图使刘云一案侥幸拖过冬季，则可免除死刑，没有消除奸恶、为主上扫除叛逆的忠心，于是革去梁相等人的官职，全贬为庶民。数月后大赦天下，王嘉举荐说："梁相等人德才兼备，圣明的君王对属下总是赏其功劳、仁慈对待过失，我暗地里为朝廷失去这三个人才而深感痛惜。"哀帝因呈上来的那些奏书而感到愤愤不平。过了二十多天，王嘉封还为董贤增加封国户数的诏书，哀帝于是大怒，召王嘉到尚书之处，令尚书斥责他："梁相等人不久前犯了欺君之罪，罪恶昭著，众所周知，当时你也曾自我弹劾。现在却又赞美他们，说'为朝廷怜惜他们'，这是什么原因？"王嘉卸下官帽请罪。

此案被哀帝交付给将军和入朝官员进行商议讨论。光禄大夫孔光等参奏王嘉说："王嘉迷惑国家，欺君枉上，大逆不道，请遣谒者召王嘉到廷尉诏狱。"议郎龚等认为："应该剥夺王嘉的爵位采邑，并把他贬为庶民。"永信少府猛等建议："王嘉的罪名虽然依律应该法办，但是将大臣束住头发，锁上刑具，裸露身体，鞭笞拷打，这种做法不能使国家得到敬重、宗庙受到褒美。"哀帝不接受猛的劝诫，派遣使者："凭谒者的符节，带丞相到廷尉诏狱。"

使者抵达丞相府，丞相府的史、掾等官员皆哭泣，王嘉则不肯服用大家共同调和的毒药。主簿说："将相不对执法官诉说冤情，这做法世代相沿，已成惯例，君侯应当自行了断！"面对生气地坐在府门那边的使者，主簿只好再次送上毒药。王嘉将药杯扔到地下，对相府官属们说："我有幸位居三公，如果没有尽职，辜负了国家，应该在都市上受死，以示万民。丞相可不是小孩子呀！为什么要服毒自杀！"于是王嘉装饰整齐，出来见使者，再拜，接受诏书，然后脱下官帽，跟从使者坐上小车到了延尉官衙。廷尉没收了王嘉的丞相和新甫侯绶带、印信，把他绑起来，押送到都船诏狱。哀帝对于王嘉活着去见廷尉感到非常愤怒，派将军以下官员连同五名二千石官员，共同查办此案。官吏审问王嘉时，他回答说："审理案件的人，希望知晓事情真相。我亲历梁相等过去审理东平王一案，并不认为刘云不应处死，只是希望公卿共同审理，以示谨慎。实在看不出他们是内外顾望存有二心，阿谀攀附刘云的官员。我希望他们有幸蒙恩被赦免，因为梁相等都是优秀的官员，我是为社稷着想，并不是袒护他们三人。"狱吏说："假如是这样，那么你如何会有罪？你并不是凭白入狱，你或许有叛

国的行为。"狱吏开始攻击凌辱王嘉，王嘉仰天长叹说："我有幸担任丞相，不能任贤，排斥奸佞，因此是犯有失职罪，死有余辜。"狱吏询问贤者和奸佞者的名字，王嘉说："贤者，前丞相孔光、前大司空何武，却不能推举他们；恶者，高安侯董贤父子祸国殃民，却不能罢黜他们。罪当斩首，死无所憾！"王嘉被关押在监狱二十多天，不进饮食，口吐鲜血而死。

十二月，侍中、驸马都尉董贤册封为卫将军、大司马。任命策书上说："树立你为三公，作为汉朝的辅政重臣！我一向了解你的忠诚，能匡扶社稷，忠诚地坚持中庸之道。"成为三公的董贤当时才二十二岁，但常服侍在宫中，主管尚书事务，百官只有通过董贤才可奏事。哀帝又因为董贤之父卫尉董恭不适合在卿位，就调升他为光禄大夫，官秩为中二千石。接替驸马都尉的是董贤的弟弟董宽信。董氏一族都成为侍中、诸曹，能够定期朝贺皇帝，权位在丁、傅两家之上。

（4）董贤之死

董恭曾在为御史大夫的丞相孔光手下当过御史，当时其子董贤已为大司马，与孔光同为三公。哀帝特地让董贤私下造访孔光，以观察孔光的态度。孔光知道哀帝尊宠董贤，所以非常谦恭谨慎。听说董贤要来拜访，孔光事先派人在门前把望，自己整理衣冠，亲自到大门外守候，望见董贤的车队后才退入门内。孔光入小门，董贤进中门，董贤下车后，孔光不敢以宾客对等之礼相待，非常恭谨地迎送。哀帝得知后，非常高兴，立刻封孔光的两个侄子为常侍、谏大夫。从此，董贤的地位几乎与君主相当了。哀帝甚至还有将社稷让与董贤的念头。

董家权倾朝野，前将军萧望之的儿子，中郎将萧咸的人品很受董恭的仰慕，便委托萧咸的女婿中常侍王闳到萧家说亲，想娶萧咸的女儿为自己儿子董宽信的媳妇。萧咸惶恐不敢应承，暗地里对王闳说："董贤为大司马，诏书上有'允执其中'的话，这乃是尧把帝位禅让给舜时所使用的措辞，不是册命三公时该说的话。朝廷旧臣见到此语无不心生忧惧，与董家成为亲家哪是我们平民家所敢妄想的！"王闳足智多谋，听了萧咸的话，内心也就明白

第七章　西汉濒危

了，于是回报董恭，转达了萧咸自谦卑鄙不敢高攀之意。董恭叹息道："人们如此畏惧我们，难道我家得罪了天下人吗？"内心非常地不痛快。

后来哀帝在麒麟殿摆酒设宴，宴请董贤父子和他们的亲属，中常侍、侍中在旁陪伴。哀帝喝得醉醺醺的，两眼直视着董贤，笑着说："我打算仿照尧舜的禅让，怎么样？"王闳在旁建议道："天下乃是刘氏家族的天下，不是陛下的私人财产。陛下应把宗庙传给刘氏子孙，才能万代无穷。皇统大业至为重要，天子不能当儿戏！"哀帝听后非常不高兴，一言不发。周围的人都很不安，将王闳逐出宫去。

很久之后，哀帝因太皇太后说情才又召回了王闳。王闳就上书劝说："我听说君王设立三公的职位，是效法日、月、星三光，居此位者必须是德高望重之人。《易经》说：'里面的食物会因鼎折了脚而倾倒出来。'用来说明担任三公的人若非贤德者所造成的后果。以往孝文皇帝专宠邓通，也只让他担任中大夫而已；受武帝宠爱的韩嫣不在高位，只是受以赏赐而已。而今大司马、卫将军董贤，对汉朝没有任何贡献，又不是皇亲国戚，良好的名声、高尚的品行，以及优秀的事迹他都不具备，无以为人民表率，却屡屡得到提升，列位三公，成为鼎足之一，并且控制禁卫军队。他平白加封侯爵，因为对他们父子兄弟赏赐太多以至于国库空虚。万民怨恨，在道路上抱怨不已，实在是违背天意！从前，褒国的神蛇成为人样，生下美女褒姒，致使周朝大变。我怕陛下受到的讥讽有甚于前人，董贤会有小人难以避免的灾祸。陛下如今的所作所为，是不能泽被后世的！"哀帝虽然不赞成王闳的劝诫，却没有加罪于他。

董贤的新府第落成，非常牢固，但院大门却不毁自坏，董贤内心十分忧闷，认为是不吉之兆。元寿二年（公元前1年）六月，汉哀帝在未央宫驾崩。皇帝绶玺被闻讯而来的太皇太后收取，在东厢房召见大司马董贤，询问哀帝丧事的计划安排。董贤心中忧惧，不能作答，只是免冠不停谢罪。于是王太后说："新都侯王莽来协助你。"董贤连忙叩头称是。太后派使者即刻召来王莽，王莽按太后的旨意派尚书弹劾董贤，说他在哀帝生病期间不能侍奉皇上服药，禁止他出入宫殿司马门。董贤此时只到宫门谢罪而已，其他都不知该怎么办。王莽派谒者持太后诏书在宫门前向董贤宣读说："高安侯董贤年幼无知，不通事理，任大司马违背民心，收回其印绶，废黜归家。"因为绝望，董贤便和妻子一同自杀了。家人非常惶恐，连夜掩埋。王莽怀疑其

367

诈死，令人挖开董贤棺椁，至狱中验尸，随后又草草入殓。不久，王莽又奏告董贤父子放纵僭越、骄奢淫逸，请将其家产没收充公，罢免了一切因与董贤有关系而做官的人，董贤父董恭、弟董宽信及家人流放到合浦，其母另行遣返故乡钜鹿。长安城中百姓无不拍手称快，一些人前往董府假作哀悼，实际上想偷窃府中的财物。董氏家财经官府拍卖后共计四十三亿钱。

汉哀帝刘欣目睹成帝时皇室微弱、事决于外戚王氏的局面，即位后计划效法武帝和宣帝的做法，节制外戚势力，屡杀大臣，巩固皇权，以图复兴西汉王朝。使朝政变坏的原因是惑于男色，致使董贤弄权。哀帝病亡后，王莽独揽朝纲，西汉王朝也名存实亡了。

第八章 王莽篡汉

平帝即位,王莽复任大司马。王莽一方面收揽民心,另一方面又树立党羽,笼络儒生,表面上忠于汉室,实则想取而代之。

平帝死后,孺子婴立,王莽辅政,此时他羽翼丰满,不再顾及人臣之礼,公开称摄皇帝。在镇压汉朝宗室的反抗之后,王莽篡位为帝,改国号为"新"。

王莽为了解决社会矛盾,陆续颁布法令,附会《周礼》,托古改制。王莽的改革脱离实际,使社会矛盾空前激化,"新朝"陷入重重危机。王莽对外发动对匈奴和东北、西南边境各族的战争,对内狂征暴敛,严刑峻法,使农民失去了生路,农民暴动风起云涌,绿林赤眉南北起义,汉朝宗室旧臣也起兵造反。王莽穷途末路,最终命丧黄泉。

1. 代汉自立

王莽代汉是汉朝末期外戚专权的直接后果，也是汉室衰微、社会动荡的自然反应。汉哀帝病逝后，大司马王莽秉政，扶立年仅九岁的孝平皇帝。王莽使用权术，扩大和巩固自己的势力，最终于居摄三年（公元8年）即真天子位，定国号为"新"。

（1）王莽夺权

王莽，字巨君，是汉元帝皇后王政君的侄子，出生于汉元帝初元四年（公元前45年）。成帝时期，太后的兄弟因为是皇上舅父而相继封侯，把持朝政。王氏子弟生活糜烂，互相攀比，只有王莽例外，因其父王曼早逝，没有封侯。王莽朴实节俭，勤身博学，在外广交名士、儒生，在家服侍母亲、照顾寡嫂、抚养幼侄。他曾经师从沛郡人陈参，学习《礼经》，博得了大臣名士们的好评。阳朔三年（公元前22年）他的伯父王凤有病时，他衣不宽带，无暇梳洗，服侍于左右数月，深得王凤喜爱。王凤临死时，把王莽推荐给太后和成帝。

阳朔三年（公元前22年），成帝封二十四岁的王莽为黄门郎、射声校尉。

时间不长，他的叔父成都侯王商上书皇上，自愿将他的封地分给王莽。同时，侍中金涉、长乐府戴崇、中郎陈汤等名士，也都为王莽上书美言，所以成帝认为王莽德才兼备。

永始元年（公元前16年）五月，成帝策封王莽为新都侯，晋升骑都尉、光禄大夫、侍中，成为时常陪伴皇帝左右的大臣，时年三十岁。

第八章　王莽篡汉

从此，王莽更加谦虚谨慎，疏散家财救济穷人，并且广泛结交了很多将、相、大夫、公卿以提高声望，这些人连续向成帝荐举王莽，为他游说。一时之间，王莽的名望几乎超出了他的伯父和叔父。

有一次，王莽私下买了一个奴婢充做侍女。有人听说了询问这件事，王莽却说："后将军朱子元尚无子嗣，我听说他十分想要儿子，就为他买下了这个奴婢，以便为其生子。"王莽收买人心真可谓煞费苦心。

王莽这些用心良苦的行为，虽然有时候有明显的表演痕迹，但在统治者荒淫骄横的西汉末年，在王氏家族权倾朝野的时代里，却显得格外亲切，因而得到朝野人士的认可。

在王莽的仕途中，关键性的一步，是消除了政敌淳于长。

淳于长是成帝时皇太后王政君的外甥。当时，王凤死后，由王根接任大司马、大将军。王根由于体弱多病，便上疏成帝请求归家养病。按当时的地位，接替王根的便是淳于长。因为淳于长除了是皇太后的外甥，还因协助成帝立宠妃赵飞燕为皇后有功，而深得成帝的宠信，并册封为关内侯，后又封为定陵侯。此外，淳于长还担任着卫尉这一重要职务。但是，淳于长私人生活骄奢淫逸，为所欲为，在朝廷内外，名声很臭。为搞掉自己的这一政敌，王莽便派人搜集淳于长的罪证，终于发现淳于长和已被成帝废黜的许后的姐姐私通。王莽先向王根说"淳于长得知您病重很高兴"，离间王根与淳于长的关系，接着又把淳于长的劣行详细报告给太后，太后听后，对淳于长的所作所为大为愤怒。很快，淳于长就因为"大逆"之罪被捕入狱，最后死于狱中。淳于长被除掉后，公元前8年，王根正式告退后，三十八岁的王莽便顺理成章地坐上了大司马的位子。王莽上台后的首要之事，就是寻找机会诛杀淳于长的儿子，斩草除根，杜绝后患。

王莽最早发现了淳于长的罪行，所以成帝对他的忠直很赞赏。王根就推举王莽接替大司马之职。

绥和元年（公元前8年）王莽继他叔父和伯父之后做了辅政，官拜大司马。时年王莽三十八岁。为了地位和名声能超过他的前辈，王莽愈发克己不倦。一次，他母亲卧病在床，公卿大夫都让夫人前来探望。王莽让他的夫人穿着简陋的服饰去迎接，以体现他的俭朴。来人开始以为是奴婢，当知道她是王莽夫人时，先是惊讶，继而大为赞许王莽的勤俭和贤德。

就在王莽踌躇满志之际，绥和二年（公元前7年）六月，成帝驾崩于未央宫。该年四月，汉哀帝即位。哀帝时，外戚势力曾威胁到王莽的权势。五月，太皇太后颁布诏令让大司马王莽回封国。王莽无可奈何，向皇帝乞求辞职。哀帝考虑到已形成的王氏势力，便假意做作，马上派尚书令奉诏请王莽重整朝政，又派丞相孔光、左将军师丹、大司空何武、卫尉傅喜等向太后进谏："皇上得知太后的诏书，十分悲痛，大司马不复出，皇上难以亲政。"太后只得任命王莽继续处理朝廷事务。

绥和二年（公元前7年）六月，皇上在未央宫摆酒设宴。傅太后是哀帝的外戚，因而内者令把傅太后的座位和太皇太后的座位放在一排。王莽看到了，责成内者令把傅太后座位另入他处，并说："傅太后只是藩妾，如何能与太皇太后并尊？"傅太后得知后，大怒。王莽再次以退为进，要求辞官。哀帝既害怕又厌恶王莽咄咄逼人之势，就做了个顺水人情。七月，允诺了王莽的辞呈，赏给他黄金和安车驷马，免职遣返封国。

王莽回到封国南阳，仔细思考以前的所为。受到至高无上的皇权的沉重打击后，他愈发认识到权力的重要性。他不失时机地收买人心、炫耀功德，以图东山再起。他的儿子获杀了一个奴婢，王莽训斥他，并命他以自杀谢罪。就这样，王莽在封国居住三年，无数官吏和百姓为王莽上书伸冤，歌颂王莽的功德。元寿元年（公元前2年），哀帝只好再次诏令王莽回京师服侍太后。

元寿二年（公元1年）六月哀帝驾崩。因为哀帝没有子嗣，而哀帝祖母傅太后和母亲丁姬早已过世，所以由太皇太后王氏一个人料理后事。她立即到未央宫，拿走了御玺，召集公卿大臣保荐大司马人选。大司徒孔光以及全朝百官都推举王莽，认为王莽贤良，既是原来的大司马又是太皇太后的近亲，为避丁、傅外戚才居住南阳。而前将军何武和左将军公孙禄主张选择皇室宗亲辅佐幼主，以免大权重新落入外戚之手。可是，太皇太后不采纳忠告，仍决定任用王莽为大司马，担任尚书职务。从此，王莽控制了军政大权。

第八章　王莽篡汉

（2）诛除异己

大司徒孔光是西汉大儒，三朝丞相，太后很尊敬他，天下人也信服他。王莽全力拉笼孔光，元寿二年（公元前1年）七月，封孔光的女婿甄邯为侍中、奉车都尉。对孔光向来有意见的人，王莽都将其设法治罪。甄邯按照王莽的意思上书太后，揭发何武、公孙禄相互举荐之罪。二人都被撤职查办。

红阳侯王立，尽管不担任官职，但却能向太后随意进言，使王莽感到十分不便。所以，王莽指使孔光上书指控王立的罪过，弹劾王立"'明知淳于长大逆不道，还接受其贿赂，为其说话，祸害国家'，请遣王立返回封国。"太后不准，王莽就说："现在汉室最可怕的是两代天子无嗣而太后单独辅政。即使尽力施行仁政，尚且怕世人不服，如果因一己之私违背大臣的意愿，危亡的根源就会产生。现在应暂时让王立回封地，等政治稳定后再召他回来。"太后一点办法也没有，只好照办。

王莽通过欺上瞒下，使攀附者迅速晋升，逆忤者则遭诛杀。他以王邑、王舜、甄丰、甄邯等为党羽和爪牙，并且重用了他们的儿子。

元寿二年（公元前1年）九月，年仅九岁的中山王刘衎继承王位，是为平帝，由太皇太后临朝，大司马王莽辅政。王莽的气焰日盛，孔光上书乞求退休以谋求自己将来的出路，王莽上书太后将其调为皇帝的太傅，授以给事中、四辅等官职。

王莽善于用谦卑的语言掩饰心中的欲念，每次他打算要做什么，总是指示其党羽为其活动、鼓噪，等到太后或皇帝批准时，王莽又假意哭泣，固执推辞，对上用以迷惑太后，对下用来收买人心。

王莽为自己取代汉朝在政治上铺平道路后，又开始为自己能如愿以偿地粉墨登场制造理论基础。汉代"天人感应学说"十分盛行，君权神授的思想也占有相当的地位。

汉平帝元始元年（公元1年）正月，王莽想仿照《尚书》中关于越裳氏敬献白野鸡给周天子的做法，便指使益州当地的官员让西南少数民族以

越裳氏的名义也给他献上一只白色的野鸡。而后，王莽劝谏太后下诏，将白野鸡奉到宗庙里。朝中的大臣，尤其是王莽的死党们都对其大加奉承，赞赏他功德无量，带来了吉祥之兆，声称大司马治国有功，不但应受到重赏，还应加官晋爵，赐号"安汉公"，并应给他增加封户。太后召集尚书讨论此事。王莽却上书说："这是我同孔光、王舜、甄邯、甄丰等人共同的功劳，只要封赏他们就行了，至于我，则无须加封了。"甄邯等奏请太后颁布诏令，陈明："王道公正，既然有安宗庙之功，就无须因为是近亲而不予以嘉奖。"王莽又好几次上奏，表达必不接受加封的决心，甚至还假装生病不上朝。太后只好按照王莽的意思，封赏了孔光等四人。但加封四人后，王莽依旧称病不起，朝中大臣们便又向太后上书禀奏，王莽虽然推辞，然而朝廷应该奖罚分明。于是，太后下诏，任命王莽为太傅，封号安汉公，加封了二万八千户。但王莽并未接受太后所赐封户，只是接受了"安汉公"这一封号，并表示："只有普天下的百姓们都变得富足了，我王莽方可接受此等封赏。"由于太后再三坚持，王莽就主张太后赏赐汉宗室及大臣。王莽的这一举措不仅博得百姓爱戴，更取得了诸侯大臣们的信赖。

当朝太皇太后年事日高，对政事亦无兴趣，王莽抓住时机，就授意公卿上书太后："太后年事已高，不适合亲理小事。"太后无奈，下诏书说："从现在起仅封爵一事由我主持，其余事由安汉公带领四辅处理。"至此，王莽几乎成为"一人之下，万人之上"的当权者了。

王莽吸取了哀帝外戚的教训，唯恐平帝的外戚和他争权夺势，就让太后策封平帝的母亲为中山王后，赐平帝舅父关内侯爵位，这样一来，他们就都只得留守中山，无缘入京师了。

元始二年（公元2年）四月，郡国出现蝗灾和旱灾，当时尤以青州的灾情最为严重，百姓们流离失所。为了收买人心，王莽千方百计地表示自己勤政爱民，带头捐田三十顷，钱财百万，让大司农分给灾民。公卿都仿效他捐田献粮，又在长安城中建造房屋二百区给灾民居住。每遇到旱、水灾荒，王莽就吃斋。他的左右上书太后，太后派人劝慰王莽说，安汉公爱民如子，但是为社稷着想要爱护身体。

为了巩固已有的权力，王莽想出了一条妙计，那就是将自己的女儿送入宫里当皇后。他命令有司将全部世家、名门、列侯家中适龄的女子拟名

第八章 王莽篡汉

单上报。为了避免其他女子与自己的女儿争夺皇后之位，王莽又采取了一贯的"欲擒故纵"法，禀奏太后说："我王莽无德，小女也不才，难以与其他众女子一起入选。"太后信以为真，便在诏书中以王莽之女乃皇室外戚为由，拒绝她入宫。诏书下发后，庶民、儒生、郎吏等频频上书，每天都有上千人之多。公卿大夫则在朝下朝上跪请太后，说："安汉公功德无量，现在要选立皇后了，唯独他的女儿不能入选，能使天下人心服吗？我们大家认为，只有将安汉公的女儿封为皇后方可慰天下民心。"

王莽又指使人到各部公卿和儒生那里，直授其意，这样一来上书的人便更多了。太后十分慌乱，只好按公卿的意思同意册封王莽之女。王莽却说："应广泛地在天下所有优秀的女子中挑选皇后。"

元始三年（公元3年）春，太后派人亲到王莽家中探看他的女儿，回来禀报说，安汉公的女儿真是德貌双全的好女子。太后下诏，封王莽之女为平帝的皇后。

王宇是王莽的儿子，由于对其父禁止汉平帝与其母卫氏相见的做法不满，便和自己的老师吴章及自己妻子的兄弟吕宽设计，想利用王莽好鬼神的心理，用血喷洒王莽府门，促使王莽让卫氏入京师。但此事竟走漏了风声，王宇被其父押入大牢，被迫服毒自尽。借机，王莽诛杀了卫氏外戚，并排除了异己势力。他借太后旨意，令平阿侯王仁、红阳侯王立以及汉元帝的妹妹敬武长公主自杀，并以莫须有的罪名把平时不归附自己的人都杀掉了。

元始四年（公元4年）二月，王莽之女入未央宫，册封为皇后。

王莽在奠定了掌握大权基础后便向顶峰迈进了。

为了取代刘氏的天下，王莽首先争取刘氏宗室的支持，为此，他建议朝廷恢复和分封了一大批汉宗室后裔的爵位；又封汉兴以来功臣的后裔一百一十七人为侯；对朝廷年老离职的二千石以上的大臣，一律让他们仍享受原俸禄的三分之一；他扩充太学，增加博士、太学生名额，扩建的校舍可容纳太学生一万八千人之多。王莽在全国上下普施恩泽，上尊刘氏宗庙、下惠汉家士民，使王莽既得了官心，又得了民心，特别是得到了广大士人的拥戴。

元始四年（公元4年）夏，太保王舜以及官吏连同百姓八千余人上书太后，恳求加封安汉公。有司也上奏请求给王莽加官晋爵，并赐他"宰

衡"的称号，出任上公之职，王莽仍是假意推让。太师孔光等说："封赏原本不足以表彰安汉公之功德，安汉公的贤德正表现在他不慕功名。"并再三派人阻止王莽辞让。王莽为了篡汉，不惜作出各种姿态以提高声誉，并想尽办法取悦太后。王莽深知太后喜热闹，平日最厌深居宫室，就让太后经常乘车到郊外游玩，赐百姓钱粮，广施恩惠，年年如此。由此更深得太后喜爱和信任。

元始四年（公元4年），大臣们上奏说，从前有周公佐政七年之久方定制度，现如今安汉公仅辅政四年，便功德圆满，理所当然应将"宰衡"之位列居各诸侯之上。太后答应了他们的请求。因为王莽拒绝增加封地的赏赐，而就此上书太后的人多达数十万之众，文武百官中有些人跪请太后，认为应该大大地奖赏安汉公。王莽表示，乐于尽力制定典章制度，一旦完成，就辞职回家。王莽的忠心深深感动了大臣们。

（3）新朝代汉

元始五年（公元5年）五月，王莽被加封为"九锡"。所谓"九锡"，是古代帝王册封给有大功或有权势的王公大臣的九种物品，它们分别是车马、衣服、乐则、朱户、纳陛、虎贲、弓矢、钺、秬鬯。在加"九锡"的圣诏中说："普天之下，只有安汉公可以依赖。"这句话已表明汉朝一切大权均托付给了王莽。与此同时，王莽在一年前派出的体察民情的使者，返回了长安。他们还带回了全国吏民为王莽所写的颂歌，扬扬洒洒长达三万多言。这样，泉陵侯刘庆便上书请"令安汉公行天子事，如周公"。这就是在暗示汉平帝应当照周成王的样子做，将朝政一并交给王莽。这时平帝已经十四岁了，渐懂人事，他已不愿再事事顺从，听任王莽摆布，并显露出对王莽专权的不满。如此，使急于独揽大权的王莽被迫对平帝采取断然措施。这年冬天，汉平帝患病，王莽假意对平帝表示关怀，还效仿周公到郊野去为皇帝祈福，极其虔诚地向天地发誓说，只要平帝能够龙体康复，他自愿肝脑涂地。十二月十八日这天，正值汉平帝的生日，王莽假借进椒酒祝寿，在酒中放了毒药以害死

第八章　王莽篡汉

平帝。果然，当平帝饮下王莽献上的椒酒之后，顿时腹痛难忍，面如土色，冷汗直冒，不一会儿，便一命呜呼了。平帝死后，王莽从刘氏宗族中找到一个年仅二岁的刘子婴，立其为帝，自己摄政，称"假皇帝"，臣民称之为"摄皇帝"，他上任的一切礼仪均和天子登基一般无二。王莽定公元6年为居摄元年，行事如皇帝一般，实际上与改朝换代无异，只差正式宣告天下了。

公元8年，齐郡发现了一口新井、雍县发现了一块奇石、巴郡发现了一头石牛。其中最为奇特的要数齐郡的那口新井了。据说齐郡的一个亭长夜里梦见天公的一个使者对他说："这个亭子中将出现一口新井，这预示着摄皇帝即将成为真皇帝。"对这个梦，亭长感到奇异，次日早上起身后便到亭中察看，果然在亭中发现一口百尺深井。王莽心里很明白有关这些征兆的意思，便就此禀奏太后王政君说："孔子说过：'君子畏天命、畏圣人、畏大人之言。'上天的征兆频频出现，臣对此神示不敢不从，还请太后号令天下去'摄'字，改居摄三年为初始元年，以顺天意。"由此充分显露出王莽急于登位的野心。

王莽居摄元年（公元6年）正月，举行了盛大的祀天典礼，气派竟与天子行事一般无二。他还要求官吏们将其言行记录下来。同年三月，立刘子婴为太子，号孺子。

同年四月，王莽派兵剿灭了安众侯刘崇和张绍合谋的兵变。大臣们反复宣称：刘崇等之所以敢起兵造反，就是因为王莽的权势尚低，应大力提高他的权力地位，以至能震慑全国。

五月，太后颁布诏书：王莽在见太后时，可自称"假皇帝"。十二月，文武百官上奏请求将安汉公的官府封为"摄王殿"，其居所则称为"摄王宫"，得到了太后的批准。

初始元年（公元8年）九月，王莽之母功显君死去，王莽按照天子吊祭诸侯的礼仪服丧。

王莽的野心日渐增大，他倚仗已取得的民心，预谋夺取皇位，改朝换代。

因为王莽一直借助符瑞为其代汉制造声势，这便迎合了某些人钻营的心思。当时有个叫哀章的梓潼人在长安学习，品性不好，游手好闲，他看王莽居摄便趋意逢迎，造了个铜制的箱子，在上面写了两幅题签，

一张写上"天帝行玺金匮图",另外一张写上"赤帝行玺某传予黄帝金策书",大意是说皇太后应顺天意而行,将王莽立为真天子,统领天下。然后,他把此物送到高帝祠庙,交给了仆射。仆射上奏了此事,王莽听闻,立刻赶往宗祠接取这一象征天意授权于他的铜箱,然后他竟戴上王冠,前往太后宫中说道:"汉高皇帝秉承天意,将天子之位传给我,我虽然十分惶恐,但又实在不敢违命,接受天命和神灵旨意是我唯一能做的。此后我将成为真天子,定国号为'新朝'。"随即王莽颁布代汉立新的诏书。始建国元年(公元9年)正月,王莽举行了隆重的登基仪式,而后,他手捧新制的皇太后御玺,率领文武百官一同送至太皇太后处,他同时还去掉了汉朝的国号,颁布诏书给孺子婴:"从前上天帮助你的先祖,已历经十二代统治二百一十年,现如今是上天任命我为皇帝的时候了,正像从前殷朝的后代臣服于周氏一样。"他将孺子婴封为安定公,幽禁起来。

身为皇室外戚,凭借叔、伯父等人数年来在朝中形成的势力,王莽靠着假仁假义、沽名钓誉发家,终于废汉自立,登上了皇帝的宝座。

第八章　王莽篡汉

2. 王莽改制

王莽篡夺政权建立新朝之后，依照《周礼》进行了改制。改制内容涉及广泛，包括土地制度、货币制度、五均六筦、官吏行政制度等方面。

（1）改革币制

居摄二年（公元7年）五月，王莽下令，在通用的五铢钱以外，加铸三种货币，一是大泉，大泉重十二铢，面值五十，另两种是面值五百的契刀和面值五千的错刀，于是出现了五铢钱、大泉、契刀和错刀四种货币并行流通的局面。他还曾规定，从列侯以下，不准私藏黄金，黄金归官府所有，如果将黄金送交御府，就能够得到很多的酬金，然而没有兑现。第一次币制改革就这样草草收场。

始建国元年（公元9年），新朝政府下令在第一次币制改革的基础上进行第二次币制改革。王莽认为刘字（繁体）拆开就可分为"卯"、"金"、"刀"三部分，因而下诏，"正月刚卯"佩饰和金刀钱都不准再用。于是，废除错刀币、契刀币以及五铢钱，改铸直径六分，重量仅一铢的小钱，上面有"小钱值一"的字样，加上以前的"大钱五十"的货币，同时流通。为了防止民间私自铸造，便下禁令不准私藏、挟带铜和炭。五铢钱携带和使用方便，加上人们私下传说官府要废除大钱，所以百姓都不肯携带大钱，偷偷使用五铢钱。王莽对此事极为不满，下文告："所有私藏五铢钱，并说大钱要废除者，流放到极其边远且荒凉的地方去。"同时派谏大夫五十人到全国各郡去监督新币铸造。

始建国二年（公元10年），王莽因为钱币一直不能流通，进行第三次币制改革，下诏说："钱币如果都铸成大面额，则不能应付小额买卖；钱币如果都铸成小面额，则运输装载就费事。如果把钱币分为轻重大小各等级来铸，那么使用方便，百姓就欢迎。"于是，又铸造发行宝币六种：金币、银币、龟币、贝币、钱币、布币。六种宝币下面又有更细的分类，分别是钱币六种，金币一种，银币二种，龟币四种，贝币五种，布币十种。这样王莽政权的货币共有五类、六种名称，二十八个等级。钱币、布币都用铜混杂铅锡来铸。但是货币品种的繁多不但没有给生活带来方便反而使百姓生活陷于混乱，货币流通被阻滞。王莽了解了百姓的不满，于是又下诏说只使用值一钱的小钱和值五十的大钱，龟币、贝币、布币暂且停止使用。由于民间私自铸币的现象屡禁不止，便加重刑罚：一家造钱，邻居五家连坐，将这些人送到官府做奴婢。规定钱币为官吏和平民外出通行必须挟带的通行副证，没有携带钱币的人，旅舍不允许住宿，就连关卡和渡口都要盘问，公卿大臣都要携带它才能出入宫廷。王莽想要用这样的办法来提高货币的身价从而使其得以流通。朝野上下被指控买卖田宅、买卖奴婢、盗铸钱币的人，其身份地位从封国国君、朝廷官员到庶民都有，犯法的人不计其数。于是农业和商业遭受沉重打击，农民和商人纷纷失业，全国经济几近崩溃，甚至出现了人民"道路以泣"的局面。

天凤元年（公元14年），王莽下诏进行再一次，也就是第四次货币改革，废除了大钱和小钱，改用货布和货钱两种通货，货钱长一寸重五铢，面值一，货布长二点五寸，宽一寸，重二十五铢，面值二十五。为打击私自铸币和维护币制秩序，规定私自铸钱和只用货布者，收入官府做奴婢。这就是王莽从居摄二年（公元7年）到天凤元年（公元14年）历经七年先后进行的四次币制改革。

第八章　王莽篡汉

（2）王田私属

始建国元年（公元9年）四月，王莽颁发诏书，声称要仿照《周礼》记载的井田制，实行"王田"、"私属"制。诏令规定：天下田均称"王田"，奴婢称为"私属"，不得买卖。

王莽下诏："古代一个男丁能分得一百亩的田地，按十分之一交租税，就能够使国家富强，百姓富足，于是出现了后世所称颂的太平盛世。秦朝破坏先人完美的制度，废掉井田，因此土地兼并现象出现并一发不可收拾，有权有势者占有成千上万亩田地，贫者竟没有立锥之地。同时又设置可以自由买卖奴婢的市场，被买卖的奴婢与牛马一同关在栅栏之内，被地方官吏管制，他们的命运被专横且草率地裁决，违背了天地之间的仁德。汉朝吸取秦朝灭亡的教训减轻土地税，按三十分之一征税，但是徭役繁多，不能服役者要以税代役，病残而丧失劳力的都要上税。加以土豪劣绅层层盘剥，利用租佃关系掠夺钱财，于是名义上按三十分之一征税，实际上征收了十分之五的税。贫富差距急剧扩大，富人的狗马有吃不完的粮食，他们本人更是过着骄奢淫逸的生活；穷人却连糠皮都吃不上，忍饥挨饿，万般无奈之下不惜以身试法，因此连想减轻刑罚都不可能。现在把全国的田改称'王田'，奴婢叫'私属'，都不准买卖。那些家庭里男丁不满八人，而占有田亩超过一千亩的，应该把多出来的田亩分给亲戚、邻居和同乡亲友。原来没有田，按现行规定应当分得田的，一律严格依照规定办。敢有反对井田这种圣人首创的规定，无视法律妖言惑众的，把他们流放到边远荒蛮的地方，去抵挡妖怪鬼神，就像虞舜惩罚四凶一样。"

始建国四年（公元12年），中郎区博奏请王莽说："井田制虽是英明帝王的制度，的确有不少先进的地方，但已被废弃很久了。现在人民对现行的土地制度没有不满情绪，要违反民意，复古推行井田制，如果没有上百年的酝酿，即使是唐尧、虞舜在世，也不可能实行。"王莽觉得他的建议很有道理就采纳了，于是又下诏规定："所有私人占有或朝廷封赏的王田，都允许出卖，取消原来的法律限制。私自买卖平民者，暂时也不再追究其法律责任。""王田"、"私属"制改革也草草收场了。

（3）六筦制度

始建国二年（公元10年），王莽的国师刘歆上奏："周代设有一种专门从事市场管理的官职，用以监督市场上的工商业者，严禁其进行非法交易，同时，根据供求关系的变化，这些官员还负责处理滞销物品，提供缺货信息，以利于生产者，维持市场平衡。"王莽采纳刘歆的建议，发布诏令，实行"五均"、"赊贷"和"六筦"制度。

五均就是在长安、洛阳、邯郸、临淄、宛、成都等六大城市设立五均官，专门负责物价管理、税收，以及粮、棉、布、帛、丝等生活用品的销售和价格平衡。长安分为东、西两市，设令，其他各市设长。令和长都是五均司官，称"五均司市师"。下设交易丞五人，钱府丞一人。在每季度的中间月份，按一定标准对物价进行全面考察，若物价高于标准价格，则抛售物资；价格若低于平均物价，则听任买卖。通过这样的措施以达到维持市场物价平衡的目的。推行五均的城市称为五均市。

赊贷是由政府办理的贷款。借给居民用于非生产性消费之用的钱称为赊，应如数归还但不用交利息。如居民遇有丧葬、祭祀等，就可以向钱府丞赊钱，前者归还期限为三个月，后者归还期限为十天。想经营工商业但却无钱的人可向钱府丞借钱，月息为百分之三，年息为十分之一，这就是贷。

诏书还规定，设立盐、铁、酒的政府专卖制度，钱币由国家制造，禁止私铸钱币，政府还统一管理各名山大湖及江河。政府实行的这一制度再加上对工商业进行管理的五均和赊贷制度，就是通常所称的"五均六筦"制度。

始建国四年（公元12年），为了督促实行经济管制的五均、六筦制度，王莽设置羲和命士。把这些羲和命士分到各郡，每郡几个，都由富豪、大商人担任。这些官员乘坐驿车，唯利是图，往来全国，乘机与郡县官吏勾结，设立假账中饱私囊。国库严重亏空，而百姓更加穷苦。本年，王莽再下诏，重申肯定六管制度。每下达一项管理制度，总要设置以保证

其顺畅执行的众多条规禁令，违犯的人罪重的甚至被处死。奸猾之徒与贪官污吏同时侵害百姓，使得民不聊生。此外，上公及以下蓄养奴婢的人一律要纳税，每一奴婢要缴纳三千六百钱，弄得怨声载道。纳言冯常就六管制度进谏并发表了一些不同的见解，王莽大怒，把冯常免职。琐碎苛刻的新朝法令，使得百姓动辄触犯禁网，监狱中在押的囚犯长久不能结案。徭役繁重，农民大量田地荒芜，而旱灾、蝗灾等接连不断。官吏统治手段残暴，利用政府法律的漏洞，抢占民间财产。富人无法保护自己的财产，穷人更是不能活命，于是，无论贫富都当起贼寇。一时间局势混乱不堪。

始建国五年（公元13年）正月，被任命为荆州牧的大司马司允费兴谒见王莽，王莽询问他到任后的想法和打算，费兴说："荆州和扬州，以前大多依靠山林湖泽，以捕捞和采林为主。六筦制度的推行，把山林湖泽都收归国有，捕捞和伐木都要收税，从而损害了人民的利益，加之连年干旱天灾不断，百姓穷困潦倒。所以，我到任后当务之急是减免他们的赋税，贷放农具。"王莽听后相当不满，就把他的官给免了。

十一月，由于违犯私藏铜炭禁令者太多，王莽无奈之下废除了该项禁令。

（4）改革官制

始建国三年（公元11年），王莽以厘订制度未完为借口，上自公爵侯爵，下到小吏，官俸全部停发。五月，王莽下诏书说："我的命运遭遇不幸，灾害连连，国家财政入不敷出，民怨沸腾，从公卿以下，一个月只有布十二匹的俸禄，或丝帛一匹权作官俸。我每念及此事，无不忧心忡忡。现在困难时期已经过去，国家财政虽称不上富足，但已略微宽裕，故将从六月朔庚寅开始，按照以前的官俸标准给官吏发放俸禄。"新朝的官阶从四辅、公卿、大夫、士，下至舆、僚，共十五等。僚的俸禄标准是每年六十六斛，其他官员的俸禄按照等差逐渐上升，到四辅则是一万斛。王莽觉得这样还不够，又下诏："古时候，俸禄随年岁丰歉而有所增减，表示官吏与平民息息相关。现在，利用年终统计作为计算的根据，没有灾

害的时候，全额供应御厨房各种膳食；如有灾害，则采用十进制单位，计算数量并减少膳食。十一位公爵、六司、六卿及以下，分别到若干州郡、封国，也采用十进制单位，计算受灾多少而削减俸禄。郎官、侍从官和京师官吏等这些从京师仓库的储备粮里领取俸禄的官员，标准向太官膳食看齐，增则增，减则减。希望上下同心同德，鼓励、促进农业发展，安抚善良的老百姓。"法制的繁琐以及核算课计的艰难使得官吏终究还是领不到俸禄，各级官吏于是纷纷利用自己的职权，靠收受贿赂来解决自己的日常开支。

始建国四年（公元12年）二月，王莽仿照周朝制度重新授爵位。由于地图和户籍还没有规划好，只有用象征封国的茅土来代替，称为"授茅土"。分封依照《禹贡》，将全国分为九州，分封一千八百名诸侯。封爵依照周朝制度分为五等。公爵的封地叫一同，方圆一百里，享万户居民；侯、伯爵封地叫一国，方圆七十里，居民五千；子、男爵封地称一则，方圆五十里，居民九百户。此外还设附城，最大的城居民九百，纵横三十里，依次递减，分五个等级。由于封爵也是王莽虚张声势的骗局，所以并没有兑现封土。各级的受封官吏只能靠从官府领取每月几千钱的俸禄来维持生活，诸侯只是有其名而无其实，所以一些诸侯迫于生计甚至给人家当雇工。

天凤元年（公元14年），王莽按照《周官》和《王制》的记载设置了卒正、连帅、大尹，这些官相当于太守，同时又设置了相当于都尉的属令、属长，以及职位相当于上大夫的州牧和部监。为了将官位和爵位合二为一，还实行世袭制，王莽规定：公爵做州牧，侯爵做卒正，伯爵做连帅，子爵做属令，男爵做属长。

由于"授茅土"所分封的领土迟迟不能兑现，诸侯和一些官吏的俸禄也无法兑现，于是便纷纷非法牟利，有些郡大尹、县宰的家里聚敛了无数非法钱财。王莽为了维护统治秩序又下诏书，宣布为解决边境军需将没收那些贪赃枉法的官吏家产的五分之四。

王莽这次改制，总的主导思想是"革汉而立新"，但改制的依据却是古制、经典、迷信符箓等要么过时要么不科学的东西。所以，他的改制，表面上看来有的放矢，似乎是抓到了社会问题的症结之所在，但他的泥古不化，荒谬离奇的具体改制措施，不仅不能解决问题反而进一步

加剧了社会矛盾。例如，他企图复古推行井田制来遏制日益严重的土地兼并，表面上看来似乎抓到了经济问题的症结，但却违背了社会发展以及经济发展规律。因此，改制不仅没能解决土地兼并问题，反而遭到上自贵族官僚、下至平民百姓的强烈反对，于是不得已废除了"王田私属"制度。

王莽本人是玩弄权术篡权上台的，因而他猜忌多疑，朝令夕改，政治上一味仿古，政策上荒谬离奇。同时，王莽新政权内部的官员贪赃枉法，对人民统治异常残暴，以致"民摇手触禁，不得耕桑，徭役烦剧"，这一切都使社会各阶层同新政权的矛盾进一步激化，出现了富人无法保全其财产，而穷人更是连性命都几乎难以自保的局面。王莽改制触及的社会问题相当重大，同时也使大地主、大商人的利益遭到侵犯和损失，使这些原本对王莽抱有很大希望的人，也转而反对改制。王莽在改制的同时，为显示其政权之淫威，对周边少数民族频繁发动战争，这些侵略战争吞噬了无数战士的生命，消耗了人民大量的财富，激化了阶级矛盾，最终在人民起义中改制失败，统治被推翻。

3. 绿林、赤眉起义

建立"新"政权后，西汉末年的社会危机并未因王莽改制而得到缓和。相反，在王莽残暴的统治之下，人民在水深火热中苦苦挣扎，致使"民庶涂炭，百不一在"。与此同时，旱灾和蝗灾连年不断，天灾使大量农民食不果腹，王莽派人教饥民"煮木为酪"，以木头充饥，想借此解决饥荒问题，但在很多地区人吃人的惨剧却不断发生。

王莽为了转移内部矛盾，发动了对周边各少数民族的战争，人民负担因频繁的战争而更加沉重，只有走上反抗道路。

始建国二年（公元10年），王莽挑起对匈奴的大规模战争，农民起义开始酝酿，这以后在北部边境地区，零星的农民起义接连不断地爆发。这些农民起义不断由边郡蔓延至内郡，虽是"星星之火"，但却越燃越旺，终于形成了燎原之势。

在诸多的农民起义队伍中，有两支起义军势力最为强大。一支是绿林军，发端于湖北当阳县绿林山（今湖北大洪山）中，它在湖北、河南、陕西等省活动；另一支是赤眉军，发起于山东莒县，它主要在山东、江苏北部、安徽北部，及河南、陕西、甘肃等地活动。与此同时，北方各地的农民也纷纷揭竿而起，他们所经之处必捕杀官吏，镇压豪强，进一步动摇了王莽政权的统治基础。

第八章　王莽篡汉

（1）绿林起义

王莽天凤四年（公元17年），荆州一带爆发大饥荒，食难果腹，致使许多百姓靠挖草根度日，出于无奈，只得背井离乡，举家外出逃荒。新市（今湖北京山县）人王匡、王凤兄弟，为人正直公道，经常为穷人办事，在调停饥民争端中树立了威信，被拥戴为首领。他们聚众数百人，揭竿而起。不久，南阳（今河南南阳）的马武、颖川（今河南禹县）的王常和成丹等人也加入他们的队伍，他们联合起来，迅速发展壮大，很快发展到七八千人。这支队伍以劫富济贫、除霸惩恶为宗旨。由于他们以现在湖北当阳县境内的绿林山为根据地，所以被称为绿林军。

绿林军在王匡的领导下劫富济贫，深得贫苦大众的拥护和爱戴。贫苦农民已是走投无路，只得铤而走险，他们对王莽的招抚政策并无反应。王莽地皇二年（公元21年），王匡率众抗击王莽派来的二万大军，在云杜（今湖北京山）杀敌数千人，并缴获全部辎重，然后一鼓作气攻克了竟陵（今湖北潜江西北）、安陆（今湖北安陆北）等地。当他们返回到绿林山时，已发展到五万之众，王莽的州郡政权对他们已是有心无力，奈何不得。绿林山在王莽地皇三年（公元22年）发生了一场瘟疫，起义将士因此死亡近半数之多。在不得已的情况下，绿林军兵分两路进行战略转移：一路由王匡、王凤率领，北入南阳，号"新市兵"；一路由王常、王丹率领，西入南郡，号"下江兵"。当年七月，由平林（今湖北随县）人陈牧等率领的近千余人的"平林兵"与新市兵合并。

起义的蓬勃发展使部分贵族地主看到了恢复刘氏天下的希望，于是西汉王朝的一批没落贵族也纷纷加入到农民起义的队伍中来。当时正在避罪逃亡的西汉宗室刘玄加入平林兵，汉宗室、春陵的大地主兼大商人刘縯、刘仲、刘秀三兄弟见到农民起义军的声势浩大，王莽政权垮台的命运已不可避免，也举起了反对王莽的大旗，组织了七八千人的武装，号称"春陵兵"。王莽官军重创了这支武装力量，刘氏兄弟的士气受到重挫。地皇三年（公元22年）冬天，下江兵转战到河南，与新市兵、平林兵会师，连连

受挫、士气不振的舂陵兵看到了新的希望。刘氏兄弟为了请求起义军给予帮助，便亲自去拜访起义军首领王常。他们受到了下江兵不遗余力的支持。就在这年的除夕晚上，利用官军戒备松懈和胜利后的骄傲情绪，凭借起义军旺盛的斗志，王常与刘氏兄弟突然袭击，大获全胜。地皇四年（公元23年）正月初一，起义军又一次获胜。紧接着刘氏兄弟挥戈西进，大败严尤、陈茂率领的莽军主力，包围了宛城。当地不堪忍受压迫的群众纷纷加入起义军，绿林军的队伍很快发展壮大到十多万人。

（2）赤眉起义

起兵于山东一带的赤眉军最初分为两支：海曲（今山东莒县东）人吕母为反对县宰而发起的农民起义是其中之一。天凤元年（公元14年），吕母的儿子因犯小罪为县吏所杀，为替儿子报仇，吕母将自己的几百万家产散尽，招聚饥民，并声明不图其偿还钱财，只要他们替儿子报仇雪恨。于是打着反对官府乱杀人的旗号，吕母组织起几千人的起义军。天凤四年（公元17年），他们攻陷海曲县城，杀死县官，队伍很快发展到万人以上。我国历史上有记载的第一位农民起义的女首领就是吕母。由樊崇领导的起义军是另一股力量。天凤五年（公元18年），琅琊（今山东诸城）人樊崇率领百余之众，在莒县举行起义。他们杀官吏、打土豪，瓜分地主财产，以后转入泰山（今山东泰安）活动。当时，由于青、徐（今山东东部、江苏北部）一带闹饥荒，农民只能以树皮草根为食，饥民纷纷来归，起义军在一年之间增加到一万多人。这时，山东各地还有逄安、徐宣、谢禄、杨音等率众万余人前来投靠他。一支拥有几万人的起义大军就这样形成，并向王莽发起了猛烈的进攻。从此，这支队伍就以青州、徐州一带为根据地。

在斗争中，樊崇义军的组织、纪律相当独特，甚至连文书、旌旗、号令的设置都没有。义军内部尊称首领为"三老"，次"从事"，最次是"卒吏"，相互间称"巨人"。义军以言辞为约束，以"杀人者死，伤人者偿创"为口号。王莽政权的经济中心之一即在黄、淮流域，因此，樊崇

义军的迅速发展，使王莽寝食难安，下令火速予以镇压。田况为翼平太守，当他率军前往镇压义军时，在姑幕（今山东安丘南）遭到义军痛击，丧失一万余人。樊崇义军的声势，使王莽感到震惊。公元21年，王莽派太师景尚、更始将军护军王党率军前来镇压，但义军成功地运用机动灵活的战术，使官军东奔西跑毫无收获，最后义军还杀死了景尚。义军愈战愈强，很快就发展到十余万人。公元22年，王莽派太师王匡和更始将军廉丹领兵十余万，气势汹汹地奔樊崇义军而去，并迅速攻破了索卢恢占领的无盐（今山东东平南）。王匡对索卢恢部进行屠杀后，掉头南下，企图消灭樊崇义军的董宪部。在杀气腾腾的敌人进攻面前，樊崇做了周密的安排，决心决一死战。为了避免在战斗中与官兵混淆，他们用矿物把自己的眉毛染红，赤眉军由此得名。赤眉军做好了全部部署后，便以全部主力同王匡军队在无盐的成昌（今山东东平东南）展开激战。结果大败官兵，斩敌万余，廉丹及其属下二十余名将领被击毙，王匡逃走。战后，赤眉军攻莒县，转东海，在楚、沛、汝南、颍川、陈留、鲁城、濮阳等地流动作战，以席卷之势横扫千军，活动在黄、淮大平原上，人数增至三十余万。赤眉军的发展，无疑给驰骋于中原的绿林军以有力的支持。

（3）昆阳之战

更始元年（公元23年），绿林军攻下了昆阳。与定陵、郾城相比，昆阳的地理位置更为重要。城市虽小，但是很坚固，且与宛城形成犄角之势，便于互相支援，如能将昆阳牢牢守住，就相当于在宛城的东北面筑起了一道坚固的屏障，这样，在阻击洛阳王莽军南下增援宛城的同时，还可牵制严尤在颍川的部队。总之，占领昆阳对绿林军来说，在战略意义上是至关重要的。

起义军的迅速发展震撼了王莽。严尤、陈茂战败后，宛城被围、昆阳失守，龟缩在颍川的十万莽军不敢出战，洛阳处在巨大的威胁之中。王莽听到绿林军立刘玄为帝建立了与自己对抗的政权后大为惊慌，决心与绿林军决一雌雄，下令大司空王邑、大司徒王寻率领四十二万人，号称百万大

军，向绿林军扑了过来，连凶猛异常的野老虎、斑豹、犀牛、大象也被牵来参战，以壮军威。四十二万大军、野兽浩浩荡荡地向洛阳进发，妄图一举消灭绿林军。这支庞大的队伍与严尤、陈茂的军队于更始元年（公元23年）五月在颍川会合后，矛头直接指向昆阳。

面对来势汹汹的敌军，农民军退守昆阳，不大的昆阳城里只有八九千人的守军，一部分义军将领实际上是想分散突围，弃城而逃。在这关键时刻，刘秀挺身而出，对诸将说："如今确实是敌我对比悬殊，但只要我们齐心协力抗击敌人，胜利的可能性还是有的，如果分散兵力，必败无疑。况且现在义军大部都在进攻宛城，肯定无法分兵支援我们，万一昆阳失守，其他各部不需多久也将被消灭。今天我们不能同心同德，共图大事以成功名，难道是要守着自己的老婆、孩子和财富吗？只怕到那时连性命也保不住了！"刘秀一时忘了自己只是义军中的偏将军，竟越说越激动。同时，听了刘秀慷慨激昂的陈词，一部分主张分散突围的将领认为刘秀在讥笑自己只会守着老婆、孩子和财富，是鼠目寸光的贪生怕死之徒。营帐里的气氛因而陡然紧张起来。面对众将领的责问，刘秀只是笑而不答，从而使一度紧张的气氛慢慢地缓和了下去。明末思想家王夫之对刘秀的这些表现有一段精彩的描写，他说："慎谋于未举事之前，坦然忘记于已举事之后，天赐帝王以智，而赐之以勇。勇者，非气矜也，泊然于生死存亡而不失其度者也。光武之笑起而不与诸将争前邰，大有为之过人远也，尤在此矣。"气氛缓和后，众将领认为刘秀所言是有道理的，因而坚定了守城的信心。

很快，王邑、王寻已有十余万人抵达昆阳城下，将昆阳城层层包围起来。起义军的手下败将严尤向统帅王邑建议道："昆阳城虽小，但是很坚固，不易攻破，况且绿林军主力也不在昆阳。不如直接包围攻打宛城的绿林军主力，如果我们打败了绿林的主力军，那么昆阳城便不攻自破了。"严尤的分析显然是符合实际情况的，如果当时王邑采纳了这个建议，昆阳的战势很可能向着有利于官军的方面转化。但是骄纵的王邑倚仗着人多势众，一心想血洗昆阳。他说："我从前带兵围攻翟义（东郡太守，曾举兵反抗王莽），因为没活捉他，尽管打败了他，但仍被责难了一通。现在我率领百万大军，连这样一个小小的昆阳城都攻不下，还怎么显示出我的威风呢？"接着又吹嘘说："等着吧，昆阳城一定会被攻破，并且我将要血

第八章 王莽篡汉

洗全城。那时我们百万大军，将载歌载舞，高高兴兴地踏着鲜血向宛城挺进。"于是，王邑、王寻倾全力攻打昆阳城。小小的昆阳城被包围得里三层外三层，水泄不通。兵营百余座，云车十余丈，战鼓、号角数十里外都听得见，令人胆战心惊。他们用楼车撞，挖地道攻，一时间，昆阳城下箭矢如雨，其势凶猛异常。

这时，昆阳城内的绿林军头顶门板抵挡如雨的箭矢，奋力抵抗。面对猛烈攻击，绿林军中的起义首领王凤被王莽军气势汹汹的气焰吓倒，竟然要求投降。骄纵的王邑再一次看错形势，他一点儿不把绿林军放在眼里，以为胜券在握，因此拒绝了王凤的投降。这时严尤又向王邑提出建议，按照《孙子兵法》所说，包围城市，一定要留一个缺口。我们也应给昆阳城留一个缺口，让绿林军有条生路可逃，这样我们或者可乘他们逃出城外的时机消灭他们，或者让他们逃到宛城方面，以宣扬我军的声威，使绿林军感到恐怖，从而使其军心动摇。这样既可使昆阳城不攻自破，又有利于我们下一步向宛城方面进军。王邑还是拒绝采纳严尤的建议，一意孤行，继续对昆阳发动一次又一次的猛烈进攻。由于这时城内起义军联合昆阳老百姓一同作战，所以莽军的强攻被接连打退。小小的昆阳城变成了一座坚固的堡垒，硬是坚持了二十多个日日夜夜。骄纵昏庸的王邑陶醉于莽军的军容与阵势，仍在洋洋得意地等待着收复昆阳城，而实际上他的队伍因为一次次地受挫，士气在下降，形势正在向与他估计相反的方向发展。

刘秀冲出昆阳城，携同其他将士共十三人直奔郾城、定陵。郾、定两地的将领中有人贪恋两城的财物，打算留下一部分兵士专门看守。刘秀坚决主张把所有兵力集中到昆阳进行作战，而放弃郾、定两地。他说："我们这次出击，如果打败了敌人，那么我们将能得到比现在多一万倍的金银财宝；但是，假如敌人打败了我们，就连我们身家性命都难保，更谈不上什么金银财宝！"刘秀征集了两地的全部兵力约一万人之多，迅速奔向昆阳城。

更始元年（公元23年）六月一日，郾、定地区各路起义军同时向昆阳进军，一千多名精锐步、骑兵由刘秀率领，作为援军的先头部队最先到达，在距王邑大军四五里处布下阵，准备对莽军从背后发动突袭。一向骄横的王邑根本没有将这千把人放在眼里，他只派了几千人前去迎击刘秀。而这些起义军个个英勇善战，在刘秀领导下连战连胜，实在出人意料，斩

杀莽军数千人，给王邑来了个下马威。首次交战，城外的绿林军便大获全胜，大大地鼓舞了起义将士的士气，经过几个回合的战斗，莽军又被斩杀近千人。莽军伤亡惨重，士气越来越低落。此时，宛城已被义军攻克，刘玄移都宛城，但是消息尚未传到昆阳。刘秀虽然并没得到这个消息，但为了动摇莽军的军心，鼓舞士气，就有意制造了假情报，到处宣传说绿林军已经拿下宛城。一方面，他让昆阳城内的守军兄弟们尽快知道这个消息，另一方面又故意将此假情报"失落"于莽军手中。这一攻占宛城的假情报，使得莽军上下一片恐慌：小小的昆阳城被重重叠叠的几十万大军包围着，一个月的时间竟然都不能攻破；而有重兵防守的宛城重镇，居然被起义军攻下，比较之下，如何不让莽军士气低落呢？捷报传入昆阳城内，城中的绿林军与全城的百姓大为振奋，情绪更加激扬。由此，巨大的变化发生了，昆阳之战的形势已向着利于起义军的方向发展了。

刘秀挑选了三千名勇士，组成了一支敢死队，不失时机迂回到昆阳城的西边，沿着护城河，对王邑的中军大营发动进攻，并选择敌人贪凉酣睡的拂晓之时，乘其不备，打他个措手不及。当刘秀的三千名勇士如天兵般突然出现在王莽军的中坚大营附近时，只有少数士兵睡眼惺忪地刚起床，大多数士兵还在梦乡中。王邑面对突袭，匆忙应战，并下令各军坚守阵地，没有将令，不得随意行动，以防止局面混乱。

一场激战打响了，莽军一接触到绿林军敢死队，就招架不住了，开始后撤，起义军步步紧逼。因莽军有令在先，各营间除非下令，不可互相支援，霎时间，阵势大乱，王寻在混战中被起义军杀死。这时，昆阳守军擂鼓而出，莽军在前后夹击中，像潮水般垮了下来。莽军一溃千里，互相践踏着四处逃窜，死伤惨重。在绿林军的震天动地的喊杀声中，突然雷电交加，大雨倾盆，这使溃不成军的莽军更加混乱，王邑、王寻带来的猛兽也挣脱羁绊纷纷逃奔。王邑见此惨景，丢下溃不成军的人马，和严尤、陈茂只带了少数残兵败将，踏着自己士兵的尸体，仓皇逃命。他们狂奔逃回洛阳。昆阳之战，以绿林军大获全胜而宣告结束。

这就是我国历史上有名的"昆阳大捷"。昆阳大捷对推翻王莽新朝起了决定性的作用。

在昆阳取得大捷的同时，宛城被刘縯攻克了。刘縯兄弟的成功，使无功而居帝位的刘玄受到很大的威胁。在立帝之初，刘縯是第一候选人，但

第八章　王莽篡汉

当时，绿林军首领不看好他，因而不受拥戴，未被立为帝。对此，刘縯的部将曾公开扬言："本起而图大事者，伯升兄弟也，今更始何为者邪？"刘縯兄弟势力越发强盛，众人皆劝刘玄杀掉他们，以绝后患。一次在诸将聚会时，刘縯佩一把与众不同的宝剑，刘玄见后，便取过来观看，绣衣御史申屠建见状，马上献上一块玉玦，玦者，决也，暗示刘玄趁机将刘縯杀掉，但刘玄没有下手，最终把剑还与刘縯。攻占宛城后，刘縯居功自傲，经常对刘玄的一些言行进行"谏止"，更始帝这才醒悟，认识到了刘縯对自己的威胁，下令把刘縯给杀了。

当刘縯被杀的消息传来时，刘秀正在父城（今河南平顶山西北）。大家都认为刘秀会为刘报仇而起兵。可刘秀很快冷静下来并认真地分析了形势，认为现在是消灭王莽政权的关键时刻，不能因义军的内讧而给王莽以喘息之机，同时，以自己现在的实力还不足以和刘玄公开对立。所以，刘秀专程从父城来宛，向刘玄请罪，责怪自己对刘縯未能及时约束，致使有此等大事发生。回到住处，刘秀也是"深引过而已"，饮食言笑一如平常。刘秀深谋远虑，竭力克制住自己。刘秀的韬晦之计，果然骗过了刘玄等人，刘玄觉得问心有愧，特意封刘秀为武信侯，任破虏大将军。

刘秀的韬晦之计还是被人看破了，这个人就是冯异。冯异是刘秀攻打父城时抓到的俘虏，原是王莽的郡掾。尽管刘秀因冯异固守父城而使自己多次攻城失败，但当听说冯异很有才能时，还是以很宽容、热情的态度召见了冯异，把他作为谋士。刘秀在丧亲的大悲中强忍悲伤，冯异也深知其中原委，便对刘秀说："刘玄部下专横残暴，掳掠成性，百姓对他早已彻底失望了。此时如能分遣官属，巡行各郡县，探寻民意，伸张民怨，施惠于民，就必定大有作为。"冯异这一颇有远见的建议启发了刘秀。

昆阳之战后，绿林军兵分两路，一路由王匡率领北攻洛阳，一路则以申屠建、李松为帅向长安挺进。地皇四年（公元23年）九月，起义军在长安市民和一部分莽军起义士兵的支援下攻下长安，将王莽杀死在渐台。经过六年的浴血奋战，绿林军终于如愿以偿，推翻了王莽新朝的统治。

4. 王莽之死

昆阳之战后，刘秀等人将王莽用毒酒杀死汉平帝的事情揭露了出来，以此说明王莽是一个杀君篡权、为天理所不容的奸臣。这种宣传顿使王莽的处境异常艰难，终日处于惶恐不安之中。

（1）内忧外患

军事上的失败，政治上的倒行逆施，经济上的崩溃，促使王莽阵营内部发生分裂。

新莽地皇四年（公元23年），有一个叫西门君惠的道士对王莽的卫将军王涉说："谶文说刘姓将要复国，国师公的姓名就是复国之人。"王涉听后就和国师公刘秀、大司马董忠、司中大赘孙伋商量，为保全自己的家族，准备以武力劫持王莽，归降更始政权。七月，孙伋向王莽告密。王莽听后大怒，急召董忠对质，并把他当场诛杀，还命武士肢解其尸体，逮捕董忠的家族，用了很多惨无人道的酷刑将他们诛灭。当时王莽军队在外面屡战屡败，内部大臣们又不团结，身边没有人可信任了，远方的郡国更是无法再去考虑，于是急召王邑回来担任大司马。同时，任命大长秋张邯担任大司徒、崔发担任大司空、司中寿容苗担任国师。此时的王莽食不甘味，睡不安寝，阅读军书疲倦了，便靠着几案打盹儿，连上床睡觉都不用了。

隗崔和隗义在成纪、杨广在上邽、周宗在河北同时揭竿而起，响应刘玄的汉军。他们进攻平襄，击毙王莽镇戎大尹李育。隗崔的侄子隗嚣熟读

第八章 王莽篡汉

经书，隗崔等推举隗嚣为上将军，隗崔自己当白虎将军，隗义当左将军。隗嚣又聘请平陵人方望担任军师。方望提出在平襄东郊建造汉高祖刘邦祭庙，隗嚣采纳了他的建议。祭祀汉高祖、太宗、世宗时，隗嚣等在祭庙前称臣，杀马盟誓，决心竭尽全力辅佐刘姓皇族。通过在各郡、各封国传递文告的方式，声讨王莽。随后隗嚣等率十万大军，击杀雍州牧陈庆、安定大尹王向，然后兵分各路，将陇西、武都、金城、武威、张掖、酒泉、敦煌一个个全部攻克。

最初，茂陵公孙述当清水县令时就以才能闻名，后来升任江郡卒正，郡府所在地就是临邛。汉兵起义时，南阳人宗成、商县人王岑也起兵响应，他们攻克汉中，杀死王莽庸部牧宋遵，军队规模达数万人。公孙述派人与宗成等接洽，并对他们表示欢迎。残暴蛮横的宗成部队一到成都就劫杀掳掠。公孙述召集郡中豪杰，对他们说："天下人对残暴的新朝已是忍无可忍，所以很怀念汉朝，当他们听说汉朝的将军来到，人们无不奔走相告，夹道欢迎。而今人民无罪，妻子儿女却无故受凌辱，宗成他们就是贼寇，哪是什么义军。"于是，让手下人冒充更始政权的使者，封公孙述为辅汉将军、蜀郡太守兼益州牧。公孙述选派精锐部队大败宗成，并将之诛杀，收编了他的部队。

在汝南，前钟武侯刘望也举兵而起，王莽的两员大将严尤、陈茂前来投靠。八月，刘望称帝，任命严尤当大司马，陈茂当丞相。

王莽派太师王匡、国将哀章死守重镇洛阳，更始皇帝派遣定国上公王匡率军直向洛阳奔来，西屏大将军申屠建和丞相司直李松向武关进发，三辅地区上下为之震动。析县人邓晔和于匡在南乡又揭竿而起响应汉军，和李松部队夹击武关都尉朱萌，朱萌投降；击溃右队大夫宋纲；大军挥戈西进，攻陷湖县。王莽惊恐之余无计可施。崔发向王莽建议："以前，当国家有难，就用哭的方式来祷告上天祈求援助。"王莽居然真的率领群臣到南郊，陈述他承受符命而做皇帝的全过程，哭得惊天动地，声嘶力竭。王莽又下令儒生和老百姓每天早晚都要集合起来哭一次，并派人准备了稀饭招待这些痛哭者。哭得非常悲哀的人，被任命为郎官，短短几天时间郎官达到五千多人。

（2）王莽败亡

　　王莽任命九个以"虎"为名的将军，率领禁卫军精锐几万人向东方挺进，同时，把这些将军的家属关押在皇宫里作为人质。这时宫中储存的黄金珠宝还非常多，但王莽过于吝啬，对九虎将军部属，每人仅赏赐四千钱。大家都对此很不满，哪里还有什么斗志。九虎将军居险要之地扼守华阴。王匡、邓晔率军攻击他们，四位将军逃得无影无踪，两位将军在王莽面前自杀身亡，剩下三位虎将军收拾残局退守渭口京师仓。

　　邓晔打开武关关门，欢迎绿林军入关。李松率三千人抵达湖县，与邓晔等会合，决定联合进攻京师仓，后无功而返。邓晔任命弘农掾王宪当校尉，带一支数百人的队伍渡过渭河，向北进发，进入左冯翊境内。李松派遣偏将军韩臣等，向西挺进到新丰，一举击溃王莽的波水将军窦融，韩臣追击他直到长门宫。王宪部队推进到频阳，沿途各地方纷纷投降。各县大族分别起兵，以汉朝将军自居，率领部众追随王宪。李松、邓晔率军抵达华阴时，长安已被各路部队层层包围。大家听说天水隗家军也将抵达，纷纷要第一个攻进都城，以图建立大功和抢劫珍宝。困兽犹斗的王莽赦免城里监狱的犯人，并把他们武装起来，杀猪饮血，跟他们立誓说："如有不为新朝效劳的人，社鬼会记住他！"将军史谌率领的这些乌合之众刚过渭桥就四散逃跑了，只剩史谌一个人回来。在长安城外，各路士兵挖掘王莽的妻子、儿子、父亲、祖父的坟墓，把他们的棺材以及九庙、明堂和辟雍都付之一炬，熊熊大火照亮了整个长安城。

　　城里青年朱弟和张鱼等人为保住家产，招集民众加入起义军，焚烧未央宫的便门，用斧子劈开敬法殿的小门，喊道："反贼王莽，怎么不出来受降？"大火迅速蔓延到掖庭、承明殿，这里是王莽之女黄皇公主居住的地方。黄皇公主说："我还有什么脸面再见汉朝人？"说罢纵身跳入火中自焚。

　　王莽逃到未央宫宣室前殿避火。天文官在他面前占卜时刻方位的凶吉，王莽转动坐席按照斗柄所指的方向坐着，说道："上天给我这样的品

第八章　王莽篡汉

德，汉军能把我怎么样？"初三清晨，群臣搀扶着王莽到渐台，还有公卿官吏一千多人跟着他。连续几天不分昼夜的战斗已使王邑疲倦至极，士兵死伤殆尽，他飞马进入宫中，辗转来到了渐台，看见他的儿子侍中王睦正准备逃走，王邑叫他留下，父子俩一同护主。起义军攻入皇宫，听说王莽在渐台，众人便杀将过去，将渐台围得水泄不通。台上凭借居高临下的优势用弓箭与包围的士兵对射，箭用完了，便短兵相接。王邑父子、邲恽、王巡等均在战斗中被杀死，王莽吓得躲在内室不敢出来。午时三刻，大批士兵上了渐台，苗䜣、唐尊、王盛等人都在台上战死。商县人杜吴刺死了王莽，校尉东海人公宾就砍下了王莽的首级。兵士们争相分割王莽的身躯，莽尸被切割成许多块，争着去砍杀的有几十人。公宾提着王莽的脑袋到王宪那里邀功。王宪自称汉朝的大将军，城里的军队都归他掌管。王宪住在长乐宫，把王莽的车马、衣服和器物甚至妻妾都占为己有。接着，李松、邓晔、赵萌和申屠建相继都进入了长安。因为王宪不但没有上交御玺，而且还私藏了许多宫女，使用了天子的仪仗，众人看不过去便杀掉了他。然后把王莽的脑袋送往宛城，并挂在城门上，百姓都去拿石头掷他，甚至有人切下他的舌头来吃了。

　　班固对王莽的评价是：王莽最初韬光养晦，勉力而行，以博取美誉而起家。等到登上高位，辅佐朝政，他依然兢兢业业为国家效力，为人处事皆以正直为原则。难道他就是孔子所说的"表面上仁义，行动中却违背它"的人吗？王莽本来就是不知廉耻、奸佞邪恶之人，又利用当时自己的社会关系以及复杂的宫廷内部矛盾而篡夺政权，窃取皇位。据此看来，这也是天意，非人力所能及！等到窃取了王位，其形势却比夏桀、商纣的时候还要危险，而王莽却还以黄帝、虞舜自比。于是开始放纵暴政，滥施威力诈术，举国上下及边境各族均无宁日。因此天下陷于大乱，民不聊生，朝野上下怨声载道，远近同时反叛，使得全国的城市变成焦土，百姓遭受苦难。书籍传述上所记载的乱臣贼子，考察他们的倒行逆施，以及最后悲惨的结局，从没有一个超过王莽。从前秦朝依靠焚书坑儒来确立自己的一家主张，王莽引用《六经》来装饰谬论，虽然他们具体方法迥异，而目的完全一样，结果都是使自己迅速败亡，不过是为后代圣明的帝王开道铺路罢了！

图书在版编目（CIP）数据

这才是西汉史 / 尹力编著. -- 北京：中国书籍出版社，2017.9
ISBN 978-7-5068-6442-8

Ⅰ.①这… Ⅱ.①尹… Ⅲ.①中国历史—西汉时代—通俗读物 Ⅳ.①K234.109

中国版本图书馆CIP数据核字（2017）第220608号

这才是西汉史

尹　力　编著

责任编辑	王志刚
责任印制	孙马飞　马　芝
版式设计	添翼图文
出版发行	中国书籍出版社
地　　址	北京市丰台区三路居路97号（邮编：100073）
电　　话	（010）52257143（总编室）（010）52257140（发行部）
电子邮箱	chinabp@vip.sina.com
经　　销	全国新华书店
印　　刷	北京温林源印刷有限公司
开　　本	710毫米×1000毫米　1/16
字　　数	540千字
印　　张	25.5
版　　次	2017年12月第1版　2019年5月第2次印刷
书　　号	ISBN 978-7-5068-6442-8
定　　价	52.00元

版权所有　翻印必究